Collection « Leçons de droit »
Dirigée par Manuel Delamarre

Leçons de Droit des collectivités territoriales

Philippe Bluteau
Avocat à la cour d'appel de Paris
Diplômé de l'IEP de Paris et du DESS Juriste territorial de l'université Paris II Panthéon-Assas
Intervenant à Sciences Po en droit public local

ellipses

Dans la collection « Leçons de droit »

- *Leçons de Droit des biens,* José Lefebvre
- *Leçons de Droit des collectivités territoriales,* Philippe Bluteau
- *Leçons de Droit pénal général,* Mikaël Benillouche
- *Leçons d'Institutions administratives,* Manuel Delamarre
- *Leçons d'Introduction au droit,* Mikaël Benillouche, Anne-Laure Chavrier et Manuel Delamarre

Téléchargez gratuitement les dernières mises à jour de la matière sur

www.editions-ellipses.fr

(fiche détaillée de l'ouvrage)

ISBN 978-2-7298-5145-3

32, rue Bargue 75740 Paris cedex 15

www.editions-ellipses.fr

SOMMAIRE

INTRODUCTION

PARTIE 1 : LES STRUCTURES

PARTIE 2 : LES MOYENS

PARTIE 3 : LES CONTRÔLES

SUJETS CORRIGÉS

LEÇON 1
HISTOIRE D'UNE AUTONOMIE

Si le droit peut être appris, il a besoin de l'Histoire pour être compris. Le droit français des collectivités territoriales n'échappe pas à cette exigence, tant il a été soumis à de nombreux soubresauts, progrès et réactions.

Cette histoire est souvent décrite comme un processus de « décentralisation », c'est-à-dire comme une tendance à confier des compétences croissantes aux collectivités territoriales autonomes de l'État central, au détriment de ce dernier.

En cela, la notion de décentralisation doit être bien distinguée de deux autres concepts juridiques :

- La déconcentration, qui désigne le processus, interne à l'État, consistant à transférer des compétences ministérielles aux représentants locaux du gouvernement, les préfets. Dans le cas de la décentralisation, au contraire, c'est bien à des collectivités territoriales, juridiquement distinctes de la personne de l'État, qu'il s'agit de confier des compétences.
- La délocalisation, qui désigne le transfert, cette fois géographique, des services ou des établissements publics de l'État, de Paris à un autre point du territoire national. Par exemple, le Casier central, (qui deviendra le Casier judiciaire national), relevant du garde des Sceaux, fut délocalisé à Nantes en 1966. Dans ce cas, l'ordonnancement juridique des pouvoirs n'est pas modifié : la personne compétente est toujours unique et relève toujours de l'État.

Ainsi défini et distingué, le terme de « décentralisation » n'est toutefois pas exempt de critiques. Il n'est que le moins mauvais qu'il soit aujourd'hui possible de mobiliser, tant il se révèle tendancieux, simpliste et incomplet, pour identifier le processus d'autonomisation des collectivités territoriales.

Tendancieux, car ce terme trahit un point de vue étatique, évoquant un mouvement descendant, voire condescendant : l'octroi de compétences du centre à la périphérie. Or, les collectivités territoriales, dès lors qu'elles ont disposé de la personnalité juridique, ne furent plus seulement des sujets de droit, mais des sources de droit, leur action étant encadrée non seulement par l'œuvre du législateur et du pouvoir réglementaire national, mais également par leurs propres délibérations et contrats.

Simpliste, car la succession des régimes politiques qu'a connus la France aux XIXe et

XXe siècles a provoqué un mouvement régulier de « balancier », entre le souci de développer les marges de manœuvre des autorités locales et celui d'assurer l'uniformité du droit sur l'ensemble du territoire. Les phases de recentralisation prouvent que le mouvement ne fut pas linéaire.

Incomplet, car l'état actuel du droit public local n'est pas seulement le résultat d'un processus d'accroissement des compétences des collectivités au détriment de l'État, mais également de deux autres tendances lourdes, abordées ultérieurement dans cet ouvrage : la démocratisation du pouvoir local et la complexification des structures.

L'émergence des collectivités territoriales en tant qu'acteurs autonomes des politiques publiques fut permise par deux évolutions décisives : leur séparation, juridique et politique, avec l'État (I.) et l'accroissement des champs de compétences dans lesquels elles étaient autorisées à intervenir (II.).

I. La séparation des Collectivités et de l'État

Alors que l'Ancien Régime avait mené une entreprise de centralisation du pouvoir politique dans les mains de l'État, sans que les premiers républicains ni l'Empereur ne remettent en cause cet héritage (A.), les collectivités territoriales se verront octroyer, progressivement à compter de 1830, les conditions juridiques de leur autonomie politique (B.).

A. L'héritage de la centralisation

1. L'Ancien Régime opère une centralisation du pouvoir

La centralisation du pouvoir politique français s'est d'abord appuyée sur l'extension géographique du domaine royal, par la voie militaire ou diplomatique, assurant le rattachement de fiefs plus nombreux (duchés ou comtés) sous la couronne unique du roi de France.

Une fois ce territoire unifié sous un même chef, il s'est alors agi, pour ce dernier, d'assurer le respect effectif de son autorité.

Trois instruments principaux furent employés pour contraindre à cette application homogène du droit.

Il s'agit, en premier lieu, des « lits de justice ». En effet, dans les pays dits « d'État », un Parlement, rassemblant la noblesse de robe, était compétent à la fois pour rendre des arrêts en matière juridictionnelle et pour enregistrer les ordonnances et édits royaux, condition de leur application au territoire concerné. Or, certains Parlements, exerçant leur « droit de remontrance », pouvaient refuser de procéder à un tel enregistrement, au motif que le texte royal était incompatible avec les us et coutumes de la province, voire avec les principes généraux du droit. Dans ces conditions le roi pouvait, par « lettre de jussion », mettre en demeure le Parlement récalcitrant et, en cas de refus définitif du pouvoir local, siéger en personne en son sein, afin de prononcer un « lit de justice ». Cette procédure aboutissait à l'enregistrement forcé du texte en litige. L'édit de Nantes de 1598, reconnaissant la liberté de culte aux protestants, fut au nombre des textes dont le roi dut, ainsi, assurer personnellement l'entrée en vigueur contre la position des Parlements locaux.

Le second instrument de la centralisation du pouvoir et de l'homogénéisation du droit consista dans la nomination d'intendants royaux, dont le titre officiel résume les fonctions : « intendants de police, justice et finance et commissaire desparti du roi ». Exceptionnels au XVIe siècle, ils deviennent systématiques au milieu du XVIIe siècle, affermissant leur pouvoir jusqu'en 1789.

Dans un premier temps chargés d'inspecter, ponctuellement, l'action des officiers (c'est-à-dire des propriétaires de charges publiques) sur le territoire, ces intendants devinrent attachés de façon continue à leur circonscription territoriale (dénommée « intendance » et correspondant, dans la quasi-totalité des cas, aux anciennes « généralités » fiscales) dès le début de la guerre de Trente Ans (1635). Puis ils se virent confirmés dans leurs prérogatives après la répression, par le jeune Louis XIV, du mouvement de la Fronde (1652), initié par les aristocrates rétifs à la centralisation du pouvoir.

L'intendant, nommé et révoqué par le roi, est chargé du respect, sur le territoire dont il a la charge, des arrêts rendus par le conseil du roi, textes réglementaires de l'époque. À ce titre :

- il organise la justice, en surveillant les tribunaux, affectant les litiges aux juridictions qu'il souhaite, voire en rendant lui-même les décisions,
- il recrute les milices locales,
- il dirige les travaux publics, selon les plans décidés par le conseil du roi, n'abandonnant aux pouvoirs locaux que la gestion des chemins vicinaux,
- il assure l'ordre public par la direction de la maréchaussée, organisée en brigades,
- il pourvoit aux secours des indigents, fonction progressivement délaissée par les autorités féodales,
- il assure la distribution des denrées élémentaires, blé et riz, en cas de disette,
- il promeut les meilleures techniques agricoles et industrielles identifiées par le pouvoir central,
- il alimente les gazettes officielles du régime en informations « de nature à intéresser la curiosité publique » (circulaire de Louis XV aux intendants, 1761),
- il s'en trouve même, enfin, pour organiser les fêtes locales et processions.

En matière fiscale, la situation est différente selon que la province est un « pays d'État » ou un « pays d'élection ». Les termes sont trompeurs : un « pays d'État » désigne une province (telle que la Bretagne, le Dauphiné ou la Provence) disposant d'un Parlement représentatif de la noblesse, du clergé et du tiers état. Dans ce cas, le montant de l'impôt dû au roi est négocié entre le Parlement et l'intendant, avant que le Parlement répartisse et collecte l'impôt. Dans les « pays d'élection » et contrairement à ce que laisse croire leur nom, nulle élection : l'intendant calcule et prélève directement les impôts royaux, dans les conditions fixées par le conseil du roi.

Ces intendants se révélèrent les principaux leviers de la centralisation étatique, préfigurant en cela les préfets impériaux puis républicains. Leurs « subdélégués », attachés chacun à une partie du ressort territorial de l'intendance, annoncent, jusque dans leur étymologie, les sous-préfets à venir.

Troisième outil de la centralisation monarchique : l'asphyxie des velléités démocratiques. En effet, selon Alexis de Tocqueville, jusqu'à la fin du XVIIe siècle, « en France, la liberté municipale a survécu à la féodalité » (*L'Ancien Régime et la Révolution*, 1856, p. 87) et des villes « continuent à former comme de petites républiques démocratiques, où les magistrats sont librement élus par tout le peuple et responsables envers lui, où la vie municipale est publique et active, où la cité se montre encore fière de ses droits et très jalouse de son indépendance ».

À compter de 1692 cependant, Louis XIV abolit le principe de l'élection des responsables locaux, transformant les mandats en offices. Jusqu'en 1789, le droit d'élire les édiles locaux est, à sept reprises, retiré aux communes... pour être revendu à celles d'entre elles qui disposaient des moyens de s'acquitter du prix. Même dans ces dernières, l'assemblée générale, composée jusqu'au XVe siècle de tous les habitants de la ville, est délaissée : de fait, des notables permanents y remplacent la masse des citoyens désintéressés. Tout se passe comme si la perte d'autonomie locale provoquait la désaffectation des citoyens. Personne ne se rend à une réunion où rien ne se décide.

Parallèlement, dans les campagnes, la paroisse d'Ancien Régime connaît, à intervalle irrégulier, des assemblées générales où l'ensemble des habitants délibère et élit ses magistrats. Mais les deux fonctionnaires chargés de l'administration de la communauté, un collecteur qui lève la taille et un syndic qui assure l'ordre public, passent, au cours du XVIIIe siècle, sous l'autorité de l'intendant. Quoique, en principe, toujours élus, à la différence des magistrats des villes, ces fonctionnaires sont parfois révoqués puis désignés par l'intendant lui-même.

Cependant, l'hypertrophie du pouvoir individuel des intendants provoqua, dès la fin de l'Ancien Régime, une tentative de correction audacieuse, en trois points.

Par édit royal de juin 1787, une assemblée provinciale, élue, fut replacée dans chaque pays à la tête des affaires publiques locales. Certes toujours placées sous l'autorité du pouvoir central, les assemblées provinciales se virent néanmoins chargées de calculer et de prélever la taille, de décider des travaux publics et de trancher la plus grande partie du contentieux. Parallèlement, une assemblée d'arrondissement, placée sous l'autorité de l'assemblée provinciale, était créée aux côtés du subdélégué. Dans les deux cas, une hostilité systématique apparut entre l'ancien administrateur solitaire et la nouvelle assemblée, accroissant les difficultés de gestion du royaume. Enfin, un conseil municipal, également élu, remplaça les assemblées paroissiales. Le seigneur et le curé en étaient membres de droit, mais ne pouvaient participer à l'élection de ses membres. Le seigneur les présidait, sans pouvoir participer aux votes relatifs à l'impôt, n'étant pas lui-même redevable de la taille.

2. Cette centralisation sera confortée par la République et l'Empire

La Révolution française, dès ses premières heures, réforme cette organisation. L'Assemblée constituante prévoit, dès le 14 décembre 1789, trois niveaux de gestion publique locale :

- les communes sont administrées par trois organes : le conseil municipal, instance délibérative, le maire, organe exécutif élu directement, enfin le procureur, élu dans les mêmes conditions ;
- les districts, entre 6 et 9 par département, sont composés d'un conseil général, désignant en son sein un directoire chargé des fonctions exécutives, un procureur-syndic étant chargé de la bonne application des lois nationales ;
- les départements, composés selon le même triptyque : un conseil général (dont le nom est demeuré jusqu'à nous), désignant en son sein un directoire (aujourd'hui dénommé « commission permanente »), tandis qu'un procureur-général-syndic, quoiqu'élu, représente les intérêts nationaux.

Néanmoins, aucune séparation entre collectivités territoriales et État n'est opérée à cette occasion. En effet, chaque niveau de collectivité est soumis à l'autorité du niveau supérieur et le roi, au sommet, demeure le chef de toute l'administration. Nous sommes donc là, pour reprendre la distinction opérée plus haut, davantage en présence d'un effort de déconcentration que d'une réelle décentralisation. Seule la commune commence à se voir reconnaître une sphère autonome d'action, pour gérer des intérêts propres, en plus des fonctions que ses organes exercent au nom de l'État.

L'embryon d'autonomie politique qu'annonçaient les décrets du 14 décembre et du 22 décembre 1789 va être remis en cause avec l'entrée en guerre de la France à compter de 1792. Dans un contexte de guerre civile alimentée par les régions royalistes, cumulée avec la guerre étrangère menée par les monarchies au nord, à l'est et au sud du territoire, la Convention nationale choisit de concentrer le pouvoir afin d'organiser efficacement la réplique. Le 14 frimaire an II, elle adopte les mesures proposées par les conventionnels dits « Jacobins », contre l'avis des « Girondins » désormais minoritaires : le conseil général de département est supprimé, tandis que le conseil général de district est placé sous l'autorité directe du Comité de salut public, émanation de la Convention, composé de 9 députés.

Une fois la victoire militaire assurée, la Convention décide l'élimination physique des robespierristes et adopte la Constitution du 5 fructidor an III. Cette dernière prévoit la suppression des deux niveaux de collectivité s'étant le plus illustrés au cours de la Terreur de l'an II : le district est dissous alors que le département est rétabli ; le conseil municipal disparaît en pratique, au profit de municipalités de cantons, au sein desquelles chaque groupe de communes totalisant 5 000 habitants disposait d'un représentant. Enfin, l'arrondissement infra-municipal, comme il en demeure aujourd'hui à Paris, Lyon et Marseille, est créé à cette occasion, les grandes villes ayant été jugées trop dangereuses pour la stabilité du pouvoir national pendant la période de troubles.

Mais l'autonomie des collectivités locales n'est toujours pas à l'ordre du jour : la filiation est évidente entre l'intendant royal d'Ancien Régime et le « commissaire du Directoire », représentant local de l'État central, révocable à tout instant par le pouvoir politique national, que la Constitution de l'an III met en place auprès de chaque département et canton.

Avec Napoléon Bonaparte, la centralisation administrative française atteint son paroxysme. Avant même d'être proclamé empereur, celui-ci obtient l'adoption de la Constitution du 22 frimaire de l'an VIII puis de la loi du 28 pluviôse an VIII.

Le triptyque département-district-commune de 1789 est rétabli, le district étant toutefois renommé « arrondissement ». Dans son département, « le préfet est seul chargé de l'administration » et représente le Gouvernement dans son ensemble. Le conseil général qui lui est adjoint est composé de notables nommés. De plus, le conseil général a pour seule compétence décisionnelle de répartir l'impôt direct entre les arrondissements et de voter des « centimes additionnels » pour financer les dépenses départementales. Enfin, il ne peut se réunir qu'une fois par an, pour une durée maximale de quinze jours.

Subordonné au préfet, un sous-préfet est affecté à chaque arrondissement, un conseil d'arrondissement reproduisant les caractéristiques du conseil général (nomination des membres et simple compétence consultative). Enfin, au niveau communal, le maire, également nommé, est affublé d'un conseil municipal élaboré selon le même modèle que les deux instances délibératives de niveau supérieur.

Dans ces conditions, toute décision publique procède de l'État. À compter de ce stade paroxystique de la centralisation française vont s'ébaucher, réforme après réforme, et non sans reculs temporaires, les conditions actuelles de l'autonomie des collectivités territoriales.

B. La remise en cause progressive de la centralisation

La Restauration (1814-1830) se révélant tout aussi centralisée que l'Empire, la Ire République et les descendants de Louis XIV, il faudra attendre la révolution de Juillet, en 1830, et l'avènement d'un régime parlementaire d'inspiration libérale pour voir initié un mouvement d'autonomisation des collectivités territoriales. La Charte acceptée par Louis-Philippe en 1830 prévoit en effet « des institutions départementales et municipales fondées sur un système électif ».

1. La monarchie de Juillet

L'autonomisation est tout d'abord politique, avec l'élection des conseils municipaux (par moitié tous les trois ans) opéré par la loi du 21 mars 1831 puis des conseils d'arrondissement (également par moitié tous les trois ans) et des conseils généraux (par tiers tous les trois ans) par la loi du 22 juin 1833. À ce stade, une distinction est opérée entre élections nationales et élections locales : tandis qu'un suffrage censitaire très rigoureux limite à deux cent mille personnes le corps électoral pour la désignation des députés (il convient, pour les élections législatives, de payer 200 francs d'impôts), ce corps électoral est étendu à deux millions d'individus pour les élections municipales par la loi du 21 mars 1831. En effet, dans les communes de moins de mille habitants (regroupant, à l'époque la plus grande partie de la population), les 10 % de citoyens les plus imposés sont appelés à voter, ce nombre s'accroissant de 5 % des électeurs entre 1 000 et 5 000 habitants, puis 4 % jusqu'à 15 000 et 3 % au-delà de 15 000 habitants. De plus, le corps électoral s'étend, en plus de ceux admis à voter eu égard à leur contribution fiscale, aux individus disposant de diplômes attestant de leurs « capacités ». Enfin, aucune condition particulière n'est posée à l'éligibilité, ouverte à tout électeur. Ainsi nombre de Français seront citoyens locaux avant d'accéder au droit de vote au niveau national. Il est possible d'avancer que les Républicains et les libéraux d'opposition, qui accèderont au pouvoir en 1848 se sont appuyés sur cette pratique embryonnaire du pouvoir démocratique par les citoyens pour revendiquer, à l'échelle de la nation et notamment lors de la campagne des Banquets en 1847, l'abaissement du cens.

Après l'insurrection de février, le suffrage universel est proclamé par décret du gouvernement provisoire le 2 mars 1848. Néanmoins, la majorité libérale modérée est vite échaudée par les résultats de l'élection présidentielle de décembre, qui désigne Louis-Napoléon Bonaparte premier président de la République française. Par la loi du 31 mai 1850, cette majorité restreint le suffrage universel, en portant l'obligation de résidence dans la commune ou le canton de six mois à trois ans. Le coup d'État du 2 décembre 1851 verra ce paradoxe qu'un Empire renverse une République au motif qu'il convient de rétablir le suffrage universel renié par cette dernière...

Le cas de l'exécutif local est plus complexe. Les maires demeurent, en vertu de la loi de 1831, nommés par le roi ou, dans les communes de 3 000 habitants et moins, par le préfet, mais ils doivent désormais être choisis parmi les conseillers municipaux. Après la révolution de février 1848 et la proclamation de la deuxième République, un décret du 3 juillet 1848 prévoit la désignation des maires et des adjoints par les conseillers municipaux pour les communes de moins de 6 000 habitants qui ne sont pas chefs-lieux de département ou d'arrondissement. Sur ce point, le Second Empire marquera un double recul, l'article 57 de la Constitution du 14 janvier 1852 disposant que les maires seront nommés par le pouvoir exécutif et pourront être pris hors du conseil municipal.

L'autonomisation est, ensuite, juridique, la loi du 18 juillet 1837 conférant la personnalité morale à chaque commune et la loi du 10 mai 1838 faisant de même pour les départements. C'est là la reconnaissance fondamentale d'un droit des collectivités territoriales à poursuivre des intérêts propres, permettant notamment de posséder et de gérer un patrimoine, de salarier des fonctionnaires, de passer des contrats, d'adopter un budget.

2. La IIIe République

La IIIe République, à partir de 1871, constitue, après les années 1830, la deuxième grande étape de l'autonomisation politique et juridique des collectivités.

La loi départementale du 10 août 1871 est guidée par ce souci de distinguer les affaires locales des affaires nationales, Waddington, rapporteur de la commission de décentralisation déclarant que « nous avons cherché à séparer autant que possible la gestion des affaires départementales de celles de l'État tout en ménageant les intérêts et les habitudes des populations ».

L'organisation du département en trois grands organes est alors actée :

- le conseil général est composé de conseillers élus, par moitié, pour 6 ans ;
- une commission départementale (ancêtre de l'actuelle « commission permanente ») est créée : elle se réunit tous les mois (contre deux fois par an seulement pour le conseil général), contrôle l'action de l'exécutif, répartit les subventions entre communes et formule des avis ;
- le pouvoir exécutif est confié à une personne unique, le préfet, qui prépare et exécute les affaires soumises au conseil général.

Il faudra attendre treize années supplémentaires pour qu'un travail parlementaire équivalent soit mené à bien en ce qui concerne les communes. Le sujet est en effet plus sensible politiquement que celui des départements : la IIIe République avait dû, dès sa première année d'existence, réprimer le mouvement dit de la Commune (de mars à mai 1871). Ce mouvement insurrectionnel fut animé par un fort esprit fédératif, le conseil de Paris ayant réclamé, par exemple, le 26 mars 1871, « l'autonomie absolue de la commune étendue à toutes les localités de France ».

La loi municipale du 5 avril 1884 adopte un schéma organisationnel toujours en vigueur, dans lequel le conseil municipal adopte les délibérations et le maire occupe trois fonctions à la fois : président de l'assemblée (à ce titre, il assure la police des débats), exécutif de la commune (il signe, par exemple, les contrats au nom de la commune) et représentant de l'État (il est notamment officier d'état-civil).

L'autonomie politique est consacrée : la loi municipale de 1884 confirme que le conseil municipal est désigné au suffrage universel direct (pour quatre ans, avant que le mandat soit allongé à six ans en 1929). Surtout le maire et les adjoints sont, dans toutes les communes (sauf à Paris jusqu'en 1977) élus par le conseil municipal et non plus nommés par l'État. Le principe du suffrage universel n'est plus remis en cause et le développement des compétences locales pourra avoir lieu dans un cadre principalement démocratique. Mais s'il n'est plus utilement contesté, ce suffrage universel devra encore être approfondi. Sous la IIIe République, ni les femmes ni les militaires ne manient le bulletin de vote. Quant aux populations colonisées, elles ne connaîtront qu'une intégration politique partielle, nourrissant les revendications d'indépendance : si elles sont associées à la désignation des institutions locales, elles ne votent nullement aux élections législatives. Sur ce point encore, la démocratie locale fut, un temps, plus approfondie que la démocratie nationale.

Au regard de ces premières réformes, le régime de Vichy réalise un net retour à la centralisation napoléonienne. Dès la loi du 16 novembre 1940, les conseils municipaux des communes de plus de 2 000 habitants ne sont plus élus mais nommés par l'État. Les conseils généraux sont supprimés, remplacés par des « commissions administratives » consultatives, avant d'être renommés « conseils départementaux », sans davantage d'autonomie juridique et politique. C'est que le pouvoir local a été intégralement rendu au préfet, parallèlement, par la loi du 23 décembre 1940.

3. L'après-guerre

Une fois refermée la « parenthèse » pétainiste, les lois de 1871 et 1884 sont réactivées. Depuis lors, trois dernières innovations vont achever la séparation fonctionnelle des collectivités territoriales et de l'État.

La première consiste à constitutionnaliser l'existence de collectivités territoriales autonomes. Pour la première fois, la Constitution de la IVe République (27 octobre 1946) dispose que « La République française, une et indivisible, reconnaît l'existence de collectivités territoriales » (article 85) qui « s'administrent librement par des conseils élus » (article 87). La Constitution de la Ve République (4 octobre 1958) réitérera cette garantie suprême, en prévoyant que « dans les conditions prévues par la loi, ces collectivités s'administrent librement par des conseils élus » (article 72). Ici, non seulement l'existence des collectivités territoriales est défendue, mais également leur « libre administration » : à compter de 1958 le Conseil constitutionnel donnera corps à ce principe et déclarera contraires à la Constitution les dispositions législatives qui violeront ce principe.

Le second champ de réformes a trait à l'exercice du pouvoir exécutif au sein des départements. Par la loi du 2 mars 1982, adoptée après l'alternance politique de 1981 et relative « aux droits et libertés des communes, départements et régions », le préfet n'exerce plus aucun pouvoir en leur sein. Sur le modèle communal, le pouvoir exécutif est, en effet, confié au président du conseil général qui cesse d'être un « *primus inter pares* » pour se voir confier des compétences exclusives : responsable de l'exécution des délibérations, il devient le chef de l'administration du département. La séparation organique d'avec l'État est alors complète.

Enfin, la troisième réforme, décisive, consiste à supprimer le pouvoir de tutelle jusque-là confié aux préfets. Jusqu'en 1982, quoique séparées de l'État juridiquement et politiquement, les collectivités territoriales continuent de dépendre de lui pour que chaque acte qu'elles prennent devient exécutoires, c'est-à-dire produit des effets juridiques. Ainsi, toute décision d'une collectivité locale doit encore, à cette époque, obtenir l'autorisation du préfet, représentant de l'État exerçant son pouvoir de tutelle, pour entrer en vigueur. Un décret-loi du 5 novembre 1925 avait opéré une première réforme sur ce point en mettant en place le régime de l'approbation tacite. Il n'était alors plus besoin d'une autorisation expresse du représentant de l'État : passé un certain délai, l'acte de la collectivité territoriale sera considéré comme approuvé et produira donc ses effets. La loi du 2 mars 1982 et celle du 22 juillet 1982 qui la complète achèvent cette évolution : les décisions des collectivités territoriales deviennent exécutoires dès lors qu'elles sont publiées et, pour un certain nombre d'entre elles, transmises au préfet. Dès que ces deux formalités (qui ne dépendent donc plus que des collectivités locales) ont été remplies, l'acte rédigé par la collectivité produit ses effets juridiques. À compter de cette date, le préfet n'exerce plus de contrôle d'opportunité sur les actes pris mais seulement un « contrôle de légalité », aboutissant à un dialogue, a posteriori, avec la collectivité auteur de l'acte et, si la discordance de vues persiste, à la saisine, par le préfet, du Tribunal administratif aux fins que ce dernier annule l'acte déféré. Dans le même esprit de contrôle a posteriori, des chambres régionales des comptes, créées sur le modèle de la Cour des comptes par la même loi du 2 mars 1982, sont chargées d'examiner les actes budgétaires et la gestion financière des collectivités.

La République reconnaît donc bien, à l'issue de ce processus d'autonomisation, deux formes d'exercice légitime du pouvoir sur le territoire, celui de l'État et celui des collectivités territoriales. La loi d'orientation relative à l'administration territoriale de la République (dite loi ATR) du 6 février 1992 le confirmera solennellement en son article premier, qui dispose que « l'administration territoriale de la République est assurée par les collectivités territoriales et par les services déconcentrés de l'État ».

Entre-temps, depuis la fin de la Seconde Guerre mondiale, le corps électoral local a connu trois principales extensions.

À la Libération, par l'ordonnance du 21 avril 1944, les femmes deviennent enfin pleinement électrices et éligibles, aux élections locales et nationales, tandis que le Parlement de la IIIe République avait, à de nombreuses reprises, formellement refusé de leur accorder ce droit, malgré le dépôt de proposition de loi en ce sens (notamment par Jules Guesde en 1920). C'est à l'occasion des élections municipales du 29 avril 1945 qu'elles auront, pour la première fois, l'occasion de voter.

Par la loi du 5 juillet 1974, l'âge de la majorité politique est abaissé de vingt-et-un à dix-huit ans. C'est encore à l'occasion d'élections locales, les cantonales de mars 1976 que ce droit sera exercé pour la première fois.

Enfin, la loi constitutionnelle du 25 juin 1992 autorise l'octroi, pour les seules élections municipales, du droit de vote aux ressortissants des États de l'Union européenne (article 88-3 de la Constitution). Ce sera chose faite, après le référendum du 20 septembre 1992 autorisant la ratification du traité de Maastricht, par la loi organique du 25 avril 1998. Cette dernière dispose que « les citoyens de l'Union européenne résidant en France, autres que les citoyens français, peuvent participer à l'élection des conseillers municipaux dans les mêmes conditions que les électeurs français ». Toutefois, pour éviter que des ressortissants étrangers exercent un quelconque pouvoir relevant de la souveraineté nationale, les conseillers municipaux qui n'ont pas la nationalité française ne peuvent être élus ni maire ni adjoint, ni en exercer temporairement les fonctions (puisque ces derniers agissent également, dans certaines de leurs compétences, comme agents de l'État), ni, enfin, participer à aucune étape des élections sénatoriales.

Mais la séparation (politique et juridique) d'avec l'État, n'est, pour les collectivités locales, que l'une des conditions de leur autonomie. Cette condition est nécessaire mais elle n'est pas suffisante : pour ne pas être des « coquilles vides », encore faut-il que les collectivités disposent du droit d'agir.

II. Le développement des compétences

Une fois l'existence des collectivités locales acceptée, se pose nécessairement la question de leurs marges de manœuvre concrètes, déterminées, qu'il s'agisse du champ de compétences ou des moyens qui leur sont affectés, par la loi.

A. Le débat politique

Le débat entre Jacobins et Girondins au XVIIIe siècle, entre autoritaires et libéraux au XIXe siècle, entre centralisateurs et autogestionnaires au XXe siècle, demeure en vigueur, tout en se renouvelant dans sa formulation. Pour les premiers, l'État doit conserver la maîtrise de l'action publique, car il est, d'une part, le seul instrument émanant de la souveraineté nationale dont « aucune section du peuple ni aucun individu » ne peut s'attribuer l'exercice, selon l'article 2 de la Constitution (argument politique) et, d'autre part, le seul capable, sur l'ensemble du territoire, d'assurer l'égalité effective des droits pour tous les citoyens (argument technique). Pour les seconds, les collectivités locales doivent se voir confier le plus grand nombre de compétences et de libertés possibles, au motif qu'elles sont placées au plus proche des citoyens, de sorte qu'elles sont à la fois mieux contrôlées (argument politique) et plus réactives (argument technique) qu'un pouvoir central éloigné. Compte tenu de la force de conviction de chacune de ces deux écoles de pensée, on explique sans peine que le droit public local actuel trahisse, sinon une synthèse, du moins un équilibre entre ces options.

Arrêter une explication unique à l'accroissement des compétences accordées, progressivement, aux collectivités locales, serait vain. Tout au plus peut-on constater que le XIXe siècle voit éclore des thèses philosophiques favorables à une telle évolution. Classiquement, les libéraux y trouvent un moyen utile à la limitation des ingérences de l'État dans la vie privée des individus : John Stuart Mill (*Considérations sur le gouvernement représentatif*, 1860) appelle tout gouvernement à « respecter la plus grande dissémination possible du pouvoir compatible avec l'action utile du pouvoir ». Selon Pierre Rosanvallon, « l'ardeur décentralisatrice de la IIIe République a certes un but directement politique : elle est un moyen de républicaniser le pays, en transférant à des notables, généralement favorables au régime des pouvoirs qui appartenaient à des fonctionnaires locaux dont beaucoup étaient entrés en fonctions sous le Second Empire. Mais l'objectif est surtout de renforcer le rôle des élus dans la vie du pays et d'affirmer le rôle subordonné de l'administration. L'élection du maire [...] en constitue un symbole. Les vieilles réticences philosophiques à la décentralisation, au nom du principe d'unité et d'égalité, sont ainsi modulées par la préoccupation de limiter la marge de manœuvre de l'administration » (*L'État en France de 1789 à nos jours, Points*, 1990, p. 80). Malgré la prégnance du système centralisé, des voix autorisées s'élèvent, dès le début de la monarchie de Juillet, pour construire une mythologie de l'autonomie locale : le rapporteur de la loi de 1831 à la Chambre des députés, M. Félix Faure, déclarant, pour présenter le texte à ses collègues, que « la commune est l'élément de la grande famille nationale, antérieure à tous les gouvernements » (séance du 29 décembre 1830). Enfin, toujours parmi les auteurs libéraux, Alexis de Tocqueville développe, dans son ouvrage *L'Ancien Régime et la Révolution*, également l'argument technique de la nécessaire réactivité des pouvoirs publics. Ainsi, constatant que, sous l'Ancien Régime, « les villes ne peuvent ni établir un octroi, ni lever une contribution, ni hypothéquer, ni vendre, ni plaider, ni affermer leurs biens, ni les administrer, ni faire emploi de l'excédent de leurs recettes, sans qu'il intervienne un arrêt du conseil sur le rapport de l'intendant », il veut souligner l'inertie bureaucratique qui en résulte : « la masse des écritures est déjà énorme, et les lenteurs de la procédure administrative si grandes que je n'ai jamais remarqué qu'il s'écoulât moins d'un an avant qu'une paroisse pût obtenir l'autorisation de relever son clocher ou de réparer son presbytère ; le plus souvent, deux ou trois années se passent avant que la demande soit accordée ».

Parallèlement, l'émergence des structures politiques locales est également souhaitée par les courants d'extrême-gauche. Ainsi de Pierre-Joseph Proudhon (*Du principe fédératif*, 1863) pour lequel le Pacte fédératif émanant de la base doit remplacer le Contrat social rousseauiste instituant la souveraineté. Les individus « ralliés sous une loi commune et dans un intérêt identique » doivent décider, ou non, par un acte associatif concret, d'être groupés en familles, elles-mêmes associées en villages, eux-mêmes fédérés en groupements, etc. De même de l'anarchiste Piotr Kropotkine (*Paroles d'un révolté*), dont le système politique idéal repose sur les communes, groupements de base autogérés, regroupées en niveaux successifs de fédérations : « l'harmonie de la société sera obtenue, non par la soumission à la loi ou l'obéissance à une autorité quelconque, mais par des accords libres conclus entre les différents groupes territoriaux et professionnels ».

Cette tendance retrouvera du crédit politique à la fin du XXe siècle. Comme si l'État était alors victime de son efficacité d'instituteur (et de reconstructeur d'après-guerre), Simon Nora note qu'« avec les progrès de la formation et de l'information, le pays, adulte, ne supporte plus qu'on lui explique, d'en haut, ce qu'il faut faire et ne pas faire ». Entre-temps, les élites juridiques auront pu être acquises aux thèses de Léon Duguit, rassemblées dans ce que l'on appelle « l'école du service public ». Ce point de vue juridique a pour objet et pour effet de désacraliser l'État : « la puissance publique ne peut point se légitimer par son origine, mais seulement par les services qu'elle rend. Il en résulte dès lors [...] que l'État cesse d'être une puissance qui commande pour devenir un groupe qui travaille » écrit, ainsi, le professeur dans son Traité de droit constitutionnel en 1927. Dans cette optique, comme le souligne Pierre Rosanvallon, « l'État est défini comme une fédération de services publics autonomes ». Dès lors, la fonction symbolique de l'unité apparaît inutile : si tel ou tel service à la population est mieux assuré par des collectivités locales que par un État central, alors il doit leur être confié. Enfin, les sociologues ont pu identifier, dans les démocraties occidentales, un « infléchissement du modèle bureaucratique », consécutif à la phase de dilatation de l'État central (Jacques Chevallier et Danièle Lochak, *La science administrative*, PUF, coll. « Que sais-je ? », 1992).

Sur le plan strictement politique, s'établit, dans la seconde moitié du XXe siècle, un relatif consensus entre les forces en présence, l'argument technique d'efficacité l'emportant souvent sur l'argument politique d'essence libérale. Ainsi peut-on noter une communauté de vues, quant au nécessaire développement des compétences locales, entre les présidents de la République Charles de Gaulle et François Mitterrand, malgré leur farouche opposition politique sur d'autres points. Charles de Gaulle avait surpris la tradition jacobine, dans son discours de Lyon du 24 mars 1968, en déclarant : « l'effort multiséculaire de centralisation, qui fut longtemps nécessaire pour réaliser et maintenir son unité malgré les divergences des provinces qui étaient successivement rattachées, ne s'impose plus désormais ».

Il peut être enfin intéressant de souligner que le débat entre les tenants d'un État garant de l'unité nationale et les partisans d'une décentralisation plus prononcée ne reproduit pas les clivages classiques entre gauche et droite parlementaires.

Ainsi les deux dernières lois de décentralisation en date, en 1983 puis en 2004 (appelées, à la faveur d'une myopie historique, acte I et acte II de la décentralisation) ont été adoptées par des majorités politiques différentes : de gauche pour la première, de droite pour la seconde. Parallèlement, des mesures d'inspiration jacobine ont été adoptées par le législateur à l'initiative de ministres socialistes (par exemple Pierre Joxe appuyant, dans le projet de loi relative aux conditions d'exercice des mandats locaux, en 1992, l'introduction d'un plafond d'indemnités que les conseils régionaux et généraux pouvaient verser à leurs propres élus) ou classés à droite (par exemple Charles Pasqua défendant, dans le projet de loi d'orientation pour l'aménagement du territoire de 1995, la création d'un schéma national d'aménagement et de développement du territoire). Illustrant la complexité de ces questions et l'enchevêtrement des positions politiques, un même gouvernement peut œuvrer dans un sens à la fois décentralisateur et centralisateur : la loi du 26 juin 1999, défendue par la ministre de l'Environnement de l'époque, Dominique Voynet, renforce le rôle des « pays », tandis que la loi du 12 juillet 1999, défendue par le ministre de l'Intérieur Jean-Pierre Chevènement, renforce les pouvoirs des préfets d'intégrer d'office une commune récalcitrante au sein d'un groupement…

B. La consécration juridique

L'accroissement des compétences dévolues à l'échelon local a connu trois grandes étapes, par les lois de 1884, 1982-1983 et 2003-2004.

L'attribution d'une clause générale de compétence aux communes représente l'une des innovations principales de la loi municipale du 5 avril 1884. Son article 61 dispose, dans son premier alinéa : « Le conseil municipal règle, par ses délibérations, les affaires de la commune. »

Certes, le champ de compétences des communes n'est pas rendu infini par cette « clause générale ». Spontanément, on comprend qu'une ville n'est jamais fondée à lever une armée ou décider d'un nouvel impôt sur son ressort territorial. C'est que cette clause générale de compétence connaît deux limites : d'une part une collectivité ne peut agir que si un « intérêt public local » le justifie ; d'autre part la compétence que la collectivité entend actionner ne doit pas avoir été spécialement dévolue par la loi à l'État ou à une autre personne publique.

Toutefois, la loi de 1884 opère bien un renversement complet : auparavant les organes locaux ne pouvaient intervenir que pour assurer les fonctions qui leur étaient spécifiquement attribuées et, sur le fondement de la loi du 21 mars 1831, « toute délibération d'un conseil municipal portant sur un objet étranger à ses attributions est nulle de plein droit » (art. 28). Par exemple, la loi du 21 mai 1836 avait mis les chemins vicinaux à la charge des communes. Désormais les communes pourront intervenir au soutien de tout intérêt public local, sauf si la compétence a été attribuée à d'autres.

Les départements, quant à eux, ne bénéficiaient pas, jusqu'en 1982, d'une telle clause, la loi du 10 août 1871 (article 46) prévoyant une liste de domaines précis sur lesquels le département pouvait statuer. Certes, à la faveur de cet article, le département pouvait également se prononcer sur « tous les objets d'intérêt départemental » dont il était saisi. Néanmoins, le Conseil d'État devait adopter une interprétation restrictive de l'étendue des pouvoirs des conseils généraux (Conseil d'État, Études et documents n° 35, 1983-1984, p. 353). Il fallut donc attendre la loi du 2 mars 1982 (article 23) pour voir étendue aux départements la formule réservée jusque-là aux communes : « le conseil général règle par ses délibérations les affaires du département ».

Le terrain était donc prêt pour un transfert massif de « blocs de compétence » aux collectivités locales, aboutissant parfois à priver l'État de toute responsabilité en ce domaine et à confier à un niveau précis de collectivités le soin de s'en charger.

Ce fut l'objet des lois du 7 janvier et du 22 juillet 1983 relatives à la répartition des compétences entre les communes, les départements, les régions et l'État.

La commune devient responsable du fonctionnement des écoles maternelles et primaires, de l'élaboration des documents d'urbanisme réglementaire (parfois encore en lien avec les DDE), l'organisation des transports publics urbains, la gestion des bibliothèques et des musées.

Le département prend en charge la gestion des collèges, l'aide et de l'action sociales, l'organisation des transports publics inter-urbains, l'équipement rural.

Enfin, la région, élevée au rang de collectivité locale l'année précédente, se voit confier la gestion des lycées et des établissements d'enseignement agricole, la planification économique, l'apprentissage et la formation professionnelle.

Dernière étape en date de cet accroissement des compétences locales, la loi du 13 août 2004 relative aux libertés et aux responsabilités locales, reprend la méthode initiée en 1983 de transfert de « blocs de compétences », confiant par exemple aux départements et aux communes le recrutement et la gestion des personnels techniciens, ouvriers et de service (dits « TOS ») exerçant leurs missions respectivement dans les collèges et les écoles primaires.

Un an avant le vote de cette loi très technique, la Constitution avait fait l'objet d'une modification exprimant clairement le principe directeur de la nouvelle répartition des compétences : le principe de « subsidiarité ». La loi constitutionnelle du 28 mars 2003 retranscrit à l'article 72 de la Constitution la définition même de ce principe, en disposant que « les collectivités territoriales ont vocation à prendre les décisions pour l'ensemble des compétences qui peuvent le mieux être mises en œuvre à leur échelon ». Certes, les termes mêmes prêtent à débat, l'appréciation de la « meilleure » mise en œuvre de telle ou telle compétence pouvant être subjective. Néanmoins, il convient de voir, dans cette révision, la victoire politique d'un courant fortement décentralisateur.

Malgré la constitutionnalisation du principe de subsidiarité, des voix s'élèvent, désormais, pour réclamer une pause dans les transferts de compétence. Non pas tant par idéologie jacobine que par souci de laisser les collectivités « absorber » ceux d'ores et déjà décidés. Les responsables politiques locaux eux-mêmes commencent à avancer un nouvel argument pour s'opposer à l'exercice de compétences supplémentaires : leurs marges de manœuvre financières, d'ores et déjà considérablement réduites par l'effet des transferts antérieurs, pourraient se révéler insuffisantes à l'absorption de nouvelles missions.

Ainsi, le temps des transferts de compétences supplémentaires à la sphère locale semble révolu. Le Président de la République indique à la ministre de l'Intérieur, dans la lettre de mission du 30 juillet 2007 : « vous ferez une pause dans l'octroi de compétences nouvelles aux collectivités territoriales ». Plus encore, le législateur semble désormais vouloir assurer à l'État une position de garant en cas de carence desdites collectivités dans l'exercice de leurs missions. Ainsi, la loi n° 2007-1224 du 21 août 2007 sur le dialogue social et la continuité du service public dans les transports terrestres réguliers de voyageurs oblige l'autorité organisatrice de transport (une collectivité ou un groupement de collectivités) à « définir les dessertes prioritaires en cas de perturbation prévisible du trafic » (article 4) mais ajoute immédiatement qu'en cas de carence de l'autorité organisatrice de transport, et après une mise en demeure, le représentant de l'État arrêtera lui-même les priorités de desserte.

Repères

- **Lois du 21 mars 1831 et du 22 juin 1833** : principe de l'élection des assemblées locales, respectivement des conseils municipaux et des conseils généraux
- **Lois du 18 juillet 1837 et du 10 mai 1838** : octroient la personnalité morale respectivement à la commune et au département
- **Loi du 5 avril 1884** : clause générale de compétence du conseil municipal
- **Constitution du 27 octobre 1946** : première reconnaissance constitutionnelle de l'existence et de la libre administration des collectivités territoriales
- **Loi du 2 mars 1982** : suppression de la tutelle du préfet sur les actes des collectivités locales
- **Loi constitutionnelle du 28 mars 2003** : constitutionnalisation du principe de subsidiarité

Pour gagner des points

La Région, une très lente émergence

Dès le début du XIXe siècle, les monarchistes plaident pour regrouper les départements en régions. Il ne s'agit pas seulement là d'une nostalgie des frontières des provinces d'Ancien régime, mais surtout d'un levier politique : des collectivités territoriales plus étendues et dominées par de grands propriétaires fonciers constitueront un contre-pouvoir puissant au pouvoir national, qu'il soit impérial ou républicain. Un argument supplémentaire éclot dans les années 1900 : selon le ministre (républicain) des Finances Maurice Rouvier « *la division de la France en un certain nombre de grandes régions serait le seul moyen de réaliser des économies* » (Compte-rendu des débats de la Chambre des députés, 2e séance du 2 décembre 1903). L'idée régionaliste dispose, à la même date, de son organe : la Fédération régionaliste française, créée en mars 1900 par Jean Charles-Brun, qui édite une revue intitulée « l'Action régionaliste » et accueille, au sein de son comité, Maurice Barrès.

Sur le plan du droit institutionnel, l'émergence de la région au rang de collectivité territoriale de plein exercice sera lente. Elle peut être décrite, tout au long du XXe siècle, en six étapes principales :

La première concrétisation juridique de la région peut être datée du 5 avril 1919. Par un modeste arrêté du ministre du Commerce Clémentel, les chambres de commerce et d'industrie, préexistantes, étaient invitées à fonder plusieurs groupements économiques régionaux, au nombre de 17 à l'origine, sur la base de deux délégués par chambre. Cette empreinte originelle, cette vocation de coordination au service du développement économique marqueront l'histoire de l'institution régionale, jusque dans ses compétences actuelles, même si le décret du 28 septembre 1938 actera surtout la transformation des anciens groupements économiques régionaux en chambres régionales de commerce et d'industrie, toujours existantes.

La deuxième tentative de régionalisation marqua, non moins que la première, l'histoire de cette institution. La loi du 19 avril 1941 institue des préfets régionaux, chargés de relayer, dans un périmètre reproduisant souvent les anciennes provinces d'Ancien Régime, la politique décidée par le maréchal Pétain. Le projet de Constitution, signé par ce dernier le 30 janvier 1944 prévoyait par ailleurs la création, en sus des conseils municipaux et départementaux, de « conseils provinciaux » (article 40). Ce lien entre administration régionale et régime vichyste devait desservir fortement l'image de l'institution chez les républicains dans les décennies suivantes, bien que le général de Gaulle ait, par ordonnance du 10 janvier 1944, maintenu pour les besoins de la Libération des régions administratives, au sein desquelles des commissaires de la République exerçaient des pouvoirs exceptionnels, notamment de réquisition.

Dans un troisième temps, la région va réapparaître sous la forme d'une simple circonscription de la réflexion et de l'action administratives : un décret du 30 juin 1955 prévoit des programmes d'action régionale qui seront des déclinaisons territoriales du Plan quinquennal national. De cette époque les régions actuelles ont hérité de leurs contours : c'est un simple arrêté ministériel du 28 novembre 1956 qui arrête les périmètres régionaux. À quelques exceptions près (comme la disparition de la région Alpes), ces délimitations sont toujours en vigueur. Les conditions de cette genèse sont déterminantes : découpées par un bureau de l'État central, respectant les limites des départements, définies sans prise en compte (à dessein) de quelconques « identités » culturelles ou économiques, les régions françaises, à la différence des Länder allemands, ne s'appuient sur aucun « vécu politique » historique de la population.

La quatrième étape épouse la période gaulliste : le décret n° 59-171 du 7 février 1959 prescrit « *la révision des circonscriptions des administrations et services relevant de l'État en vue de leur harmonisation avec les circonscriptions des plans régionaux de développement économique et social* » : l'organisation de l'État devra épouser les contours régionaux arrêtés en 1955-1956. C'est chose faite par un décret du 2 juin 1960 qui crée les circonscriptions d'action régionale et par un décret du 14 mars 1964 qui les coiffe d'un préfet, chargé de coordonner l'action des préfets de départements (dont il fait partie). Mais le général de Gaulle entend approfondir cette réforme : dans son discours du 24 mars 1968 il déclare que « *les activités régionales apparaissent comme les ressorts de la puissance économique de demain* ». Cette approche le conduira à soumettre au référendum, le 27 avril 1969, en même temps que la rénovation du Sénat, un texte portant création de régions aux caractéristiques très proches d'une collectivité territoriale : l''assemblée régionale devait être composée de conseillers régionaux représentant les intérêts économiques et sociaux, auxquels étaient adjoints les députés de la région et des représentants des collectivités locales, la région exerçant des compétences étendues. Après le rejet de ce texte à plus de 53 % des suffrages populaires et la démission du président de la République qui s'en suivit, on eut pu croire que l'émergence de la région était, cette fois, pour longtemps compromise.

Or, cinquième et décisif moment, la majorité parlementaire qui avait mollement soutenu le projet de 1969 adopte, trois ans plus tard, la loi du 5 juillet 1972 qui accorde la personnalité morale à une nouvelle entité : l'établissement public régional. Ainsi, la région n'est pas encore une collectivité territoriale, mais n'est déjà plus une simple circonscription territoriale. Cet EPR se prononce sur les plans, études, projets d'infrastructures, stratégies de développement économique de la région. Il est administré par un préfet de région (mais sans disposer de services propres) ; son assemblée délibérante est un « conseil régional » composé, comme dans le projet de 1969, des parlementaires élus dans la région et des représentants des départements et communes, mais, à la différence du projet gaullien, la loi de 1972 isole les représentants économiques et sociaux dans un « Conseil économique et social », qui perdure aujourd'hui. Cette loi de 1972 laissa donc deux legs à la région actuelle : la personnalité morale d'une part, condition sine qua non de l'autonomie future, la distinction entre un « conseil régional » et un « conseil économique et social régional » d'autre part.

Le dernier temps marque la consécration législative de la Région comme une collectivité territoriale à part entière, au même titre que les communes et les départements. La loi du 2 mars 1982 relative aux droits et libertés des communes, départements et régions emporte une modification radicale, par rapport au statut des EPR : le conseil régional sera élu au suffrage universel direct, tous les six ans. La première élection aura lieu en mars 1986. Par la même loi du 2 mars, comme dans les départements et les communes, le président du conseil devient l'organe exécutif de la région, en remplacement du préfet, et la tutelle de l'État est supprimée : les actes pris par la collectivité deviennent exécutoires dès lors qu'ils sont publiés ou notifiés et (simplement) transmis au préfet.

Leçon 2

Les attributs de la personnalité

- I. Le nom
- II. Le territoire

Pour distinguer les collectivités territoriales parmi toutes les structures intervenant dans la sphère locale, il est possible de les définir comme les personnes morales de droit public (à la différence des sociétés anonymes et des associations), dont le ressort est limité à une portion du territoire national (à la différence de l'État) dont les organes décisionnels sont composés d'élus au suffrage universel direct et disposent d'une compétence générale (à la différence des établissements publics).

La Constitution, en son article 72, procède, elle, par énumération : les collectivités territoriales sont les communes, les départements, les régions, les départements et régions d'outre-mer, enfin les collectivités à statut particulier. Au 1er janvier 2008 on comptait en France, selon l'INSEE, 36681 communes (soit la moitié du nombre total de collectivités infra-étatiques de l'Union européenne), 100 départements et 25 régions (26 si l'on y inclut la collectivité territoriale de Corse).

Le Code général des collectivités territoriales s'ouvre par une série d'articles énonçant les principes solennels régissant les relations entre collectivités territoriales. Il apparaît que le triptyque républicain « Liberté, égalité, fraternité » est aussi à la base du droit public local.

La Liberté est affirmée tout d'abord : « Les communes, les départements et les régions s'administrent librement par des conseils élus » proclame l'article L.1111-1 du CGCT ; « les communes, les départements et les régions règlent par leurs délibérations les affaires de leur compétence » dispose l'article L.1111-2. L'administration des collectivités et leur production normative relèvent donc de leurs élus, autonomes.

Après l'expression de la Liberté, vient celle de l'Égalité : l'article L.1111-3 du CGCT énonce que « la répartition de compétences entre les communes, les départements et les régions ne peut autoriser l'une de ces collectivités à établir ou exercer une tutelle, sous quelque forme que ce soit, sur une autre d'entre elles », reprenant l'affirmation solennelle de l'article 72 de la Constitution, aux termes duquel « aucune collectivité territoriale ne peut exercer une tutelle sur une autre ». Juridiquement, aucune hiérarchie ne saurait donc exister entre les collectivités territoriales : la plus petite commune contracte à égalité avec la région, qui ne donne jamais d'ordre aux départements. Ce principe, proclamé par la loi du 2 mars 1982, est tout aussi révolutionnaire que la suppression de la tutelle de l'État sur les collectivités, permise par le même texte.

Jusqu'en 1982, la loi départementale du 10 août 1871 organisait une tutelle du conseil général sur les communes en matière de chemins vicinaux et d'aide sociale et prévoyait que le département fixe le montant maximal que les conseils municipaux étaient autorisés à voter pour des dépenses extraordinaires d'utilité communale.

Par ailleurs, la tutelle d'un niveau de collectivité sur un autre continue d'exister dans plusieurs États membres de l'Union européenne : dans les États fédéraux, notamment en Allemagne, la collectivité régionale légifère sur l'organisation territoriale, les institutions et les compétences des collectivités « inférieures ». Aux Pays-Bas, les provinces approuvent les plans d'urbanisme communaux.

Enfin, si la Fraternité autorise qu'une collectivité locale accorde une aide financière à une autre, cette aide ne pourra pas non plus avoir pour effet d'établir une tutelle de celle qui donne sur celle qui reçoit (art. L.1111-4 du CGCT). Le juge administratif vérifie que la collectivité bénéficiaire conserve sa liberté de choix dans la définition de son projet (CE, 12 décembre 2003, Département des Landes, n° 236442).

Dans cette affaire, le Conseil d'État a été saisi de la légalité d'un système de subvention des communes, par un conseil général, pour l'entretien de leur réseau de distribution d'eau. Afin d'inciter à la maîtrise publique de cette ressource, le conseil général avait fait varier l'ampleur de la subvention en fonction du mode de gestion retenu : 40 % en cas de régie directe, 30 % en cas de délégation du service à une entreprise privée. Un tel système aboutissait-il à priver les communes de leur libre arbitre quant au mode de gestion à retenir ? En l'espèce, le Conseil d'État a considéré qu'aucune tutelle n'était établie puisque le conseil général n'avait pas subordonné l'attribution de la subvention à une procédure d'autorisation et de contrôle. Il a également jugé que la liberté des communes de choisir l'un ou l'autre mode de gestion restait entière : l'écart entre les deux taux de subvention demeurait limité et justifié (puisqu'en cas de délégation du service, l'entreprise privée peut concourir financièrement à la réalisation des travaux). On relèvera que la loi a, suite à cet arrêt, interdit une telle modulation des subventions en fonction du mode de gestion du service de l'eau (article L.2224-11-5 CGCT issu de la loi n° 2006-1172 du 30 décembre 2006)...

Disposant de propriétés communes et régies par des principes communs, les collectivités territoriales se distinguent entre elles par deux attributs de la personnalité : leur nom (I.) et leur ressort territorial (II.).

I. Le nom

A. Le nom des communes

Au terme de la période révolutionnaire pendant laquelle le nom des communes a fait l'objet de multiples revirements (dont le nom de Lyon, remplacé par « Ville-Affranchie » par décret de la Convention nationale), un arrêté du 9 fructidor an IX, signé du premier consul Bonaparte et relatif à la dénomination des communes et des arrondissements de justice de paix énonce, dans un premier effort d'authentification : « Il ne pourra, à l'avenir, être donné aux communes d'autres noms que ceux portés aux tableaux qui contiendront la division du territoire de la République en justices de paix » (Bulletin des lois, germinal-jours complémentaires an IX (mars-sept. 1801), p. 302-303). Ce principe d'un tableau rassemblant le nom officiel des localités sera conservé jusqu'à nos jours : un arrêté du 28 novembre 2003 approuve la nomenclature des collectivités territoriales et des circonscriptions administratives de la France et des pays et territoires étrangers dénommée « Code officiel géographique », géré et mis à jour par l'INSEE (Arrêté du 28 novembre 2003 relatif au code officiel géographique, *JO* du 13 décembre 2003, texte n° 16).

La procédure de changement de nom des communes fut d'abord coutumière, avant que l'article 2 de la loi municipale du 5 avril 1884 officialise la pratique : le changement de nom, comme la simple correction orthographique, est adopté par décret, après avis du conseil municipal et du conseil général. Le droit actuel, fixé à l'article L.2111-1 du Code général des collectivités territoriales, est issu de cette tradition, bien que le nom d'une commune ne puisse, désormais, être modifié qu'à la demande du conseil municipal : « Le changement de nom d'une commune est décidé par décret en Conseil d'État, sur demande du conseil municipal et après consultation du conseil général ».

Sans cette reconnaissance officielle, une commune ne peut légalement décider d'un changement de son nom. Ce décret peut faire l'objet d'un recours pour excès de pouvoir par tout habitant de la commune renommée.

Le décret du 6 novembre 1995 prévoyant que Châlons-sur-Marne serait appelé Châlons-en-Champagne fut annulé par le juge administratif (avant d'être repris) au motif que le projet de nouveau nom n'avait pas été communiqué au Conseil d'État avant qu'il rende son avis (CE, 4 avril 1997, Marchal, n° 177987).

En pratique, un décret est consacré, chaque année, à date variable, à ces changements de nom, qui concernent entre 4 et 15 communes.

Toutefois, afin de ne pas alourdir les procédures, les changements de noms qui sont la conséquence d'une modification des limites territoriales des communes sont prononcés par les autorités compétentes pour prendre les décisions de modification.

B. Le nom des départements

Le nom des départements fut fixé dès 1790 par la Convention, ex nihilo, en prenant pour base des références naturelles telles que cours d'eau et reliefs montagneux. Le changement de nom d'un département est décidé par décret en Conseil d'État sur la demande du conseil général, sans qu'une autre collectivité soit appelée à donner son avis (art. L.3111-1 CGCT).

Le ministre de l'Intérieur a récemment tiré le bilan des six procédures engagées depuis cinquante ans à ce titre : elles ont toutes pour justification de supprimer des mentions considérées comme gênantes pour l'attractivité du tourisme local, « basse », « inférieure », ou, de manière plus contestable, « du nord ». À cette occasion, le ministre a évalué à 73 000 euros le coût global direct entraîné par un tel changement (Réponse à la question écrite n° 64843, *JOAN* du 21 mars 2006).

C. Le nom des régions

Enfin, concernant les régions, leur nom est identique depuis l'arrêté du 28 octobre 1956 délimitant les « régions de programme ». Le changement de nom d'une région connaît deux particularités par rapport au changement de nom des communes et départements : il ne peut être prononcé que par la loi (alors que l'article 2 de la loi du 5 juillet 1972 portant création des régions prévoyait, elle, un changement de nom par décret en Conseil d'État), mais il peut être opéré sans que la collectivité soit à l'initiative de la procédure. Ce n'est qu'à titre subsidiaire que la modification du nom d'une région peut être demandée par le conseil régional, à condition d'associer à cette demande les conseils généraux inclus dans le ressort régional (art. L.4121-1 CGCT). En pratique, depuis 1982, aucune modification à ce titre n'a été constatée : le président du Conseil régional de Languedoc-Roussillon avait certes proposé de renommer la région « Septimanie » en 2004 mais dut reculer l'année suivante compte tenu, notamment, de la forte opposition de la partie catalane de ce territoire.

D. La défense du nom

Dans tous les cas, en vertu de l'article L.711-4 du Code de la propriété intellectuelle, « ne peut être adopté comme marque un signe portant atteinte à des droits antérieurs, et notamment [...] au nom, à l'image ou à la renommée d'une collectivité territoriale », chaque collectivité étant fondée à faire respecter un manquement aux droits qu'elle détient sur son nom dès lors que l'usage contesté entraîne un risque de confusion avec ses propres attributions ou est de nature à lui porter préjudice ou à porter préjudice à ses administrés (TGI Paris, 6 juillet 2007, Ville de Paris c. Association Paris-sans-fil, n° 06-01925). Ainsi, la Cour d'appel de Paris a annulé, en décembre 2007, l'enregistrement de la marque « Paris l'été », au motif que la Ville de Paris était « en droit de protéger et de défendre son nom contre toute exploitation commerciale injustifiée, notamment lorsqu'un tiers, en déposant une marque, sera susceptible de lui causer un préjudice, soit en l'empêchant de tirer profit de la commercialisation de son nom, soit en nuisant à son identité, son prestige ou sa renommée » (CA Paris, 12 décembre 2007, Ville de Paris, JurisData n° 2007-350002).

De surcroît, en ce qui concerne Internet, un décret du 6 février 2007 a introduit dans le Code des postes et des communications électroniques l'article R.20-44-43 disposant que, sauf autorisation de l'assemblée délibérante, le nom d'une collectivité territoriale, seul ou associé à des mots ou abréviations faisant référence aux institutions locales, ne pouvait être enregistré, comme nom de domaine, que par cette collectivité.

II. Le territoire

A. Les limites communales

L'émiettement communal est l'une des caractéristiques les plus frappantes de l'architecture institutionnelle française en comparaison de celle des autres États de l'Union européenne : seules la République tchèque (6 258 communes pour 10,3 millions d'habitants) et la Slovaquie (2871 communes pour 5,4 millions d'habitants) partagent avec la France une proportion moyenne aussi faible d'habitants par commune.

Cette carte communale procède de la volonté de l'Assemblée constituante de conserver les paroisses d'Ancien régime comme cellule administrative de base du nouveau système politique. Des procès-verbaux établis au XIXe siècle et des plans cadastraux ont fixé la délimitation de chaque commune.

Les superficies communales connaissent une extrême diversité : la superficie de Maripasoula (Guyane), commune la plus étendue de France, représente 488 000 fois celle de Castelmoron-d'Albret (Gironde), commune la plus petite (4 ha).

Aujourd'hui, les contestations relatives à la délimitation du territoire des communes sont tranchées par le préfet lorsqu'elles intéressent les communes d'un même département et par décret si elles intéressent deux départements ou plus (art. L.2112-1 CGCT). Ces litiges sont résolus au vu des procès-verbaux susmentionnés.

Mais ces limites ne sont pas intangibles : elles peuvent être modifiées. On distinguera alors le cas dans lequel ces modifications se contentent de transférer une portion de territoire d'une commune à une autre, du cas dans lequel la modification des limites territoriales est la conséquence d'une fusion de communes.

1. La modification des limites sans disparition de communes

La procédure de modifications des limites territoriales des communes débute par une enquête, prescrite par le préfet soit de sa propre initiative, soit à la demande du conseil municipal d'une des communes concernées, soit par le tiers des électeurs inscrits de la commune ou de la portion de territoire en question. Le préfet nomme un commissaire-enquêteur qui doit être impartial quant à la solution à adopter.

Une commission est ensuite élue pour donner son avis sur le projet. Les membres de la commission sont élus selon les mêmes règles que les conseillers municipaux des communes de moins de 2 500 habitants, par les habitants ayant un domicile réel et fixe sur la portion de territoire concernée et les propriétaires de biens fonciers situés sur cette portion, parmi les personnes éligibles au conseil municipal de la commune.

Enfin, les conseils municipaux des communes concernées par la modification expriment obligatoirement leur avis. À défaut d'accord des conseils municipaux, le conseil général est alors consulté pour avis.

La modification est prononcée par le préfet, sauf lorsque la modification territoriale projetée a pour effet de porter atteinte aux limites cantonales : dans ce cas, un décret en Conseil d'État, précédé d'un avis du conseil général, est alors nécessaire.

Si la modification des limites communales a pour but l'érection d'une nouvelle commune, la procédure connaît deux particularités. D'une part la demande initiale doit être confirmée à l'expiration d'un délai d'un an sans quoi elle devient irrecevable ; d'autre part, in fine, le conseil municipal de la commune d'origine est dissous de plein droit et il est immédiatement procédé à de nouvelles élections (à moins que la modification n'intervienne dans les trois mois qui précèdent le renouvellement général des conseils municipaux).

2. La modification des limites par fusion de communes

La loi du 16 juillet 1971, dite « Marcellin » du nom du ministre de l'Intérieur de l'époque, a rénové le droit des fusions de communes, en espérant les voir se multiplier. L'instauration d'un statut de « commune associée », censé rendre moins douloureuse la fusion pour les petites communes, et le renforcement des pouvoirs du préfet en la matière ne permirent pas d'atteindre les objectifs ambitieux de réduction du nombre de communes. Huit cent fusions furent, toutefois, initiées sur ce nouveau fondement.

Aujourd'hui, les conseils municipaux des communes désirant fusionner peuvent décider de procéder soit à une « fusion simple », soit à une fusion comportant la création d'une ou plusieurs communes associées : la « fusion-association ». Les articles L.2113-1 et suivants du Code général des collectivités territoriales régissent le droit commun des fusions, puis les particularités de l'une et l'autre solutions. Dans tous les cas, la fusion entraînera la disparition des communes concernées et la création d'une personne morale nouvelle. Seule contrainte de fond : la fusion est réservée aux communes limitrophes.

Sur le plan procédural, une fois que les conseils municipaux des communes désirant fusionner ont établi le projet de fusion (choix de la fusion simple ou de la fusion-association et ratification d'une convention sur ses modalités), les populations concernées sont appelées à s'exprimer.

L'enquête préalable, obligatoire dans le cas de simples modifications des limites territoriales des communes, n'est ici que facultative. C'est que les électeurs des communes concernées sont consultés de manière beaucoup plus solennelle et formelle : ils répondent par « oui » ou par « non » au projet de fusion, dans un cadre électoral classique, les recours formés par tout électeur devant le tribunal administratif étant suspensifs. La fusion est prononcée par le préfet si le projet recueille l'accord de la majorité absolue des suffrages exprimés et, dans le même temps, du quart des électeurs inscrits dans l'ensemble des communes concernées. Toutefois, une commune ne peut être contrainte de fusionner si les deux tiers des suffrages exprimés représentant au moins la moitié des électeurs inscrits dans cette commune ont voté « non ». L'analyse des résultats implique donc de vérifier le respect de deux règles de double majorité.

De nouvelles élections ne s'ensuivent pas nécessairement : l'acte qui prononce la fusion de deux ou plusieurs communes peut prévoir que la nouvelle commune est, sous réserve de l'accord préalable des conseils municipaux et jusqu'au prochain renouvellement, administrée par un conseil où entrent tout ou partie des membres en exercice des anciennes assemblées et, dans tous les cas, le maire et les adjoints de chacune d'entre elles (art. L.2113-7 CGCT).

La distinction entre « fusions simples » et « fusions-associations » n'intervient qu'au stade des conséquences de la procédure.

La fusion simple donne uniquement droit à la création d'annexes de la mairie dans certaines des communes fusionnées, déterminées dans l'acte de fusion.

La fusion-association permet quant à elle, sur demande des conseils municipaux de communes concernées, de conserver quelques traces de l'existence de l'ancienne commune : son territoire et son nom sont maintenus en qualité de communes associées.

De plus, la création d'une commune associée entraîne de plein droit l'institution d'un maire délégué (nécessairement différent du maire de la nouvelle commune), officier d'état-civil et officier de police judiciaire, la création d'une annexe de la mairie dans laquelle sont notamment établis les actes de l'état civil concernant les habitants de la commune associée, enfin la création d'une section du centre d'action sociale dotée de la personnalité juridique à laquelle est dévolu le patrimoine du centre d'action sociale ayant existé dans l'ancienne commune.

Au surplus, si l'ensemble fusionné compte plus de 100 000 habitants, il est créé un conseil consultatif dans chaque commune associée, élu à la même date que le conseil municipal de la commune. Ce conseil consultatif se réunit à l'annexe de la mairie et le mandat de membre du conseil consultatif de la commune associée n'est pas incompatible avec celui de conseiller municipal de la commune issue de la fusion. Des adjoints au maire délégué peuvent même être désignés par le conseil consultatif.

Lorsque, à l'inverse, la nouvelle commune compte moins de 100 000 habitants, une « commission consultative » peut être créée dans chaque commune associée, qui comprend de droit le ou les conseillers municipaux élus, le cas échéant, dans la section électorale correspondante. Cette commission consultative peut se saisir de toute affaire intéressant directement la population ou le territoire de la commune associée et faire des propositions au maire, être consultée à l'initiative du maire ou du conseil municipal et être chargée, à l'initiative du conseil municipal, de veiller au bon fonctionnement de certains équipements ou services mis à la disposition de la population.

On mentionnera enfin le cas des « suppressions de communes », régies par les articles L.2114-1 et suivants du CGCT. Lorsqu'un programme de grands travaux (ouvrages militaires, barrages, aéroports) entraîne le rachat de tout ou partie du territoire d'une commune et a pour effet de « rendre la vie communale impossible », un décret en Conseil d'État prononce la suppression de la commune et le rattachement de son territoire à une ou plusieurs autres communes. Ce décret, pris après l'enquête prévue en cas de modification des limites territoriales, détermine également les conditions d'attribution à la commune de rattachement ou à l'État des biens de la commune supprimée. Seule trace restante de la commune supprimée, son nom est ajouté, par le même décret, à celui de la commune de rattachement.

B. Les limites des départements

Le ressort territorial des départements a été initialement fixé dans plusieurs décrets de l'Assemblée constituante, pris au cours du premier semestre de 1790, sur la base du décret du 22 décembre 1789. Leur définition donna lieu à un débat fourni entre les tenants de deux thèses. Thouret, défendu par Sieyès et Condorcet, proposait de découper le territoire national en 80 départements de forme carrée, décomposés chacun en 9 districts, chaque district rassemblant 9 cantons. Ce plan était gouverné par deux idées maîtresses. Il s'agissait d'imposer la volonté de la Raison à l'héritage d'Ancien Régime et à la géographie physique, par la mise en place de frontières géométriques. Il s'agissait également d'identifier la taille optimale des cellules de base. Pour Thouret, les 6 500 cantons qu'il proposait représentaient le juste équilibre entre les risques que représentent une taille trop importante (« craignons d'établir des corps administratifs assez forts pour entreprendre de résister au chef du pouvoir exécutif et qui puissent se croire assez puissants pour manquer impunément de soumission à la Législative ») et une taille trop réduite (« des administrations mesquines et réduites à l'excès manqueraient d'énergie et de zèle, parce que la faiblesse de leur établissement diminuerait à leurs propres yeux l'opinion de leur importance »). Mirabeau figurait au nombre des adversaires de cette thèse qui privilégiaient le respect des limites des 44 000 paroisses d'Ancien Régime, et convainquirent la majorité de l'Assemblée de se fonder sur un principe plus pragmatique que géométrique : que la ville chef-lieu, siège des pouvoirs administratifs, puisse être atteinte depuis n'importe quelle commune du département en moins d'une journée de cheval.

De nos jours, en cas de litige sur l'appartenance d'une parcelle à tel ou tel département, le juge administratif continue de se référer aux décrets de 1790.

Les limites territoriales des départements sont aujourd'hui modifiées soit par décret en Conseil d'État lorsque les conseils généraux sont d'accord sur les modifications envisagées, soit par la loi, après consultation des conseils généraux intéressés et du Conseil d'État, dans le cas contraire (art. L.3112-1 CGCT).

En cas de projets de très grande ampleur, le législateur a parfois opté pour l'adoption d'un texte spécifique. Il en fut ainsi à l'occasion de la restructuration complète de la région Île-de-France : les départements de la Seine et de la Seine-et-Oise furent remplacés par six nouveaux départements (Paris, Seine-Saint-Denis, Hauts-de-Seine, Val-de-Marne, Essonne, Yvelines et Val d'Oise), seule la Seine-et-Marne étant conservée (loi n° 64-707 du 10 juillet 1964). De même, la loi n° 75-356 du 15 mai 1975 est intervenue pour régler les modalités et les conséquences patrimoniales de la scission de la Corse en deux départements.

Les subdivisions du département en arrondissements et cantons sont également régies par le Code général des collectivités territoriales (art. L.3112-2). En ce qui concerne les arrondissements, leur création comme leur suppression sont décidées par décret en Conseil d'État après consultation du conseil général. La simple modification de leurs limites territoriales est également décidée après consultation du conseil général, mais cette fois par le préfet de région.

Enfin, la création, la suppression et la modification des limites territoriales des cantons sont décidées par décret en Conseil d'État après consultation du conseil général.

Le transfert du chef-lieu d'un département et le transfert du chef-lieu d'un arrondissement sont toujours décidés par décret en Conseil d'État, après consultation du conseil général et des conseils municipaux de la commune siège du chef-lieu et de celle où le transfert du chef-lieu est envisagé. Ce décret peut faire l'objet d'un recours pour excès de pouvoir devant le Conseil d'État, lequel exerce toutefois un contrôle limité au respect de la procédure, le choix de transférer le chef-lieu relevant d'une « appréciation d'opportunité qui n'est pas susceptible d'être discutée devant le Conseil d'État statuant au contentieux » (au sujet du transfert du chef-lieu du Var de Draguignan à Toulon, cf. CE, Ass, 26 novembre 1976, rec. 508).

C. Les limites des régions

Comme leur nom, les limites territoriales des régions sont modifiées par la loi après une simple consultation des conseils régionaux et des conseils généraux intéressés, bien qu'un tel changement puisse être demandé par les conseils régionaux et les conseils généraux intéressés (art. L.4122-1 CGCT).

On réservera toutefois le cas d'un décret en Conseil d'État modifiant les limites territoriales de départements limitrophes n'appartenant pas à la même région : dans ce cas et si un avis favorable a été émis par les conseils généraux et par les conseils régionaux concernés, ce décret peut suffire à prononcer la modification des limites de la région.

Second cas dans lequel une loi n'est pas requise, l'article L.4123-1 du CGCT prévoit que plusieurs régions peuvent demander à se regrouper en une seule par délibérations concordantes de leur conseil régional. La demande de regroupement doit être accompagnée de l'avis favorable exprimé par une majorité qualifiée constituée de la moitié des conseils généraux représentant les deux tiers de la population ou des deux tiers des conseils généraux représentant la moitié de la population : si cette condition est respectée, le regroupement est prononcé par décret en Conseil d'État. Jusqu'à ce jour, cette procédure n'a jamais été mise en œuvre.

Sur le modèle des dispositions applicables au chef-lieu de département, le transfert du chef-lieu d'une région est décidé par décret en Conseil d'État après consultation du conseil régional et des conseils généraux ainsi que des conseils municipaux de la ville siège du chef-lieu et de celle où le transfert du chef-lieu est envisagé.

Repères

- **Article L.1111-3 du CGCT** : interdiction de la tutelle d'une collectivité territoriale sur une autre
- **Article L.2111-1 du CGCT** : changement de nom d'une commune par décret en Conseil d'État, sur demande du conseil municipal et après consultation du conseil général
- **Article L.711-4 du Code de la propriété intellectuelle** : interdiction du dépôt d'un nom de collectivité territoriale comme marque.
- **Article L.2113-1 CGCT** : possibilité pour les communes de fusionner

Pour gagner des points

Des collectivités sans population

La population, parfois présentée comme un élément constitutif d'une collectivité territoriale, ne devra pas être retenue au nombre des attributs de la personnalité. À l'issue du dernier recensement exhaustif de 1999, l'INSEE relevait 28 000 communes de moins de mille habitants, dont 1 000 communes de moins de cinquante habitants, dont 25 de moins de dix habitants... et six communes sans habitant. Cette bizarrerie apparente doit néanmoins permettre d'affirmer que toute collectivité territoriale ne comporte pas nécessairement une population.

Les communes sans aucun habitant recensé correspondent à six communes de la Meuse dévastées après la bataille de Verdun (Beaumont-en-Verdunois, Bezonvaux, Cumières-le-Mort-Homme, Fleury-devant-Douaumont, Haumont-près-Samogneux, Louvemont-Côte-du-Poivre et Ornes). L'article 4 de la loi du 18 octobre 1919 tendant à faciliter la constitution des bureaux de vote et la formation des conseils municipaux dans certaines communes des régions libérées a prévu que, dans les communes dévastées par les événements de guerre, s'il s'avérait impossible de former un conseil municipal, une commission municipale de trois membres, dont un exercera les fonctions de président, doit être nommée par le Préfet. La commission municipale est investie de la plénitude des attributions des conseils municipaux ; le président est investi de la plénitude des attributions du maire. Par arrêtés du 14 juillet 2008, le préfet de la Meuse, constatant que, faute d'électeurs, il n'a pas été possible de procéder à la constitution d'une assemblée communale lors du renouvellement général des conseils municipaux en mars 2008, a procédé à la désignation des trois membres de chaque commission municipale et de leur président respectif dans ces six communes (Arrêtés n° 2008-1718 à 2008-1724, Recueil des actes administratifs de la préfecture de la Meuse, n° 18). Il en fit de même dans le cas de la commune d'Ornes ne comptant que six habitants.

LEÇON 3

LES ASSEMBLÉES LOCALES

I. Composition
II. Fonctionnement
III. Prérogatives

Au sein des collectivités territoriales se retrouve une forme classique de séparation des pouvoirs législatif et exécutif : le pouvoir normatif est essentiellement (mais pas exclusivement) confié à une assemblée délibérante, le pouvoir exécutif est confié à un ou plusieurs individus.

Toutefois, la répartition du pouvoir dans les collectivités territoriales ne se rattache à aucun des deux systèmes traditionnels. Le régime local n'est pas un régime présidentiel puisque l'exécutif n'est pas issu d'une élection distincte de celle de l'assemblée délibérante : le maire ou le président est élu par l'assemblée délibérante et parmi ses membres. Mais le régime local n'est pas non plus un régime parlementaire, puisque l'exécutif n'est pas responsable devant l'assemblée : une fois nommé, il ne peut pas être renversé avant le prochain renouvellement (par moitié dans le cas des conseils généraux) de l'assemblée.

Seule la procédure dite du « 49-3 budgétaire » en vigueur dans les conseils régionaux peut avoir pour conséquence une démission forcée du président, en cours de mandat, à l'initiative des conseillers. Elle requiert qu'une majorité de conseillers propose un projet de budget alternatif et un candidat pour la présidence. Elle n'a jamais été mise en pratique.

La répartition des attributions entre l'assemblée délibérante et l'exécutif est également originale. Le Code général des collectivités territoriales attribue certes des prérogatives exclusives à l'une et à l'autre, mais il énumère également des matières dans lesquelles l'assemblée pourra autoriser l'exécutif à intervenir à sa place pendant toute la durée du mandat.

On étudiera, pour chaque catégorie de collectivités, la composition (I.), le fonctionnement (II.) et les prérogatives (III.) accordées aux organes délibérants.

I. Composition

Si toutes les assemblées locales sont élues au suffrage universel direct pour six ans, le conseil municipal (A), le conseil général (B) et le conseil régional (C) sont désignés selon trois modes de scrutin différents.

A. Le conseil municipal

Le nombre de conseillers composant le conseil municipal varie en fonction de la population de la commune, le nombre d'habitants retenu étant le dernier chiffre de population municipale authentifié avant l'élection. Il est déterminé par l'article L.2121-2 du CGCT qui prévoit 19 compositions différentes selon la strate démographique : le nombre de conseillers municipaux variant entre 9 (dans les communes de moins de 100 habitants) et 69 (dans les communes de plus de 300 000 habitants).

Le mode de scrutin des conseillers municipaux diffère lui aussi selon la population de la commune.

Dans les communes de moins de 3 500 habitants, le conseil municipal est élu au scrutin plurinominal majoritaire à deux tours (art. L.252 à L.259 du Code électoral). Chaque électeur vote (au maximum) pour autant de conseillers qu'il y a de sièges à pourvoir. Si des listes sont déposées (ce qui est imposé, sous la forme de listes complètes, aux candidats dans les communes de 2 500 habitants et plus), l'électeur peut rayer des noms, en ajouter, ou mêler dans son bulletin des candidats de listes différentes.

Toute personne (candidate ou non) qui a réuni la majorité absolue des suffrages exprimés représentant un quart des électeurs inscrits est élue.

Si, à l'issue du premier tour, il reste des sièges à pourvoir, il y a lieu de procéder à un second tour pour les sièges restants. À l'issue du second tour, toutes les personnes remplissant les conditions d'éligibilité peuvent être désignées, même si elles n'étaient pas candidates au premier tour. Les candidats ayant obtenu le plus grand nombre de voix sont alors proclamés élus, sans considération, cette fois, du pourcentage d'électeurs inscrits qu'ils représentent.

Dans les communes de 3 500 habitants et plus, le conseil municipal est élu au scrutin de liste (articles L.260 à L.272-6 du Code électoral). La loi du 31 janvier 2007 tendant à promouvoir l'égal accès des hommes et des femmes aux mandats électoraux et aux fonctions électives a exigé que ces listes soient composées en respectant une alternance stricte entre candidats de chaque sexe. Dans cette strate démographique, les électeurs ne sont pas autorisés à modifier les listes, sous peine de nullité de leur bulletin.

Si aucune liste candidate n'a obtenu la majorité absolue des suffrages exprimés à l'issue du premier tour, sont admises à participer au deuxième tour les listes ayant obtenu plus de 10 % des voix. Pendant l'entre-deux-tours, ces listes peuvent toutefois fusionner avec celles ayant obtenu au moins 5 % des suffrages exprimés.

Le mode de scrutin retenu est un savant dosage de scrutin majoritaire et de scrutin proportionnel. Ainsi, la liste qui obtient la majorité absolue des suffrages au premier tour, ou la majorité relative au second tour, obtient un nombre de sièges égal à la moitié du nombre des sièges à pourvoir arrondi à l'entier supérieur. La liste arrivée en tête dispose donc de la majorité des sièges, ce qui garantit que l'équipe désignée par la majorité des électeurs disposera de toute latitude pour exercer le pouvoir, sans devoir composer, une fois l'élection acquise, avec d'autres listes.

Les sièges sont évidemment toujours attribués aux candidats dans l'ordre de présentation sur chaque liste. Par ailleurs, en cas d'égalité de suffrages entre les listes arrivées en tête, ces sièges sont attribués à la liste dont les candidats ont la moyenne d'âge la plus élevée.

Une fois l'attribution des sièges à la liste arrivée en tête opérée, les autres sièges sont répartis entre les listes qui ont obtenu au moins 5 % des suffrages exprimés, à la représentation proportionnelle suivant la règle « de la plus forte moyenne ».

Dans ce mode de scrutin, on calcule le « quotient électoral » (total des suffrages exprimés divisé par nombre de sièges à pourvoir) et on attribue, en premier lieu, à chaque liste, autant de sièges que le nombre de suffrages de la liste contient de fois ce « quotient électoral ».

Puis, comme quelques derniers sièges restent à pourvoir, on les attribue, successivement, à la liste qui dispose de « la plus forte moyenne » (d'où le nom du mode de scrutin) de voix par siège supplémentaire à attribuer. Ainsi, on calcule, pour chaque nouveau siège à attribuer, le nombre de voix obtenu par chaque liste, divisé par le nombre de sièges qu'elle détient déjà, plus un. Le siège revient à la liste qui a le plus fort résultat.

Le Conseil d'État a précisé que « les sièges attribués, dans un premier temps, à la liste ayant obtenu la majorité absolue des suffrages exprimés, n'entrent plus dans le calcul auquel il est ensuite procédé pour répartir les sièges restant à attribuer » (CE, 10 décembre 2008, élection municipale de Grand Charmont, n° 317727).

À l'issue des calculs, si, à titre exceptionnel, plusieurs listes ont la même moyenne pour l'attribution du dernier siège, celui-ci revient à la liste qui a obtenu le plus grand nombre de suffrages lors de l'élection. En cas d'égalité de suffrages, le siège est attribué au plus âgé des candidats susceptibles d'être proclamés élus.

B. Le conseil général

Le mode de scrutin est uninominal et majoritaire. Dans chaque canton, un seul conseiller général est élu et nul ne peut être candidat dans plus d'un canton. Le canton n'est le ressort d'aucune collectivité locale : il n'est qu'une circonscription d'élection. Sa délimitation est effectuée par décret en Conseil d'État après consultation du conseil général. Du point de vue de l'État toutefois, le canton est également la subdivision administrative de l'arrondissement.

Depuis la loi du 31 janvier 2007, la candidature est obligatoirement déposée sous la forme d'un « ticket » comportant un candidat titulaire et son suppléant, les deux personnes devant être de sexe différent.

Comme au Sénat, la moitié des cantons d'un département est renouvelable tous les trois ans.

Il n'est pas rare que le mandat des conseillers généraux soit allongé afin de permettre l'organisation des élections cantonales à la même date que d'autres scrutins. Ainsi, le mandat des conseillers élus en 2001 s'est-il terminé en mars 2008, afin de permettre une concomitance avec les élections municipales. Le mandat des conseillers généraux élus en 1985 fut, de même, prolongé jusqu'en 1992 pour correspondre à la date de renouvellement des conseils régionaux. Les prochaines élections cantonales sont prévues en mars 2011.

À l'issue du premier tour de scrutin est proclamé élu le candidat qui a réuni à la fois la majorité absolue des suffrages exprimés et un nombre de suffrages égal au quart des électeurs inscrits.

Au second tour, seuls les candidats ayant obtenu un nombre de voix supérieur à 10 % des électeurs inscrits (et non des suffrages exprimés) peuvent se présenter. Le candidat élu sera, à l'issue du second tour, celui ayant obtenu le plus grand nombre de suffrages. En cas d'égalité de voix, le candidat le plus âgé remporte l'élection.

C. Le conseil régional

Le mode de scrutin pour les élections régionales a connu plusieurs modifications depuis le premier texte consacré à cet objet, la loi du 10 juillet 1985. Après une réforme par la loi du 19 janvier 1999 qui n'eut pas l'occasion de produire ses effets sur ce point, la loi du 11 avril 2003 a fixé (pour l'instant) un mode de scrutin original.

Le mode de scrutin obéit à une logique proche de celle en vigueur pour les élections municipales dans les communes de 3 500 habitants et plus.

Ainsi, les conseillers régionaux sont élus dans chaque région au scrutin de liste à deux tours sans adjonction ni suppression de noms et sans modification de l'ordre de présentation.

Au premier tour de scrutin, si une liste a recueilli la majorité absolue des suffrages exprimés, il n'est pas organisé de second tour. En cas de second tour, les listes ayant obtenu 10 % des suffrages exprimés peuvent se maintenir, en fusionnant éventuellement avec celles ayant obtenu 5 % des suffrages.

Qu'il y ait un ou deux tours, la liste arrivée en tête obtient, de droit, un nombre de sièges égal au quart du nombre des sièges à pourvoir, arrondi à l'entier supérieur. La « prime majoritaire » existant pour les élections municipales dans les communes de 3 500 habitants et plus est donc, dans le cas des élections régionales, plus réduite. Les autres sièges, soit les trois quarts restants, sont répartis entre toutes les listes ayant obtenu 5 % des suffrages exprimés, à la représentation proportionnelle suivant la règle de la plus forte moyenne. Mécaniquement, il suffit que la liste arrivée en tête au second tour ait remporté au moins 25 % des suffrages exprimés pour qu'elle obtienne la majorité absolue des sièges, ce qui garantit, comme dans les communes de 3 500 habitants et plus, une majorité politique claire dès l'issue du scrutin.

Néanmoins, le mode de scrutin régional a la particularité de prendre en compte l'origine départementale des candidats. Ainsi, chaque liste est constituée d'autant de sections qu'il y a de départements dans la région. Au sein de chaque section, la liste est composée alternativement d'un candidat de chaque sexe. Une fois déterminé le nombre de sièges revenant à chaque liste au niveau de la région, ces sièges sont répartis, pour chaque liste, entre les sections départementales qui la composent au prorata des voix obtenues par la liste dans chaque département.

Le nombre de sièges dans chaque conseil régional est prévu par le tableau n° 7 figurant en annexe du Code électoral. Il est compris entre 31 (Guyane) et 209 (Île-de-France). Il n'est pas fixé abstraitement par référence à la population régionale, mais établi au cas par cas, le tableau distinguant également le nombre de candidats devant figurer dans chaque section départementale de chaque liste.

II. Fonctionnement

Les règles de fonctionnement imposées par la loi aux assemblées délibérantes ne sont que légèrement adaptées selon la catégorie de collectivité en cause.

A. Convocations

Après le renouvellement général des conseils municipaux, la première réunion se tient de plein droit au plus tôt le vendredi et au plus tard le dimanche suivant le tour de scrutin à l'issue duquel le conseil a été élu au complet. C'est le maire sortant, compétent dans la plénitude de ses fonctions jusqu'à l'ouverture de la première séance, qui procède à la convocation.

La date est tout à fait imposée dans le cas des conseils généraux : sa première réunion suite à son renouvellement partiel triennal se tient de plein droit le second jeudi qui suit le premier tour de scrutin. Il en va de même pour le conseil régional, mais à une date différente : la première réunion se tient de plein droit le premier vendredi qui suit son élection. Dans toute assemblée locale, la première réunion est présidée par son doyen d'âge, le plus jeune membre faisant fonction de secrétaire.

Contrairement à une idée répandue, le conseil municipal n'est pas contraint d'élire le maire lors de cette première séance, même si l'usage le recommande. Dans le cas des conseils généraux et régionaux toutefois, l'élection du président lors de la première séance est exigée par la loi.

Par la suite, tout conseil municipal, conseil général ou conseil régional doit se réunir au moins une fois par trimestre (art. L.2121-7, L.3121-9 et L.4132-8 CGCT).

Toute convocation est faite par le maire ou le président mais l'exécutif peut avoir compétence liée. Le maire est tenu de convoquer le conseil municipal dans un délai maximal de trente jours quand la demande motivée lui en est faite par préfet ou par le tiers au moins des membres du conseil municipal en exercice dans les communes de 3 500 habitants et plus (ou par la majorité des membres du conseil municipal dans les communes de moins de 3 500 habitants). En cas d'urgence, le préfet est même fondé à demander d'abréger ce délai.

Le conseil général et le conseil régional sont, eux, réunis à la demande de la commission permanente ou du tiers des membres du conseil, sur un ordre du jour déterminé, pour une durée qui ne peut excéder deux jours, un même conseiller ne pouvant toutefois présenter plus d'une demande de réunion par semestre. En cas de circonstances exceptionnelles, les conseils généraux et régionaux peuvent également être réunis par décret.

La convocation, indiquant toujours les questions portées à l'ordre du jour, doit être adressée par écrit, sous quelque forme que ce soit, au domicile des conseillers municipaux, sauf s'ils font le choix d'une autre adresse.

Dans les communes de moins de 3 500 habitants, la convocation est adressée trois jours francs au moins avant celui de la réunion (art. L.2121-11 du CGCT) et cinq jours francs avant la réunion dans les communes de plus de 3 500 habitants (art. L.2121-12 CGCT). Ce délai « franc » signifie qu'il commence à courir le lendemain du jour où la convocation est envoyée aux conseillers et n'expire que le lendemain du jour où les trois (ou cinq) jours sont passés. Pour une séance le 25 du mois, la convocation doit être expédiée au plus tard le 21 (dans les communes de moins de 3500 habitants) ou le 19 (dans les autres). Il convient de prendre en compte le samedi et le dimanche dans la computation du délai, au même titre que les jours de semaine. Dans les communes de 3 500 habitants et plus, une note explicative de synthèse accompagne cette convocation. Les conseillers généraux et régionaux reçoivent, eux, douze jours au moins avant la réunion du conseil, un rapport, sous quelque forme que ce soit, sur chacune des affaires qui doivent leur être soumises.

Quelle que soit la population de la commune, le délai de convocation peut, en cas d'urgence, être abrégé par le maire, sans jamais pouvoir être toutefois inférieur à un jour franc. Le maire doit alors en rendre compte dès l'ouverture de la séance au conseil municipal qui se prononce sur l'urgence et peut décider le renvoi de la discussion, pour tout ou partie, à l'ordre du jour d'une séance ultérieure.

B. Réunions

La loi n° 2007-1787 du 20 décembre 2007 relative à la simplification du droit a expressément prévu que le conseil municipal devait se réunir et délibérer à la mairie de la commune (art. L.2121-7 CGCT). Les réunions peuvent, certes, se tenir sur un autre lieu, mais aux conditions que ce lieu soit situé sur le territoire de la commune, ne contrevienne pas au principe de neutralité, qu'il offre les conditions d'accessibilité et de sécurité nécessaires et qu'il permette d'assurer la publicité des séances, ce transfert devant de surcroît être effectué « à titre définitif ».

Les règles en vigueur pour les lieux de réunions du conseil municipal sont différentes de celles applicables aux réunions des assemblées délibérantes des autres collectivités territoriales. Ainsi le conseil général se réunit « dans un lieu du département choisi par la commission permanente » (art. L.3121-9 CGCT) et le conseil régional « dans un lieu de la région choisi par la commission permanente » (art. L.4132-8 CGCT).

Le conseil municipal est présidé par le maire ou, à défaut, par celui qui le remplace dans l'ordre du tableau (premier adjoint, puis deuxième adjoint, etc.). Il en va de même dans les conseils généraux et régionaux, même si la loi ne précise pas expressément que le conseil est présidé par… son président.

Dans le cas des conseils généraux et des conseils régionaux, le procès-verbal de chaque séance, rédigé par un des secrétaires, est arrêté au commencement de la séance suivante, et signé par le président et le secrétaire. Il contient les rapports, les noms des membres qui ont pris part à la discussion et l'analyse de leurs opinions.

Afin de garantir la légitimité politique des décisions prises, des règles de quorum ont été fixées : les assemblées locales ne délibèrent valablement que lorsque la majorité de leurs membres en exercice est présente. Si, après une première convocation régulièrement faite, ce quorum n'est pas atteint, le conseil municipal est à nouveau convoqué à trois jours au moins d'intervalle et délibère alors valablement sans condition de quorum. Dans le cas des conseils généraux et régionaux, le CGCT adopte une rédaction légèrement différente en prévoyant que la seconde réunion « se tient de plein droit trois jours plus tard ».

Les séances du conseil municipal sont publiques, mais sur la demande de trois conseillers ou du maire, le conseil municipal peut décider, sans débat, à la majorité absolue des membres présents ou représentés, qu'il se réunit à huis clos. Il en va de même dans les conseils généraux et régionaux à la demande de cinq conseillers ou du président.

Le président de la séance assure la police de l'assemblée, en distribuant la parole, en rappelant à l'ordre ses membres. Dans les cas extrêmes il « peut faire expulser de l'auditoire ou arrêter tout individu qui trouble l'ordre » (notamment art. L.2121-16 CGCT).

La loi régit les modalités d'intervention des représentants de l'État devant les assemblées locales. Si rien n'est expressément prévu en ce qui concerne le conseil municipal, le conseil général peut entendre le préfet avec l'accord du président du conseil général ou sur demande du Premier ministre. De plus, chaque année, le préfet informe le conseil général, par un rapport spécial, de l'activité des services de l'État dans le département et ce rapport peut donner lieu à un débat en sa présence. Des dispositions identiques sont prévues en ce qui concerne le conseil régional, étant précisé que le préfet de région « est seul habilité à s'exprimer au nom de l'État devant le conseil régional ».

C. Vote

Un élu local empêché d'assister à une séance peut donner à un collègue de son choix pouvoir écrit de voter en son nom. Mais un même élu ne peut être porteur que d'un seul pouvoir.

Dans le cas des conseillers généraux et régionaux, la procuration ne peut viser qu'une réunion précise. Dans le cas des conseillers municipaux, le pouvoir peut être valable pour trois séances consécutives au maximum, sauf cas de maladie dûment constatée.

Outre le scrutin ordinaire à main levée (ou par assis et levé), deux modes particuliers d'expression du vote sont prévus par le CGCT : d'une part le scrutin public, qui permet de reproduire au procès-verbal le nom des votants, auquel il est recouru toutes les fois que le quart des conseillers municipaux, ou le sixième des conseillers généraux ou régionaux le demande ; d'autre part le scrutin secret, obligatoire pour les nominations et, dans les conseils municipaux, si un tiers des conseillers le demande.

Les délibérations sont prises à la majorité absolue des suffrages exprimés (art. L.2121-20 CGCT), mais le maire ou le président dispose d'une voix prépondérante en cas de partage des voix (sauf en cas de vote à bulletin secret).

D. Règlement intérieur

Dans les communes de 3 500 habitants et plus, le conseil municipal établit son règlement intérieur dans les six mois qui suivent son installation. Ce délai est ramené à un mois pour les conseils généraux et les conseils régionaux. Il ne s'agit pas là d'une « mesure d'ordre intérieur » insusceptible de recours : bien au contraire, la loi énonce expressément que « le règlement intérieur peut être déféré au tribunal administratif » (notamment art. L.2121-8 CGCT).

Le règlement intérieur peut prévoir toute précision quant aux modalités d'exercice des droits des élus. À ce titre, il mentionne souvent en pratique les « groupes d'élus ». De tels groupes politiques peuvent être constitués dans les communes de plus de 100 000 habitants, dans les conseils généraux et les conseils régionaux, par la remise au maire ou au président d'une déclaration, signée de leurs membres, accompagnée de la liste de ceux-ci et de leur représentant.

En tout état de cause, la loi exige que le règlement intérieur prévoie :

- les règles relatives aux questions orales posées en séance par les conseillers,
- les modalités d'expression des conseillers dans les bulletins d'information générale diffusés par la collectivité,
- pour la constitution d'une mission d'information et d'évaluation, les règles de

présentation et d'examen des demandes, les modalités de son fonctionnement et de sa composition dans le respect du principe de la représentation proportionnelle, la durée de la mission ainsi que les conditions de remise de son rapport,
- enfin, dans les conseils municipaux, les modalités d'organisation du débat d'orientation budgétaire et les modalités de la consultation par le conseiller municipal des projets de contrat de service public ou de marché.

III. Prérogatives

À chacun des trois niveaux de collectivités de droit commun, la loi confère à l'assemblée délibérante une clause générale de compétence et des attributions réservées.

A. Le conseil municipal

Les attributions du conseil municipal ne sont pas énumérées par la loi. Elles découlent d'une formule solennelle et générale selon laquelle (art. L.2121-29 CGCT), « le conseil municipal règle par ses délibérations les affaires de la commune ».

Sur le fondement de cette clause générale de compétence, le conseil municipal peut prendre tout acte justifié par « un intérêt public communal » (sur l'étendue de cette notion, au fond, voir III), à l'exception des attributions qui sont réservées à d'autres et qui sont, elles, limitativement fixées : celles du maire, celles qui ont été préalablement transférées à des établissements publics de coopération intercommunale, celles intervenant dans des champs de compétences que la loi a exclusivement confiés aux départements, aux régions ou à l'État.

Sous ses seules réserves, le conseil municipal pourra donc ériger en service public communal certaines activités qu'il estime d'intérêt général, en préciser les conditions d'organisation et de fonctionnement.

Mais la loi est également venue confier expressément au conseil municipal certaines attributions. Selon le Code général des collectivités territoriales, seul le conseil municipal peut :
- adopter le budget de la commune (L.2312-1),
- adopter le compte administratif de l'année précédente (L.2121-31),
- décider de la création des classes élémentaires et maternelles, après un avis du préfet (L.2121-30),
- arrêter la liste des contribuables susceptibles d'être désignés pour siéger à la commission communale des impôts directs (L.2121-32),
- désigner les représentants de la commune dans les organismes extérieurs, notamment les EPCI dont la commune est membre ou les sociétés d'économie mixte dont la commune est actionnaire (L.2121-33),
- et délibérer sur la gestion des biens et les opérations immobilières effectuées par la commune (L.2241-1).

Mais le conseil municipal ne se contente pas de prendre des « décisions » au sens du droit administratif général, c'est-à-dire des délibérations qui modifient, par elles-mêmes, l'ordonnancement juridique. Il est également fondé à formuler des avis.

Ainsi, l'article L.2121-29 du CGCT prévoit que seul le conseil municipal, et non le maire, exprime l'avis de la commune « toutes les fois que cet avis est requis par les lois et règlements, ou qu'il est demandé par le représentant de l'État dans le département », étant entendu que « lorsque le conseil municipal, à ce régulièrement requis et convoqué, refuse ou néglige de donner avis, il peut être passé outre ».

Il existe même des cas dans lesquels une décision administrative ne peut être prise sans l'avis « conforme » du conseil municipal : dans ce cas, le conseil municipal, bien qu'infondé à prendre lui-même la décision, exerce un véritable droit de veto. Il en est ainsi lorsque les centres communaux d'action sociale (qui disposent d'une personnalité juridique propre) veulent emprunter (L.2121-34).

Enfin, le conseil municipal émet des vœux « sur tous les objets d'intérêt local » (L.2121-

29, al. 4). Sur ce fondement, le conseil peut faire connaître son point de vue sur un projet de décision qui se rattache aux attributions propres du maire ou du préfet : par exemple, il peut demander au maire d'émettre un titre de recettes pour recouvrer une créance (CE, 10 novembre 1989, Moutardier, n° 75422) ou demander au préfet de fermer un établissement industriel dangereux (CE, 29 décembre 1997, SARL Enlem, n° 157623).

Seul le préfet, sur le fondement de son pouvoir de déféré, peut attaquer un vœu du conseil municipal devant le juge administratif. Il pourra utiliser cette voie de recours s'il lui apparaît que le conseil municipal se prononce sur l'action générale du gouvernement, sans que l'action critiquée produise la moindre influence sur la commune.

Dans une décision qui pourra paraître restrictive pour les libertés locales, une Cour administrative d'appel a récemment censuré le vœu émis par un conseil général de voir les maires du département interdire les cultures d'organismes génétiquement modifiés en plein champ (CAA Bordeaux, 12 juin 2007, Département du Gers, n° 05BX00848).

Le juge considère que si la loi attribue compétence aux autorités départementales, au même titre que les autres collectivités publiques, en matière de protection de l'environnement (art. L.1111-2 CGCT), elle n'attribue toutefois aucune compétence aux autorités départementales pour intervenir en matière de police spéciale des cultures d'OGM, réservée au ministre de l'agriculture, « même par l'émission d'un vœu adressé aux autorités municipales compétentes, et alors même qu'auraient existé des circonstances locales particulières, tenant à la présence dans le département d'exploitations pratiquant l'agriculture biologique ».

Le juge des référés d'une autre juridiction avait admis, pour sa part, qu'un conseil municipal (et non un conseil général, mais cette distinction n'est pas décisive en l'espèce) émette, lui, un vœu analogue (TA Rennes, Ord. réf., 10 mars 2005, n° 0500755, Préfet d'Ille-et-Vilaine et Commune d'Étrelles).

B. Le conseil général

Le conseil général dispose de la même clause de compétence générale que le conseil municipal, l'article L.3211-1 prévoyant que « le conseil général règle par ses délibérations les affaires du département ».

La création et l'organisation des services publics locaux lui échoient à ce titre. Le Conseil d'État a été amené à tracer la ligne de partage, en la matière, entre les compétences du conseil général et celles de son président : si le président du conseil général est compétent pour prendre les mesures relatives à l'organisation interne des services dont il est le chef, il appartient au seul conseil général de décider de créer ou de supprimer des services publics, d'en fixer les règles générales d'organisation et, de façon générale, de prendre toutes les mesures portant sur la définition des missions remplies par les services du département. Dans ces conditions, la décision de confier les missions assumées par un service du département à une entreprise privée relève de la seule compétence du conseil général (CE, 6 janvier 1995, Syndicat national des personnels techniques administratifs et de services de l'équipement – CGT, n° 91224).

Comme le conseil municipal, le conseil général se voit reconnaître des attributions particulières en certaines matières. Ces attributions sont toutefois plus détaillées dans le cas du conseil général, alors même que l'absence de telles mentions dans le cas du conseil municipal ne signifie pas pour autant que ce dernier s'en voit privé.

Le conseil général est expressément compétent, en vertu du CGCT, pour :

- voter le budget (L.3212-1),
- statuer sur « les offres faites par les communes, les associations ou les particuliers pour concourir à des dépenses quelconques d'intérêt départemental », c'est-à-dire les « offres de concours » (L.3212-3),

– décider des emprunts du département et des garanties d'emprunt qu'il octroie,
– gérer le patrimoine en statuant sur l'acquisition, la vente et l'échange des propriétés départementales mobilières ou immobilières, le mode de gestion des propriétés départementales, les baux passés sur les biens quelle qu'en soit la durée, le changement de destination des propriétés et des édifices départementaux et les assurances des bâtiments départementaux (L.3212-4),
– statuer sur les transactions concernant les droits du département,
– accepter les dons et legs,
– adopter le règlement départemental d'aide sociale définissant les règles selon lesquelles sont accordées les prestations d'aide sociale relevant du département,
– attribuer et retirer les bourses scolaires versées sur fonds départementaux,
– approuver les projets, plans et devis de tous travaux engagés par le département,
– et décider des concessions à des associations, à des entreprises ou à des particuliers de travaux d'intérêt départemental.

Mais d'autres textes que le CGCT lui confèrent compétence pour :

– en matière de voirie, décider du classement et du déclassement des routes départementales, de leur alignement, de leur élargissement et approuver les projets, les plans et les devis des travaux à exécuter pour la construction et la rectification des routes (art. L.131-4 du Code de la voirie routière),
– en matière financière, répartir les ressources du fonds départemental de péréquation de la taxe professionnelle (art. 1648 A, II, du Code général des impôts).

Le conseil général est appelé à formuler un avis sur le nom des communes, leurs limites territoriales, le transfert de leur chef-lieu et la création d'agglomérations nouvelles et à chaque fois qu'une loi ou un décret requiert qu'il soit consulté. Dans cette hypothèse, si l'avis du département est donné par un autre organe ou une autre personne que le conseil général, la décision finale sera entachée d'illégalité.

Le Conseil d'État a annulé le retranchement du réseau ferré national de sections de lignes de chemin de fer, au motif que l'avis du département du Jura avait été donné par le responsable des services techniques alors que l'avis des « collectivités territoriales concernées » était requis par décret (CE, 4 août 2006, Fédération nationales des associations d'usagers des transports, n° 241137).

Enfin, force est de constater que la loi ne reconnaît pas au conseil général, à la différence de ce qu'il prévoit pour le conseil municipal, la possibilité d'« émettre des vœux » sur tout objet d'intérêt départemental mais seulement, en vertu de l'article L.3211-1 CGCT, de « statuer généralement, sur tous les objets d'intérêt départemental dont il est saisi ». Pour autant, sur ce dernier fondement, il est possible d'affirmer que le conseil général peut également émettre des vœux.

C. Le conseil régional

Même si le conseil régional peut se fonder, comme ses homologues communaux et départementaux, sur une clause générale de compétence (« le conseil régional règle par ses délibérations les affaires de la région », énonce l'article L.4221-1 du CGCT), la rédaction du texte reflète la grande prudence initiale du législateur lorsqu'il a institué ce nouvel échelon de collectivités territoriales qu'est la région.

Ainsi, le même article L.4221-1 du CGCT énonce également que le conseil régional exerce ses compétences « dans le respect de l'intégrité, de l'autonomie et des attributions des départements et des communes », qu'il peut « engager des actions complémentaires de celles de l'État, des autres collectivités territoriales et des établissements publics situés dans la région » mais bien « dans les domaines et les conditions fixés par les lois déterminant la répartition des compétences entre l'État, les communes, les départements et les régions ».

Ce respect des compétences dévolues aux autres collectivités territoriales s'impose tout autant aux communes et aux départements mais, dans leur cas, le législateur n'a pas jugé indispensable de le mentionner expressément...

Plus classiquement, le conseil régional exerce au nom de la région une série de compétences expressément reconnues :

- voter le budget (L.4221-2),
- élaborer et approuver le plan régional (L.4221-3),
- délibérer sur les cessions de biens immobiliers (L.4221-4),
- accepter les dons et legs (L.4221-6).

Enfin le conseil régional délibère en vue « d'émettre des avis sur les problèmes de développement et d'aménagement de la région au sujet desquels il est obligatoirement *consulté* » et peut utiliser la technique du vœu, bien qu'elle ne soit pas expressément prévue par les textes, pour exprimer son souhait sur les objets d'intérêt régional qui échappent à ses attributions.

Repères

- **Article L.2121-29 CGCT** : le conseil municipal règle par ses délibérations les affaires de la commune (article L.3211-1 CGCT pour le département et L.4221-1 CGCT pour la région).
- **Article L.2121-7 CGCT** : le conseil municipal se réunit au moins une fois par trimestre (article L.3121-9 CGCT pour le département et L.4132-8 CGCT pour la région).
- **Loi du 31 anvier 2007** : alternance de candidats de sexe différent sur les listes des élections municipales dans les communes de 3 500 habitants et plus, ticket paritaire pour les élections cantonales.

Pour gagner des points

La loi Tréveneuc

La loi du 15 juillet 1872, dite loi « Tréveneuc », confère aux conseils généraux un rôle de gardien ultime de la légalité républicaine. Si l'Assemblée nationale est illégalement dissoute ou empêchée de se réunir, les conseils généraux se réunissent immédiatement, de plein droit, en une assemblée composée de deux délégués élus par chaque conseil général, dans le lieu où se seront rendus les membres du Gouvernement légal.

Cette assemblée pourvoit provisoirement à l'administration générale du pays et ses décisions s'imposent, « à peine de forfaiture », à tous les fonctionnaires. Elle assure le maintien de l'ordre et prend les mesures permettant de rendre à l'Assemblée nationale « la plénitude de son indépendance et l'exercice de ses droits ». Elle doit se dissoudre aussitôt que l'Assemblée nationale se sera reconstituée par la réunion de la majorité de ses membres sur un point quelconque du territoire. Si cette reconstitution ne peut se réaliser dans le mois qui suit les événements, l'assemblée des délégués doit décréter un appel à la nation pour des élections générales.

Même si elle n'a jamais été mise en pratique, même dans les circonstances qui l'imposaient, cette loi demeure aujourd'hui en vigueur.

Leçon 4
Les exécutifs locaux

La composition et les attributions des exécutifs locaux varient en fonction du niveau de collectivité territoriale en cause, ce qui justifie que leur cas soit examiné séparément.

I. La municipalité

On désigne sous le nom de « municipalité », sans que cette notion fasse l'objet d'une définition légale, l'ensemble composé, dans chaque commune, par le maire et ses adjoints.

Elle se distingue donc du « corps municipal », défini, lui, par l'article L.2121-1 du CGCT, comme l'ensemble composé du conseil municipal, du maire et d'un ou plusieurs adjoints.

Le maire et les adjoints sont désignés par le conseil municipal (A) pour exercer des fonctions tant au nom de l'État que de la commune (B), seul le maire étant titulaire des attributions, même s'il peut ensuite les déléguer à ses adjoints (C).

A. Désignation

En vertu de l'article L.2122-1 du CGCT, « il y a, dans chaque commune, un maire et un ou plusieurs adjoints élus parmi les membres du conseil municipal ».

On peut légitimement croire qu'une telle rédaction implique qu'au moins un adjoint soit désigné dans chaque commune. Cette « règle du minimum » fut toutefois contredite, récemment et à une seule occasion, par le Conseil d'État énonçant : « aucune disposition n'impose au conseil municipal de désigner des adjoints » (CE, 19 janvier 2007, n° 289431), cet arrêt ayant vainement fait l'objet d'un recours en révision (CE, 20 juin 2008, n° 305879).

Le conseil municipal détermine lui-même le nombre des adjoints au maire sans que ce nombre puisse toutefois excéder 30 % de l'effectif légal du conseil municipal.

Trois hypothèses permettent toutefois de dépasser ce plafond :

- les communes de 80 000 habitants et plus peuvent créer des postes d'« adjoints de quartier », sans toutefois que le nombre de ceux-ci puisse excéder 10 % de l'effectif légal du conseil municipal (art. L.2122-2-1 CGCT)
- pour mémoire, en cas de fusion de communes, un ou plusieurs postes d'adjoint spécial peuvent également être institués (art. L.2122-3 CGCT)
- enfin, dans toutes les communes où un obstacle quelconque, ou l'éloignement,

« rend difficiles, dangereuses ou momentanément impossibles les communications entre le chef-lieu et une fraction de commune », un poste d'adjoint spécial peut être institué par délibération motivée du conseil municipal (cas traditionnel des îles et des vallées de montagne) ; toutefois cet adjoint spécial ne peut être compétent qu'en matière d'état civil et de police, sans qu'il puisse se voir attribuer d'autres fonctions (art. L.2122-3 CGCT).

Les maires et les adjoints doivent être choisis par les conseillers municipaux. L'âge n'est plus une difficulté puisque le seuil d'éligibilité à la fonction de maire a été abaissé de vingt-et-un à dix-huit ans par la loi du 5 avril 2000. Le critère de la nationalité devra toutefois être respecté : le conseiller municipal qui n'a pas la nationalité française ne peut être élu maire ou adjoint, ni en exercer même temporairement les fonctions, compte tenu des fonctions « régaliennes », exercées au nom de l'État, que la municipalité est appelée à exercer.

De même, mais cette fois en vertu du principe de séparation des ordonnateurs et des comptables, les agents des administrations financières ayant à connaître de la comptabilité communale, de l'assiette, du recouvrement ou du contrôle de tous impôts et taxes ne peuvent être maires ou adjoints, ni en exercer même temporairement les fonctions, dans toutes les communes qui sont situées dans le ressort de leur service d'affectation.

Enfin, les agents salariés du maire ne peuvent être ses adjoints, mais, depuis la loi du 13 août 2004, seulement si cette activité salariée est directement liée à l'exercice du mandat de maire.

La séance au cours de laquelle il est procédé à l'élection du maire est présidée par le plus âgé des membres du conseil municipal. Pour élire le maire et les adjoints, le conseil municipal doit toujours être au complet, ce qui ne signifie pas que tous ses membres doivent être présents, mais seulement qu'aucun siège ne doit être vacant, à la suite de démissions.

L'élection a lieu au scrutin secret et à la majorité absolue. Si, après deux tours de scrutin, aucun candidat n'a obtenu la majorité absolue, il est procédé à un troisième tour de scrutin et l'élection a lieu à la majorité relative. En cas d'égalité de suffrages, le plus âgé est déclaré élu.

Depuis la loi n° 2007-128 du 31 janvier 2007, les modalités d'élection des adjoints diffèrent selon la population de la commune. Dans les communes de moins de 3 500 habitants, les adjoints continuent d'être élus comme le maire, au scrutin uninominal, majoritaire. Mais dans les communes de 3 500 habitants et plus, les adjoints sont désormais élus au scrutin de liste à la majorité absolue, sans panachage ni vote préférentiel. Cette réforme fut motivée par le souci de promouvoir la parité sexuelle au sein des municipalités : sur chacune des listes, l'écart entre le nombre des candidats de chaque sexe ne peut être supérieur à un. Toutefois, même dans ces communes, le recours au scrutin uninominal majoritaire est autorisé dans le cas où un seul poste d'adjoint doit être pourvu.

L'« ordre du tableau » est un ordre de priorité décrit aux articles R.2121-2 à R.2121-4 CGCT. Il est utilisé pour connaître l'ordre des remplacements en cas de vacance du maire ou de son remplaçant, ou pour désigner les présidents des bureaux de vote de la commune. Après le maire, prennent rang, dans l'ordre du tableau, les adjoints puis les conseillers municipaux. En ce qui concerne les adjoints, l'ordre du tableau est déterminé, dans les communes de moins de 3 500 habitants par l'ordre de nomination ou, dans les communes de 3 500 habitants et plus, par l'ordre de présentation sur la liste. Toutefois, quand il y a lieu, en cas de vacance, de désigner un nouvel adjoint, le conseil municipal peut décider qu'il occupera, dans l'ordre du tableau, le même rang que l'élu qui occupait précédemment le poste devenu vacant. En ce qui concerne les conseillers municipaux, l'ordre du tableau est déterminé, par trois critères successifs :

– d'abord la date de leur élection : seront donc placés en fin de tableau les conseillers

élus suite à une élection partielle (dans les communes de moins de 3 500 habitants) ou les « suivants de liste », appelés à siéger en remplacement de conseillers démissionnaires (dans les communes de 3 500 habitants et plus),
- ensuite, entre conseillers élus le même jour, par le plus grand nombre de suffrages obtenus (individuellement dans les communes de moins de 3 500 habitants, ou collectivement par la liste sur laquelle ils figuraient dans les communes de 3 500 habitants et plus),
- enfin, à égalité de voix, par la priorité d'âge.

Enfin, l'article L.2122-10 du CGCT énonce deux principes de la plus grande importance stratégique.

- D'une part, le maire et les adjoints sont élus pour la même durée que le conseil municipal, ce qui implique que ce dernier ne peut les démettre. Le seul moyen pour les conseillers municipaux de provoquer une nouvelle élection du maire consiste à démissionner jusqu'à ce que les listes dont ils sont issus soient épuisées et que le conseil municipal ait perdu plus d'un tiers de ses membres. Il y aura lieu, alors, à de nouvelles élections pour renouveler le conseil.
- D'autre part, quelle que soit la cause d'une nouvelle élection du maire, il est procédé à une nouvelle élection des adjoints. Cette règle exprime une forme de « solidarité gouvernementale » : nul adjoint ne survit à un maire démissionnaire, tout comme, au niveau national, nul ministre ne demeure en fonctions après la démission du Premier ministre.

Ce procédé est d'autant plus efficace que la démission est libre en ses motifs : le Conseil d'État a précisé qu'aucune disposition du code électoral ou du code général des collectivités territoriales, ni aucune autre disposition législative ou réglementaire ne limite les motifs pour lesquels un maire décide de se démettre de son mandat (CE, 22 juin 2005, n° 274185).

La démission n'est pas pour autant immédiate : la démission du maire ou d'un adjoint est adressée au préfet et ne devient définitive que si elle est acceptée par ce dernier. En cas de refus ou de silence de sa part, la démission deviendra toutefois définitive un mois après un nouvel envoi de la démission. De plus, le maire et les adjoints continuent l'exercice de leurs fonctions jusqu'à l'installation de leurs successeurs, sauf dans trois cas : dissolution du conseil municipal donnant lieu à la nomination, par le préfet, d'une délégation spéciale ; révocation ou suspension des élus concernés ; enfin renouvellement intégral du conseil municipal (ils sont alors remplacés, à l'ouverture de la première séance, par les conseillers municipaux dans l'ordre du tableau).

B. Attributions

Le maire est une institution unique en droit français. Son élection lui confère des attributions exercées en tant qu'agent de l'État (1) ou comme représentant de la commune (2).

1. Le maire, agent de l'État

Le maire a la qualité d'officier d'état civil, ce qui lui confère le rôle de tenir le registre et dresser les actes officiels des naissances, mariages et décès. Il est également officier de police judiciaire, placé à ce titre sous l'autorité du procureur de la République : il dresse des procès-verbaux en cas de délit flagrant, recueille des plaintes, prescrit la mise en fourrière de véhicules.

Les adjoints, dès leur élection, disposent des mêmes qualités, sans qu'il soit besoin que le maire leur délègue des fonctions.

Mais le maire prend de nombreux autres actes au nom de l'État :

- il est chargé de l'organisation des élections, en tenant à jour les listes électorales, en délivrant les cartes électorales individuelles, notamment aux jeunes électeurs lors de « cérémonies de citoyenneté », en mettant en place les panneaux d'affichage réservé, en attribuant leurs fonctions aux

membres des bureaux de vote et en assurant l'aménagement matériel de ces bureaux,
– il fixe le ressort de chaque école publique de la commune,
– il prescrit les mesures d'interruption de travaux effectués sans les autorisations d'urbanisme nécessaires,
– il tire au sort la liste préparatoire au recrutement des jurés qui siègeront en cour d'assises,
– il publie les lois et règlements dans sa commune,
– il légalise toute signature apposée en sa présence par l'un de ses administrés connu de lui, ou accompagné de deux témoins connus, les signatures manuscrites données par des magistrats municipaux dans l'exercice de leurs fonctions administratives valant dans toute circonstance sans être légalisées par le préfet si elles sont accompagnées du sceau de la mairie,
– il dresse la liste des personnes recensées en vue de leur participation à l'appel de préparation à la défense.

Le Conseil d'État a considéré que seule la loi pouvait confier aux maires la mission de recueillir et de délivrer les demandes de titres d'identité : les supports juridiques alors retenus étant de nature réglementaire (décret du 25 novembre 1999 relatif aux cartes nationales d'identité et décret du 26 février 2001 relatif aux passeports), ils encouraient l'annulation (CE, 5 janvier 2005, Ville de Versailles, n° 232888). La loi de finances pour 2009 du 27 décembre 2008 est venue régulariser la situation.

2. Le maire agissant au nom de la commune

Le maire peut agir au nom de la commune soit en vertu de pouvoirs qui lui sont propres, soit pour assurer l'exécution d'une délibération du conseil municipal, soit, enfin, par délégation du conseil municipal.

Au titre de ses pouvoirs propres, le maire exerce la police municipale, définie à l'article L.2212-2 du CGCT comme ayant pour objet d'assurer le « bon ordre, la sûreté, la sécurité et la salubrité publiques ».

Dans les communes dotées d'un plan local d'urbanisme (anciennement plan d'occupation des sols), le maire est fondé, par la loi, à délivrer les autorisations d'urbanisme, dont les permis de construire, au nom de la commune.

Enfin le maire est « seul chargé de l'administration » (art. L.2122-18 CGCT) et à ce titre dirige les services municipaux. Sur ce fondement, il réglemente l'organisation interne des services, par exemple les heures d'ouverture au public. Le conseil municipal est compétent pour créer ou supprimer un poste, mais c'est le maire qui pourvoit ces postes en procédant aux nominations. Il titularise les stagiaires, note les agents et décide des avancements d'échelon.

En deuxième lieu, « le maire est chargé, d'une manière générale, d'exécuter les décisions du conseil municipal » (art. L.2122-21 CGCT) : ce sont là ses attributions strictement exécutives. Le même article donne des illustrations des compétences du maire ; à ce titre il :
– administre les propriétés de la commune ; il peut ainsi conclure un bail une fois que le conseil municipal en a fixé le loyer,
– représente la commune en justice, soit en demandant, soit en défendant, sauf dans le cas où la sauvegarde des intérêts de la commune justifie qu'il agisse seul en urgence,
– conclut les marchés publics, le conseil municipal pouvant définir en amont de la procédure le besoin et le montant prévisionnel puis, à tout moment, décider que la signature du marché ne pourra intervenir qu'après une nouvelle délibération, une fois connus l'identité de l'attributaire et le montant du marché,
– ordonnance les dépenses dont les crédits figurent au budget.

En troisième lieu, le maire peut agir en lieu et place du conseil municipal en vertu d'une délégation donnée par le conseil pour la durée de son mandat. Cette technique est réservée à 22 domaines énumérés à l'article L.2122-22 du

CGCT. En pratique de nombreuses communes y ont recours, leur conseil municipal décidant, au début du mandat, de déléguer au maire toutes les compétences qui peuvent l'être.

Sur délégation du conseil, le maire pourra ainsi, dans le domaine de la gestion des biens :

- modifier l'affectation des propriétés communales utilisées par les services publics municipaux,
- louer les biens communaux pour une durée maximale de douze ans,
- vendre les biens mobiliers jusqu'à 4 600 euros ;
- prononcer la délivrance et la reprise des concessions dans les cimetières ;

En matière financière, il pourra être fondé à :

- fixer dans des limites prédéterminées par le conseil municipal, les tarifs des droits de voirie, de stationnement, et, d'une manière générale, des droits prévus au profit de la commune qui n'ont pas un caractère fiscal,
- procéder, également dans des limites prédéfinies, à la réalisation des emprunts destinés au financement des investissements prévus par le budget,
- créer les régies comptables nécessaires au fonctionnement des services municipaux ;
- accepter les dons et legs qui ne sont grevés ni de conditions ni de charges ;
- régler les frais et honoraires des avocats, notaires, avoués, huissiers de justice et experts ;
- fixer, dans les limites de l'estimation des services fiscaux, le montant des offres de la commune à notifier aux expropriés et de répondre à leurs demandes ;
- régler les conséquences dommageables des accidents dans lesquels sont impliqués des véhicules municipaux dans la limite fixée par le conseil municipal ;

Dans le domaine contractuel, il pourra :

- prendre toute décision concernant la préparation, la passation, l'exécution et le règlement des marchés et des accords-cadres d'un montant inférieur à un seuil défini par décret (fixé à 206 000 hors taxe par le décret n° 2008-171 du 22 février 2008) ainsi que toute décision concernant leurs avenants qui n'entraînent pas une augmentation du montant du contrat initial supérieure à 5 %, lorsque les crédits sont inscrits au budget ;
- passer les contrats d'assurance ainsi qu'accepter les indemnités de sinistre y afférentes ;

Enfin, il pourra :

- intenter au nom de la commune les actions en justice ou défendre la commune dans les actions intentées contre elle, dans les cas définis par le conseil municipal ;
- décider de la création de classes dans les établissements d'enseignement ;
- exercer le droit de préemption.

Confiée pour la durée du mandat, la délégation du conseil municipal pourra toutefois être rapportée à tout moment. Afin de permettre le contrôle du conseil sur l'exercice de la compétence déléguée, le maire doit en rendre compte à chacune des réunions obligatoires du conseil municipal.

Enfin, sauf disposition contraire dans la délibération portant délégation, les décisions prises en application de celle-ci peuvent être signées par un adjoint ou un conseiller municipal agissant par délégation. Sur ce point, la loi du 13 août 2004 a permis un assouplissement du droit applicable : auparavant, la délibération devait expressément autoriser le maire à subdéléguer la compétence du conseil municipal.

C. Délégations

Le maire étant seul chargé des nombreuses attributions qui viennent d'être évoquées, il est indispensable au bon fonctionnement de la commune qu'il associe les adjoints à leur exercice.

L'article L.2122-18 du CGCT prévoit à cette fin que le maire « peut, sous sa surveillance et sa responsabilité, déléguer par arrêté une partie de ses fonctions à un ou plusieurs de ses adjoints ». Dès lors que tous les adjoints en place sont déjà titulaires d'une telle délégation, le maire peut de surcroît déléguer d'autres fonctions à des conseillers municipaux. Le recours à ces « conseillers municipaux délégués » est également possible en l'absence ou en cas d'empêchement des adjoints.

Le maire peut retirer à un adjoint toute délégation qu'il lui aurait précédemment confiée. Cette décision n'est pas considérée comme une sanction par le juge : le maire n'est donc pas formellement tenu de la motiver. Pour autant, au fond, cette décision devra pouvoir être justifiée, en cas de recours pour excès de pouvoir, par des motifs matériellement exacts et par « la bonne marche de l'administration communale » (CE, 18 février 1998, n° 168760) et non par une mésentente mineure entre le maire et l'adjoint ou par des motifs purement politiques d'équilibre entre les différents courants de la majorité municipale.

Pour autant, s'il peut retirer une délégation, le maire ne peut jamais retirer la qualité d'adjoint, que seul le conseil municipal a conférée à l'élu. Afin d'éviter qu'un adjoint privé de délégation puisse rester en fonction (et bénéficier par conséquent des indemnités de fonctions y afférentes), la loi du 13 août 2004 a prévu que « lorsque le maire a retiré les délégations qu'il avait données à un adjoint, le conseil municipal doit se prononcer sur le maintien de celui-ci dans ses fonctions » : le conseil peut alors, soit maintenir l'adjoint en fonction (ce qui ne lui rend pas ses délégations), soit lui retirer sa qualité d'adjoint. Dans cette hypothèse, l'intéressé redeviendra simple conseiller municipal.

La délégation peut porter sur toute matière, y compris l'exercice de la police municipale, mais doit être, dans tous les cas, précisément délimitée dans un arrêté, dûment publié. Non seulement l'arrêté imprécis est illégal, mais tout acte pris par l'adjoint sur son fondement encourra l'annulation pour incompétence de son auteur.

Ce sera par exemple le cas si un adjoint s'est vu déléguer compétence pour « signer toutes pièces nécessaires à une bonne administration des intérêts de la ville » (CE, 18 février 1998, Commune de Conflans-Sainte-Honorine, n° 152572). À l'inverse, fut jugé suffisamment précis et donc légal un arrêté autorisant l'adjoint à « signer tous actes, arrêtés et décisions en matière de finances et de budget » (CE, 19 mai 2000, Commune du Cendre, n° 208543).

Par ailleurs, il convient de ne pas confondre l'architecture institutionnelle qui découle de ces arrêtés de délégation avec celle que commande l'empêchement éventuel du maire. Si le maire est empêché d'exercer ses fonctions, son premier adjoint le remplace et ce dans la plénitude de ses fonctions, quel qu'était, en temps normal, le périmètre de ses attributions déléguées.

De même, il convient de ne pas confondre les délégations de fonctions accordées aux élus avec les délégations de signature accordées à certains fonctionnaires. En effet, en vertu de l'article L.2122-19 du CGCT, le maire peut donner, toujours « sous sa surveillance et sa responsabilité » délégation de signature au directeur général des services, au directeur général adjoint des services de mairie, au directeur général et au directeur des services techniques. Comme les délégations de fonctions, ces délégations sont également confiées par le maire sans emporter pour autant son dessaisissement dans les matières déléguées, peuvent être rapportées par lui, et ne peuvent pas être subdéléguées par leur titulaire. Pour autant, elles constituent un système « parallèle » de délégations.

II. L'exécutif départemental

Si l'article L.3221-1 du CGCT dispose que « le président du conseil général est l'organe exécutif du département », la loi reconnaît, dans le cas du département et à la différence de la commune, deux autres organes que l'on peut qualifier d'« intermédiaires », entre l'assemblée délibérante et son président : le bureau et, surtout, la commission permanente.

A. Désignation

Les conseils généraux ont l'obligation d'élire leur président lors de la réunion de droit qui suit chaque renouvellement triennal, si les deux tiers de ses membres sont présents. Si cette condition n'est pas remplie, la réunion se tient de plein droit trois jours plus tard : elle peut alors avoir lieu sans condition de quorum.

Le président est élu à la majorité absolue des membres du conseil général. Si cette élection n'est pas acquise après les deux premiers tours de scrutin, il est procédé à un troisième tour de scrutin et l'élection a lieu à la majorité relative des membres du conseil général. En cas d'égalité des voix, l'élection est acquise au bénéfice de l'âge.

Le conseil général est également appelé à élire les membres de la commission permanente. Cet organe est composé du président du conseil général, de quatre à quinze vice-présidents, sous réserve que le nombre de ceux-ci ne soit pas supérieur à 30 % de l'effectif du conseil, et éventuellement d'un ou plusieurs autres membres, dont le nombre n'est pas encadré : il peut varier entre zéro (seuls le président et les vice-présidents siégeant alors) et le nombre conseillers généraux permettant que toute l'assemblée départementale siège au sein de la commission permanente.

Ainsi, aussitôt après l'élection du président, le conseil général fixe le nombre des vice-présidents et des autres membres de la commission permanente. Les candidatures aux différents postes de la commission permanente sont déposées auprès du président dans l'heure qui suit. Les membres de la commission permanente (autres que le président) sont alors élus au scrutin de liste, à la représentation proportionnelle à la plus forte moyenne, sans panachage ni vote préférentiel : les modalités de désignation des membres de cette commission permanente assurent la représentation des minorités politiques en son sein.

Après la répartition des sièges, lorsque les membres de la commission permanente sont connus, le conseil général procède à l'affectation des élus à chacun des postes de la commission permanente, par un second scrutin, cette fois uninominale, dans les mêmes conditions que pour l'élection du président.

Le président et les autres membres de la commission permanente sont nommés pour trois ans. En cas de vacance du siège de président pour quelque cause que ce soit, les fonctions de président sont provisoirement exercées par un vice-président, dans l'ordre des nominations et, à défaut, par un conseiller général désigné par le conseil. Il est alors toujours procédé au renouvellement de la commission permanente, dans le délai d'un mois : la démission du président entraîne donc la « chute » de la commission permanente. À l'inverse, en cas de vacance de siège de membre de la commission permanente autre que le président, le conseil général peut, ou non, décider de compléter la commission permanente. Si le conseil général décide du remplacement, soit une seule candidature se présente et le remplacement sera alors effectué sans vote, soit plusieurs candidatures sont déposées et tous les membres de la commission permanente, sauf le président, devront alors être renouvelés.

L'organe dénommé « bureau » est celui composé du président et des membres de la commission permanente ayant reçu délégation du président : puisque le président dispose des délégations qu'il confère et retire, le bureau ne comprendra donc, à la différence de la commission permanente, que des élus de la majorité. Aucune compétence précise ne lui est conférée : la seule différence avec le « bureau » municipal tient, ici, à la reconnaissance légale de son existence.

B. Prérogatives

La commission permanente peut se voir déléguer toute compétence appartenant au conseil général, à l'exception de l'examen et du vote du budget et du compte administratif (art. L.3211-2 CGCT).

Les prérogatives du président du conseil général ont, quant à elles, connu une constante augmentation. Jusqu'en 1982, elles étaient limitées à la police de l'assemblée, puisque le préfet cumulait les fonctions de représentant de l'État et d'exécutif départemental. Après 1982, le président du conseil général se vit transférer cette fonction, mais sans que l'assemblée délibérante puisse lui déléguer autant de pouvoirs que le conseil municipal peut le faire au maire. Enfin, dans la période récente, ces cas de délégation ont été multipliés, rapprochant in fine la situation des exécutifs municipaux et départementaux.

On distinguera, comme dans le cas du maire, les pouvoirs propres du président, ses attributions au titre de l'exécution des délibérations et les compétences susceptibles de lui être déléguées par le conseil général.

1. Les pouvoirs propres

Le président agit en invoquant ses pouvoirs propres lorsqu'il :

- exerce la police de l'assemblée lors des séances du conseil général,
- nomme aux emplois et note les fonctionnaires en tant que « chef des services du département »,
- authentifie les actes passés en la forme administrative par le conseil général concernant les droits réels immobiliers ainsi que les baux en vue de leur publication au bureau des hypothèques,
- prend tout acte conservatoire et interruptif de déchéance pour la sauvegarde des intérêts du département,
- gère le domaine du département, en exerçant les pouvoirs de police afférents à cette gestion, notamment en ce qui concerne la circulation sur ce domaine, sans pouvoir prendre à ce titre d'acte de disposition (par exemple la vente d'un bien) ; si le maire demeure compétent sur toutes les voies incluses dans une agglomération, le président du conseil général exerce les pouvoirs de police et coordonne les travaux sur les routes départementales en dehors des agglomérations,
- exerce la police portuaire dans les ports maritimes départementaux de pêche, de commerce ou de plaisance, le préfet exerçant cette compétence sur les ports maritimes de commerce et les ports accueillant des matières dangereuses,
- nomme des conseillers généraux appelés à siéger dans certains organismes extérieurs lorsque les textes le prévoient,
- nomme les gardes champêtres,
- exerce des compétences en application du Code de l'action sociale et des familles : il accorde et retire l'agrément des assistants familiaux et maternels ainsi que des accueillants familiaux des personnes âgées ou handicapées adultes, il délivre l'agrément des personnes candidates à l'adoption des pupilles de l'État, il autorise la création ou l'extension des établissements et services qui fournissent des prestations d'aide sociale de la compétence du département et décide de leurs tarifs, enfin il propose aux parents concernés la signature du nouveau « contrat de responsabilité parentale ».

2. Les compétences d'exécution

En vertu de l'article L.3221-1 du CGCT, le président du conseil général prépare et exécute les délibérations du conseil général.

Dans ce cadre de ce pouvoir d'exécution, le président :

- rend exécutoires les délibérations du conseil général en procédant aux formalités nécessaires, sans évidemment pouvoir modifier la teneur des décisions prises par le conseil,
- engage les dépenses du département et prescrit l'exécution des recettes,
- intente les actions au nom du département en vertu de la décision du conseil général et il peut, sur l'avis conforme de la commission permanente, défendre à toute action intentée contre le département,

- signe, matériellement, les contrats excédant 206 000 € hors taxe,
- attribue les aides sociales décidées par le département.

3. Les attributions déléguées

Jusqu'à la loi dite « Murcef » du 11 décembre 2001, seule la commission permanente pouvait se voir déléguer des compétences par le conseil général. À la faveur de lois successives, le président peut désormais être chargé en vertu de l'article L.3221-11 du CGCT, par délégation du conseil général et pour la durée de son mandat, de :

- réaliser des emprunts et des lignes de trésorerie, sous un plafond fixé par l'assemblée,
- prendre toute décision concernant la préparation, la passation, l'exécution et le règlement des marchés et des accords-cadres d'un montant inférieur à 206 000 € hors taxe, ainsi que toute décision concernant leurs avenants qui n'entraînent pas une augmentation du montant du contrat initial supérieure à 5 %, lorsque les crédits sont inscrits au budget,
- d'exercer, au nom du département, le droit de préemption dans les espaces naturels sensibles,
- prendre toute décision relative au fonds de solidarité pour le logement, notamment en matière d'aides, de prêts, de remises de dettes et d'abandons de créances, en rendant compte à la plus proche réunion utile du conseil général de l'exercice de cette compétence.

Sauf disposition contraire dans la délibération portant délégation, le président peut, depuis la loi du 13 août 2004, subdéléguer les attributions confiées par le conseil général aux vice-présidents et aux fonctionnaires. Comme le maire, le président rend compte à l'assemblée de l'exercice des compétences dévolues sur ce fondement. De surcroît, il doit en informer la commission permanente.

C. Délégations

Dans les mêmes conditions que le maire, le président du conseil général pourra déléguer une partie de ses fonctions à des vice-présidents et à des conseillers généraux, y compris si ces derniers ne sont pas membres de la commission permanente (art. L.3221-3 CGCT).

Seule différence majeure, à ce titre, entre vice-présidents et adjoints au maire, les indemnités de fonction des premiers sont liées non seulement à leur qualité de vice-président mais aussi à l'existence d'une délégation de fonction. Lorsque le président retire toute délégation à un vice-président, la loi n'a donc pas jugé nécessaire que le conseil général se prononce sur son maintien en fonctions.

Comme le maire, le président du conseil général peut également confier des délégations de signature aux fonctionnaires d'encadrement de la collectivité territoriale. Leur nombre est toutefois plus important que dans le cas des communes, le président pouvant donner délégation de signature en toute matière aux « responsables des services », ce qui recouvre, *a minima*, les directeurs généraux, chefs de service et chefs de bureau.

III. L'exécutif régional

Les règles de désignation du président, de la commission permanente et du bureau sont identiques à celles applicables au sein du conseil général, à quatre exceptions près :

- les membres de l'exécutif régional sont nommés pour six ans et non pour trois,
- l'élection du président du conseil régional ne peut donner lieu à aucun débat,
- chaque candidat à cette fonction doit déposer une déclaration écrite présentant les grandes orientations politiques, économiques et sociales de son action pour la durée de son mandat,
- le contentieux éventuel contre l'élection du président ou de la commission permanente

est porté devant le Conseil d'État et non devant le tribunal administratif.

Comme dans le cas du conseil général, le conseil régional peut déléguer une partie de ses attributions à sa commission permanente, à l'exception de celles relatives au vote du budget et à l'approbation du compte administratif.

Dans les limites qu'il aura fixées, le conseil régional peut également déléguer à son président le pouvoir :

- de procéder à la réalisation des emprunts destinés au financement des investissements prévus par le budget et de réaliser des lignes de trésorerie sur la base d'un montant maximum autorisé par le conseil régional,
- de prendre toute décision concernant la préparation, la passation, l'exécution et le règlement des marchés et des accords-cadres d'un montant inférieur à 206 000 € hors taxe, ainsi que toute décision concernant leurs avenants qui n'entraînent pas une augmentation du montant du contrat initial supérieure à 5 %, lorsque les crédits sont inscrits au budget.

Le président du conseil régional, en plus de ces compétences déléguées, est, comme tout chef d'un exécutif local, chargé de la police de l'assemblée, de la gestion du personnel, de la gestion du domaine (mais sans disposer de pouvoir de police), de l'ordonnancement des dépenses et plus généralement de l'exécution des délibérations du conseil régional.

Il peut déléguer ses attributions aux élus et aux fonctionnaires de direction dans les mêmes conditions que le président du conseil général.

Repères

- **Article L.2122-18 CGCT** : le maire est « seul chargé de l'administration », mais « peut, sous sa surveillance et sa responsabilité, déléguer par arrêté une partie de ses fonctions à un ou plusieurs de ses adjoints ».
- **Article L.3211-2 CGCT** : la commission permanente d'un conseil général peut se voir déléguer toute compétence appartenant au conseil général, à l'exception de l'examen et du vote du budget et du compte administratif
- **Article L.3221-3 CGCT** : le président du conseil général peut déléguer une partie de ses fonctions à des vice-présidents et à des conseillers généraux, y compris si ces derniers ne sont pas membres de la commission permanente

Pour gagner des points

Le maire, pilier de la République
Discours de Léon Gambetta
Avignon, 9 février 1876
(extraits)

« Il y a un agent de l'État sur le caractère duquel on peut élever des contestations théoriques encore plus que pratiques. C'est le maire, le maire qui est gestionnaire de la commune. C'est le maire qui a besoin de la confiance de la population au milieu de laquelle il vit, dont il doit être le représentant sympathique et le guide naturel. Or il faut, dans la politique libérale à inaugurer, que ce maire soit l'élu de son conseil municipal ; autrement, s'il n'est pas son élu, s'il est choisi par le pouvoir central même parmi les derniers élus de la liste municipale, en un mot, si le maire n'est pas nommé par le conseil municipal, pour être l'intermédiaire entre l'État et la commune, je dis qu'on n'a pas un maire, mais un simple commis du pouvoir exécutif : c'est le commissaire d'un préfet. Eh bien, s'il y a, pour toutes les populations de la France, une réforme à laquelle elles soient attachées du fond de l'âme, c'est celle qui assurera la liberté et l'indépendance de la commune, c'est celle qui établira véritablement les franchises municipales parce que, pour le citoyen le plus humble comme pour le plus élevé, la commune est la meilleure, la plus intime réduction de la patrie, où se trouvent resserrées les plus intimes affections qui viennent de la naissance, de la famille et des relations les plus anciennes et les plus durables ; c'est le berceau, le foyer et la tombe ; tous ses souvenirs et tous ses intérêts.

Il est indispensable que celui qui doit être placé à la tête de la commune soit véritablement désigné par le suffrage de ses pairs, de ses amis, de ses concitoyens : s'il n'est que l'agent imposé du préfet, il n'est qu'un sujet d'opposition et de conflit avec la commune ; et presque toujours on peut constater, excepté dans les temps de crise ou de révolution, que de semblables représentants du pouvoir sont des agents d'irritation ou de compression. [...]

S'il est donc une mesure qui soit contraire au génie et à la moralité du suffrage universel, qui soit contraire à l'indépendance de la commune et à la moralité des rapports entre l'administration centrale et la commune, c'est la mesure qui laisse au pouvoir la nomination des maires. Dès lors, en tête du programme de la politique libérale, nous plaçons la restitution aux conseils municipaux des communes du droit d'élire leur maire. »

Leçon 5
La clause générale de compétence

I. La loi ne définit pas la clause générale de compétence
II. Le juge délimite la notion d'intérêt public local.

Les collectivités territoriales peuvent intervenir sur le fondement de leur clause générale de compétence, qui fera l'objet de la présente leçon, ou de lois leur attribuant expressément la charge d'un service, sous la forme de blocs de compétences, objets de la leçon 6.

La clause générale de compétence, aux termes relativement imprécis, a donné lieu à d'indispensables éclairages jurisprudentiels permettant d'en saisir la portée.

I. La loi ne permet pas de distinguer les contours de la « clause »

L'article L.2121-29 du Code général des collectivités territoriales énonce la fameuse « clause générale de compétence » selon laquelle « le conseil municipal règle par ses délibérations les affaires de la commune » et les articles L.3211-1 et L.4221-1 du même Code disposent de même, respectivement pour le conseil général et le conseil régional.

Il est possible d'interpréter cet énoncé solennel comme emportant des effets à deux niveaux différents :

- l'un au niveau de l'organisation interne des pouvoirs, puisque seule l'assemblée délibérante se voit investie de compétences étendues, à la différence de l'exécutif,
- l'autre au niveau de la compétence de la collectivité territoriale dans son ensemble, qui paraît fondée à « régler » (donc à prendre des décisions de nature à traiter) toutes les « affaires » locales.

Cette capacité de projection de la collectivité territoriale sur les affaires de son territoire est encore mieux illustrée par l'article L.4422-15 du CGCT qui dispose que l'assemblée de la collectivité territoriale de Corse règle par ses délibérations « les affaires de la Corse » et non « les affaires de la collectivité territoriale de Corse » : la collectivité territoriale est donc fondée à intervenir dans la résolution d'enjeux locaux qui l'intéressent et dépassent, en même temps, sa modeste personne. Cette latitude d'action paraît confirmée s'il on compare la rédaction des articles qui s'appliquent aux collectivités territoriales à celle des articles régissant les établissements publics : l'article L.5215-19 du CGCT dispose que « le conseil de la communauté urbaine règle par ses délibérations les affaires qui sont de la compétence de la communauté urbaine ». Ici, cette limitation aux « affaires qui sont de la compétence de » signifie que l'EPCI ne peut agir hors des cas dans lesquels la loi, ou ses statuts en application de la loi, l'ont prévu.

Toutefois, le Code général des collectivités territoriales prévoit par ailleurs, en son deuxième article, L.1111-2 : « Les communes, les départements et les régions règlent par leurs délibérations les affaires de leur compétence », disposition qui rappelle exactement celle précédemment remarquée pour les établissements publics.

Est-ce à dire, alors, que malgré la clause générale de compétence conférée à l'assemblée délibérante, la collectivité territoriale, elle, ne pourrait intervenir que dans les « compétences » qui lui sont dévolues expressément par la loi ?

Ceci paraît absurde et une troisième disposition, l'article L.1111-4 du CGCT, doit être invoquée : cet article prévoit que « Les communes, les départements et les régions financent par priorité les projets relevant des domaines de compétences qui leur ont été dévolus par la loi », ce qui prouve que les trois collectivités territoriales peuvent intervenir en dehors desdits domaines limitativement énumérés par la loi !

Dans ces conditions, le juge a exigé que soit recherché un « intérêt public local ».

Le Conseil d'État nous renseigne sur l'interprétation exacte à donner à cette étrange « clause générale de compétence » : il a jugé que « l'article L.2121-29 du code général des collectivités territoriales habilite le conseil municipal à statuer sur toutes les questions d'intérêt public communal, sous réserve qu'elles ne soient pas dévolues par la loi à l'État ou à d'autres personnes publiques et qu'il n'y ait pas d'empiètement sur les attributions conférées au maire » (CE, 29 juin 2001, commune de Mons-en-Baroeul, n° 193716).

Cette formulation, pleinement transposable aux conseils généraux et aux conseils régionaux, apporte trois enseignements précieux :

- du point de vue de l'organisation interne de la collectivité territoriale, l'assemblée délibérante ne peut pas empiéter sur les attributions conférées par la loi à l'exécutif de la collectivité ;
- du point de vue de la latitude d'action de la collectivité toute entière cette fois, le Conseil d'État pose un critère négatif : la commune (via son conseil municipal) ne peut pas empiéter dans un domaine de compétences que la loi aurait été expressément confié à l'État (la défense nationale par exemple), ou à d'autres personnes publiques : un département ne peut pas adopter un plan local d'urbanisme à l'échelle de son territoire puisque cette compétence est réservée aux communes ;
- toujours du point de vue de la latitude d'action de la collectivité toute entière, le Conseil d'État pose un critère positif à la légalité de l'intervention : l'opération dans laquelle la collectivité intervient doit revêtir un « intérêt public local » (communal, départemental ou régional selon les cas).

On comprend dès lors que la définition de l'intérêt public local revêt une importance décisive. Or, ni la loi, ni le règlement, ni le juge n'en propose de définition substantielle.

Assurément, cet intérêt public local existe : dans sa *Contribution à la théorie générale de l'État*, Raymond Carré de Malberg affirme qu'« en tant que groupement local, la commune possède nécessairement certains droits propres spéciaux, qui sont indépendants des droits généraux de l'État et qui sont fondés sur les exigences immédiates que fait naître la réunion de ses habitants en un même lieu ».

Mais comment reconnaître, au cas par cas, l'intérêt public local ?

Une première option, très libérale, est possible : respectant totalement la liberté politique des assemblées locales, elle consiste à considérer que les élus détenteurs de la légitimité politique par le suffrage universel sont fondés à définir eux-mêmes quelle opération revêt un intérêt pour la collectivité. Dès lors, l'intérêt public local n'existe jamais en amont de la décision, il apparaît en aval : ce n'est pas une condition de l'action publique locale, mais son symptôme.

Toutefois, le juge national n'a pas entendu accorder aux assemblées locales une telle latitude d'action, admettant de défendre la liberté mais refusant d'accorder la souveraineté. Ainsi, le juge administratif a considéré que la latitude des assemblées locales de viser un intérêt public local n'était pas pleine et entière. De la bouche du juge national, à défaut de celle de la loi, sont venus des interdits.

II. Le juge délimite la notion d'intérêt public local

Pour délimiter la notion d'« intérêt public local », il serait possible de se replonger dans la définition que donne le Dictionnaire de l'Académie française du mot « intérêt » : « ce qui importe ou ce qui convient à l'utilité d'une personne, d'une collectivité, d'une institution, en ce qui concerne soit leur bien physique ou matériel, soit leur bien intellectuel ou moral, leur honneur, leur considération ».

Mais en l'absence de toute définition propre au droit public, la démarche la plus sage et la plus sûre consiste à suivre le travail opéré par le juge dans sa délimitation des contours de l'intérêt public local : il a essentiellement opéré « en creux », en illustrant l'intérêt public local par ce qu'il n'est pas, non sans subtilité.

A. Intérêt public local et intérêt privé

Dès lors que la justification de la décision de la collectivité réside dans la satisfaction d'un intérêt privé, l'annulation de l'acte est encourue.

Cet intérêt privé peut être, évidemment, matériel et financier.

Ainsi, le juge a annulé une délibération autorisant la participation d'une commune à la moitié des frais de couverture du réservoir d'eau d'un lotissement : cette prise en charge par la commune ne procédait pas d'un intérêt communal car le financement public n'était pas « assorti d'un engagement des propriétaires concernés de mettre le réservoir à la disposition des services de secours, moyennant les aménagements nécessaires, pour d'éventuelles interventions d'urgence au profit des autres habitants de ce secteur de la commune » (CE, 21 juin 1993, Commune de Chauriat, n° 118491). Il n'est donc pas nécessaire que le financement profite à tous (puisque la desserte en eau d'un secteur de la commune eut été suffisante pour reconnaître l'intérêt communal), mais il ne peut profiter qu'à quelques-uns, en nombre limité (ici les colotis).

À l'inverse, une commune justifie d'un intérêt public communal en finançant un voyage en Guadeloupe pour 48 personnes (sur 89 habitants), la délibération étant motivée par le souci de « favoriser l'ouverture vers l'extérieur des habitants de cette commune géographiquement isolée à 1 000 mètres d'altitude et défavorisée sur les plans culturel et économique » et de « fédérer l'esprit communal », alors que la Cour administrative d'appel avait, elle, jugé que ce voyage, faute de s'inscrire dans le cadre d'un projet précis d'intérêt communal, constituait un voyage d'agrément servant seulement l'intérêt privé de ses 48 bénéficiaires et non une opération d'intérêt public communal (CE, 7 juillet 2004, commune de Celoux, n° 254165).

Mais l'intérêt privé peut être également politique, lorsqu'il réside dans un parti-pris particulier, dans la recherche de la satisfaction de l'option politique d'une partie seulement des membres de la collectivité : si une collectivité peut mettre en place un système d'aides aux grévistes rencontrant des difficultés objectives pour subvenir à leurs besoins essentiels, elle ne peut pas prendre parti dans un conflit, entre intérêts du travail et intérêts du capital (CE, 3 décembre 1993, Département du Val-de-Marne, n° 99832). De même, un conseil général ne pouvait pas prendre en charge l'impression de tracts appelant à voter « non » au référendum sur le traité de Maastricht (CE, 25 avril 1994, Président du conseil général du Territoire de Belfort, n° 145874).

Les cas sont parfois épineux : une association dont le but statutaire consiste en des actions humanitaires mais qui révèle, avant le versement d'une subvention, sa nature « politique et partisane » en n'infirmant pas le fait qu'elle cherche à « combattre une formation politique dont l'existence est légalement reconnue » ne peut pas bénéficier d'une subvention municipale (CE, 28 octobre 2002, Commune de Draguignan, n° 216706).

B. Intérêt public local et territoire

Le juge vérifie le caractère public de l'intérêt défendu, mais également son caractère « local ».

Ainsi, une commune ne pouvait pas allouer une subvention pour l'aide au Nicaragua car cette aide n'était « pas destinée à la satisfaction d'un intérêt public apprécié dans le cadre territorial de la commune et en fonction des besoins de ses habitants » (TA Paris, 25 octobre 1987, Commune de Pierrefitte-sur-Seine, Lebon 1987).

Même à l'intérieur du territoire national, un département ne pouvait pas non plus attribuer de subvention pour la restauration d'un bourg situé dans un autre département (CE, 11 juin 1997, Département de l'Oise, n° 170069). Néanmoins, le juge aborde cette question territoriale avec souplesse : si dans l'arrêt précité, le Conseil d'État avait annulé la délibération, c'est en raison de l'absence « d'un lien particulier » entre le département de l'Oise et la commune de Colombey-les-Deux-Églises qui « serait de nature à justifier la participation de ce département à une telle opération ».

Ainsi, l'intérêt public local ne s'arrête pas nécessairement aux frontières du ressort territorial de la collectivité.

À l'évidence, une commune peut subventionner une association dont le siège est situé hors de son ressort, dès lors que l'organisme subventionné, via une section locale, agit dans la commune.

De même, le Conseil d'État a jugé « la bonne desserte aérienne de la Polynésie française indispensable à ses relations avec le reste du monde et à son développement », constituant par conséquent « un intérêt public local » : même si la collectivité s'était fondée sur les « besoins futurs du développement touristique », elle a pu créer un établissement public administratif dénommé ayant pour mission de soutenir la desserte aérienne à partir de la Polynésie française (CE, 18 mai 2005, Territoire de la Polynésie française, n° 254199).

Le juge a fait montre de la même souplesse en admettant qu'une commune octroie une bourse à deux étudiants étrangers originaires de villes roumaine et polonaise avec lesquelles la commune était jumelée, dans le but « d'encourager le développement ultérieur de projets de coopération associant des instituts de recherche et des entreprises » situés tant sur le territoire de la commune que sur celui des collectivités dont étaient issus les deux étudiants (CE, 28 juillet 1995, commune de Villeneuve d'Ascq, n° 129838).

L'essor de ce qu'on nomme la « coopération décentralisée », non seulement sous la forme traditionnelle des jumelages culturels mais, désormais, sous la forme de projets de codéveloppement, a accompagné cet affranchissement de la notion d'intérêt public local des seules bornes du territoire de la collectivité. L'article L1115-1 du CGCT reconnaît désormais aux collectivités territoriales et à leurs groupements la possibilité, dans le respect des engagements internationaux de la France, de « conclure des conventions avec des autorités locales étrangères pour mener des actions de coopération ou d'aide au développement » et, si l'urgence le justifie de « mettre en œuvre ou financer des actions à caractère humanitaire », l'article L.1115-6 instituant une commission nationale de la coopération décentralisée chargée de tenir un état des engagements des collectivités territoriales en ce domaine.

Repères

- **Article L.2121-29 CGCT** : clause générale de compétence en vertu de laquelle « le conseil municipal règle par ses délibérations les affaires de la commune »
- **CE, 29 juin 2001, commune de Mons-en-Baroeul** : « l'article L.2121-29 du code général des collectivités territoriales habilite le conseil municipal à statuer sur toutes les questions d'intérêt public communal, sous réserve qu'elles ne soient pas dévolues par la loi à l'État ou à d'autres personnes publiques et qu'il n'y ait pas d'empiétement sur les attributions conférées au maire »
- **CE, 25 avril 1994, Président du conseil général du Territoire de Belfort** : illégalité des contributions des collectivités locales aux conflits politiques.

Pour gagner des points

La décentralisation et ses Rapports

Les réformes constitutionnelles, législatives et réglementaires qu'a connues le droit public local ont souvent été précédées d'un travail d'études et de réflexion, retranscrit dans des rapports. Commandés par l'État, élaborés par des commissions présidées par des élus nationaux, ces travaux furent l'occasion d'avancer des propositions qui préfigureront les textes adoptés quelques années plus tard.

Il en fut ainsi du rapport intitulé *Vivre Ensemble* élaboré par la commission pour le développement des responsabilités locales, présidée par Olivier Guichard et remis au Président de la République Giscard d'Estaing le 22 octobre 1976. Ce rapport prévoyait la création obligatoire de communautés de villes dotées de fortes compétences, ce qui explique en grande partie l'accueil très défavorable que lui ont réservé les élus locaux. Ce même rapport prévoyait toutefois d'autres réformes, qui seront adoptées après l'alternance politique de 1981 : suppression de la tutelle de l'État, remplacement des subventions ponctuelles par des dotations globales, compétences nouvelles attribuées aux départements (action sanitaire et sociale) et aux régions (aide au développement économique).

Souvent comparé au rapport *Vivre ensemble* par son souci d'exhaustivité et sa contribution aux réformes législatives ultérieures, le rapport *Refonder l'action publique locale* a été élaboré par la Commission pour l'avenir de la décentralisation, présidée par Pierre Mauroy et remis au Premier ministre le 17 octobre 2000. Il a inspiré, en partie, la loi relative à la démocratie de proximité de 2002 et, malgré l'alternance politique, la loi constitutionnelle de 2003 et la loi de 2004 relative aux libertés et aux responsabilités locales. On notera qu'un certain nombre de propositions, notamment l'élection au suffrage direct des élus intercommunaux, n'ont pas, à ce jour, trouvé de majorité politique pour être traduites en droit positif.

Le rapport *Les relations entre l'État et les collectivités locales* remis par le sénateur Alain Lambert en décembre 2007 relève que « dans les faits, les collectivités locales exploitent largement la clause générale pour des interventions extralégales et sur les compétences dont la loi a confié la responsabilité à d'autres niveaux. De son côté, l'État conserve souvent beaucoup plus qu'un simple rôle normatif ou de contrôle et maintient des structures ou des dispositifs d'intervention dans les champs décentralisés et conçoit ou annonce des mesures qui seront appliquées par les collectivités. En témoigne le maintien de services « doublons » de ceux des collectivités après l'« acte 1 » comme après l'« acte 2 ». Et il sollicite en outre les collectivités sur ses propres compétences pour des cofinancements qui retardent la décision publique ».

Le rapport relève les conséquences néfastes d'une telle situation : « une "comitologie", nationale, régionale et départementale foisonnante, des pertes de temps considérables, avant la décision comme dans la mise en œuvre, qui ralentissent l'action publique, une inflation de la dépense publique liée autant aux doublons de structure (lesquels n'ont encore jamais été systématiquement inventoriés et chiffrés) qu'à la contractualisation qui n'est pas, contrairement à une idée répandue, un régulateur de la dépense, une confusion des responsabilités qui handicape la relation du citoyen-contribuable-usager du service public avec ses élus, locaux et nationaux ».

Dans ces conditions, le rapport préconise, soit de clarifier les compétences sur des politiques d'ores et déjà bien identifiées par le législateur (en matière de solidarité et d'action sociale, de formation professionnelle, de développement des entreprises ou d'éducation), soit, solution beaucoup plus radicale, de confier aux départements et aux régions des compétences spéciales à la place de la clause générale de compétence.

Signe de la sensibilité politique de ces questions juridiques, le rapport note que, « l'Association des Départements de France exprime des réserves et son attachement à la clause de compétence générale » tandis que « l'Association des Régions de France est favorable à la notion de compétences spéciales et prescriptives ».

Ce pourrait bien être là le chantier principal d'un acte III de la décentralisation, éventuellement éclairé par les conclusions du Comité pour la réforme des collectivités territoriales, installée par le président de la République en octobre 2008, présidée par l'ancien Premier ministre Édouard Balladur et qui a remis son rapport le 5 mars 2009. Outre les propositions qu'il contient pour l'émergence de 11 grandes métropoles qui fusionneraient les compétences, sur l'ensemble d'une aire urbaine, du département et des communes membres, et le souhait exprimé d'une réduction du nombre de régions, c'est bien sur la répartition des compétences que le rapport se concentre. Il propose une « spécialisation fonctionnelle des compétences », à la faveur de laquelle les clauses générales de compétence du département et de la région seraient supprimées. Ces deux collectivités territoriales ne pourraient alors plus agir que dans les champs de compétences expressément dévolues par la loi, le rapport proposant par ailleurs de spécialiser certaines compétences aujourd'hui partagées (en matière de sport notamment). Cette piste, si elle n'entraînerait pas de révolution politique (80 % des budgets des départements et des régions sont d'ores et déjà consacrés aux compétences dont ils disposent en propre), constituerait toutefois une nouveauté juridique tout à fait sensible. Elle s'avère en tout état de cause plus aisée à faire adopter au Parlement que la pré-fusion entre département et région que le rapport propose également, sous la forme d'un cumul institutionnalisé des mandats entre conseillers généraux et conseillers régionaux. Il s'agirait d'élire, en un seul scrutin du type de celui rencontré à Paris, Lyon et Marseille, à l'intérieur de nouvelles circonscriptions plus larges que le canton et plus réduites que l'arrondissement infra-départemental, des élus qui siègeraient à la fois au conseil général et au conseil régional...

Leçon 6

Les « blocs » de compétences

I. Les compétences de la commune
II. Les compétences du département
III. les compétences de la région

L'article premier de la loi du 2 mars 1982, non codifié au CGCT mais toujours en vigueur, annonce que « des lois détermineront la répartition des compétences entre les communes, les départements, les régions et l'État ». Ainsi, nonobstant l'existence de la clause générale de compétence (cf. leçon 5) le législateur avait prévu de raisonner en termes de « blocs de compétences » : à une tâche précise, son responsable.

La première loi à appliquer ce programme fut la loi du 7 janvier 1983, immédiatement suivie par celle du 22 juillet 1983. Mais dès le premier texte, l'ambition d'une répartition précise et rationnelle semblait abandonnée : l'article 3 de la loi du 7 janvier 1983, désormais repris à l'article L.1111-4 du CGCGT, disposait que « la répartition des compétences entre les collectivités territoriales et l'État s'effectue, dans la mesure du possible, en distinguant celles qui sont mises à la charge de l'État et celles qui sont dévolues aux communes, aux départements ou aux régions de telle sorte que chaque domaine de compétences ainsi que les ressources correspondantes soient affectés en totalité soit à l'État, soit aux communes, soit aux départements, soit aux régions ».

Depuis 1983, le législateur est intervenu à de multiples reprises : non pour fixer une répartition globale des compétences entre les différents niveaux de collectivité (ce travail reste à faire), mais pour confier des compétences exercées par l'État à l'un de ces niveaux. Or, force est de constater que les blocs transférés n'ont pas toujours eu des contours bien délimités : le possible a eu raison du souhaitable.

Désormais, lorsque le législateur transfère de telles compétences, il agit dans un cadre constitutionnel contraignant. En effet, à la faveur de la révision constitutionnelle de mars 2003, l'article 72 de la Constitution a été complété pour y inscrire le principe de « subsidiarité », dans les termes suivants : « Les collectivités territoriales ont vocation à prendre les décisions pour l'ensemble des compétences qui peuvent le mieux être mises en œuvre à leur échelon. »

Mais le Conseil constitutionnel n'exerce sur cette disposition que son contrôle le plus restreint en ne s'autorisant à censurer la loi pour violation éventuelle de ce principe que si le Parlement a commis, à ses yeux, une erreur manifeste d'appréciation : « il résulte de la généralité des termes retenus par le constituant que le choix du législateur d'attribuer une compétence à l'État plutôt qu'à une collectivité territoriale ne pourrait être remis en cause, sur le fondement de cette disposition, que s'il était manifeste qu'eu égard à ses caractéristiques et aux intérêts concernés, cette compétence pouvait être mieux exercée par une collectivité territoriale » (Conseil constitutionnel, décision n° 2005-516 DC du 7 juillet 2005).

I. La commune

En plus de confier au maire la charge d'exercer de nombreuses polices (municipale, rurale, des sépultures, de la circulation en agglomération, des baignades et des édifices menaçant ruine), les textes (épars) confèrent à la commune la gestion de nombreux services publics que l'on peut rattacher à six grands domaines.

A. L'éducation et la culture

Aux termes de l'article L.212-4 du Code de l'éducation, « la commune a la charge des écoles publiques ». À ce titre, « elle est propriétaire des locaux et en assure la construction, la reconstruction, l'extension, les grosses réparations, l'équipement et le fonctionnement ». *En principe, en vertu de l'article L.212-2,* « toute commune doit être pourvue au moins d'une école élémentaire publique », mais la fusion est obligatoire lorsque, dans deux ou plusieurs localités distantes de moins de trois kilomètres, la population scolaire de l'une d'elles est inférieure régulièrement à quinze unités. À l'inverse le recrutement des professeurs des écoles et le contenu des matières enseignées échappe à la compétence de la commune et ressortit à celle de l'État.

Le Code du patrimoine prévoit la possibilité pour les communes de gérer des bibliothèques municipales (L.310-1) et des musées (L.410-2).

B. L'organisation du territoire

Le plan local d'urbanisme est élaboré à l'initiative et sous la responsabilité de la commune (art. L.123-6 du Code de l'urbanisme) et approuvé par une délibération du conseil municipal. Les autorisations de construire sont ensuite délivrées par le maire (art. L.422-1 du même Code). La commune trouve donc ici une compétence stratégique très forte pour concevoir et organiser son territoire.

La commune est également compétente pour définir un périmètre de transport urbain et assurer en son sein le transport régulier de personnes, soit directement, soit par délégation à une entreprise privée.

Les communes sont, malgré les ouvertures à la concurrence que connaissent les secteurs de l'électricité et du gaz, toujours les autorités concédantes des réseaux de distribution de ces sources d'énergie.

Par opposition au réseau de transport, le réseau de distribution est défini comme celui desservant les consommateurs finals ou, dans le cas de l'électricité, les producteurs raccordés en moyenne et basse tension.

L'autorité organisatrice d'un réseau public de distribution est la commune (ou l'établissement public de coopération auquel elle a transféré cette compétence), ou le département s'il exerce cette compétence à la date de publication de la loi n° 2004-803 du 9 août 2004 relative au service public de l'électricité et du gaz et aux entreprises électriques et gazières. À ce titre, les communes peuvent notamment prendre en charge les travaux de développement des réseaux publics.

C. L'environnement

Les communes sont compétentes en matière de distribution d'eau potable (art. L.2224-7-1 CGCT). Dans ce cadre, elles arrêtent un schéma de distribution d'eau potable déterminant les zones desservies par le réseau de distribution. Elles peuvent également assurer la production d'eau potable, ainsi que son transport et son stockage.

Les communes sont également compétentes en matière d'assainissement des eaux usées. Elles assurent le contrôle des raccordements au réseau public de collecte, la collecte, le transport et l'épuration des eaux usées, ainsi que l'élimination des boues produites. Pour les immeubles non raccordés au réseau public de collecte, elles doivent assurer le contrôle des installations d'assainissement non collectif.

Les communes assurent enfin l'élimination des déchets des ménages, en ses deux aspects : la collecte des déchets, puis leur traitement. Ces deux sous-compétences peuvent être scindées, notamment pour éviter que la commune supporte seule la charge de la partie « traitement » qui exige les investissements les plus lourds. Ainsi, l'article L.2224-13 du CGCT indique que les communes peuvent ne transférer que cette sous-compétence « traitement » à un établissement public de coopération intercommunale, ou la confier au département.

D. Le développement économique

L'intervention directe au profit des entreprises implantées sur son territoire n'est plus au cœur de la compétence communale : en matière d'aides aux entreprises, la région s'est vue conférer par la loi du 13 août 2004 un rôle de « chef de file » (cf. III) qui transforme la commune en supplétif en ces matières.

Toutefois, par le même texte, les compétences communales ont été renforcées en matière de tourisme : toute commune (et non plus le préfet sur demande de la commune) peut, par délibération du conseil municipal, instituer un office de tourisme, dont le statut et les modalités d'organisation de l'office de tourisme sont déterminés par le conseil municipal (art. L.133-1 du Code du tourisme).

Enfin, depuis la loi du 22 juillet 1983, les communes sont compétentes pour créer, aménager et exploiter les ports maritimes dont l'activité principale est la plaisance (art. L.601-1 du Code des ports maritimes).

En vertu du même article, le département ou un syndicat mixte peut également, à la demande d'une commune ou, le cas échéant, d'une communauté de communes, créer, aménager et exploiter un port maritime dont l'activité principale est la plaisance.

Mais les communes exercent également, en matière de développement économique, des compétences fort traditionnelles quoique plus marginales : la création et la gestion des halles et marchés (L.2224-18 CGCT) ou la possibilité de créer des « bureaux de pesage, de mesurage et de jaugeage publics où chacun peut faire peser et jauger ses marchandises moyennant le payement d'un droit » (L.2224-23 CGCT).

E. Le logement et l'action sociale

Les communes (et les établissements publics de coopération intercommunale) doivent, par leur intervention en matière foncière, par les opérations d'aménagement qu'ils conduisent ou par des subventions foncières, « permettre la réalisation des logements locatifs sociaux nécessaires à la mixité sociale des villes et des quartiers » (art. L.2254-1 CGCT).

De surcroît, la loi du 13 août 2004 a ouvert la possibilité aux communes (et aux EPCI) de demander d'avoir la charge de la construction, de la reconstruction, de l'extension, des grosses réparations et de l'équipement des locaux destinés au logement des étudiants. Cette compétence est donc à la fois légale et facultative.

Pour autant, est exclusivement de la compétence d'un établissement public de coopération intercommunale, et jamais d'une commune, la réalisation d'un « programme local de l'habitat », qui doit assurer, entre les communes et entre les quartiers d'une même commune « une répartition équilibrée et diversifiée de l'offre de logements » en définissant, pour une durée au moins égale à six ans, les objectifs et les principes d'une politique visant à répondre aux besoins en logements et en hébergement, à favoriser le renouvellement urbain et la mixité sociale et à améliorer l'accessibilité du cadre bâti aux personnes handicapées (art. L.302-1 du Code de la construction et de l'habitat).

L'action sociale, au niveau communal, n'est pas à proprement du ressort de la commune :

elle est confiée à un centre communal d'action sociale (CCAS) disposant de la personnalité juridique, de son budget, de ses organes de direction. Toutefois, la commune y joue un rôle majeur puisque le maire en est président de droit et que la moitié du conseil d'administration est désignée par le conseil municipal. Les CCAS (ou CIAS s'ils sont mis en place au niveau intercommunal) sont amenés à gérer des équipements (crèches et garderies, par exemple), participer à l'instruction des demandes d'aide sociale légale (pour les personnes âgées ou les bénéficiaires du RMI par exemple) et mettre en œuvre la politique sociale locale, sous forme de secours d'urgence ou de dispositifs créés par la commune.

F. Les défunts

Si le maire est officier d'état-civil au nom de l'État, la commune se voit confier le soin de veiller sur le repos des morts.

Ainsi, d'une part, la commune est obligatoirement en charge des cimetières : « chaque commune consacre à l'inhumation des morts un ou plusieurs terrains spécialement aménagés à cet effet » (art. L.2223-1 CGCT). Par extension, les communes (ou les EPCI) sont seules compétentes pour créer et gérer, directement ou par voie de gestion déléguée, les crématoriums et les sites cinéraires destinés au dépôt ou à l'inhumation des urnes ou à la dispersion des cendres (L.2224-31 CGCT), étant entendu que les sites cinéraires inclus dans le périmètre d'un cimetière doivent être gérés directement.

D'autre part, l'article L.2223-19 du CGCT confie à la commune le service extérieur des pompes funèbres, incluant notamment l'organisation des obsèques. Cette mission peut être assurée par les communes directement ou par voie de gestion déléguée.

II. Le département

Malgré les contestations de principe qu'il subit régulièrement quant à sa pertinence, le département s'est trouvé renforcé par les deux principaux textes portant transfert de compétences et par les lois récentes approfondissant sa vocation première et centrale : l'action sociale. En matière d'enseignement et de structuration du territoire, les missions du département sont en pleine expansion.

A. L'action sociale

L'article L.121-1 du Code de l'action sociale et des familles présente le rôle central que joue le département en la matière : « le département définit et met en œuvre la politique d'action sociale, en tenant compte des compétences confiées par la loi à l'État, aux autres collectivités territoriales ainsi qu'aux organismes de sécurité sociale ». Le département est le « chef de file » de l'action publique puisqu'« il coordonne les actions menées sur son territoire » qui concourent à cette politique et « organise la participation des personnes morales de droit public et privé à la définition des orientations en matière d'action sociale et à leur mise en œuvre ».

À ce titre, le conseil général adopte le schéma départemental d'organisation sociale et médico-sociale, après concertation avec le préfet et avis du comité régional de l'organisation sociale et médico-sociale. Ce schéma compare les besoins de la population (nature, niveau et évolution) aux moyens existants (sur les plans quantitatif et qualitatif) et détermine par conséquent les objectifs de développement de l'offre sociale et médico-sociale et, notamment, ceux nécessitant des interventions sous forme de création, transformation ou suppression d'établissements et services.

À ce rôle stratégique s'ajoute une compétence gestionnaire : « les prestations légales d'aide sociale sont à la charge du département dans lequel les bénéficiaires ont leur domicile de secours ». Par exception, certaines prestations demeurent à la charge de l'État, notamment les dépenses d'aide sociale engagées en faveur des personnes sans domicile fixe, les frais de fonctionnement des centres d'aide par le travail et les frais d'accueil et d'hébergement des étrangers dans les centres d'accueil pour demandeurs d'asile.

Matérialisant la politique départementale dans ce domaine, un « règlement départemental d'aide sociale » est adopté par le conseil général : il reprend les dispositifs créés par la loi, leurs critères d'éligibilité et leur montant minimal mais peut également approfondir les outils existants et en créer de nouveaux.

Le département est ainsi en charge de l'aise sociale à l'enfance, comme de l'aide aux personnes âgées, notamment sous la forme de l'allocation personnalisée d'autonomie créée par la loi du 20 juillet 2001 en remplacement de la « prestation spécifique dépendance ». Il s'est vu transférer la gestion complète du revenu minimum d'insertion (RMI), du revenu minimum d'activité (RMA) depuis la loi du 18 décembre 2003. Il est appelé à assurer le même rôle dans le cadre du nouveau « revenu de solidarité active » (RSA).

Il est également compétent pour attribuer aux jeunes en difficulté, âgés de dix-huit à vingt-cinq ans (et donc exclus du RMI), des aides destinées à favoriser leur insertion sociale et professionnelle et, le cas échéant, leur apporter des secours temporaires de nature à faire face à des besoins urgents.

Il est responsable de la « protection sanitaire de la famille et de l'enfance » (art. L.1423-1 du Code de la santé publique) et notamment de la protection maternelle et infantile (PMI).

De sucroît, dans les zones urbaines sensibles et dans les lieux où se manifestent des risques d'inadaptation sociale le département participe aux actions « visant à prévenir la marginalisation et à faciliter l'insertion ou la promotion sociale des jeunes et des familles », sous la forme d'actions de prévention de la délinquance, d'animation socio-éducative, de prévention spécialisée ou, plus largement « tendant à permettre aux intéressés d'assurer leur propre prise en charge et leur insertion sociale » (art. L.121-2 du Code de l'action sociale et des familles).

Enfin, en matière de logement, la loi du 13 août 2004 a créé dans chaque département un fonds de solidarité pour le logement qui accorde, dans les conditions définies par son règlement intérieur, des aides financières aux personnes placées dans l'impossibilité d'honorer leurs obligations financières locatives.

B. L'éducation

Depuis 1983, le département a la charge des collèges. À ce titre, il en assure la construction, la reconstruction, l'extension, les grosses réparations, l'équipement et le fonctionnement (à l'exception, d'une part, des dépenses pédagogiques à la charge de l'État dont la liste est arrêtée par décret et, d'autre part, de la rémunération des personnels enseignants et de direction).

La liste des dépenses pédagogiques demeurant à la charge de l'État est fixée à l'article D.211-14 du Code de l'éducation, qui mentionne essentiellement les matériels informatiques, ainsi que leurs logiciels d'accompagnement, systèmes de développement, matériels périphériques, notamment audiovisuels, les matériels de bureautique et de productique et les équipements nécessaires à l'équipement des ateliers pour l'enseignement de la technologie.

Le département assure l'accueil, la restauration, l'hébergement ainsi que l'entretien général et technique dans les collèges dont il a la charge. Depuis le 1er janvier 2005 par l'effet de la loi du 13 août 2004, il assure également le recrutement et la gestion des personnels techniciens, ouvriers et de service (dits « TOS ») exerçant leurs missions dans les collèges.

Cette même loi acte le transfert total et définitif de la propriété des biens immobiliers des collèges aux départements et transfère aux conseils généraux le soin de définir le ressort territorial de chaque collège public (les décisions d'affectation individuelle continuant de relever de la compétence de l'État).

C. L'organisation du territoire

L'action du département en matière d'organisation du territoire était, initialement, essentiellement tournée vers la ruralité.

Depuis 1983, le département établit un programme d'aide à l'équipement rural au vu, notamment, des propositions qui lui sont adressées par les communes (art. L.3232-1 CGCT).

Il est en charge de deux responsabilités dans le domaine des transports : d'une part le transport non-urbain public routier des personnes, c'est-à-dire du réseau de bus hors des agglomérations, à l'exclusion des liaisons d'intérêt régional ou national (article 29 de la loi du 30 décembre 1982 d'orientation des transports intérieurs), d'autre part le transport scolaire, toujours hors des périmètres de transport urbain (art. L.213-11 du Code de l'éducation). À ces deux compétences classiques, la loi du 13 août 2004 a ajouté la création ou l'exploitation des infrastructures de transports non urbains de personnes ferrés ou guidés d'intérêt local (tramway par exemple, voire train).

Autre compétence à connotation rurale, le département est compétent pour élaborer et mettre en œuvre une politique de protection, de gestion et d'ouverture au public des espaces naturels sensibles, boisés ou non (art. L.142-1 du Code de l'urbanisme).

Cette politique a pour objet légal de préserver la qualité des sites, des paysages, des milieux naturels et des champs naturels d'expansion des crues et d'assurer la sauvegarde des habitats naturels. Pour dégager les moyens nécessaires à son exercice, le département peut instituer, par délibération du conseil général, une taxe départementale des espaces naturels sensibles.

Le département établit également, après avis des communes intéressées, un plan départemental des itinéraires de promenade et de randonnée (art. L.361-1 du Code de l'environnement).

Pour autant, la ruralité n'est plus le seul enjeu d'organisation territoriale à la charge du département : le conseil général approuve désormais par délibération le plan départemental d'élimination des déchets ménagers et autres déchets assimilés (ceux ne posant pas de difficultés techniques particulières). Un tel plan énonce les priorités à retenir compte tenu notamment des évolutions démographiques et économiques prévisibles pour la création d'installations nouvelles et peut indiquer les secteurs géographiques qui paraissent les mieux adaptés à cet effet (art. L.541-14 du Code de l'environnement).

En Île-de-France, cette compétence est exercée par le conseil régional.

Enfin, la loi du 13 août 2004 a transféré dans le domaine public routier départemental toutes les routes antérieurement nationales qui ne revêtent pas le caractère d'autoroutes ou de routes « d'intérêt national et européen » (art. L.121-1 du Code de la voirie routière).

Or, ces « routes d'intérêt national et européen », autres que les autoroutes, sont peu nombreuses, puisque le Conseil d'État, saisi par de nombreux départements réfractaires au transfert de cette compétence, a considéré que dès lors « qu'un réseau autoroutier assure, au sein du département, l'essentiel du transit national et européen », les autres voies ont, par conséquent, « une fonction principalement locale » et doivent donc être prises en charge par le département, quand bien même le réseau autoroutier concerné serait soumis à péage (CE, 23 mai 2007, Département des Landes et autres, n° 288378).

Ainsi, les départements qui géraient déjà 360 000 kilomètres de routes, se voient transférer la moitié du réseau national, soit 18 000 kilomètres supplémentaires.

D. Les SDIS

Même si le Service départemental d'incendie et de secours (SDIS) est un établissement public distinct du département et disposant de sa personnalité juridique propre, sa « départementalisation », engagée par la loi du 3 mai 1996 et soutenue par le rapport du député Jacques Fleury en 2000, est confirmée par la loi du 13 août 2004.

Elle se traduit par la constitution d'un corps départemental de sapeurs-pompiers et par la prédominance du département dans sa gestion : au sein du conseil d'administration de chaque SDIS, même si les communes et les EPCI sont représentés, le département se voit réserver au moins trois cinquièmes des sièges (art. L.1424-24-1 CGCT). Le président du conseil général préside lui-même le conseil d'administration du SDIS ou désigne ce président parmi les membres du conseil d'administration. Enfin, à compter du 1er janvier 2010, les contributions des communes et des établissements publics de coopération intercommunale sont supprimées. Ces services sont, certes, « placés pour emploi » sous l'autorité du maire ou du préfet, agissant dans le cadre de leurs pouvoirs respectifs de police, mais leur gestion dépend donc étroitement du département.

III. La région

Planification, développement économique et formation constituent, depuis leur création, les trois pôles principaux d'intervention des régions. En sus, sa compétence en matière de transports de voyageurs s'est progressivement accrue.

A. La planification

L'article 34 de la loi du 7 janvier 1983 (toujours en vigueur bien que modifié par la loi dite « Voynet » du 25 juin 1999) confie à la région un rôle primordial de réflexion prospective sur le territoire.

En premier lieu, le conseil régional élabore et approuve, après avis des conseils généraux des départements concernés et du conseil économique et social régional, le schéma régional d'aménagement et de développement du territoire (SRADT). Ce document fixe les orientations fondamentales, à moyen terme (soit dix ans), du développement durable du territoire régional. Il comprend un document d'analyse prospective et une charte régionale, assortie de documents cartographiques, qui exprime le projet d'aménagement et de développement durable du territoire régional.

Il comprend également les principaux objectifs relatifs à la localisation des grands équipements, des infrastructures et des services d'intérêt général qui doivent concourir au sein de la région :

- au maintien d'une activité de service public dans les zones en difficulté ainsi qu'aux projets économiques porteurs d'investissements et d'emplois,
- au développement harmonieux des territoires urbains, périurbains et ruraux,
- à la réhabilitation des territoires dégradés
- et à la protection et la mise en valeur de l'environnement, des sites, des paysages et du patrimoine naturels et urbains.

Ce document permet enfin de mettre en cohérence les projets d'équipement avec les politiques de l'État et des différentes collectivités territoriales, dès lors que ces politiques ont une incidence sur l'aménagement et la cohésion du territoire régional.

Ce SRADT inclut un volet consacré aux transports et prévu par la loi d'orientation sur les transports intérieurs de 1982 : le schéma régional des infrastructures et des transports. La région, en association avec l'État, est chargée de son élaboration. Ce schéma « assure la cohérence régionale et interrégionale des itinéraires à grande circulation et de leurs fonctionnalités dans une approche multimodale ». Il définit les priorités d'actions à moyen et à long terme sur son territoire pour ce qui concerne les infrastructures routières.

En ce qui concerne les zones de montagne, la région est également appelée à approuver, mais sans l'élaborer cette fois, le schéma interrégional d'aménagement et de développement de massif, mis au point par le « comité de massif » (article 9 bis de la loi Montagne du 9 janvier 1985).

Enfin la région, et non plus l'État depuis la loi relative à la démocratie de proximité du 27 février 2002, élabore deux plans, approuvés par le conseil régional : d'une part un plan régional pour la qualité de l'air qui fixe des orientations permettant de prévenir ou de réduire la pollution atmosphérique ou d'en atténuer les effets, d'autre part un plan régional (ou interrégional) d'élimination des déchets industriels spéciaux.

En plus de ces instruments unilatéraux, la

région intervient dans le cadre d'une planification contractualisée avec l'État. L'article 11 de la loi du 29 juillet 1982 portant réforme de la planification énonce qu'un « contrat de plan conclu entre l'État et la région définit les actions que l'État et la région s'engagent à mener conjointement par voie contractuelle pendant la durée du plan ».

Même si le « plan » national a disparu, les contrats de plan État-région (CPER) ont permis de coordonner le financement non seulement d'infrastructures mais également d'actions de formation ou de soutien aux zones du territoire rencontrant des difficultés structurelles. Près de 35 milliards d'euros ont été investis, pour moitié par l'État et pour moitié par la région, au titre de la « quatrième génération » de CPER, couvrant la période 2000-2006. La cinquième génération de contrats, renommés « contrats de projets État-région » couvre la période 2007-2013 : ils marquent le recentrage de l'action publique sur le soutien à la compétitivité du territoire et à la dimension environnementale du développement économique.

Le Conseil d'État a considéré qu'un « contrat de plan n'emporte, par lui-même, aucune conséquence directe quant à la réalisation effective des actions ou opérations qu'il prévoit » (CE, 25 octobre 1996, Association Estuaire-Écologie, n° 169557).

B. Le développement économique

La loi du 13 août 2004 a complètement réformé le régime juridique des aides que les collectivités territoriales peuvent apporter aux entreprises, sans contester (ni, finalement beaucoup renforcer) le rôle de « chef de file » de la région.

Cette fonction de chef de file se traduit tout d'abord par la mission confiée à la région de « coordonner sur son territoire les actions de développement économique des collectivités territoriales et de leurs groupements », sous réserve des missions incombant à l'État.

Le projet de loi initial dont est issue la loi du 13 août 2004 prévoyait un renforcement plus notable du rôle de la région en la matière puisqu'elle exerçait alors « la responsabilité du développement économique ».

Surtout, c'est à ce titre que le conseil régional « définit le régime » et « décide de l'octroi » des aides aux entreprises dans la région qui revêtent la forme de prestations de services, de subventions, de bonifications d'intérêt, de prêts et avances remboursables, à taux nul ou à des conditions plus favorables que celles du taux moyen des obligations (art. L.1511-2 CGCT).

En termes de répartition des compétences entre collectivités, cette compétence n'est pas si exclusive qu'il y paraît. Le législateur a apporté deux nuances. D'une part, les départements, les communes et leurs groupements peuvent participer au financement de ces aides dans le cadre d'une convention passée avec la région (voire, en cas d'accord de la région, mettre en œuvre un projet d'aide qu'ils ont conçu). D'autre part, une convention peut être conclue entre l'État et une collectivité territoriale autre que la région pour compléter les aides ou régimes d'aides mis en place par la région : il s'agit là d'un moyen pour les départements et les communes de contourner la compétence de la région, en s'appuyant sur l'État (art. L.1511-5 CGCT).

Le conseil régional est également chargé d'établir un rapport relatif aux aides et régimes d'aides mis en œuvre sur son territoire au cours de l'année civile par les collectivités territoriales et leurs groupements, afin de permettre à l'État de remplir ses obligations au regard du droit communautaire.

Le chef de file coordonne la réaction des pouvoirs publics en cas de crise : « en cas d'atteinte à l'équilibre économique de tout ou partie de la région, le président du conseil régional, de sa propre initiative ou saisi par le représentant de l'État dans la région, organise une concertation avec les présidents des conseils généraux, les maires et les présidents des groupements de collectivités territoriales intéressés, et inscrit la question à l'ordre du jour de la prochaine réunion du conseil régional ou de la commission permanente ».

Depuis la loi du 13 août 2004, à titre expérimental et pour une durée de cinq ans, l'État peut confier à la région le soin d'élaborer un schéma régional de développement économique. Son adoption donne compétence à la région pour attribuer, par délégation de l'État, et dans les conditions prévues par une convention, tout ou partie des aides que celui-ci continue de mettre en œuvre au profit des entreprises (par exemples les aides au commerce extérieur).

Enfin, sur le plan des structures, les régions disposent d'un pouvoir d'initiative pour la création des parcs naturels régionaux et sont chargées de créer les comités régionaux du tourisme.

C. La formation

Le rôle de la région en matière de formation concerne l'apprentissage, les lycées, la formation professionnelle des adultes.

En premier lieu, la région arrête chaque année un programme régional de l'apprentissage et crée les centres de formation des apprentis (CFA).

Deuxièmement, la région a la charge des lycées, des établissements d'éducation spéciale et des lycées professionnels maritimes. Elle en assure la construction, la reconstruction, l'extension, les grosses réparations, l'équipement et le fonctionnement (dans les mêmes limites que les départements en matière de dépenses de fonctionnement des collèges). Tout comme les départements, les régions ont récupéré, avec la loi du 13 août 2004, compétence pour le recrutement et la gestion des personnels TOS dans les établissements dont elles ont la charge. Les biens immobiliers de ces établissements, lorsqu'ils appartenaient encore à l'État leur ont été, dans le même temps, transférés en pleine propriété à titre gratuit.

En troisième lieu, la région s'est vue reconnaître, dès la loi du 7 janvier 1983, une compétence en matière de formation professionnelle. Elle ne dispose toutefois des moyens concrets lui permettant d'agir en ce domaine que depuis la loi du 13 août 2004 qui transfère, à son profit, les responsabilités de l'Association nationale pour la formation professionnelle des adultes (AFPA) contrôlée par l'État.

Ce transfert a eu lieu progressivement, par convention entre l'État et chaque région, et est intervenu, à défaut de convention, le 31 décembre 2008.

La vocation planificatrice de la région s'immisce également en ce domaine : la région adopte le plan régional de développement des formations professionnelles et s'assure de sa mise en œuvre. Ce plan a pour objet de définir une programmation à moyen terme des actions de formation professionnelle des jeunes et des adultes et de favoriser un développement cohérent de l'ensemble des filières de formation en favorisant un accès équilibré des femmes et des hommes à chacune de ces filières de formation. Élaboré en concertation avec l'État, il est approuvé par le conseil régional après consultation, notamment, des conseils généraux, du conseil économique et social régional et des chambres consulaires.

Enfin, le rôle de formateur de la région a été encore accru, par la loi du 13 août 2004, dans deux domaines : la formation des travailleurs sociaux et celle des professions paramédicales, qui leur échoient désormais en tous leurs aspects (dépenses d'investissement et de fonctionnement des écoles, attribution des bourses d'études), non sans dysharmonie avec le rôle de chef de file confié en principe aux départements en la matière.

D. Les transports

La région est qualifiée d'« autorité organisatrice des transports collectifs d'intérêt régional » en l'état actuel de la loi d'orientation sur les transports intérieurs. Après une phase d'expérimentation pendant laquelle quelques régions ont expérimenté l'exercice de la compétence, la loi du 13 décembre 2000 relative à la solidarité et au renouvellement urbains (SRU), charge toutes les régions, en sus des services routiers réguliers non urbains d'intérêt régional (correspondant aux réseaux de bus dépassant le giron départemental), de l'organisation des « services ferroviaires régionaux de voyageurs ». Ces services ferroviaires régionaux sont définis par la loi, en creux, comme recouvrant tous les services ferroviaires de voyageurs effectués sur le réseau ferré national, à l'exception des services d'intérêt national et des services internationaux.

Accessoirement, la région se voit également chargée des services routiers effectués en substitution de ces services ferroviaires.

À ce titre, la région décide des dessertes, de la tarification, de la qualité du service et de l'information de l'usager. Elle est seulement tenue de respecter la cohérence et l'unicité du système ferroviaire dont l'État est le garant ainsi que les principes du système tarifaire national. Par exemple les tarifs sociaux nationaux s'appliquent nécessairement aux services régionaux de voyageurs.

Repères

- **Article 72 de la Constitution** : principe de « subsidiarité », selon lequel « Les collectivités territoriales ont vocation à prendre les décisions pour l'ensemble des compétences qui peuvent le mieux être mises en œuvre à leur échelon ».
- **Article L.212-4 du Code de l'éducation** : « la commune a la charge des écoles publiques ».
- **Article L.121-1 du Code de l'action sociale et des familles** : « le département définit et met en œuvre la politique d'action sociale ».
- **Article 34 de la loi du 7** janvier 1983 : la région élabore et approuve le schéma régional d'aménagement et de développement du territoire.

Pour gagner des points

Le mythe des « blocs de compétences »

Le législateur n'a pas respecté le programme qu'il s'était fixé en 1983 de procéder par « blocs de compétences » : à la faveur de compétences partagées, de dévolution sélective et d'expérimentations, le schéma de la répartition des compétences entre les différents niveaux de collectivités est devenu, en certaines matières, illisible.

Des compétences partagées, voire déléguées

La loi du 2 mars 1982, en prévoyant que « le département apporte aux communes qui le demandent son soutien à l'exercice de leurs compétences » (actuel art. L.3233-1 CGCT) introduisait dans le fruit de la décentralisation le ver de la confusion. Plutôt qu'une claire répartition des compétences, le croisement des financements et donc des niveaux de collectivité fut donc, de longue date, accepté voire encouragé.

La loi du 13 août 2004 ne clarifie pas, bien au contraire, l'architecture de la répartition des compétences. Dans son article 145, non codifié, elle énonce que « les communes et leurs groupements ont vocation à assurer, à égalité de droits avec la région et le département, les responsabilités qui sont exercées localement ». Au-delà de ce simple énoncé, l'article organise même la confusion, en disposant que les communes et leurs groupements, à leur demande ou à l'initiative de la région et du département « peuvent participer à l'exercice de tout ou partie des compétences relevant de la responsabilité de l'une ou de l'autre de ces collectivités territoriales, dans des conditions prévues par une convention. Lorsque la demande de délégation de compétences émane d'une commune, le président du conseil régional ou du conseil général l'inscrit, dans un délai de six mois, à l'ordre du jour de l'assemblée délibérante qui se prononce par une délibération motivée ».

Les dispositions propres à chaque compétence déclinent cet entrecroisement organisé. Ainsi l'article L.121-6 du Code de l'action sociale et des familles prévoit que « par convention passée avec le département, une commune peut exercer directement tout ou partie des compétences qui, dans le domaine de l'action sociale, sont attribuées au département ». Même l'étendue et les conditions financières de la délégation de compétence sont laissées à la libre rédaction contractuelle.

En matière d'eau et d'assainissement cette fois, l'article L.3232-1-1 du CGCT prévoit que « pour des raisons de solidarité et d'aménagement du territoire, le département met à la disposition des communes ou des établissements publics de coopération intercommunale qui ne bénéficient pas des moyens suffisants pour l'exercice de leurs compétences dans le domaine de l'assainissement, de la protection de la ressource en eau, de la restauration et de l'entretien des milieux aquatiques une assistance technique dans des conditions déterminées par convention ».

Dans le domaine des télécommunications, la loi autorise, sur un même territoire, les trois niveaux de collectivités à agir : l'article L.1425-1 du CGCT prévoit ainsi que n'importe quelle collectivité territoriale peut établir et exploiter sur son territoire des infrastructures et des réseaux de communications électroniques, acquérir des droits d'usage à cette fin ou acheter des infrastructures ou réseaux existants.

On ne pourra que s'étonner du fait que les financements croisés fassent l'objet de critiques récurrentes et quasi unanimes de la part des praticiens du droit public local, des élus et des porteurs de projet, mais que le législateur confirme et amplifie la concurrence des trois niveaux de collectivité sur des compétences identiques.

■ La dévolution sélective

La loi du 13 août 2004 a mis en place, en matière de ports, d'aérodromes et de monuments historiques, un système hétérodoxe d'« appel à candidatures » suivi d'une dévolution par l'État de la compétence à la collectivité de son choix.

Jusqu'au 1er janvier 2006, toute collectivité territoriale ou groupement de collectivités territoriales a pu demander à exercer les compétences de gestion, d'aménagement et de gestion des ports non autonomes relevant jusque-là de l'État et situés dans son ressort géographique. En cas de pluralité de candidatures, le préfet de région aura alors mené une concertation d'un an, à l'issue de laquelle il aura désigné le bénéficiaire du transfert.

En matière d'aérodromes civils appartenant à l'État, l'article 28 de la loi du 13 août 2004 prévoit un système identique (candidatures jusqu'au 1er juillet 2006, dévolution au plus tard le 1er mars 2007), à la différence près que l'ordre de priorité des candidatures est prévu par la loi : si une collectivité territoriale ou un groupement assure la gestion de l'aérodrome concerné et a financé la majorité de ses investissements durant les trois dernières années précédant l'entrée en vigueur de la présente loi, cette dernière est prioritaire. Si aucune collectivité ne correspond à ces critères, la région est ensuite prioritaire.

De même l'article 97 de la loi du 13 août 2004 prévoit que toute collectivité ou groupement peut demander à l'État de récupérer, à titre gratuit, la propriété des immeubles classés monuments historiques ou inscrits à l'inventaire (ainsi que des objets mobiliers qu'ils contiennent). Dans l'année qui suit la publication d'un décret établissant la liste des immeubles concernés, les collectivités déposent leur candidature auprès du préfet de région. En cas de pluralité de candidatures, ce dernier désigne, après concertation, la collectivité ou le groupement bénéficiaire du transfert, en fonction des projets que les candidats auront présentés pour le développement du site.

■ Les expérimentations

Non seulement une même compétence peut être exercée par des collectivités de niveau différent selon l'endroit du territoire national où l'on se trouve, mais les collectivités de même niveau n'exercent pas toutes les mêmes compétences. Ainsi, la loi du 13 août 2004 a favorisé les cas d'expérimentation, à la faveur desquels certaines régions se voient confier des compétences particulières par rapport au droit commun.

Il en est ainsi, d'une part, en matière de fonds structurels européens. Sur le fondement de l'article 41 de la loi de 2004, l'État peut confier, à titre expérimental et dans le cadre d'une convention, aux régions, si elles en font la demande (ou, à défaut, aux autres niveaux de collectivités territoriales ou à leurs groupements), la gestion et la certification de programmes relevant, pour la période 2007-2013, de l'objectif de coopération territoriale européenne de la politique de cohésion économique et sociale de la Communauté européenne ou de l'instrument de voisinage et de partenariat de la Communauté européenne.

D'autre part, sur le fondement de l'article 70 de la loi de 2004, une expérimentation est lancée pour une durée de quatre ans, afin de permettre aux régions qui en font la demande de participer au financement et à la réalisation d'équipements sanitaires. Un décret publie la liste des régions dont la candidature a été retenue puis le président du conseil régional et le directeur de l'agence régionale de l'hospitalisation, après avis de sa commission exécutive et après délibération du conseil régional, signent une convention fixant les modalités de la participation de la région au financement des équipements sanitaires.

À l'issue de cet exposé, force est de constater que les problèmes de lisibilité des politiques publiques et d'identification de la collectivité responsable proviennent moins de l'existence de différents niveaux d'intervention (le fameux « mille-feuille territorial ») que de la confusion dans la répartition des compétences légales. Comme si le millefeuille territorial, en plus d'être complexe, avait vu ses divers éléments hachés et mélangés, comme passés au mixeur.

LEÇON 7
LES STATUTS PARTICULIERS EN MÉTROPOLE

Le législateur a prévu de nombreuses dispositions propres à certaines portions du territoire, ou certaines situations particulières, qui font varier le droit des collectivités territoriales, fussent-elles de droit commun. À titre d'illustration, l'article L.822-1 du Code de l'éducation prévoit qu'en Île-de-France, et seulement dans cette région, la politique de logement des étudiants fait l'objet d'un schéma élaboré par le conseil régional. De même, la loi Littoral du 3 janvier 1986 et la loi Montagne du 9 janvier 1989 prévoient des règles propres aux collectivités concernées par les zones géographiques qu'elles définissent.

Mais outre cette hétérogénéité du droit substantiel, le législateur a mis en place des régimes juridiques particuliers, applicables à la structure et au fonctionnement de certaines collectivités.

Ces collectivités à statut particulier se rencontrent en métropole, ce qui fera l'objet de la présente leçon et, sur des bases constitutionnellement protégées, outre-mer, objet de la leçon suivante.

Les trois plus grandes villes de France (I.) et la Corse (II.) ont été jugées comme suffisamment particulières pour justifier de leur octroyer un statut particulier.

I. Paris, Lyon et Marseille

Le cas de Paris doit être isolé dans un premier temps, du fait des deux spécificités que connaît la capitale (A.). Mais Paris, Lyon et Marseille sont soumis à un régime original et commun, fondé sur l'articulation entre le conseil municipal et plusieurs conseils d'arrondissement (B.).

A. Paris

Compte tenu de son importante population sur un territoire réduit, Paris accueille à la fois une commune et un département (1.). Et compte tenu de son passé révolutionnaire, Paris fut privé de certaines des attributions de police conférées, partout ailleurs, au maire (2.).

1. Commune et Département

La loi énonce : « Outre la commune de Paris, le territoire de la ville de Paris recouvre une seconde collectivité territoriale : le département de Paris » (art. L.2512-1 CGCT). Les affaires de ces deux collectivités sont réglées par les délibérations d'une même assemblée, dénommée Conseil de Paris et présidée par le maire de Paris. Cette assemblée n'est ni un conseil municipal, ni un conseil général, mais une « assemblée à statut particulier », siégeant successivement en qualité de conseil municipal et de conseil général (CE, 14 mars 1980, Élection au Conseil de Paris, n° 14359).

Le Conseil de Paris est donc amené à établir un règlement intérieur qui prévoit des règles différentes pour les délibérations du Conseil selon la formation dans laquelle il se réunit.

2. Le maire et le préfet de police

L'arrêté des consuls du 12 messidor an VIII confie au préfet de police (différent du préfet de Paris, compétent notamment pour le contrôle de légalité) la responsabilité de la police administrative sur le territoire parisien. Il est également chargé du secours et de la défense contre l'incendie, cette fois au nom de la ville. Le préfet de police peut aussi prononcer la fermeture administrative des établissements de vente d'aliments à emporter ou diffusant de la musique.

Le maire de Paris est chargé de la police municipale, mais dans ses seuls aspects de salubrité sur la voie publique, de tranquillité en matière de bruits de voisinage et du maintien du bon ordre dans les foires et marchés (art. L.2512-13 CGCT). Au titre de la police du domaine, il assure également sa conservation.

Enfin, en matière de police de la circulation et du stationnement, les pouvoirs sont partagés entre les deux autorités.

Par principe ces deux dernières polices sont exercées par le maire de Paris, mais, pour les motifs d'ordre public ou liés à la sécurité des personnes et des biens ou pour assurer la protection du siège des institutions de la République et des représentations diplomatiques, le préfet de police détermine, de façon permanente ou temporaire, des sites où il réglemente les conditions de circulation et de stationnement dans certaines voies ou portions de voies, ou en réserve l'accès à certaines catégories d'usagers ou de véhicules. De plus le préfet fixe, après avis du maire de Paris, les règles de circulation et de stationnement sur certains axes pour tenir compte des conditions de circulation dans l'agglomération parisienne et en région d'Île-de-France.

Les deux autorités peuvent enfin collaborer : le maire de Paris est associé par le préfet de police à la définition des actions de prévention de la délinquance et de lutte contre l'insécurité, et régulièrement informé des résultats obtenus.

B. Les arrondissements à Paris, Marseille et Lyon

La loi n° 82-1169 du 31 décembre 1982 relative à l'organisation administrative de Paris, Marseille et Lyon, dite « loi PML » a créé, au sein de ces trois communes, des conseils d'arrondissement élus et des maires d'arrondissement élus dans leur sein par lesdits conseils « sans, pour autant, ériger les arrondissements en collectivités territoriales possédant la personnalité morale et un patrimoine propre » comme l'a relevé le Conseil constitutionnel (CC, décision n° 82-149 DC du 28 décembre 1982).

À cette occasion, le Conseil constitutionnel a également précisé « qu'aucun principe ou règle de valeur constitutionnelle n'interdit au législateur d'instituer des divisions administratives au sein des communes ni d'instituer des organes élus autres que le conseil municipal et le maire ; que, dès lors, si les dispositions critiquées par les auteurs de la saisine dérogent, pour les trois plus grandes villes de France, au droit commun de l'organisation communale, elles ne méconnaissent pas pour autant la Constitution ».

1. Désignation

Au niveau central, le Conseil de Paris est composé de 163 conseillers de Paris, les conseils municipaux de Marseille et de Lyon respectivement de 101 et de 73 conseillers municipaux. Ces élus sont désignés par les électeurs de chaque secteur (correspond chacun à un arrondissement, sauf à Marseille où chaque secteur est composé de deux arrondissements).

Les conseillers de Paris et les conseillers municipaux de Marseille et de Lyon siègent au conseil d'arrondissement dans l'arrondissement dont ils sont issus, avec les conseillers d'arrondissement « simples » qui les accompagnaient sur la liste présentée aux électeurs. Même scrutin, même liste et même mode de scrutin : seul le nombre de sièges diffère. Le soir des élections municipales, dans chaque secteur, on répartit d'abord les sièges de conseillers de Paris entre les listes, puis les sièges de conseillers d'arrondissement simples.

Huit jours après l'élection du maire de la commune au niveau central, les maires d'arrondissement sont élus au sein du conseil d'arrondissement, mais obligatoirement parmi les membres du conseil d'arrondissement qui sont également conseillers municipaux (ou « conseillers de Paris »). Des adjoints d'arrondissement peuvent également être désignés par le conseil d'arrondissement, dans la même limite que celle imposée aux conseils municipaux de droit commun (30 % de l'effectif du conseil).

La possibilité de désigner des adjoints de quartier en dépassement du plafond d'adjoints est ouverte aux conseils d'arrondissement mais pas aux conseils municipaux centraux de Paris, Lyon et Marseille.

Une fois désignés, le maire de la commune et les maires d'arrondissement peuvent donner, par arrêté, délégation à leurs adjoints respectifs, ainsi qu'aux fonctionnaires d'encadrement. À ce titre, les règles diffèrent encore du droit commun : le maire de Paris, Lyon ou Marseille peut déléguer sa signature aux « responsables de services » (plus largement qu'un maire de droit commun et comme un président de conseil général) ; le maire d'arrondissement ne peut déléguer sa signature qu'au seul directeur général des services de la mairie d'arrondissement (moins largement, donc, que les maires de droit commun).

2. Compétences

Le principe de répartition des compétences entre conseil municipal (central) et conseils d'arrondissement est le suivant : « les affaires des communes de Paris, Marseille et Lyon sont réglées par un conseil municipal, sous réserve des compétences limitativement dévolues aux conseils d'arrondissement ». Les conseils d'arrondissement n'ont donc qu'une compétence d'attribution.

Ces conseils d'arrondissement peuvent, de leur propre initiative :

- adresser des questions écrites au maire de la commune sur toute affaire intéressant l'arrondissement (en l'absence de réponse écrite dans les 45 jours, la question est inscrite de droit à l'ordre du jour de la prochaine séance du conseil municipal),
- demander au conseil municipal de débattre de toute affaire intéressant l'arrondissement,
- émettre des vœux sur tous les objets intéressant l'arrondissement,
- désigner les représentants de la commune dans les organismes dont le champ d'action est limité à l'arrondissement.

Par ailleurs, ces conseils sont obligatoirement consultés par le conseil municipal sur :

- tout projet de délibération concernant les affaires dont l'exécution est prévue, en tout ou partie, dans les limites de l'arrondissement,
- le montant des subventions que le conseil municipal se propose d'attribuer aux associations dont l'activité s'exerce dans le seul arrondissement,
- l'établissement, la révision ou la modification du plan local d'urbanisme lorsque le périmètre du projet de plan ou le projet de modification ou de révision concerne, en tout ou partie, le ressort territorial de l'arrondissement,
- tout projet d'opération d'aménagement dont la réalisation est prévue, en tout ou en partie, dans les limites de l'arrondissement,
- la décision de la commune d'appliquer le droit de préemption.

Enfin, les conseils d'arrondissement disposent d'attributions décisionnelles en matière de gestion des équipements de proximité, définis comme « les équipements à vocation éducative, sociale, culturelle, sportive et d'information de la vie locale qui ne concernent pas l'ensemble des habitants de la commune ou les habitants de plusieurs arrondissements, ou qui n'ont pas une vocation nationale ». Le conseil municipal peut également déléguer au conseil d'arrondissement, avec son accord, la gestion de tout équipement ou service de la commune.

Le conseil d'arrondissement supporte les dépenses de fonctionnement (à l'exclusion des dépenses de personnel et des frais financiers) et les dépenses d'investissement afférentes à ces équipements transférés, pour lesquelles les marchés de travaux correspondants peuvent être passés sans formalités préalables en raison de leur montant, ainsi que celles nécessitées par les travaux d'urgence.

Le maire d'arrondissement fixe l'ordre du jour du conseil d'arrondissement, exécute ses délibérations, est chargé des attributions relevant du maire de la commune en matière d'état-civil et d'affaires scolaires liées au respect de l'obligation scolaire, préside la caisse des écoles, donne son avis sur toute autorisation d'utilisation du sol, permission de voirie, acquisition ou aliénation d'immeubles qui concernent l'arrondissement, enfin il attribue la moitié des logements dont l'attribution relève de la commune et qui sont situés dans l'arrondissement

3. Moyens

Les arrondissements disposent, pour exécuter leurs décisions, d'agents de la commune affectés par le maire de la commune auprès du maire d'arrondissement.

Le montant total des dépenses et des recettes de chaque conseil d'arrondissement est inscrit dans le budget de la commune et détaillé dans un « état spécial d'arrondissement ». Le maire de la commune notifie au maire d'arrondissement les crédits prévisionnels de l'état spécial. L'état spécial est alors adopté par le conseil d'arrondissement, avant d'être transmis au conseil municipal, qui soit l'adopte en même temps que le budget de la commun, soit demande au conseil d'arrondissement une seconde délibération. Le conseil municipal formule cette demande de nouvel examen lorsque le montant total des crédits destinés aux dotations des arrondissements, fixé par le conseil municipal lors de l'examen du budget de la commune, est différent de celui notifié à l'origine à l'arrondissement, lorsque le conseil municipal estime que l'état spécial n'a pas été adopté en équilibre réel ou ne comporte pas toutes les dépenses obligatoires qui doivent y figurer, ou lorsque le conseil municipal estime que les dépenses prévues pour un équipement ou un service dont la gestion a été confiée au conseil d'arrondissement sont manifestement insuffisantes pour assurer le fonctionnement de cet équipement ou de ce service.

II. La Corse

La collectivité territoriale, compétente sur l'ensemble de l'île de Corse, dénommée « Collectivité territoriale de Corse » est organisée selon des règles tout à fait spécifiques (A.).

Le législateur a, de surcroît, entendu conférer à cette collectivité territoriale des compétences plus étendues que les régions de droit commun (B.)

Ce travail d'érection d'un droit particulier, aujourd'hui codifié dans un titre particulier du Code général des collectivités territoriales (art. L.4421-1 à L.4426-1) s'est révélé délicat à mener. Tous les dix ans, le législateur a révisé les textes régissant la Corse :

- loi n° 82-214 du 2 mars 1982 portant statut particulier de la région Corse (également dénommée « statut Deferre », du nom du ministre de l'Intérieur de l'époque, et à ne pas confondre avec la loi relative aux droits et libertés des communes, des départements et des régions, datée du même jour) ;
- loi n° 91-428 du 13 mai 1991 portant statut de la collectivité territoriale de Corse (« statut Joxe ») ;
- enfin loi n° 2002-92 du 22 janvier 2002 relative à la Corse (« statut Vaillant »).

Ce dernier texte, actuellement en vigueur, connut une élaboration délicate. Issu des

« accords de Matignon » conclu entre le Gouvernement et les élus corses en juillet 2000, le projet de loi provoqua la démission du ministre de l'intérieur Jean-Pierre Chevènement, fit l'objet d'un avis défavorable du Conseil d'État et d'un refus symbolique d'inscription à l'ordre du jour du Conseil des ministres de la part du Président de la République (le projet étant finalement inscrit la semaine suivante). Enfin, le Conseil constitutionnel a censuré une disposition du texte adopté par le Parlement au motif que la loi ne pouvait prévoir « fût-ce à titre expérimental, dérogatoire et limité dans le temps, la possibilité d'autoriser la collectivité territoriale de Corse à prendre des mesures relevant du domaine de la loi » (décision n° 2001-454 DC du 17 janvier 2002).

Lors de l'examen par le Conseil constitutionnel du texte adopté en 1991, la mention faite par le législateur du « peuple corse, composante du peuple français » avait été jugée contraire à la Constitution, au motif que cette dernière « ne connaît que le peuple français, composé de tous les citoyens français sans distinction d'origine, de race ou de religion » (décision n° 91-290 DC du 9 mai 1991).

Signe supplémentaire de la sensibilité politique de ces questions institutionnelles, un projet prévoyant d'approfondir le particularisme local (en fusionnant les deux départements de l'île avec la collectivité territoriale de Corse au niveau régional) a été soumis aux électeurs de l'île et rejeté par 51 % des suffrages le 6 juillet 2003.

A. Organisation

Les organes de la collectivité territoriale de Corse comprennent l'Assemblée de Corse et son président, le conseil exécutif de Corse et son président assistés du conseil économique, social et culturel de Corse. La particularité principale de la CTC tient donc à la dyarchie placée à sa tête : deux « présidents » coexistent, l'un de l'assemblée délibérante, l'autre du conseil exécutif.

1. L'assemblée délibérante

L'Assemblée de Corse se distingue essentiellement des conseils régionaux continentaux par le mode de scrutin qui préside à la désignation de ses membres : la représentation est voulue plus strictement proportionnelle aux suffrages. Ainsi, la « prime majoritaire » est réduite : seuls trois sièges sur les 51 que compte l'Assemblée sont attribués à la liste arrivée en tête, contre 25 % des sièges dans les conseils régionaux. De plus, toute liste ayant recueilli au moins 5 % (au lieu de 10 %) des suffrages exprimés peut se maintenir au second tour éventuel de scrutin.

Cette Assemblée élit son président, compétent pour convoquer les membres et exercer la police des séances. Il arrête l'ordre du jour après consultation de la commission permanente, composée du président, de deux vice-présidents et de huit conseilles.

L'Assemblée de Corse règle par ses délibérations les affaires de la Corse, contrôle le conseil exécutif, vote le budget, arrête le compte administratif et adopte le plan d'aménagement et de développement durable de la Corse.

Elle dispose d'un pouvoir d'adaptation : pour la mise en œuvre des compétences qui lui sont dévolues, la collectivité territoriale de Corse peut demander à être habilitée par le législateur à fixer des règles adaptées aux spécificités de l'île, sauf lorsqu'est en cause l'exercice d'une liberté individuelle ou d'un droit fondamental. Les décisions d'adaptation qu'elle prend dans ce cadre sont nécessairement d'ordre réglementaire et non législatif et ne peuvent porter atteinte au pouvoir réglementaire du président de la République et du Premier ministre, respectivement reconnu par les articles 13 et 21 de la Constitution.

Par ailleurs, l'Assemblée peut émettre des propositions, adressées au Gouvernement, en vue de modifier les lois ou les règlements concernant les compétences, l'organisation et le fonctionnement de l'ensemble des collectivités territoriales de Corse, ainsi que toutes dispositions réglementaires concernant le développement économique, social et culturel de la Corse. Enfin, elle rend un avis sur tout projet ou proposition de loi ou de décret comportant des dispositions spécifiques à la Corse.

2. L'exécutif

Le conseil exécutif est une institution tout à fait dérogatoire au droit commun des régions : élu par l'Assemblée de Corse au scrutin de liste majoritaire, il est composé de neuf membres, dont le président, tête de la liste victorieuse. Dès leur désignation au conseil exécutif, ses membres sont immédiatement privés de leur droit de siéger au sein de l'Assemblée et remplacés par les candidats suivants sur leur liste.

Ce conseil exécutif est responsable devant l'Assemblée : la majorité absolue des membres de l'organe délibérant peut renverser le conseil en adoptant une motion de défiance « constructive » (c'est-à-dire prévoyant une équipe alternative).

C'est le président de ce conseil exécutif, et non le président de l'assemblée délibérante, qui prépare les délibérations en envoyant aux conseillers de Corse un rapport sur les points à l'ordre du jour. Il est, comme un président de conseil régional continental, l'autorité exécutive de la collectivité territoriale, dirigeant ses services, la représentant en justice, assurant la police de son domaine, ordonne ses dépenses.

3. Le Conseil économique, social et culturel

Il est obligatoirement et préalablement consulté par le président du conseil exécutif sur :

- le projet de plan d'aménagement et de développement durable de la Corse,
- toute étude régionale d'aménagement et d'urbanisme,
- les orientations générales du projet de budget de la collectivité territoriale,
- tout projet de délibération concernant l'action culturelle et éducative, notamment pour la sauvegarde et la diffusion de la langue et de la culture corses.

B. Compétences

Le Conseil constitutionnel a admis que la collectivité territoriale de Corse exerce des compétences dérogatoires au droit commun, et par conséquent que les deux départements de Corse voient leurs propres compétences amputées, mais uniquement sous réserve que le transfert de compétences à la Collectivité territoriale, n'affecte pas « *de façon substantielle* » les attributions des deux départements (décision n° 91-290 DC du 9 mai 1991).

Le Code a regroupé en quatre sections les compétences de la CTC :

- « identité culturelle et éducation », où il appert que la CTC :
  - gère et construit non seulement les lycées mais également les collèges de l'île et les établissements d'enseignement supérieur figurant à la carte de l'enseignement supérieur et de la recherche établie par l'Assemblée de Corse et rendue définitive par convention avec l'État et l'université de Corse ;
  - « définit et met en œuvre la politique culturelle en Corse »,
  - est compétente pour conduire les actions en matière de promotion des activités physiques et sportives, d'éducation populaire et d'information de la jeunesse.
- « aménagement et développement durable », notamment par l'élaboration du Plan d'aménagement et de développement durable de la Corse (PADDC) particulièrement complet puisque ce plan :
  - fixe les objectifs du développement économique, social, culturel et touristique de l'île ainsi que ceux de la préservation de son environnement,
  - définit les orientations fondamentales en matière d'aménagement de l'espace, de transports selon une approche multimodale, de télécommunications, de valorisation des ressources énergétiques,

de protection et de mise en valeur du territoire de l'île,

- et détermine les principes de localisation des grandes infrastructures de transport et des grands équipements, des espaces naturels, des sites et des paysages à préserver, des extensions urbaines, des activités industrielles, artisanales, commerciales, agricoles, forestières, touristiques, culturelles et sportives.

– « développement économique », notamment par la responsabilité de la construction et de l'entretien de la voirie classée en route nationale. La CTC est également substituée à l'État dans les droits et obligations de celui-ci concernant l'exploitation des transports ferroviaires. Même le réseau ferré a été transféré dans le patrimoine de la collectivité territoriale de Corse qui en assure l'aménagement, l'entretien, la gestion et l'extension. Elle définit, sur la base du principe de « continuité territoriale » destiné à atténuer les contraintes de l'insularité, les modalités d'organisation des transports maritimes et aériens entre l'île et toute destination de la France continentale, en particulier en matière de desserte et de tarifs. Enfin, la CTC définit, mais également met en œuvre et évalue la politique du tourisme : à ce titre elle maîtrise les procédures d'agrément et de classement des équipements, organismes et activités touristiques à la place de l'État.

– « environnement et services de proximité » : la CTC exerce les compétences traditionnelles des régions en matière de planification environnementale et d'intervention énergétique, mais, par dérogation au droit commun, les modalités et procédures d'élaboration, de publication et de révision des plans d'élimination des déchets sont fixées par délibération de l'Assemblée de Corse.

Repères

- **Loi du 31 décembre 1982 relative à l'organisation administrative de Paris, Marseille et Lyon, dite « loi PML »** : ces villes sont subdivisées en arrondissements, sur lesquels des conseils d'arrondissement exercent des compétences d'attribution.
- **Décision du Conseil constitutionnel, n° 91-290 DC du 9 mai 1991** : le législateur ne peut pas reconnaître l'existence d'un « peuple corse, composante du peuple français ».
- **Décision du Conseil constitutionnel n° 2001-454 DC du 17 janvier 2002** : le législateur ne peut, « fût-ce à titre expérimental, dérogatoire et limité dans le temps » autoriser la collectivité territoriale de Corse à prendre des mesures relevant du domaine de la loi.

Pour gagner des points

Le droit public local en Alsace-Moselle, des dérogations aujourd'hui marginales

Une partie du droit public local applicable dans les départements du Bas-Rhin, du Haut-Rhin et de la Moselle diffère du droit commun. En raison de l'appartenance de ces départements, de 1870 à 1918, à l'empire allemand, la loi municipale française du 5 avril 1884 n'y fut, à l'origine, pas applicable. Elle n'y fut pas non plus – la chose est plus surprenante – introduite après la fin de la Première Guerre mondiale, car ces trois départements avaient conçu, appliqué et apprécié un droit communal dérogatoire du droit allemand, inscrit dans la loi du 6 juin 1895 et caractérisé par des prérogatives étendues confiées au conseil municipal, en contrepartie de la soumission des maires au pouvoir central.

La loi française du 17 octobre 1919 transposa dans ces trois départements le principe de l'élection des maires par le conseil municipal, tout en conservant les pouvoirs étendus confiés par la loi allemande de 1895 aux communes.

Quatre-vingt-dix ans plus tard, les spécificités de ce droit communal alsacien-mosellan, même si elles continuent d'être rassemblées dans un titre spécifique du Code général des collectivités territoriales, ont pratiquement disparu, soit parce que des règles plus favorables aux collectivités ont été adoptées au niveau national et donc bien accueillies dans ces départements (comme la loi du 2 mars 1982), soit que des régimes juridiques entiers ont été créés ex nihilo (comme le Code des marchés publics ou le statut de la fonction publique territoriale), soit, enfin, que la pratique quotidienne des élus et des agents alsaciens-mosellans, délaissant des dispositions désuètes, s'est progressivement alignée sur celle de leurs collègues et voisins.

Des particularités subsistent toutefois.

Tout d'abord, le conseiller municipal est placé dans une position légèrement plus précaire qu'en droit général, dans la mesure où les cas dans lesquels il peut être démis d'office sont plus nombreux. En sus du cas de droit commun prévu à l'article L.2121-5 du CGCT (refus du conseiller municipal de s'acquitter d'une des tâches que lui imposent la loi), le droit alsacien-mosellan prévoit que tout conseiller municipal qui, sans excuse suffisante, a manqué trois séances successives du conseil, ou qui a troublé l'ordre à plusieurs reprises sans tenir compte des avertissements du président, peut, par décision de l'assemblée, être exclu du conseil municipal pour un temps déterminé ou pour toute la durée de son mandat (art. L.2541-9 CGCT). La démission d'office est même automatique (et non plus décidée par le conseil municipal) lorsqu'un conseiller municipal a, sans excuse, manqué cinq séances consécutives. Le recours contre ces démissions d'office obéit à une procédure elle-même particulière : le conseiller municipal dispose d'un délai de dix jours pour saisir le tribunal administratif, dont le jugement ne peut faire l'objet que d'un pourvoi en cassation.

Ensuite, l'autonomie locale continue d'être légèrement mieux affirmée qu'en droit commun. Le préfet n'est pas compétent pour demander au maire de convoquer le conseil municipal. Surtout, les communes d'Alsace-Moselle bénéficient de dispositions moins contraignantes que la norme générale en ce qui concerne le contrôle de leurs actes par l'État. En effet, la plupart des actes pris par les autorités de la commune sont exécutoires dès leur publication ou leur notification, sans attendre leur transmission au préfet, même si cette transmission demeure obligatoire afin que soit opéré le contrôle de leur légalité. Il s'agit :

– des délibérations du conseil municipal (à l'exception, essentiellement, des interventions communales en matière industrielle et commerciale, des budgets des communes de moins de 25 000 habitants lorsque le précédent exercice a donné lieu à un déficit et de diverses délibérations relatives, par exemple, aux égouts ou aux pompes funèbres),
– des décisions individuelles ou réglementaires prises par le maire dans le cadre de ses pouvoirs de police,
– et des autorisations d'occupation du sol.

Dernier signe de cette autonomie locale accrue, les communes de plus de 25 000 habitants et les communes chefs-lieux d'arrondissement ne sont pas soumises à la procédure de rétablissement de l'équilibre budgétaire, à la faveur de laquelle le préfet peut régler d'office un budget voté en déséquilibre après avis de la Chambre régionale des comptes (art. L.2541-22 CGCT).

Enfin, quant à la répartition interne des compétences, celles du conseil municipal ne sont pas régies par l'article L.2121-29 du CGCT, mais par un article spécifique L.2541-12. Bien que cet article ne reprenne pas la formule selon laquelle « le conseil municipal règle par ses délibérations les affaires de la commune », la clause générale de compétence doit être considérée comme reconnue aux conseils municipaux alsaciens-mosellans, car cet article L.2541-12 CGCT, dressant la liste des compétences du conseil municipal, prévoit que ce dernier délibère « notamment » sur les objets énumérés, signe que la liste n'est pas exhaustive. Cette liste inclut la création et la suppression d'emplois communaux permanents de l'administration communale, la création de services, d'organismes et d'établissements communaux, les projets de constructions ou de reconstructions, ainsi que de grosses réparations et de démolitions, ou encore les emprunts et l'allocation de subventions à des fins d'intérêt général.

Le maire dispose, en apparence, d'une marge de manœuvre étendue puisqu'en plus de ses pouvoirs propres, à la faveur de l'article L.2541-19 du CGCT, il « administre les affaires communales pour autant que l'intervention du conseil municipal n'est pas requise ». Toutefois, ce fondement emporte-t-il véritablement une latitude d'action plus large que celle qu'accorde aux maires des autres départements l'article L.2122-18 du CGCT, disposant pour sa part que « le maire est seul chargé de l'administration » ? Une fois encore, la survivance apparente de dispositions particulières ne signifie pas que le droit substantiel soit véritablement dérogatoire du droit commun.

Seules traces tangibles d'un pouvoir accru du maire alsacien-mosellan par rapport à ses collègues des autres départements, il peut :

- en cas d'urgence, et sans l'autorisation préalable du conseil municipal, intenter les actions possessoires et y défendre ainsi qu'accomplir tout acte juridique nécessaire pour conserver les droits de la commune (art. L.2541-25 CGCT) à la seule condition d'en rendre compte au conseil municipal lors de sa prochaine séance,
- intervenir dans certaines polices spéciales supplémentaires, notamment en matière de construction (« le maire doit au moins une fois l'an inspecter ou faire inspecter les foyers et cheminées de tous bâtiments éloignés de moins de 200 mètres des habitations », en vertu de l'article L.2542-6 CGCT) et de travail dominical.

Leçon 8
Les statuts particuliers outre-mer

I. Les départements et régions d'outre-mer
II. Les collectivités d'outre-mer
III. La Nouvelle-Calédonie

L'article 72-3 de la Constitution, dans sa rédaction issue de la révision du 28 mars 2003, dispose : « La République reconnaît, au sein du peuple français, les populations d'outre-mer, dans un idéal commun de liberté, d'égalité et de fraternité. »

L'outre-mer désigne toutes les portions du territoire national autres que la « métropole » rattachée au continent européen. Il accueille des « populations » et non des « peuples », compte tenu de l'unicité du peuple français. Cet outre-mer est composé d'îles (telles que la Réunion), d'archipels (Polynésie Française) ou de portions de territoires continentaux (la Guyane). Il s'étend dans les océans atlantique, pacifique et indien, au point que « le soleil ne se couche jamais » sur la République française, tout comme il ne se couchait pas sur l'empire de Charles-Quint.

Ces portions de territoire accueillent des collectivités territoriales régies par des dispositions dérogatoires du droit commun. La Constitution les répartit en trois catégories :

Les « départements et régions d'outre-mer » (DROM) : Guadeloupe, Guyane, Martinique et Réunion ; régis par l'article 73 de la Constitution et soumis au principe « d'identité législative » (I.)

Les « collectivités d'outre-mer » (COM) : Mayotte, Saint-Barthélemy, Saint-Martin, Saint-Pierre-et-Miquelon, les îles Wallis-et-Futuna et la Polynésie française, cette dernière étant par ailleurs qualifiée de « pays d'outre-mer » (POM) et disposant d'une très forte autonomie ; régies par l'article 74 de la Constitution et soumises au principe de « spécialité législative » (II.)

La Nouvelle-Calédonie, si proche de l'indépendance qu'elle n'est rattachable à aucune des deux catégories précitées et placée en un titre spécifique de la Constitution (titre XIII) pour une période transitoire (III.).

Enfin, certaines portions du territoire outre-mer ne sont pas érigées en collectivités territoriales et relèvent uniquement de l'État : d'une part les terres Australes et Antarctiques françaises (TAAF), administrées par un préfet « administrateur supérieur » et dont le régime juridique est désormais fixé par la loi n° 2007-224 du 21 février 2007 ; d'autre part l'île de Clipperton, au sud du Mexique, directement administrée par le ministre de l'Outre-Mer.

Au regard de l'Union européenne, le statut de ces territoires diffère : les DROM sont des « régions ultra-périphériques » (RUP) qui font partie intégrante de l'Union européenne, tandis que tous les autres territoires (à l'exception de Saint-Barthélemy et Saint-Martin, communes de Guadeloupe jusqu'en 2007 et qui viennent d'être érigées en COM) sont des « pays et territoires d'outre-mer », dans lesquels le droit communautaire n'est pas applicable.

I. Les DROM

Cette catégorie de collectivités territoriales était dénommée « départements d'outre-mer » jusqu'à la révision constitutionnelle de 2003, qui a simplement, sur ce point, pris acte de l'existence, sur chacun des territoires concernés, d'une région en plus d'un département : la Guadeloupe, la Guyane, la Martinique et la Réunion accueille chacune une région et un département, dont le ressort territorial est identique.

Compte tenu de la différence entre les modes de scrutin aux élections régionales et cantonales, le DOM et la ROM peuvent être gouvernés par des majorités politiques différentes, même si le corps électoral est strictement identique dans les deux cas. Ainsi de la Réunion où le président du conseil régional est membre du Parti Communiste Réunionnais et la présidente du conseil général de l'Union pour une Majorité Populaire.

A. Identité législative

L'article 73 de la Constitution est consacré à ces « départements et régions d'outre-mer » (DOM-ROM ou DROM). Il énonce d'abord le principe distinctif des DROM par rapport aux COM : « dans les départements et les régions d'outre-mer, les lois et règlements sont applicables de plein droit ». C'est le principe « d'identité législative » entre la métropole et ces territoires, applicable depuis la loi de départementalisation du 19 mars 1946 qui a extrait les « quatre vieilles colonies » de l'Empire colonial pour les intégrer, comme départements égaux de leurs homologues métropolitains, au droit commun républicain.

En pratique, ce principe signifie que les lois, décrets et arrêtés pris au niveau national n'ont pas à mentionner expressément qu'ils sont applicables aux quatre DROM pour qu'il en soit ainsi.

B. Adaptations législatives

Néanmoins, le principe d'identité est tempéré par la possibilité de prévoir des adaptations du droit commun. Ainsi, le même article 73 de la Constitution poursuit en disposant que les lois et règlements « peuvent faire l'objet d'adaptations tenant aux caractéristiques et contraintes particulières de ces collectivités ».

Antérieurement à la révision constitutionnelle de 2003, cet article prévoyait que « le régime législatif et l'organisation administrative des départements d'outre-mer peuvent faire l'objet de mesures d'adaptation nécessitées par leur situation particulière ». Les adaptations étaient donc déjà permises, mais à condition qu'elles soient « nécessitées » par les particularités de la situation. Désormais, les dérogations devront seulement s'appuyer sur des éléments de particularité : la condition est donc assouplie.

Sur le plan organique, les pouvoirs publics sont organisés comme en métropole, à quelques exceptions près. L'organisation et le fonctionnement des DOM et des ROM sont régis par le droit commun, tant qu'il n'est pas contraire aux dispositions des titres qui leur sont spécifiques au sein du Code général des collectivités territoriales (art. L.3441-1 et suivants pour les DOM, art. L.4431-1 et suivants pour les ROM) :

Le conseil économique et social régional n'est pas le seul organe consultatif : sont mis en place le conseil de la culture, de l'éducation et de l'environnement, le centre régional de promotion de la santé et le conseil régional de l'habitat ;

La ROM est, plus souvent qu'en métropole, obligatoirement consultée par l'État ;

La ROM dispose de compétences accrues en matière de coopération internationale, de planification économique et de gestion et de conservation des ressources biologiques de la mer

Dans les DROM, le préfet de région a organisé, sur le fondement de la loi du 13 août 2004, une concertation avec le département et la région en vue de déterminer la collectivité bénéficiaire du transfert de l'ensemble des routes nationales : la compétence a pu être partagée (Guyane) ou confiée entièrement à la région.

Les ressources financières sont en partie spécifiques : l'octroi de mer et la taxe spéciale sur la consommation des produits pétroliers sont propres aux DROM.

Les adaptations législatives peuvent ne concerner qu'un seul DOM ou ROM : ainsi depuis la loi du 7 décembre 2007, il est institué en Guyane un conseil consultatif des populations amérindiennes et bushinenge...

Le droit substantiel, et pas seulement organique, est touché par ces adaptations législatives, principalement en matière de revenus et de fiscalité : une majoration du traitement des fonctionnaires, des réfactions sur l'impôt sur le revenu (de 30 % à 40 %), un abattement sur les bénéfices imposés au titre de l'impôt sur les sociétés (33 %), un taux normal de TVA inférieur à celui en vigueur en métropole (8,5 % en Guadeloupe, Martinique et Réunion) voire une absence de toute TVA en Guyane en sont les points les plus saillants.

La loi d'orientation pour l'outre-mer (LOPOM ou loi « Girardin ») du 21 juillet 2003 a également instauré des avantages fiscaux au titre des investissements engagés dans les DROM, qui pourraient faire l'objet d'une révision à l'occasion de l'examen du projet de loi pour le développement économique de l'outre-mer présenté en juillet 2008.

De plus, le droit du domaine public fait l'objet de quelques spécificités, bénéficiant à l'État. Principalement, la zone dite des « cinquante pas géométriques » fait partie du domaine public maritime de l'État (art. L.5111-1 du Code général de la propriété des personnes publiques) : il s'agit d'une bande de terrain jouxtant le rivage de la mer qui peut faire l'objet de réglementations, d'occupations ou de cessions sous le contrôle de l'État. Enfin, par dérogation à l'article 552 du code civil, les eaux souterraines sont également rattachées au domaine public de l'État (art. L.5121-1 CGPPP).

Toutefois, le Conseil constitutionnel contrôle que les adaptations législatives sont justifiées par les « caractéristiques et les contraintes particulières » des DROM et, à défaut, censure toute dérogation excessive au principe d'identité législative.

Ainsi, alors que la loi relative aux libertés et responsabilités locales prévoyait que les DROM ne seraient pas compétents en matière de gestion des personnels TOS à la même date que les collectivités de métropole, le Conseil constitutionnel a considéré que « les écarts existant entre les besoins de personnels techniciens, ouvriers et de service des collèges et lycées et les effectifs réels de ces personnels sont plus importants dans certaines académies de métropole qu'ils ne le sont dans certaines académies d'outre-mer ; que ces écarts ne constituent donc pas, au sens de l'article 73 de la Constitution, des caractéristiques et contraintes particulières de nature à différer l'entrée en vigueur de la loi dans les départements et régions d'outre-mer ; que, par suite, l'article 203 de la loi déférée doit être déclaré contraire à la Constitution » (décision n° 2004-503 DC du 12 août 2004).

C. Adaptations autonomes

La révision constitutionnelle de 2003 a amplifié le caractère particulier du droit des DROM puisque, désormais, les adaptations législatives pourront être décidées par les collectivités elles-mêmes. La loi organique n° 2007-223 du 21 février 2007 est venue préciser cette réforme constitutionnelle en inscrivant dans le CGCT les modalités d'adaptation des lois et règlements par les DOM (art. LO.3445-1 et suivants) et par les ROM (art. LO.4435-1 et suivants).

Ce pouvoir d'adaptation autonome peut avoir deux objets distincts. Il est toujours autorisé par le pouvoir central, à la demande de la collectivité concernée et ne peut jamais intervenir lorsque sont en cause les conditions essentielles d'exercice d'une liberté publique ou d'un droit constitutionnellement garanti.

D'une part, en vertu du deuxième alinéa de

l'article 73 de la Constitution, les DROM pourront adapter le droit applicable dans les matières où s'exercent leurs compétences, à condition d'y avoir été habilités par la loi (ou par le règlement pour les matières réglementaires, depuis la révision du 23 juillet 2008).

La demande d'habilitation est alors adoptée par délibération motivée du conseil général ou du conseil régional, qui mentionne les dispositions législatives ou réglementaires en cause, qui expose les caractéristiques et contraintes particulières justifiant la demande d'habilitation et qui précise la nature et la finalité des dispositions que le conseil général envisage de prendre. Cette délibération est susceptible de recours directement devant le Conseil d'État. L'habilitation peut alors être accordée par la loi pour une durée qui ne peut excéder deux ans à compter de sa promulgation.

D'autre part, en vertu du troisième alinéa de l'article 73, les DROM (à l'exception de la Réunion, très attachée à son inscription dans le droit commun) peuvent être habilités à fixer elles-mêmes les règles applicables sur leur territoire « pour tenir compte de leurs spécificités », dans un nombre limité de matières pouvant relever du domaine de la loi (ou du règlement depuis 2008). Ne sont donc plus seulement concernés, ici, les domaines dans lesquels les DROM sont expressément compétents pour gérer un service. La Constitution énumère les domaines dans lesquels ce pouvoir autonome d'adaptation est toutefois exclu : la nationalité, les droits civiques, les garanties des libertés publiques, l'état et la capacité des personnes, l'organisation de la justice, le droit pénal, la procédure pénale, la politique étrangère, la défense, la sécurité et l'ordre publics, la monnaie, le crédit et les changes, ainsi que le droit électoral, cette énumération pouvant être précisée et complétée par une loi organique.

La procédure d'habilitation est quasiment identique à celle prévue pour l'application du deuxième alinéa de l'article 73, la seule différence tenant à ce que la demande d'habilitation doit être formulée par la majorité des membres de l'assemblée (et non plus seulement par la majorité des présents).

II. Les COM

La Constitution garantit à chaque « collectivité d'outre-mer » un statut spécifique, déterminé par la loi organique.

A. Un statut annoncé par la Constitution

Les « collectivités d'outre-mer » sont régies par l'article 74 de la Constitution et ont, aux termes de cet article « un statut qui tient compte des intérêts propres de chacune d'elles au sein de la République ». La catégorie des « territoires d'outre-mer » a disparu, cette notion n'étant plus pertinente compte tenu des multiples « collectivités à statut particulier » qui en avaient été détachées depuis 1946. Les termes de l'actuel article 74 applicable aux COM rappellent toutefois ceux de l'article 74 de la constitution de 1946 applicable aux TOM : « Les territoires d'outre-mer sont dotés d'un statut particulier tenant compte de leurs intérêts propres dans l'ensemble des intérêts de la République ».

Le statut de chaque COM est défini par une loi organique, adoptée après avis de l'assemblée délibérante locale et qui fixe :

- les conditions dans lesquelles les lois et règlements y sont applicables : les anciens TOM étaient soumis au principe de « spécialité législative », signifiant qu'une loi nationale n'y est applicable qu'à la condition qu'elle l'ait expressément prévue ; ce point sera précisé, désormais, dans le statut de chaque COM ;
- les compétences de cette collectivité ;
- les règles d'organisation et de fonctionnement des institutions de la collectivité et le régime électoral de son assemblée délibérante ;
- les conditions dans lesquelles ses institutions sont consultées sur les projets et propositions de loi et les projets

d'ordonnance ou de décret comportant des dispositions particulières à la collectivité, ainsi que sur la ratification ou l'approbation d'engagements internationaux conclus dans les matières relevant de sa compétence.

En application de cet article, la loi organique n° 2007-223 du 21 février 2007 portant dispositions statutaires et institutionnelles relatives à l'outre-mer a introduit, dans le Code général des collectivités territoriales, une sixième partie intitulée : « Collectivités d'outre-mer régies par l'article 74 de la Constitution » et comprenant les articles applicables à Mayotte, Saint-Barthélemy, Saint-Martin et Saint-Pierre-et-Miquelon.

Mais l'article 74 de la Constitution distingue, au sein des COM, celles « dotées de l'autonomie ». Pour ces dernières, que le législateur peut reconnaître à son gré et qui sont à ce jour Saint-Martin, Saint-Barthélemy et la Polynésie française, la loi organique peut également déterminer les conditions dans lesquelles :

- le Conseil d'État exerce un contrôle juridictionnel spécifique sur certaines catégories d'actes de l'assemblée délibérante intervenant au titre des compétences qu'elle exerce dans le domaine de la loi ;
- l'assemblée délibérante peut modifier une loi promulguée postérieurement à l'entrée en vigueur du statut de la collectivité, lorsque le Conseil constitutionnel, saisi notamment par les autorités de la collectivité, a constaté que la loi était intervenue dans le domaine de compétence de cette collectivité ;
- des mesures justifiées par les nécessités locales peuvent être prises par la collectivité en faveur de sa population, en matière d'accès à l'emploi, de droit d'établissement pour l'exercice d'une activité professionnelle ou de protection du patrimoine foncier ;
- la collectivité peut participer, sous le contrôle de l'État, à l'exercice des compétences qu'il conserve, dans le respect des garanties accordées sur l'ensemble du territoire national pour l'exercice des libertés publiques.

Les autres modalités de l'organisation particulière des COM sont définies et modifiées par la loi ordinaire et non plus organique, mais toujours après consultation de leur assemblée délibérante.

Enfin, le pouvoir constituant de 2003 a mis en place, pour les COM, un système original de répartition des compétences par ordonnances. Ainsi, en vertu de l'article 74-1 de la Constitution, le Gouvernement peut, par ordonnances, dans les matières qui demeurent de la compétence de l'État, soit étendre, avec les adaptations nécessaires, les dispositions de nature législative en vigueur en métropole, soit adapter ces dispositions à l'organisation particulière de la COM concernée, sous réserve que la loi n'ait pas expressément exclu, pour les dispositions en cause, le recours à cette procédure.

Ces ordonnances sont prises en conseil des ministres après avis des assemblées délibérantes intéressées et du Conseil d'État, entrent en vigueur dès leur publication et deviennent caduques en l'absence de ratification par le Parlement dans le délai de dix-huit mois suivant cette publication.

B. Des statuts sur mesure

S'il fallait mesurer l'éloignement de chaque COM avec le droit commun, Mayotte et Saint-Pierre-et-Miquelon en seraient jugées proches, les nouvelles COM de Saint-Barthélemy et Saint-Martin seraient placées sur une position intermédiaire, tandis que Wallis-et-Futuna et, plus encore, la Polynésie française, apparaîtraient les plus éloignées, compte tenu de leur organisation tout à fait spécifique.

1. Mayotte

Après avoir rappelé que « Mayotte fait partie de la République » et qu'elle ne peut cesser d'y appartenir sans le consentement de sa population, la loi organique n° 2007-223 du 21 février 2007 innove en annonçant qu'à compter de la première réunion qui suit son renouvellement en 2008, le conseil général de Mayotte peut, à la majorité absolue de ses membres et au scrutin public, adopter une résolution portant sur la modification du statut de Mayotte et son accession au régime de département et région d'outre-mer, ce qui fut fait par le conseil général dès le 18 avril 2008. Non seulement le statut actuel de Mayotte est proche de celui d'un département (la loi du 11 juillet 2001 l'avait dénommée « collectivité départementale de Mayotte »), mais son intégration à la catégorie des DROM n'a donc jamais paru si proche.

Cet attachement à l'intégration fut solennellement exprimé lors des référendum en 1974 et 1976 par lesquels il fut proposé aux Comores (situées au large de Madagascar) d'accéder à l'indépendance : des îles qui composent cet archipel, Mayotte (elle-même composée de deux îles) fut la seule à refuser et resta donc française.

Le 29 mars 2009, à 95 % des suffrages, la population locale a approuvé, par référendum, la transformation de Mayotte en Département d'outre-mer à l'horizon 2001.

À l'exception de six domaines énumérés à l'article LO.6113-1 du CGCT, le principe d'identité est en vigueur à Mayotte depuis le 1er janvier 2008. Ainsi les dispositions législatives et réglementaires intervenant dans ces matières ne sont applicables à Mayotte que sur mention expresse : fiscalité, propriété immobilière (dont l'urbanisme et la domanialité publique), protection sociale, droit du travail, entrée et séjour des étrangers et finances communales.

Sur le plan organique, les institutions de la collectivité comprennent le conseil général, son président et sa commission permanente (désignés dans les mêmes conditions que ceux d'un conseil général) ainsi que deux conseils consultatifs (conseil économique et social et conseil de la culture, de l'éducation et de l'environnement).

Sur le plan fonctionnel, la collectivité exerce toutes les compétences dévolues aux départements et aux régions, ainsi que celles dévolues aux régions d'outre-mer, à l'exception de celles relatives aux collèges et aux lycées, à la voirie classée en route nationale et à la lutte contre les maladies vectorielles (transmis par tiques, moustiques, etc.).

De plus, la collectivité peut, par délibération prise sur proposition du représentant de l'État, aménager l'assiette et modifier les taux et les conditions de recouvrement des impôts et contributions qu'elle perçoit (art. LO.6161-22 CGCT).

La plus grande particularité de Mayotte n'a pas trait à son organisation politique mais au « statut personnel » que la population musulmane peut choisir de conserver (en conformité avec l'article 75 de la Constitution qui reconnaît expressément ce droit). Les Mahorais peuvent toujours choisir entre le statut de droit commun, fondé sur le Code civil et le statut personnel, fondé sur l'islam, entraînant compétence des « cadis », juges musulmans, pour trancher les litiges.

2. Saint-Pierre-et-Miquelon

Archipel de trois îles situées dans l'océan atlantique à proximité du Canada, Saint-Pierre-et-Miquelon fut un DOM entre 1976 et 1985, avant de redevenir un TOM et d'être rattaché désormais à la catégorie des COM. Toutefois, ce passé départemental influence l'organisation du pouvoir local.

Le principe d'identité législative est appliqué à Saint-Pierre-et-Miquelon avec la plus grande extension possible depuis le 1er janvier 2008 puisque l'article LO.6413-1 du CGCT dispose que « les dispositions législatives et réglementaires sont applicables de plein droit à Saint-Pierre-et-Miquelon, à l'exception de celles qui interviennent dans les matières relevant de la loi organique en application de l'article 74 de la Constitution ou dans l'une des matières relevant de la compétence de la collectivité ».

Ces matières relevant de la compétence de la collectivité sont toutes celles dévolues en métropole aux départements et aux régions, à l'exception de six domaines : les collèges et lycées, la voirie classée en route nationale et la lutte contre les maladies vectorielles (comme dans le cas précité de Mayotte) ainsi que la police de la circulation sur le domaine de la collectivité, les bibliothèques et le financement du service d'incendie et de secours.

En plus de ces compétences, la collectivité fixe les règles applicables dans six domaines : la fiscalité, le cadastre, le régime douanier, l'urbanisme, le logement et l'organisation des services et établissements publics créés par la collectivité.

Les pouvoirs sont répartis entre un conseil territorial (assemblée délibérante), le président du conseil territorial (élu comme un président de conseil général), le conseil exécutif (équivalent de la commission permanente) et le conseil économique, social et culturel (consultatif). Particularité supplémentaire, le conseil territorial peut mettre en cause la responsabilité de son président par le vote d'une motion de défiance constructive.

3. Saint-Barthélemy et Saint-Martin

Saint-Barthélemy et Saint-Martin sont des îles des Antilles qui faisaient partie intégrante de la Guadeloupe jusqu'en 2007. Saint-Martin a la particularité d'être partagée entre la France (partie nord) et les Pays-Bas (partie sud) depuis la convention de Concordia du 23 mars 1648.

Le 7 décembre 2003, les électeurs de ces deux localités furent consultés afin de savoir s'ils approuvaient la transformation de leur commune en « collectivité d'outre-mer » : les résultats furent très largement positifs (95 % et 76 % de « oui »).

Par conséquent, la loi organique n° 2007-223 du 21 février 2007 est intervenue pour substituer chacune de ces deux nouvelles COM, à compter du 15 juillet 2007, à l'ancienne commune éponyme, au département et à la région Guadeloupe. Ici encore, le principe d'identité est conservé : les dispositions législatives et réglementaires sont applicables de plein droit à Saint-Barthélemy (art. LO.6213-1 CGCT) et à Saint-Martin (art. LO.6313-1 CGCT), à l'exception de celles intervenant dans les matières qui relèvent de la loi organique en application de l'article 74 de la Constitution ou de la compétence de la collectivité.

Le droit électoral national est donc applicable à ces nouvelles COM tant qu'aucune disposition spécifique n'y fait obstacle. Pour avoir méconnu l'obligation d'ouvrir un compte bancaire propre à l'élection, le président du premier conseil territorial élu à Saint-Martin en juillet 2007 a été déclaré inéligible (CE, 25 juillet 2008, n° 313970).

En plus de l'ensemble des compétences précédemment exercées par la commune, le département et la région, la COM de Saint-Barthélemy fixe les règles applicables aux matières suivantes : fiscalité, cadastre, urbanisme, logement, circulation routière et transports routiers, desserte maritime d'intérêt territorial, immatriculation des navires, voirie, environnement, accès au travail des étrangers, énergie, tourisme et organisation des services qu'elle crée. Saint-Martin se voit confier les mêmes compétences, à l'exception de la fixation des règles en matière d'urbanisme et d'énergie, qu'elle acquerra uniquement après le premier renouvellement qui suivra le 1er janvier 2012. Dans les deux cas, l'État conserve expressément la compétence pour fixer l'État demeure compétent pour fixer, dans ces matières, les règles relatives à la recherche, à la constatation et à la répression des infractions pénales. Enfin, si Saint-Barthélemy accède au statut de PTOM au regard du droit communautaire, elle deviendra ipso facto compétente en matière douanière.

Sur le plan organique, les institutions sont calquées sur le modèle de Saint-Pierre et Miquelon : un conseil territorial, un président du conseil territorial (également susceptible d'être renversé par une motion de défiance constructive), un conseil exécutif et un conseil économique, social et culturel.

4. Wallis-et-Futuna

Les deux îles de Wallis et de Futuna, proches des archipels de la Polynésie française, constituent une collectivité d'outre-mer au statut très particulier. Toujours régie par la loi du 29 juillet 1961, cette COM n'accueille pas de communes, mais trois circonscriptions disposant de la personnalité juridique et d'un budget propre, regroupant chacune plusieurs villages et... dirigées chacune par un roi élu par l'aristocratie locale. Ce roi nomme des ministres, dispose de pouvoirs équivalents à ceux des maires et pour partie des présidents de conseils généraux et perçoit une indemnité de fonctions de la République.

Les organes de la collectivité sont l'assemblée (20 membres), le conseil territorial (composé des trois rois et de trois membres approuvés par l'assemblée, disposant d'un rôle essentiellement consultatif) et un administrateur supérieur, représentant de l'État et autorité exécutive de la COM (comme au sein des départements avant 1982).

5. La Polynésie française

Le statut de la Polynésie française n'est pas codifié au CGCT, mais fixé par la loi organique n° 2004-192 du 27 février 2004 portant statut d'autonomie de la Polynésie française, telle qu'elle résulte, notamment, de la loi organique n° 2007-1719 du 7 décembre 2007 tendant à renforcer la stabilité des institutions et la transparence de la vie politique en Polynésie française.

Ce texte qualifie la Polynésie de « pays d'outre-mer au sein de la République » (sans que cette qualification, ponctuelle, entraîne par elle-même quelque conséquence que ce soit) qui « se gouverne librement et démocratiquement, par ses représentants élus et par la voie du référendum local, dans les conditions prévues par la présente loi organique ». La République « garantit l'autonomie de la Polynésie française » et « favorise l'évolution de cette autonomie », non pas vers l'indépendance, mais « de manière à conduire durablement la Polynésie française au développement économique, social et culturel, dans le respect de ses intérêts propres, de ses spécificités géographiques et de l'identité de sa population ».

De manière particulièrement originale par rapport au droit commun, c'est l'État qui dispose d'une compétence d'attribution : le statut énonce les seules compétences que l'État conserve en Polynésie. Son article 14 énumère 13 domaines : nationalité (et état de la personne), garantie des libertés publiques (dont la justice), politique étrangère, défense, entrée et séjour des étrangers, sécurité publique (dont le maintien de l'ordre), monnaie, autorisation d'exploitation des liaisons aériennes entre la Polynésie française et tout autre point situé sur le territoire de la République, sécurité de la circulation maritime, réglementation relative à l'administration communale, fonction publique de l'État, communication audiovisuelle et enseignement universitaire.

Les institutions de la Polynésie française comprennent le président, le gouvernement, l'assemblée et le conseil économique, social et culturel. Les termes de la loi organique présidant à la répartition des pouvoirs rappellent ceux de la Constitution au niveau national : le gouvernement de la Polynésie française est l'exécutif de la Polynésie française dont il « conduit la politique », il est responsable devant l'assemblée. Le président de la Polynésie, élu parmi les membres de l'assemblée (mais distinct du président de l'assemblée), « dirige l'action du gouvernement », promulgue les « lois du pays » adoptées par l'assemblée et signe les actes délibérés en conseil des ministres. Il nomme un vice-président et des ministres. Ce gouvernement dispose d'un pouvoir réglementaire propre dans 18 domaines (dont l'enseignement, les marchés, la circulation routière) et de 31 autres compétences propres (dont la délivrance des permis de travail et l'ouverture des casinos).

Les « lois du pays » sont soumises à un régime juridique tout à fait dérogatoire : elles sont soumises à un contrôle assuré par le Conseil d'État, dans des conditions qui rappellent le contrôle de constitutionnalité assuré par le Conseil constitutionnel sur les lois votées par le Parlement. Ainsi, le haut-commissaire, le président de la Polynésie française, le président de l'assemblée de la Polynésie française, six représentants à l'assemblée de la Polynésie française ou toute personne morale ou physique ayant intérêt à agir peuvent déférer cet acte au Conseil d'État. Le Conseil d'État se prononce alors sur la conformité des « lois du pays » au regard de la Constitution, des lois organiques, des engagements internationaux et des principes généraux du droit. En cas de non-conformité, la disposition en cause ne peut être promulguée.

III. La Nouvelle-Calédonie

Située aux antipodes de la métropole, dans l'océan Pacifique à l'est de l'Australie et à l'ouest de la Polynésie française, la Nouvelle-Calédonie est aujourd'hui le territoire français le plus proche d'accéder à une indépendance intégrale. Territoire d'outre-mer jusqu'en 1999, elle n'est même plus qualifiée de « collectivité d'outre-mer » par la Constitution.

Les accords de Nouméa signés en 1988 avaient permis de faire cesser la violence entre indépendantistes « kanaks » et leurs adversaires « caldoches » partisans d'un maintien dans le giron de la République française, en mettant en place un statut provisoire, pour dix ans, conférant une grande autonomie de gestion.

En 1998, il fut décidé de prolonger cette solution transitoire : la loi constitutionnelle du 20 juillet 1998 inscrit dans la constitution un titre spécifique mais transitoire applicable à la Nouvelle-Calédonie.

Selon ces articles 76 et 77 de la Constitution, une loi organique, prise après avis de l'assemblée délibérante de la Nouvelle-Calédonie, détermine :

- les compétences de l'État qui seront transférées, de façon définitive, aux institutions de la Nouvelle-Calédonie, l'échelonnement et les modalités de ces transferts, ainsi que la répartition des charges résultant de ceux-ci ;
- les règles d'organisation et de fonctionnement des institutions de la Nouvelle-Calédonie ;
- les règles relatives à la citoyenneté, au régime électoral, à l'emploi et au statut civil coutumier ;
- les conditions et les délais dans lesquels les populations intéressées de la Nouvelle-Calédonie seront amenées à se prononcer sur l'accession à la pleine souveraineté.

Cette loi organique n° 99-209 du 19 mars 1999 précise d'abord que la consultation sur l'accession à la pleine souveraineté sera organisée entre 2014 et 2018 (et à trois reprises en cas d'échecs successifs) sur la base d'un corps électoral restreint.

En effet, plus largement, le statut de la Nouvelle-Calédonie reconnaît une citoyenneté néo-calédonienne, s'exprimant à l'occasion des élections locales et ne recoupant pas totalement le corps électoral français : le corps électoral a été « gelé » en 1998, sauf à prouver dix années de domiciliation en Nouvelle-Calédonie.

Précisément, ce corps électoral est composé des électeurs satisfaisant à l'une des conditions suivantes : soit remplir les conditions pour être inscrits sur les listes électorales de la Nouvelle-Calédonie établies en vue de la consultation du 8 novembre 1998 ; soit être inscrits sur le tableau annexe et domiciliés depuis dix ans en Nouvelle-Calédonie à la date de l'élection au congrès et aux assemblées de province ; soit avoir atteint l'âge de la majorité après le 31 octobre 1998 et dans ce cas, soit justifier de dix ans de domicile en Nouvelle-Calédonie en 1998, soit avoir eu un de leurs parents remplissant les conditions pour être électeur au scrutin du 8 novembre 1998, soit avoir un de leurs parents inscrit au tableau annexe et justifier d'une durée de domicile de dix ans en Nouvelle-Calédonie à la date de l'élection.

La loi organique autorise même la Nouvelle-Calédonie à instaurer des régimes de préférence locale, dans l'accès au salariat, à la fonction publique ou aux professions libérales (art. 24 du statut), sous condition de « durée suffisante de résidence ».

Du point de vue organique, la Nouvelle-Calédonie est découpée en trois « provinces », qualifiées de collectivités territoriales, subdivisées en communes. Lors des élections provinciales, au scrutin de liste, les élus accèdent aux assemblées provinciales et les premiers de liste accèdent, dans le même temps, au Congrès de Nouvelle-Calédonie (répliquant ici le modèle de l'élection des conseillers de Paris, Lyon et Marseille).

Au niveau de la Nouvelle-Calédonie, le Congrès élit un président mais le pouvoir exécutif est confié à un gouvernement collégial, composé au scrutin proportionnel. Un « sénat coutumier » composé de deux représentants de chaque conseil coutumier désignés conformément à leur coutume et, plus classiquement, un conseil économique et social lui sont adjoints.

Enfin, en termes de compétences, la collectivité de droit commun est la province, compétente dans toutes les matières qui ne sont pas dévolues à l'État, à la Nouvelle-Calédonie ou aux communes (art. 20 du statut de 1999).

Dans cette architecture, l'État n'exerce que trois types de compétences :

- les compétences propres qu'il exerce seul (art. 21-I), notamment dans les domaines de la nationalité, la justice, la défense, la monnaie, la desserte maritime et aérienne et le contrôle budgétaire,
- celles pour l'exercice desquelles il associe le Congrès ou le président (art. 21-II), en matière de relations internationales, de maintien de l'ordre, de communication audiovisuelle et d'enseignement supérieur ;
- celles enfin qui font l'objet d'un transfert progressif à la Nouvelle-Calédonie jusqu'en 2014 (art. 21-III), dans les domaines de la santé scolaire, de l'enseignement primaire privé, du droit civil et de la sécurité civile.

Le gouvernement et le congrès de Nouvelle-Calédonie sont, eux, compétents dans 32 domaines énumérés à l'article 22 du statut, allant de la fiscalité à la météorologie, en passant par le réseau routier le droit des assurances.

Le Congrès adopte, dans l'exercice de certaines compétences considérées comme particulièrement sensibles au regard des intérêts nationaux ou des droits nationaux, des « lois du pays ». Il convient de ne pas les assimiler à celles adoptées en Polynésie. Les projets de loi du pays sont d'abord soumis, pour avis, au Conseil d'État avant leur adoption par le gouvernement délibérant en conseil. Elles sont ensuite adoptées par le Congrès au scrutin public, à la majorité des membres qui le composent. Pendant les quinze jours qui suivent l'adoption d'une telle loi, le haut-commissaire, le gouvernement, le président du Congrès, le président d'une assemblée de province ou onze membres du Congrès peuvent soumettre cette loi ou certaines de ses dispositions à une nouvelle délibération. Après cette nouvelle délibération, le texte peut être déféré au Conseil constitutionnel par le haut-commissaire, le gouvernement, le président du congrès, le président d'une assemblée de province ou dix-huit membres du Congrès, aux fins que le Conseil constitutionnel exerce sur cette loi son contrôle de constitutionnalité et, le cas échéant, empêche la promulgation de tout ou partie de la « loi du pays ».

Repères

- **Article 73 de la Constitution** : les départements et régions d'outre-mer (DOM et ROM) sont soumis au principe d'identité législative avec la métropole, mais la loi peut prévoir des adaptations.
- **Article 74 de la Constitution** : chaque collectivité d'outre-mer (COM) dispose d'un statut particulier.
- **Loi organique n° 2007-223 du 21 février 2007** : DOM et ROM peuvent adapter certains lois et règlements
- **Loi organique n° 2007-223 du 21 février 2007** : création de deux nouvelles COM : Saint-Martin et Saint-Barthélemy, anciennement rattachées à la Guadeloupe.
- **Loi organique n° 99-209 du 19 mars 1999** : une consultation sur l'accession à la pleine souveraineté de la Nouvelle-Calédonie sera organisée entre 2014 et 2018.

Pour gagner des points

Le changement de statut

La révision constitutionnelle de 2003 a prévu deux modalités d'évolution du statut des DROM.

D'une part, au dernier alinéa de l'article 73, la Constitution prévoit la possibilité de création par la loi d'une seule collectivité se substituant à un département et une région d'outre-mer ou l'institution d'une assemblée délibérante unique pour ces deux collectivités, à condition que le consentement des populations locales ait été préalablement recueilli.

Sur ce fondement, les électeurs ont été consultés, en Guadeloupe et en Martinique, le 7 décembre 2003, sur un projet de constitution, dans chacun de ces DROM, d'une collectivité territoriale unique en remplacement du département et de la région existants. Dans les deux cas, la population a majoritairement refusé cette dérogation supplémentaire.

D'autre part, l'article 72-4 prévoit implicitement que chaque DROM puisse évoluer vers le statut de COM (et inversement). Dans ce cas, le changement de régime est décidé par une loi organique, également après référendum local.

Dans les deux cas, la procédure de consultation est initiée par le Président de la République, sur proposition du Gouvernement pendant la durée des sessions ou sur proposition conjointe des deux assemblées et le Conseil d'État contrôle le caractère « loyal et clair » de la procédure de consultation (CE, 4 décembre 2003, Féler, n° 262009).

En dehors des deux cas précités, le président de la République peut également décider de consulter les électeurs d'une collectivité territoriale située outre-mer sur une question relative à son organisation, à ses compétences ou à son régime législatif.

Leçon 9
Les groupements de communes

I. Les trois types de communautés
II. Les syndicats intercommunaux

Comment surmonter l'émiettement communal français afin d'organiser les politiques publiques à une échelle plus large, sans faire disparaître la commune, considérée comme la « cellule de base de la République » depuis plus de deux cents ans ? L'émergence de structures de coopération entre ces communes a permis de répondre à cette question et de résoudre cette contradiction. Le droit a dessiné des figures de coopération aux régimes juridiques suffisamment variés pour correspondre à la situation de chaque portion du territoire.

Hormis les commissions syndicales, personnes morales de droit public chargées de l'administration des biens que plusieurs communes possèdent en indivision (art. L.5222-1 CGCT), les groupements de communes sont tous des « établissements publics de coopération intercommunale » (EPCI).

Cinq types d'EPCI peuvent être créés. Le plus ancien est le syndicat intercommunal, qui ne prélève pas de fiscalité propre (à l'exception de la taxe d'enlèvement des ordures ménagères lorsqu'il prend en charge ce service) et dépend donc des cotisations de ses membres, des revenus des services qu'il assure, des subventions et de l'emprunt.

Les autres types d'EPCI sont, à l'inverse, des « établissements publics de coopération intercommunale à fiscalité propre » (EPCIFP) car ils peuvent instituer des taux de taxes foncières, professionnelle et d'habitation en plus de ceux adoptés au niveau communal : communauté de communes (CC), communauté d'agglomération (CA), communauté urbaine (CU). Le syndicat d'agglomération nouvelle (SAN) est un établissement doté de règles particulières, s'inscrivant uniquement dans les agglomérations nouvelles créées dans les années 1970.

Les communautés urbaines ne peuvent pas être créées dans les départements et régions d'outre-mer (art. L.5821-1 CGCT).

La loi du 12 juillet 1999 relative à la simplification et au renforcement de la coopération intercommunale, également appelée « Loi Chevènement » a modifié en profondeur le droit de l'intercommunalité :

- elle crée, entre les communautés de communes (destinées au milieu rural) et les communautés urbaines (réservées aux plus grandes métropoles) les communautés d'agglomération,
- elle rend le recours aux EPCIFP plus incitatif sur le plan financier sous la forme

d'une bonification de la dotation de fonctionnement versée par l'État,
- elle approfondit le caractère contraignant des procédures de création des EPCI : le préfet y joue un rôle décisif et, quant aux compétences, la loi prévoit celles qui doivent obligatoirement être transférées par les communes membres.

Cette méthode, alliant « carotte et bâton » a été considérée comme couronnée de succès dans la mesure où on dénombre, au 1er janvier 2009, 2406 communautés de communes, 174 communautés d'agglomération et 16 communautés urbaines (celles de Nice et de Toulouse ayant été créées au 1er janvier 2009). 530 communes supplémentaires ont intégré, en 2008, un établissement public de coopération intercommunale à fiscalité propre, de sorte que 93 % des communes et 87 % de la population sont désormais incluses dans un tel établissement (Bulletin d'informations statistiques de la Direction générale des collectivités locales du Ministère de l'Intérieur, n° 65, février 2009).

Les derniers mois ont été moins marqués par le développement quantitatif des structures que par la rationalisation des périmètres et des compétences : entre 2007 et 2008 dix opérations de fusion entre communautés de communes ont été menées à bien. Enfin, les EPCI à fiscalité propre absorbent en grand nombre les compétences des syndicats intercommunaux, aboutissant à supprimer ces derniers : 260 syndicats intercommunaux ont ainsi disparu en une année.

Les « trois communautés » (CC, CA et CU) ont vocation à devenir le droit commun de l'intercommunalité. Elles seront donc examinées en premier lieu et en profondeur (I.), le cas des syndicats intercommunaux (II.) étant traité ensuite.

I. Les trois types de communautés

Les trois communautés se distinguent des anciens syndicats intercommunaux par leur fort degré d'intégration :

- elles prélèvent une fiscalité propre, additionnelle à celle des communes (ou substituée à celle des communes, en ce qui concerne la taxe professionnelle, en cas de taxe professionnelle unique) ;
- un certain nombre de compétences communales leur est obligatoirement transféré ;
- alors qu'une commune peut appartenir à plusieurs syndicats intercommunaux, elle ne peut être membre que d'un seul établissement public de coopération intercommunale à fiscalité propre ;
- les communes membres ne peuvent pas adhérer à un EPCIFP pour certaines de ses compétences et non pour d'autres : il n'y a pas d'EPCIFP « à la carte » ;
- leur ressort territorial est nécessairement d'un seul tenant et sans enclave.

A. Création

Si, comme l'énonce l'article L.5210-1 du Code général des collectivités territoriales, « le progrès de la coopération intercommunale se fonde sur la volonté des communes d'élaborer des projets communs de développement au sein de périmètres de solidarité », la création d'un EPCI ressortit néanmoins de la compétence du préfet (ou des préfets si plusieurs départements sont concernés par un même projet).

La procédure est scindée en deux étapes : d'abord la fixation de la liste des communes susceptibles de former le futur EPCI, ensuite la création formelle de l'EPCI.

Dans un premier temps, il convient donc d'arrêter un projet de périmètre pour le futur EPCI, en dressant la liste des communes intéressées.

L'initiative de l'élaboration de la liste peut être prise directement par le préfet, après avis de la commission départementale de la coopération intercommunale concernée (et du conseil général dans le seul cas de la création d'un syndicat intercommunal).

La commission départementale de la coopération intercommunale est régie par les articles L.5211-42 et suivants du CGCT. Présidée par le préfet, elle est composée à 60 % d'élus communaux, à 20 % d'élus intercommunaux, à 15 % d'élus départementaux et à 5 % de conseillers régionaux élus dans la section départementale en cause. La commission départementale de la coopération intercommunale établit et tient à jour un état de la coopération intercommunale dans le département. Au-delà de l'avis obligatoire qu'elle formule sur le projet de création lancé à l'initiative du préfet, elle peut formuler toute proposition tendant à renforcer la coopération intercommunale.

Mais l'initiative peut également provenir d'un ou de plusieurs conseils municipaux demandant la création d'un établissement public de coopération intercommunale : le préfet peut alors (sans y être contraint) arrêter une liste, qui n'est pas nécessairement limitée à ces communes demanderesses, dans un délai de deux mois à compter de la première délibération transmise.

Dans les deux cas, le préfet dispose d'une grande latitude pour inclure ou exclure une commune du projet, les règles législatives étant peu nombreuses et légères. Ainsi le périmètre :

- ne doit pas correspondre à celui d'un département (L.5211-5 CGCT),
- doit aboutir à un territoire intercommunal d'un seul tenant et sans enclave,
- doit définir, conformément à l'objet de ces EPCI « un espace de solidarité » permettant l'élaboration d'un projet commun de développement et d'aménagement du territoire,
- pour les communautés d'agglomération, doit regrouper au moins 50 000 habitants et comprendre au moins une ville de plus de 15 000 habitants ou, à défaut, la ville chef-lieu du département (art. L.5216-1 CGCT),
- pour les communautés urbaines, doit regrouper au moins 500 000 habitants (art. L.5215-1 CGCT).

Le juge administratif exerce sur cet acte un contrôle limité à l'erreur manifeste d'appréciation, de sorte qu'un contentieux sur ce point est quasiment voué à l'échec (CE, 3 octobre 2003, Communauté de communes du Val de Drôme, n° 250825).

À compter de la notification de cet arrêté, le conseil municipal de chaque commune concernée dispose d'un délai de trois mois pour se prononcer. À défaut de délibération dans ce délai, celle-ci est réputée favorable.

Dans un second temps, la création de l'EPCI peut être décidée par arrêté préfectoral dès lors que l'arrêté dressant la liste des communes a recueilli l'accord des deux tiers au moins des conseils municipaux des communes interrogées, représentant plus de la moitié de la population totale de celles-ci, ou l'accord de la moitié au moins des conseils municipaux des communes représentant les deux tiers de la population.

De plus, cette majorité doit nécessairement comprendre :

- pour la création d'une communauté de communes, les conseils municipaux des communes dont la population est supérieure au quart de la population totale concernée,
- pour la création d'une communauté d'agglomération ou d'une communauté urbaine, le conseil municipal de la commune dont la population est supérieure à la moitié de la population totale concernée ou, à défaut, de la commune dont la population est la plus importante.

Ainsi, une commune peut être intégrée dans un EPCI contre sa volonté.

L'arrêté de création détermine le siège de l'établissement public de coopération intercommunale. Les statuts de l'EPCI, également approuvés par l'arrêté, mentionnent obligatoirement la liste des communes membres, son siège, le cas échéant, la durée pour laquelle il est constitué, les modalités de répartition des sièges et le nombre de sièges attribué à chaque commune membre, l'institution éventuelle de suppléants et, enfin, les compétences transférées à l'établissement.

Par la suite, le périmètre de l'EPCI pourra être étendu, toujours par arrêté préfectoral :

– soit à la demande des conseils municipaux des communes nouvelles,
– soit sur l'initiative de l'organe délibérant de l'établissement public de coopération intercommunale, la modification étant alors subordonnée à l'accord du ou des conseils municipaux dont l'admission est envisagée,
– soit sur l'initiative du préfet : la modification est alors subordonnée à l'accord de l'organe délibérant et des conseils municipaux dont l'admission est envisagée.

Ainsi, l'intégration d'une commune dans un EPCI après sa création requiert toujours l'accord de son conseil municipal. Dans tous les cas, les communes membres sont appelées à se prononcer dans les conditions de majorité qualifiée requises pour la création de l'EPCI. À défaut de délibération dans le délai de trois mois, la décision d'une commune est réputée favorable, de sorte qu'aucune ne puisse bloquer la procédure par un veto implicite.

Sauf si elle membre d'une communauté urbaine, une commune peut demander à se retirer d'un EPCI (art. L.5211-19 CGCT). Elle ne maîtrise toutefois pas cette décision : le retrait est subordonné à l'accord :
– de l'organe délibérant de l'EPCI,
– des conseils municipaux exprimé dans les conditions de majorité requises pour la création de l'établissement,
– et du préfet, seul compétent pour rendre effectif, par arrêté, le retrait.

Lorsque l'EPCI a mis en place la taxe professionnelle unique, le retrait n'est possible qu'à l'issue de la période d'unification des taux de taxe professionnelle.

Comme en matière de création de l'EPCI, les dispositions législatives « laissent au préfet un large pouvoir d'appréciation pour autoriser ou non un projet de retrait » (CE, 2 mars 2005, Commune de Vedène, n° 278123). À défaut d'accord entre l'organe délibérant de l'établissement public de coopération intercommunale et le conseil municipal concerné sur la répartition des biens ou du produit de leur réalisation et du solde de l'encours de la dette, cette répartition sera fixée unilatéralement par arrêté du préfet.

B. Compétences

Le régime juridique des compétences intercommunales est soumis à trois grands principes :
– un principe de spécialité : lorsque l'EPCI entend agir, il doit s'assurer que la compétence lui a bien été transférée au préalable. En effet, tout EPCI demeure un établissement public, qui ne peut agir que dans la limite de ses statuts. S'il intervient dans une compétence non prévue dans ses statuts, son acte ne pourra qu'être illégal.
– un principe d'exclusivité : une fois qu'une compétence est transférée à un EPCI, une commune membre ne peut légalement plus intervenir dans ce champ.
– un principe de succession : « le transfert de compétences d'une commune à un établissement public de coopération intercommunale entraîne le transfert du service ou de la partie de service chargé de sa mise en œuvre » (art. L.5211-4-1 CGCT), les biens nécessaires à l'exercice de la compétence sont mis à disposition de l'EPCI qui assume l'ensemble des obligations du propriétaire et l'EPCI succède à tous les droits et obligations attachés à l'exercice de cette compétence.

En application de ce principe de succession, si un EPCI récupère la compétence « eau » et rompt unilatéralement le contrat qui liait la commune membre et une entreprise privée, cette dernière a droit à « la réparation intégrale du préjudice résultant pour elle de la résiliation anticipée du contrat et compensant tant la perte subie que les gains dont elle a été privée », cette réparation étant, évidemment, à la charge de l'EPCI et non de la commune (CAA Douai, 28 février 2008, Société Veolia eau-CGE, n° 06DA00733).

La loi prévoit, pour chaque type de communauté, une liste de compétences obligatoires. Toutefois, les communes membres d'un EPCI peuvent à tout moment transférer, en tout ou partie, à ce dernier, certaines de leurs compétences dont le transfert n'est pas prévu par la loi ou par la décision institutive ainsi que les biens, équipements ou services publics nécessaires à leur exercice (art. L.5211-17 CGCT). Ces transferts de compétences dites « facultatives » sont décidés par délibérations concordantes de l'organe délibérant et des conseils municipaux se prononçant dans les conditions de majorité requise pour la création de l'établissement public de coopération intercommunale.

L'étude de la liste des compétences obligatoires est un exercice fastidieux mais fructueux, en ce qu'il permet de vérifier une gradation dans l'intégration : les communautés de communes disposent de moins de compétences obligatoires que les communautés d'agglomération, elles-mêmes moins pourvues (sous réserve des compétences facultatives qui leur seraient transférées) que les communautés urbaines.

La communauté de communes (art. L.5214-16 CGCT) exerce de plein droit au lieu et place des communes membres, pour la conduite d'actions d'intérêt communautaire, des compétences relevant des deux groupes suivants : aménagement de l'espace et actions de développement économique intéressant l'ensemble de la communauté. Quand la communauté de communes a mis en place la taxe professionnelle unique (TPU), l'aménagement, la gestion et l'entretien des zones d'activité d'intérêt communautaire sont inclus dans cette compétence.

De plus, la communauté de communes doit exercer des compétences relevant d'au moins un des six groupes suivants. Ces compétences sont dites « optionnelles », en ce que l'une d'elles au moins est obligatoire :

- protection et mise en valeur de l'environnement,
- politique du logement et du cadre de vie ;
- création, aménagement et entretien de la voirie ;
- construction, entretien et fonctionnement d'équipements culturels et sportifs et d'équipements de l'enseignement préélémentaire et élémentaire ;
- action sociale d'intérêt communautaire ;
- tout ou partie de l'assainissement.

Dans les départements de la Moselle, du Bas-Rhin et du Haut-Rhin, les communautés de communes (et les communautés d'agglomération) peuvent également choisir, au nombre des compétences optionnelles d'assurer la compétence de construction et d'entretien des bâtiments affectés aux cultes dont les ministres sont salariés par l'État (art. L.5812-1 et L.5814-1 CGCT).

La définition exacte des compétences transférées au sein de chacun de ces groupes est fixée par la majorité qualifiée requise pour la création de la communauté.

La lecture de ces dispositions fait apparaître l'importance de la définition de l'« intérêt communautaire » des compétences exercées, qui permet de faire le partage, au sein d'une même compétence, entre les actions qui demeurent de la compétence des communes membres et celles qui sont transférées à la communauté. Par exemple, certains équipements sportifs seront considérés comme d'intérêt communautaire et pas d'autres. Cet intérêt communautaire peut être défini soit en application d'un critère objectif (par exemple, concernant un équipement sportif, le nombre de places qu'il accueille) soit par énumération (le stade X, le gymnase Y), sachant que la première technique est recommandée.

Cet intérêt communautaire doit être défini au plus tard deux ans après l'entrée en vigueur de l'arrêté prononçant le transfert de compétence, à la majorité qualifiée des conseils municipaux requise pour la création de la CC. À défaut d'une telle définition dans le délai imparti, la communauté de communes exerce l'intégralité de la compétence transférée.

La communauté d'agglomération (art. L.5216-5 CGCT) exerce, elle, de plein droit au lieu et place des communes membres les compétences suivantes :

– développement économique : création, aménagement, entretien et gestion de zones d'activité qui sont d'intérêt communautaire ; actions de développement économique d'intérêt communautaire ;
– aménagement de l'espace communautaire : schéma de cohérence territoriale et schéma de secteur ; création et réalisation de zones d'aménagement concerté d'intérêt communautaire ; organisation des transports publics en zone urbaine (hors le cas spécifique de l'Île-de-France) ;
– équilibre social de l'habitat : programme local de l'habitat ; politique du logement d'intérêt communautaire ; actions et aides financières en faveur du logement social d'intérêt communautaire ; réserves foncières pour la mise en œuvre de la politique communautaire d'équilibre social de l'habitat ; action, par des opérations d'intérêt communautaire, en faveur du logement des personnes défavorisées ; amélioration du parc immobilier bâti d'intérêt communautaire ; cette compétence pouvant donner lieu à l'exercice, par la communauté du droit de préemption urbain ;
– politique de la ville dans la communauté : dispositifs contractuels de développement urbain, de développement local et d'insertion économique et sociale d'intérêt communautaire ; dispositifs locaux, d'intérêt communautaire, de prévention de la délinquance.

Au titre des compétences « optionnelles », la communauté d'agglomération doit en outre exercer au lieu et place des communes au moins trois compétences parmi les six suivantes :
– création ou aménagement et entretien de voirie d'intérêt communautaire ; création ou aménagement et gestion de parcs de stationnement d'intérêt communautaire ;
– assainissement ;
– eau ;
– protection et mise en valeur de l'environnement et du cadre de vie : lutte contre la pollution de l'air, lutte contre les nuisances sonores, soutien aux actions de maîtrise de la demande d'énergie, élimination et valorisation des déchets des ménages et déchets assimilés ou partie de cette compétence ;
– construction, aménagement, entretien et gestion d'équipements culturels et sportifs d'intérêt communautaire ;
– action sociale d'intérêt communautaire.

Le choix de ces compétences est arrêté par décision des conseils municipaux des communes intéressées dans les conditions de majorité qualifiée requise pour la création.

Lorsque l'exercice des compétences obligatoires et optionnelles est subordonné à la reconnaissance de leur intérêt communautaire, cet intérêt est déterminé à la majorité des deux tiers du conseil de la communauté d'agglomération (et non plus, comme dans le cas des communautés de communes, par les communes membres).

Comme dans les CC, l'intérêt communautaire doit être défini au plus tard deux ans après l'entrée en vigueur de l'arrêté prononçant le transfert de compétence. À défaut, la communauté d'agglomération exerce l'intégralité de la compétence transférée.

Compte tenu du principe de spécialité, l'EPCI devra prendre garde à ne pas intervenir dans une compétence qui ne lui serait pas expressément transférée.

Par exemple, la compétence en matière d'aménagement, d'entretien et de gestion des aires d'accueil des gens du voyage ne peut être regardée comme relevant, par nature, d'une action en faveur du logement des personnes défavorisées ni d'une autre catégorie de compétences limitativement énumérées « en matière d'équilibre social de l'habitat » par l'article L.5216-5 (CAA Douai, 28 décembre 2007, Commune de Pont-de-Metz, n° 06DA01758). La compétence se rapportant aux aires d'accueil peut être mise en œuvre par un EPCI, mais seulement après transfert spécifique de cette compétence précise, facultative.

Enfin, la communauté urbaine ne connaît pas de compétences optionnelles, seulement obligatoires et facultatives. Le législateur a toutefois entendu différencier les communautés urbaines existant à la date de promulgation de la loi Chevènement (art. L.5215-20-1 CGCT) et les nouvelles communautés urbaines qui seraient créées après cette date (art. L.5215-20 CGCT).

Les 12 CU qui existaient au 12 juillet 1999 exercent 12 types de compétences obligatoires :

- chartes intercommunales de développement et d'aménagement, schémas de cohérence territoriale, plans locaux d'urbanisme ou documents d'urbanisme en tenant lieu, programmes locaux de l'habitat, constitution de réserves foncières intéressant la communauté, les conseils municipaux devant être saisis pour avis ;
- création et réalisation de zones d'aménagement concerté ; actions de développement économique ; création et équipement des zones d'activité ; actions de réhabilitation d'intérêt communautaire ;
- prise en considération d'un programme d'aménagement d'ensemble et détermination de secteurs d'aménagement ;
- construction, aménagement et entretien des locaux scolaires dans les zones et secteurs mentionnés aux deux cas précédents et réalisés ou déterminés par la communauté ;
- services d'incendie et de secours (essentiellement, aujourd'hui, les contributions à ces services départementalisés) ;
- transports urbains de voyageurs ;
- les compétences résiduelles des communes en matière de lycées et collèges ;
- eau, assainissement, à l'exclusion de l'hydraulique agricole, ordures ménagères ;
- création de cimetières et extension des cimetières ainsi créés, crématoriums ;
- abattoirs, marchés d'intérêt national ;
- voirie et signalisation ;
- parcs de stationnement.

Les nouvelles communautés urbaines exercent, elles, de plein droit, au lieu et place des communes membres, les mêmes compétences que leurs aînées, légèrement toilettées, auxquelles s'ajoutent expressément :

- la construction, l'aménagement, l'entretien, la gestion et l'animation des équipements culturels, socio-éducatifs et sportifs d'intérêt communautaire,
- en matière de logement : les actions en faveur du logement social et contre l'habitat insalubre, lorsqu'elles revêtent un intérêt communautaire,
- en matière de politique de la ville, les dispositifs contractuels de développement urbain et d'insertion et les dispositifs locaux de prévention de la délinquance,
- en matière de protection de l'environnement, la lutte contre la pollution de l'air et les nuisances sonores et le soutien à la maîtrise de l'énergie.

Enfin, quel que soit son statut, l'EPCI à fiscalité propre qui met en place la taxe professionnelle unique sur son territoire reverse annuellement aux communes membres une attribution de compensation, régie par le paragraphe V de l'article 1609 nonies C du Code général des impôts, égale à la différence entre, d'une part, le montant de taxe professionnelle que percevait la commune l'année précédent la mise en place de la TPU et, d'autre part, le montant des charges que l'EPCI assume désormais en lieu et place des communes (montant évalué par une Commission locale d'évaluation des charges transférées). En plus de cette attribution de compensation, peut être mis en place un second « reversement de fiscalité » sous la forme d'une Dotation de solidarité communautaire (DSC) régie, elle, par le paragraphe VI de l'article précité. Les communautés de communes en TPU et les communautés d'agglomération ne sont pas contraintes de mettre en place cette dotation et, si elles en décident ainsi, peuvent librement la supprimer d'une année sur l'autre, lui consacrer le montant annuel que son conseil communautaire décide d'y consacrer, et de la répartir entre les communes membres selon des critères définis relativement librement, la loi exigeant seulement que soient pris en compte « prioritairement » le nombre d'habitants et le potentiel fiscal ou financier par habitant. Les communautés urbaines connaissent un régime particulier de DSC, obligatoire dans son principe et plus contraignant dans le sens de la prise en compte des difficultés de chaque commune bénéficiaire. Si cette DSC a pu être utilisée, à l'occasion des créations d'EPCI à fiscalité propre comme un argument permettant d'emporter l'accord de certaines communes membres richement dotées en bases fiscales, elle n'en reste pas moins problématique, dans la mesure où elle prive la structure intercommunale des ressources nécessaires à son développement. Elle a par ailleurs l'inconvénient majeur de minorer le coefficient d'intégration fiscale du groupement et, par conséquent, le montant de la dotation de fonctionnement que verse annuellement l'État au groupement.

C. Organes

Les CC, CA et CU sont administrées par un organe délibérant dénommée « *conseil communautaire* » et composé de délégués élus par les conseils municipaux des communes membres.

Au sein des CC et des CA, le nombre et la répartition des sièges du conseil communautaire entre les communes membres et fixé soit par accord amiable de l'ensemble des conseils municipaux des communes intéressées, soit en fonction de la population, par décision des conseils municipaux des communes intéressées dans les conditions de majorité qualifiée requises pour la création de la communauté. Dans tous les cas, chaque commune dispose au minimum d'un siège et aucune commune ne peut disposer de plus de la moitié des sièges.

Dans les CU, le nombre de sièges est fixé par la loi et leur répartition s'effectue soit par accord amiable de l'ensemble des conseils municipaux des communes, soit selon une méthode énoncée par la loi : un siège est attribué à chaque commune membre de la communauté, les sièges restant à pourvoir étant distribués entre les communes les plus peuplées, proportionnellement à leur population.

Dans tous les cas, avant qu'intervienne l'arrêté de création de l'EPCI, dans les trois mois qui suivent la notification de l'arrêté préfectoral de périmètre, les conseils municipaux des futures communes membres doivent se prononcer sur la répartition des sièges. À défaut, leur avis est réputé favorable.

Concernant le fonctionnement de ce conseil, le CGCT opère un renvoi de principe aux dispositions régissant les conseils municipaux. Une particularité doit être soulignée : les décisions du conseil d'un EPCIFP dont les effets ne concernent qu'une seule des communes membres ne peuvent être prises qu'après avis du conseil municipal de cette commune. S'il n'a pas été rendu dans le délai de trois mois à compter de la transmission du projet de la communauté, l'avis est réputé favorable. Lorsque cet avis est défavorable, la décision peut être prise, mais à la majorité des deux tiers des membres de l'organe délibérant de l'EPCIFP (art. L.5211-57 CGCT).

En principe, les délégués sont choisis par chaque conseil municipal parmi ses membres au scrutin secret à la majorité absolue.

Toutefois, deux exceptions sont prévues :

à Paris, Marseille et Lyon, les membres des conseils d'arrondissement, et pas seulement ceux du conseil municipal, peuvent être choisis pour représenter la commune,

les délégués des communes au sein des communautés urbaines sont élus au scrutin de liste et à la représentation proportionnelle.

Le mandat des délégués est lié à celui du conseil municipal qui les a désignés. Il n'en demeure pas moins que l'article L.2121-33 du CGCT permet au conseil municipal de procéder à tout moment au remplacement de ses délégués, en cours de mandat.

À défaut pour une commune d'avoir désigné ses délégués, cette commune est représentée au sein de l'organe délibérant de l'établissement public de coopération intercommunale par le maire si elle ne compte qu'un délégué, par le maire et le premier adjoint dans le cas contraire.

Le conseil communautaire élit un président, des vice-présidents (en nombre limité à 30 % de l'effectif du conseil) et les autres membres de ce que qui constitue le « bureau ». Ces élus sont essentiellement régis par les dispositions applicables aux maires et aux adjoints, par un renvoi général opéré à l'article L.5211-2 du CGCT.

Toutefois, la répartition des compétences entre l'organe délibérant et l'exécutif est différente de celle en vigueur dans les communes.

Certes, le président de l'EPCI est, classiquement, l'organe exécutif de l'établissement public de coopération intercommunale. « Seul chargé de l'administration », il est le « chef des services » de l'EPCI, prépare et exécute les délibérations du conseil communautaire, ordonne les dépenses et prescrit le recouvrement des recettes. Le président d'un EPCIFP peut, par ailleurs, être compétent pour une partie des pouvoirs de police des maires des communes membres.

Cependant l'organe délibérant peut déléguer ses compétences dans des conditions dérogatoires au droit commun des communes. D'une part, il peut déléguer ses attributions non seulement au président, mais également aux vice-présidents et au bureau dans son ensemble, comme un conseil général délègue ses fonctions à la commission permanente. D'autre part, la loi ne prévoit pas les compétences que l'organe délibérant peut déléguer, mais celles qu'il ne peut pas déléguer aux membres de l'exécutif.

Ainsi, le président, les vice-présidents ayant reçu délégation ou le bureau dans son ensemble peuvent recevoir délégation d'une partie des attributions de l'organe délibérant à l'exception :

- des délibérations budgétaires ;
- des modifications statutaires (conditions initiales de composition, de fonctionnement et de durée de l'EPCI) ;
- de l'adhésion de l'EPCI à un autre établissement public,
- de la délégation de la gestion d'un service public,
- enfin des orientations en matière d'aménagement de l'espace communautaire, d'équilibre social de l'habitat sur le territoire communautaire et de politique de la ville.

II. Les syndicats intercommunaux

Les syndicats de communes relèvent de l'intercommunalité « de gestion », dans la mesure où ils ont pour objet de permettre aux communes membres « de s'associer en vue d'œuvres ou de services d'intérêt intercommunal » précis (art. L.5212-1 CGCT), par opposition à l'intercommunalité « de projet » qu'incarnent les trois types de communautés. On désigne sous le sigle de « SIVU » les syndicats intercommunaux à vocation unique, ceux qui n'exercent qu'une seule compétence et par « SIVOM » les syndicats intercommunaux à vocation multiple, compétents pour plusieurs services.

En pratique, ces syndicats intercommunaux demeurent très nombreux (13 389 au 1er janvier 2008) et des compétences vaiées ont été transférées à ce type de structures : si le traitement des ordures ménagères a longtemps été géré sous cette forme, des compétences atypiques sont également concernées, en fonction des besoins et de l'imagination des membres, telles qu'un centre d'information pour personnes âgées ou l'organisation d'un festival.

Les règles exposées pour les trois communautés valent également pour les syndicats intercommunaux, à l'exception des points suivants, qui illustrent un moindre degré d'intégration des SI :

- les SI ne prélèvent pas de fiscalité propre, ni sur les ménages, ni sur les entreprises,
- la loi ne prévoit aucune liste de compétences obligatoires à leur transférer,
- une commune peut appartenir à plusieurs syndicats intercommunaux, elle ne peut être membre que d'un seul établissement public de coopération intercommunale à fiscalité propre,
- une commune peut adhérer à un syndicat pour une partie seulement des compétences qu'il exerce : c'est le syndicalisme « à la carte » (art. L.5212-16 CGCT),
- leur ressort territorial n'est encadré par aucune contrainte : il n'est pas nécessairement

d'un seul tenant et sans enclave et peut correspondre à un département.

Un syndicat intercommunal peut donc regrouper une commune alsacienne, une commune girondine et une commune picarde, afin de gérer, par exemple, la maintenance de leur parc informatique.

Sur le plan technique, quelques différences doivent également être mentionnées :

- la répartition des sièges au sein du « comité syndical », organe délibérant de l'EPCI, est librement fixée par les statuts. À défaut, chaque commune est représentée par deux délégués ;
- pour désigner le représentant de la commune au sein d'un syndicat intercommunal, les conseillers municipaux ne sont pas contraints de choisir un des leurs : ils peuvent choisir toute personne éligible aux élections municipales, même s'il n'est pas éligible dans la commune qui le désigne (la seule interdiction concernant les salariés du syndicat intercommunal en cause) ;
- alors que, sur le modèle des conseils municipaux, le conseil communautaire d'une CC, CA ou CU doit se réunir au moins une fois par trimestre, le comité syndical d'un SIVU n'est tenu qu'à une réunion minimal par semestre (art. L.5211-11 CGCT). Le comité syndical d'un SIVOM reste, lui, concerné par le droit commun ;
- lorsqu'une commune membre d'un syndicat intercommunal veut s'en retirer pour adhérer à une communauté de communes, l'accord du comité syndical et de la majorité qualifiée des communes membres n'est pas requis : le préfet peut l'y autoriser après un simple avis de la commission départementale de la coopération intercommunale (art. L.5212-29-1 CGCT) ;
- le président, les vice-présidents et le bureau sont soumis à des règles strictement identiques à celles applicables aux exécutifs au sein des EPCI à fiscalité propre.

Repères

- **Loi du 12 juillet 1999 relative à la simplification et au renforcement de la coopération intercommunale, dite « Chevènement »** : création des communautés d'agglomération et incitation financière au regroupement en communautés de communes
- **Art. L.5211-5 CGCT, II** : une commune peut être intégrée contre son gré dans un établissement public de coopération intercommunale
- **Art. L.5211-5 CGCT, III,** : « L'établissement public de coopération intercommunale est substitué de plein droit, à la date du transfert des compétences, aux communes qui le créent dans toutes leurs délibérations et tous leurs actes ».
- **Art. L.5214-16 CGCT** : compétences obligatoires des communautés de communes
- **Art. L.5216-5 CGCT** : compétences obligatoires des communautés d'agglomération
- **Art. L.5215-20 et L.5215-20-1 CGCT** : compétences obligatoires des communautés urbaines
- **Art. L.5212-1 CGCT** : des communes peuvent se regrouper au sein d'un syndicat intercommunal afin « de s'associer en vue d'œuvres ou de services d'intérêt intercommunal » précis.

Pour gagner des points

Les Syndicats d'agglomération nouvelle

La loi du 10 juillet 1970 a créé les « agglomérations nouvelles » afin de maîtriser le développement urbain en Île-de-France (cinq agglomérations créées) et en province (quatre agglomérations). Aux termes de cette loi, reprise à l'article L.5311-1 du CGCT, les agglomérations nouvelles « contribuent à un meilleur équilibre social, économique et humain des régions à forte concentration de population grâce aux possibilités d'emploi et de logement, ainsi qu'aux équipements publics et privés qui y sont offerts ».

Dans chaque agglomération nouvelle, un établissement public de coopération intercommunale d'un type particulier a été créé. Une alternative était laissée, entre la création d'une communauté d'agglomération nouvelle, régie par les règles applicables aux communautés urbaines ou la création d'un syndicat d'agglomération nouvelle, régi par les règles des syndicats intercommunaux. En 2008, seuls 5 syndicats d'agglomération nouvelle sont encore en fonctionnement.

Le SAN exerce des compétences obligatoires énumérées par la loi (art. L.5333-1 et suivants du CGCT) :

- programmation et investissement dans les domaines de l'urbanisme, du logement, des transports, des réseaux divers, de la création des voies nouvelles, du développement économique ;
- investissement pour la réalisation des équipements rendus nécessaires par les urbanisations nouvelles engagées sous forme de zones d'aménagement concerté ou de lotissement comprenant plus de trente logements, quelle que soit la localisation de ces équipements ;
- schéma de cohérence territoriale (lorsque les communes ne sont pas couvertes par un SCOT approuvé et rendu exécutoire, les compétences qui leur sont normalement attribuées relatives à l'élaboration des plans locaux d'urbanisme sont exercées par le syndicat d'agglomération nouvelle) ;
- dans les zones d'aménagement concerté (ZAC) et les lotissements de plus de trente logements ainsi que pour les opérations groupées de plus de trente logements, le président du syndicat d'agglomération nouvelle exerce les pouvoirs dévolus au maire de la commune en matière d'autorisations d'utilisation des sols et l'assemblée délibérante exerce ceux du conseil municipal en matière d'adoption des investissements ;
- gestion des équipements inscrits à l'inventaire des équipements d'intérêt commun ;
- par convention avec les communes membres, gestion de services et exécution de tous travaux ou études pour leur compte.

La loi organise la fin du dispositif : en vertu des articles L.5341-1 et L.5341-2 du CGCT, sur proposition ou après avis du comité du SAN, un décret fixe, pour chaque agglomération nouvelle, la date à laquelle les opérations de construction et d'aménagement sont considérées comme terminées. Dans l'année qui suit la publication de ce décret, le SAN est transformé en communauté d'agglomération et rejoint donc le droit commun de l'intercommunalité de projet.

LEÇON 10
LES STRUCTURES DE COOPÉRATION

Hormis les établissements publics de coopération intercommunale, créés pour répondre à la problématique spécifique de l'émiettement communal et traités en leçon 9, le législateur a entendu permettre aux collectivités territoriales de se regrouper entre elles (I.), ou de s'associer avec d'autres acteurs (II.)

I. Les structures de coopération entre collectivités

La coopération locale, sous la forme de structures dédiées, n'est pas réservée aux communes. Départements et régions disposent également d'outils, spécifiques ou communs.

A. La coopération interdépartementale

En vertu de l'article L.5421-1 CGCT, plusieurs départements, même non limitrophes, peuvent s'associer au sein d'une institution interdépartementale.

Qualifiée expressément d'établissement public, l'institution interdépartementale est investie de la personnalité civile et de la pleine autonomie financière.

Si les départements associent des conseils régionaux ou des conseils municipaux à leur projet, l'institution interdépartementale deviendra un syndicat mixte (cf. 3 ci-après).

L'institution interdépartementale est créée par délibérations concordantes des conseils généraux, à la date qu'elles prévoient. Ces délibérations fixent nécessairement :

- l'objet, le siège et la durée de l'établissement public ;
- les règles de répartition des dépenses de l'établissement entre les départements intéressés ;
- la composition du conseil d'administration, la durée du mandat de ses membres et les règles de leur renouvellement.

L'institution interdépartementale est administrée par un conseil d'administration composé de membres élus en leur sein par les conseils généraux des départements associés. Ce conseil règle par ses délibérations les affaires de la compétence de l'institution interdépartementale, il fixe la composition de son bureau, en élit les membres (un président, un ou plusieurs vice-présidents et, éventuellement, un ou plusieurs membres) et peut lui déléguer une partie de ses attributions dans les mêmes conditions qu'un conseil général délègue des compétences à sa commission permanente.

Par la suite, les conseils généraux des départements associés peuvent, par des délibérations concordantes, admettre un nouveau département dans l'institution interdépartementale qu'ils ont créée. Ils peuvent encore décider soit le retrait d'un département de l'institution interdépartementale, soit la dissolution de celle-ci.

Dans la pratique, ces institutions interdépartementales ont été particulièrement utilisées pour porter le schéma d'aménagement et de gestion de l'eau (SAGE) d'un bassin versant.

B. Les agences départementales

La loi du 2 mars 1982 (désormais reprise sur ce point à l'article L.5511-1 du CGCT) a créé les « agences départementales » : qualifiées d'établissements publics, elles regroupent un département, des communes et des établissements publics intercommunaux. Il ne s'agit pas là d'une coopération dans l'intérêt de chacun des membres mais d'une structure dédiée à l'assistance des communes : cette agence est chargée « d'apporter aux collectivités territoriales et aux établissements publics intercommunaux du département qui le demandent, une assistance d'ordre technique, juridique ou financier ».

En pratique, quelques départements ont mis en place une telle agence, afin de conseiller les communes, principalement dans le domaine des marchés publics ou de l'urbanisme.

Par leur nature même, ces agences soulèvent un problème au regard du droit de la commande publique : si les prestations qu'elles exécutent au profit des communes leur sont facturées, alors le contrat risque d'être requalifié en marché public, ce qui imposerait, préalablement à leur conclusion, que les communes bénéficiaires respectassent des obligations de publicité et de mise en concurrence.

C. La coopération interrégionale

Alors qu'au niveau départemental, une « entente » est un simple contrat, sans être nécessairement accompagnée de la création d'une structure dédiée (à la différence d'une « institution interdépartementale »), une « entente interrégionale » dispose au contraire de la personnalité morale.

Prévue à l'article L.5621-1 du CGCT, l'entente interrégionale est un établissement public qui associe plusieurs régions ayant un territoire continu. Une entente interrégionale peut toutefois associer une région insulaire ou la collectivité territoriale de Corse avec une ou plusieurs régions voisines.

L'entente interrégionale est créée par décret en Conseil d'État sur délibérations concordantes des conseils régionaux et après avis des conseils économiques et sociaux régionaux.

Une région peut adhérer à plusieurs ententes. Dans ce cas, elle définit par convention avec chacune de ces ententes les compétences que celles-ci exercent sur tout ou partie de son territoire sous réserve qu'une même compétence, sur une même partie de ce territoire, ne soit déléguée qu'à une seule entente. Ces conventions sont approuvées par chacune des ententes auxquelles la région concernée adhère.

L'entente interrégionale est administrée par un conseil composé de délégués des conseils régionaux élus au scrutin proportionnel à la plus forte moyenne, la décision institutive déterminant le nombre de membres et la répartition des délégués entre chaque conseil régional.

Ce conseil élit au scrutin proportionnel à la plus forte moyenne une commission permanente à laquelle il peut déléguer une partie de ses attributions à l'exception de celles qui ont trait au budget et aux comptes. Les autres règles relatives au fonctionnement du conseil et de la commission permanente sont celles fixées pour les régions.

L'entente interrégionale exerce les compétences énumérées dans la décision institutive au lieu et place des régions membres. Elle assure notamment « la cohérence des programmes des régions membres » (L.5621-4 CGCT).

Une région membre ne peut se retirer qu'après décision du conseil de l'entente prise à l'unanimité.

En avril 2006, les présidents des conseils régionaux de Basse-Normandie et de Haute-Normandie annonçaient la perspective d'une entente interrégionale dans un avenir proche.

D. Les syndicats mixtes

Le syndicat mixte est la formule naturelle pour organiser la coopération entre collectivités de nature différente.

On en distingue deux types, disposant de la personnalité morale et qualifiés d'établissements publics :

- le syndicat mixte « fermé », qui accueille soit des communes et des EPCI, soit uniquement des EPCI (art. L.5711-1 CGCT) ;
- le syndicat mixte « ouvert », qui peut rassembler des régions, des départements, des communes, des groupements de régions, de départements ou de communes, des syndicats mixtes fermés, des chambres de commerce et d'industrie, d'agriculture, de métiers et tout autre établissement public « en vue d'œuvres ou de services présentant une utilité pour chacune de ces personnes morales » (art. L.5721-1 CGCT). Toutefois, un syndicat mixte ouvert doit toujours comprendre au moins une collectivité territoriale ou un groupement de collectivités territoriales.

Les syndicats mixtes fermés sont régis par les mêmes dispositions que les syndicats intercommunaux, tandis que les syndicats mixtes ouverts sont régis par leurs statuts, très librement définis.

Ainsi, au sein des syndicats mixtes ouverts, la répartition des sièges au sein du comité syndical entre les collectivités locales et les établissements publics est fixée par les statuts. Le président du syndicat mixte ouvert est élu par le comité syndical ou, si les statuts le prévoient, par le bureau qu'il a constitué. Enfin, seulement si les statuts n'ont pas prévu une procédure spécifique, les modifications statutaires sont décidées à la majorité des deux tiers des membres qui composent le comité syndical. En tout état de cause, la création d'un syndicat mixte ouvert requiert l'accord unanime de ses futurs membres et l'autorisation du préfet sur son principe et ses modalités de fonctionnement.

Enfin on distingue des syndicats mixtes ouverts « restreints » lorsque le SM ouvert accueille uniquement des collectivités territoriales ou leurs groupements, et des syndicats mixtes ouverts « élargis » lorsque d'autres types de personnes publiques sont accueillis en son sein. La distinction revêt un intérêt pratique car seuls les SM ouverts restreints peuvent octroyer des indemnités à leurs membres, les faire bénéficier du système de protection sociale ouvert aux élus locaux et mettre à disposition de leurs collectivités ou établissements membres tout ou partie de leurs services (art. L.5721-9 CGCT).

En vertu de l'article L.1115-4-1 du CGCT, dans le cadre de la coopération transfrontalière, les collectivités territoriales et leurs groupements peuvent créer avec des collectivités territoriales étrangères et leurs groupements un groupement local de coopération transfrontalière dénommé « district européen », doté de la personnalité morale et de l'autonomie financière. Sauf stipulation internationale contraire, le régime juridique des syndicats mixtes ouverts leur est applicable.

II. La coopération des collectivités avec d'autres acteurs

Un syndicat mixte, lorsqu'il se rattache à la catégorie des syndicats mixtes ouverts élargis, évoquée à l'instant, est l'une des formes offertes aux collectivités territoriales et à leurs groupements lorsqu'ils souhaitent coopérer avec d'autres personnes morales que des collectivités ou des groupements. Cette structure n'est toutefois pas la seule offerte par le droit français.

On présentera cinq autres solutions en distinguant deux formules de droit public (A.), le groupement d'intérêt public et l'établissement public de coopération culturelle et trois formules de droit privé, l'association, la fondation et la société d'économie mixte (B.)

A. Les structures de droit public

Le groupement d'intérêt public (GIP), comme l'établissement public de coopération culturelle (EPCC) ne peuvent être créés que pour un objet précis et prévu par la loi. Mais lorsque le projet d'une collectivité entre dans le champ d'activités que ces structures couvrent, ces dernières représentent alors souvent la solution la plus adaptée.

1. Le groupement d'intérêt public

Le groupement d'intérêt public est une personne morale de droit public d'un type particulier, *sui generis*, qui n'est pas qualifiée d'établissement public (Tribunal des conflits, 14 février 2000, GIP Habitat et interventions sociales pour les mal-logés et les sans-abris, n° 3170). Il est apparu pour la première fois dans la loi du 15 juillet 1982 d'orientation et de programmation pour la recherche et le développement technologique (article 21). Il s'agissait alors d'associer dans une même structure plusieurs personnes publiques, ou des personnes publiques avec des personnes privées, sans pour autant détourner de leur objet les groupements d'intérêt économique (GIE).

Le GIP permet d'associer des personnes privées à un projet public, au sein d'une structure protégée par les règles du droit public, telles que l'insaisissabilité des biens du GIP ou sa capacité à opposer la prescription quadriennale aux créanciers.

Faute de loi générale relative au statut du groupement d'intérêt public, le Conseil d'État a précisé, dans un avis du 15 octobre 1985, que la création de nouvelles catégories de groupements d'intérêt public relevait exclusivement du domaine de la loi.

De nouvelles catégories de GIP ont été introduites par des lois successives : à ce jour, plus de 40 types de GIP peuvent être créés. Classiquement, chaque loi prévoit que le GIP qu'elle crée a pour objet de permettre à ses membres d'exercer des activités dans tel ou tel domaine et de « créer ou gérer ensemble des équipements ou des services d'intérêt commun nécessaires à ces activités ».

Au nombre des catégories de groupement d'intérêt public susceptibles d'impliquer des collectivités locales, il convient de mentionner le GIP « Développement social urbain », créé par l'article 133 de la loi relative à l'administration territoriale de la République du 6 février 1992. Il permet de donner corps aux contrats de ville, en rassemblant l'État, les collectivités territoriales et des personnes privées autour du projet.

Mais de nombreuses autres matières sont concernées, telles que :

- la création de dispositifs de réussite éducative, un soutien éducatif, culturel, social et sanitaire aux enfants relevant de l'enseignement du premier et du second degré (Code de la recherche, article L.341-1, issu de la loi du 18 janvier 2005 de programmation pour la cohésion sociale) ;
- les maisons des services publics créées sous la forme de GIP « afin de faciliter les démarches des usagers et d'améliorer la proximité des services publics sur le territoire en milieu urbain et rural » (article 27 de la loi n° 2000-321 du 12 avril 2000 relative aux droits des citoyens dans leurs relations avec les administrations) ;
- les maisons de l'emploi, chargées de l'accueil et de l'orientation des demandeurs d'emploi (art. L.311-10 du Code du travail),
- les maisons départementales des personnes handicapées (art. L.146-3 du Code de l'action sociale et des familles)
- l'action sanitaire et sociale, de manière générale (art. 22 de la loi du 23 juillet 1987 sur le développement du mécénat), ayant donné lieu à la création de sous-catégories

de GIP, telles que les missions locales pour l'insertion professionnelle et sociale des jeunes,
- la mise en œuvre des programmes de santé contenus dans le plan régional de santé publique, par un groupement régional ou territorial de santé publique (art. L.1411-14 du Code de la santé publique),
- le développement local, un GIP pouvant être créé pour représenter un pays dès lors que celui-ci a été reconnu (art. 22 de la loi du 4 février 1995 d'orientation pour l'aménagement et le développement du territoire).

Soit la loi qui ouvre la possibilité de créer un nouveau type de GIP prévoit des contraintes spécifiques, soit elle renvoie à la loi du 15 juillet 1982 qui constitue le « droit commun » des GIP.

Sous réserve de respecter les quelques contraintes législatives et réglementaires applicables à la catégorie à laquelle se rattache le GIP dont la création est projetée, ses membres fondateurs définissent librement le statut du GIP.

En l'état actuel, la présence d'au moins une personne morale de droit public est indispensable et, en vertu du droit commun des GIP, les personnes publiques, les entreprises nationales et les personnes morales de droit privé chargées d'une mission de service public doivent disposer ensemble de la majorité des voix dans l'assemblée du groupement et au sein du conseil d'administration. Quasiment tous les textes imposent explicitement une durée déterminée (souvent 5 ou 10 ans), même si elle peut être ensuite prolongée.

Les statuts d'un GIP (comme leur modification ultérieure) doivent toujours être approuvés par l'État, même si ce dernier n'est pas membre de la structure. Selon les types de GIP en cause, la création est approuvée par un ministre ou le préfet du département où le GIP est implanté. L'État dispose d'un pouvoir discrétionnaire : il est fondé à refuser la création d'un GIP alors même que le projet de statuts respecterait les contraintes légales. Enfin, si elle est approuvée, la convention constitutive du groupement est publiée au Journal officiel.

Pendant toute la durée d'activité du GIP, l'État exercera son contrôle, via un « commissaire du gouvernement » chargé d'une fonction d'alerte et de conseil et un « contrôleur d'État » assurant le contrôle économique et financier.

2. L'Établissement public de coopération culturelle

Il n'est pas fréquent que la loi institue une nouvelle catégorie d'établissement public. Ce fut pourtant le cas avec les établissements publics de coopération culturelle, la loi n° 2002-6 du 4 janvier 2002 créant un titre spécifique à ces EPCC dans le Code général des collectivités territoriales (CGCT).

L'article L.1431-1 du CGCT limite la liste des membres potentiels d'un EPCC, énonçant que « les collectivités territoriales et leurs groupements peuvent constituer avec l'État et les établissements publics nationaux, un établissement public de coopération culturelle chargé de la création et la gestion d'un service public culturel présentant un intérêt pour chacune des personnes morales en cause et contribuant à la réalisation des objectifs nationaux dans le domaine de la culture ».

Les membres de l'EPCC sont nécessairement volontaires : sa création ne peut intervenir qu'à la demande des collectivités territoriales ou des groupements intéressés, exprimée par des délibérations concordantes. Si l'État n'en fait pas partie, deux collectivités au moins devront en être membres.

Néanmoins, seul le préfet de région (ou le préfet de département si l'EPCC projeté n'est constitué que du département, d'une ou plusieurs communes situées dans ce département, ou de leurs groupements) crée officiellement l'établissement par arrêté. Ce même arrêté fixe les dates auxquelles les apports et les mises à disposition de biens ainsi que les transferts de personnels (lorsque la création de l'établissement résulte de la transformation d'une structure existante) deviennent effectifs. Le préfet peut toutefois refuser de créer l'établissement projeté, s'il estime que son objet n'est pas conforme à l'intention du législateur.

Une fois l'EPCC créé, une collectivité territoriale, un groupement de collectivités ou (depuis un décret du 11 mai 2007) un établissement public national pourra y adhérer, sur proposition du conseil d'administration de ce dernier, après décisions concordantes des organes délibérants des membres et après autorisation du préfet par arrêté.

Les établissements publics de coopération culturelle disposent tous de la personnalité morale, mais ils peuvent être qualifiés (par leurs statuts) d'établissements publics à caractère administratif ou à caractère industriel et commercial, selon l'objet de leur activité et les nécessités de leur gestion (article L.1431-1 du CGCT). Cette distinction aura des conséquences quotidiennes, qu'il s'agisse des règles comptables à appliquer ou du régime des personnels : dans un EPCC industriel et commercial, le Code du travail et les conventions collectives régissent les rapports de l'établissement avec ses salariés (à l'exception du directeur et de l'agent comptable). Toutefois, par dérogation à l'interdiction faite aux collectivités locales de subventionner directement un service public industriel et commercial (article L.2224-2 du CGCT), tous les EPCC pourront bénéficier des contributions financières publiques. À ce titre, la notion d'« exception culturelle » trouve une concrétisation très précise.

Les établissements d'enseignement et les établissements à mission principalement patrimoniale ont vocation à être des établissements publics administratifs. En revanche, les institutions de création, de production et de diffusion du spectacle vivant telles les orchestres, les maisons d'opéra, les théâtres et lieux de diffusion du spectacle en général ou du cinéma et de l'audiovisuel, peuvent être qualifiées d'établissements publics à caractère industriel et commercial.

L'EPCC est « administré par un conseil d'administration et son président » et « dirigé par un directeur » (article L.1431-3 CGCT).

L'effectif du conseil d'administration ne peut excéder vingt-quatre membres, mais il peut être porté à trente « si l'étendue des missions assignées à l'établissement public ou le nombre des collectivités qui le composent le justifie » (article R.1431-4 CGCT). Le conseil d'administration doit être majoritairement composé de représentants des personnes publiques, mais la loi de 2006 a abrogé la disposition plafonnant la représentation de l'État à la moitié des sièges occupés par les collectivités locales.

Quant au directeur, il est nommé, pour un mandat de trois à cinq ans (selon les dispositions des statuts de l'EPCC), renouvelable par période de trois ans, par le président du conseil d'administration, sur proposition de ce conseil (à la majorité des deux tiers) après établissement d'un cahier des charges, appel à candidatures et au vu des projets d'orientations artistiques, culturelles, pédagogiques ou scientifiques des candidats. Le directeur ne peut toutefois être choisi au sein du conseil d'administration, ni parmi les élus des collectivités ou des groupements membres.

B. Les structures de droit privé

Les collectivités territoriales s'investissent principalement dans deux types de structures de droit privé : les associations de la loi de 1901 d'une part, les sociétés d'économie mixte de la loi de 1983 d'autre part. Le recours aux fondations, plus marginal, sera néanmoins également évoqué.

1. L'association

Aucune règle ni aucun principe n'interdit aux collectivités territoriales et à leurs groupements d'adhérer à une association constituée sous le régime de la loi du 1er juillet 1901.

Dès lors que l'objet de l'association revêt un intérêt public local, la collectivité territoriale peut décider d'en être membre. Une cotisation pourra être versée et des représentants de la collectivité pourront siéger au sein des organes de direction de l'association.

Aux termes de l'article premier de cette loi, l'association est la convention par laquelle deux ou plusieurs personnes mettent en commun d'une façon permanente leurs connaissances ou leur activité dans un but autre que de partager des bénéfices. Elle est régie, quant à sa validité, par les principes généraux du droit applicables aux contrats et obligations.

Les avantages d'une telle formule de coopération sont évidents : non seulement les membres disposent d'une liberté totale dans la définition de l'objet de l'association (sous la seule réserve d'un objet contraire, en lui-même, aux lois, aux bonnes mœurs, ou qui aurait pour but de porter atteinte à l'intégrité du territoire national et à la forme républicaine du gouvernement) et dans la fixation des règles de fonctionnement interne, mais encore la procédure de création est particulièrement légère puisque la seule condition de la personnalisation juridique consiste en une déclaration en préfecture.

Toutefois, la technique associative génère des risques juridiques importants pour la collectivité et ses représentants. Ces risques sont en grande partie proportionnels à l'influence que la collectivité exerce au sein de l'association.

Ainsi, si l'association est dirigée par des représentants (élus ou agents) de la collectivité, et financée principalement ou administrée concrètement par cette collectivité, la qualification d'« association transparente » serait encourue. À ce titre, le Conseil d'État a récemment rappelé que « lorsqu'une personne privée est créée à l'initiative d'une personne publique qui en contrôle l'organisation et le fonctionnement et qui lui procure l'essentiel de ses ressources, cette personne privée doit être regardée comme transparente » (CE, 21 mars 2007, Commune de Boulogne-Billancourt, n° 281796).

S'en suivent, en cas de requalification de l'association en association transparente :

- la requalification de ses contrats en contrats administratifs et notamment en marchés publics passés sans respecter les conditions de publicité et de mise en concurrence, aboutissant, par conséquent, à la nullité desdits contrats et, pour les élus ou agents de la collectivité, à un risque pénal de condamnation pour délit d'octroi d'avantage injustifié ;
- la probable déclaration de gestion de fait à l'encontre des personnes ayant manié les fonds de l'association, puisque ces derniers n'auront, en réalité, pas perdu leur qualité de deniers publics ;

La seule solution permettant d'éviter cette qualification d'association transparente réside dans l'octroi d'une réelle autonomie à l'association, dans son organisation et son fonctionnement.

Toutefois, même à considérer que le pouvoir soit suffisamment partagé, au sein de l'association, pour que cette dernière ne soit pas qualifiée de transparente, tout risque juridique ne serait pas écarté.

En effet, d'une part, dès lors qu'un élu local exerce une fonction au sein d'une association, fût-ce comme membre de droit et au titre de son mandat, il est susceptible de voir sa responsabilité pénale engagée pour prise illégale d'intérêt (art. 432-12 du Code pénal) s'il est chargé, dans le même temps, au sein de la collectivité, d'assurer à quelque titre que ce soit la surveillance de l'activité de cette association.

D'autre part, peuvent être engagées la responsabilité pécuniaire de la collectivité en cas de liquidation de l'association lorsque cette dernière se livre à des activités économiques et la responsabilité individuelle des dirigeants de fait de l'association au titre de l'action en comblement de passif.

Selon la Cour de cassation, dès lors qu'une collectivité « était membre de droit du conseil d'administration en vertu des statuts et qu'elle avait accepté de remplir ces fonctions, la cour d'appel a retenu à juste titre qu'elle avait la qualité de dirigeant de droit de l'association et n'a fait qu'user [de ses pouvoirs] en la condamnant à supporter partie des dettes de celle-ci » (Cass., Com., 16 février 1993, Commune de Montagny, n° 90-18389).

La technique associative doit donc être utilisée avec prudence par les collectivités : malgré ses avantages évidents, il ne doit y être recouru qu'en l'absence d'autres dispositifs mieux normés pour la réalisation du projet de collaboration envisagé.

2. La fondation

La fondation partage avec l'association l'absence de but lucratif. Elle est définie non pas comme une structure nécessairement dotée de la personnalité morale, mais d'abord comme « l'acte par lequel une ou plusieurs personnes physiques ou morales décident l'affectation irrévocable de biens, droits ou ressources à la réalisation d'une œuvre d'intérêt général et à but non lucratif » (art. 18 de la loi n° 87-571 du 23 juillet 1987 relative au développement du mécénat). Lorsque l'acte de fondation a pour but la création d'une personne morale, la fondation ne jouit de la capacité juridique qu'à compter de la date d'entrée en vigueur du décret en Conseil d'État accordant la reconnaissance d'utilité publique. Ceci implique que les conditions de création de la fondation devront être jugées satisfaisantes par le Conseil d'État et le Gouvernement. Notamment, les statuts de la fondation devront être conformes aux statuts-types élaborés par le ministère de l'Intérieur.

Certes, aucun texte n'interdit à une collectivité territoriale de faire partie des fondateurs, ni de déléguer un représentant au sein des instances dirigeantes de la fondation.

La tentation est grande de s'engager sur la voie de la création d'une telle structure, puisque les donateurs qui la soutiennent bénéficient d'une réduction d'impôt sur le revenu à hauteur de 66 % du montant versé (et à hauteur de 60 % du montant versé dans le cadre de l'assujettissement à l'impôt sur les sociétés), en vertu des articles 200 et 238 bis du Code général des impôts.

Cette structure demeure toutefois problématique dans la mesure où l'influence des personnes publiques ne saurait être prédominante en son sein.

Ainsi, d'une part, si aucun texte ne limite, en valeur absolue, le montant qu'un membre d'une fondation peut apporter à son capital, la pratique a révélé que le montant, en valeur relative, des contributions de l'ensemble des personnes publiques était, lui, plafonné. En effet le Conseil d'État estime que, même si l'initiative de la création d'une fondation est d'origine privée, il ne peut y avoir fondation si la dotation en capital est composée majoritairement de fonds d'origine publique (CE, avis, 15 septembre 1977, n° 320639).

D'autre part, en principe, la reconnaissance d'utilité publique est refusée quand l'administration de la fondation est en droit ou en fait assurée par la personne publique fondatrice (CE, avis, 13 juillet 1976, n° 317076).

Tout comme l'association, la fondation reconnue d'utilité publique n'est donc pas au nombre des structures « naturelles » de la coopération locale : elle apparaît davantage comme une solution résiduelle, éventuellement mais exceptionnellement adaptée.

3. La société d'économie mixte locale

Les sociétés d'économie mixte locales (SEML) ont été créées par une loi spécifique du 7 juillet 1983, dont les dispositions sont aujourd'hui codifiées et actualisées aux articles L.1521-1 et suivants du CGCT.

Les communes, les départements, les régions et leurs groupements peuvent, dans le cadre des compétences qui leur sont reconnues par la loi, créer des sociétés d'économie mixte locales qui les associent à une ou plusieurs personnes privées et, éventuellement, à d'autres personnes publiques pour réaliser des opérations d'aménagement, de construction, pour exploiter des services publics à caractère industriel ou commercial, ou pour toute autre activité d'intérêt général. Les assemblées délibérantes des communes, des départements, des régions et de leurs groupements peuvent, dans ce but, acquérir des actions émises par ces sociétés ou leur allouer des apports en compte courant d'associés (non considérés comme des aides économiques aux entreprises).

La commune actionnaire d'une société d'économie mixte locale dont l'objet social s'inscrit dans le cadre d'une compétence qu'elle a transférée à un établissement public de coopération intercommunale peut continuer à participer au capital de cette société à condition qu'elle cède à l'établissement public de coopération intercommunale plus des deux tiers des actions qu'elle détenait antérieurement au transfert de compétences.

Les SEML sont des sociétés anonymes, régies par le droit commun des sociétés prévu au Code de commerce, sauf application de quelques règles particulières, énumérées au CGCT.

Ainsi, les collectivités territoriales et leurs groupements doivent détenir, séparément ou ensemble, plus de 50 % mais 85 % au plus du capital social.

Par ailleurs, le capital social doit être au moins égal à 225 000 euros pour les sociétés ayant dans leur objet la construction d'immeubles à usage d'habitation, de bureaux ou de locaux industriels, destinés à la vente ou à la location, et à 150 000 euros pour celles ayant dans leur objet l'aménagement.

Sous réserve, pour les États qui ne sont pas membres de l'Union européenne, de la conclusion d'un accord préalable avec les États concernés, des collectivités territoriales étrangères et leurs groupements peuvent participer au capital de sociétés d'économie mixte locales. Ils ne peuvent toutefois pas détenir, séparément ou à plusieurs, plus de la moitié du capital et des voix détenus par l'ensemble des collectivités territoriales et leurs groupements.

Comme tout opérateur économique, les sociétés d'économie mixte locales peuvent intervenir pour des personnes qui ne participent pas à leur capital. Dans les faits, les SEML assurent des prestations dans de nombreux domaines : aménagement, construction, développement économique, habitat, transports, équipements sportifs et culturels, eau et énergie par exemple.

En ce qui concerne leur fonctionnement, les sièges sont attribués en proportion du capital détenu respectivement par chaque collectivité ou groupement mais toute collectivité territoriale ou groupement de collectivités territoriales actionnaire a droit au moins à un représentant au conseil d'administration ou au conseil de surveillance, désigné en son sein par l'assemblée délibérante concernée (art. L.1524-5 CGCT).

Les élus locaux agissant en tant que mandataires des collectivités territoriales ou de leurs groupements au sein du conseil d'administration ou du conseil de surveillance des sociétés d'économie mixte locales sont davantage protégés que lorsqu'ils siègent au sein d'associations :

Par dérogation au Code de commerce, la responsabilité civile qui résulte de l'exercice du mandat de représentant incombe à la collectivité territoriale ou au groupement dont ils sont mandataires.

Lorsqu'ils exercent, à l'exclusion de toute autre fonction dans la société, les fonctions de membre, de président du conseil d'administration ou du conseil de surveillance et de président assurant les fonctions de directeur général d'une société d'économie mixte locale, les représentants ne sont pas considérés comme des « entrepreneurs de services municipaux, départementaux ou régionaux » inéligibles au regard du Code électoral.

Ils sont autorisés à percevoir une rémunération ou des avantages particuliers à condition d'y être autorisés par une délibération expresse de l'assemblée qui les a désignés, sans pour autant être considérés comme « intéressés à l'affaire », au sens de l'article L.2131-11 du CGCT, lorsque la collectivité ou le groupement délibère sur ses relations avec la société d'économie mixte locale. Même si cette mention spéciale a essentiellement pour effet de protéger la légalité de la délibération prise par l'assemblée délibérante en présence des élus administrateurs de SEM, le risque, pour ces derniers, de condamnation pénale pour prise illégale d'intérêt s'en trouve également, et du même coup, réduit.

Pour autant, les représentants des collectivités actionnaires d'une SEM ne doivent jamais participer aux commissions d'appel d'offres ou aux commissions d'attribution de délégations de service public de la collectivité territoriale ou du groupement lorsque la SEM est candidate.

Repères

- **art. L.5711-1 CGCT** : possibilité de créer des syndicats mixtes fermés entre communes et établissements publics de coopération intercommunale.
- **art. L.5721-1 CGCT** : possibilité de créer des syndicats mixtes ouverts entre une collectivité et une ou plusieurs autres collectivités ou établissements publics.
- **Loi n° 82-610 du 15 juillet 1982 d'orientation et de programmation pour la recherche et le développement technologique** : création des groupements d'intérêt public (GIP).
- **Loi n° 2002-6 du 4 janvier 2002** : création des établissements publics de coopération culturelle (EPCC).
- **Loi n° 83-597 du 7 juillet 1983** : création des sociétés d'économie mixte locales (SEM).

Pour gagner des points

Le recours au contrat

Les collectivités territoriales peuvent, certes, coopérer sans recourir à la création d'une personne morale spécifiquement dédiée à cette collaboration. Le contrat demeure une technique alternative.

Tout d'abord, l'article L.5111-1 CGCT énonce que « les collectivités territoriales peuvent conclure entre elles des conventions par lesquelles l'une d'elles s'engage à mettre à la disposition d'une autre collectivité ses services et ses moyens afin de lui faciliter l'exercice de ses compétences ».

Mais cette forme de coopération appelée « mise à disposition » pose aujourd'hui problème au regard du droit communautaire. En effet, la directive du 18 juin 1992, relative aux marchés publics de services, prévoit que les conventions de prestation de services ou de fourniture passées entre des pouvoirs adjudicateurs (dont font partie les communes et les EPCI) doivent respecter les règles de la commande publique, comme si la collectivité qui bénéficie de la mise à disposition avait recouru à un prestataire privé. Dans ce cadre, le Conseil d'État a estimé qu'un contrat entre une communauté de communes et un syndicat mixte dont elle est membre ayant pour objet des prestations de services ne pouvait être conclu sans publicité et mise en concurrence préalables (CE, 20 mai 1998, Communauté de communes Piémont de Barr, n° 188239). L'article L.5111-1 du CGCT ne permet pas de se soustraire aux formalités applicables à toute procédure de conclusion d'un marché public.

Toutefois, le juge a récemment considéré que « lorsqu'elles sont responsables d'un service public, des collectivités publiques [...] doivent aussi être regardées comme gérant directement le service public si elles créent à cette fin un organisme dont l'objet statutaire exclusif est, sous réserve d'une diversification purement accessoire, de gérer ce service et si elles exercent sur cet organisme un contrôle comparable à celui qu'elles exercent sur leurs propres services leur donnant notamment les moyens de s'assurer du strict respect de son objet statutaire, cet organisme devant en effet être regardé, alors, comme n'étant pas un opérateur auquel les collectivités publiques ne pourraient faire appel qu'en concluant un contrat de délégation de service public ou un marché public de service ; qu'un tel organisme peut notamment être mis en place lorsque plusieurs collectivités publiques décident de créer et de gérer ensemble un service public » (CE, 6 avril 2007, Commune d'Aix en Provence, n° 284736). Le recours à la solution structurelle, et non plus contractuelle, apparaît donc comme une réponse pertinente et fructueuse aux contraintes apportées par le droit de la commande publique.

En deuxième lieu, la loi prévoit que plusieurs conseils municipaux, organes délibérants d'établissements publics de coopération intercommunale ou de syndicats mixtes peuvent provoquer entre eux, par l'entremise de leurs maires ou présidents, une entente sur les objets d'utilité communale ou intercommunale compris dans leurs attributions et qui intéressent à la fois leurs communes, leurs établissements publics de coopération intercommunale ou leurs syndicats mixtes respectifs (art. L.5221-1 CGCT).

Dans ce cadre, ils peuvent passer entre eux des conventions à l'effet d'entreprendre ou de conserver à frais communs des ouvrages ou des institutions d'utilité commune. Les questions d'intérêt commun sont débattues dans des conférences où chaque conseil municipal et organe délibérant des établissements publics de coopération intercommunale ou des syndicats mixtes est représenté par une commission spéciale nommée à cet effet et composée de trois membres désignés au scrutin secret. Toutefois, la lourdeur de ce procédé, inventé au XIXe siècle, est considérable puisque les décisions prises dans le cadre de ces conférences ne sont exécutoires qu'après avoir été ratifiées par tous les conseils municipaux, organes délibérants des établissements publics de coopération intercommunale ou des syndicats mixtes intéressés.

Même si la loi du 13 août 2004 a expressément introduit les EPCI dans ce dispositif, force est de constater la rareté de son utilisation pratique : seules 16 ententes incluant des EPCI ont été formées dans l'ensemble du territoire (pour le détail de leurs localisations et de leurs objet, cf. réponse du ministre de l'Intérieur à la question écrite n° 13167, *JOAN* du 3 juin 2008). Un système analogue est prévu entre départements (art. L.5411-1 CGCT).

Enfin, la loi du 7 janvier 1983 a prévu la possibilité pour les communes de signer des « chartes intercommunales de développement et d'aménagement » (aujourd'hui codifiées aux articles L.5223-1 et suivants du CGCT) qui définissent les perspectives à moyen terme de leur développement économique, social et culturel, déterminent les programmes d'action correspondants et précisent les conditions d'organisation et de fonctionnement des équipements et services publics. Ces chartes n'emportent pas nécessairement la création d'une personne morale chargée de son application, mais à défaut de structure dédiée, l'unanimité est requise pour signer et mettre en place la convention. On entrevoit ici l'un des intérêts du recours à une structure de coopération : en son sein, les décisions peuvent être prises à la majorité, de sorte que les blocages peuvent être dépassés.

LEÇON 11
LE STATUT PERSONNEL DES ÉLUS

I. Le droit d'être élu
II. Les droits des élus

La République française compte 520 000 élus locaux (soit un élu pour 120 habitants), dont plus de 430 000 sont des conseillers municipaux de communes de moins de 3 500 habitants.

Afin de garantir à l'électeur que le mandat des élus sera exercé en toute indépendance, la loi a instauré une série de règles empêchant à certains candidats l'accès au mandat (inéligibilités), ou interdisant le cumul d'un mandat local avec certaines fonctions (incompatibilités) (I.).

Parallèlement, la loi est venue accorder, singulièrement au cours des vingt dernières années, des « garanties » aux élus, afin de leur permettre d'exercer leur mandat sans craindre de perdre leur emploi ou (une trop grande part de) leur revenu, même si les droits conférés par la qualité d'élu varient largement selon la taille de la collectivité et les fonctions occupées. Ces dispositions sont rassemblées en une section du CGCT relative aux « conditions d'exercice des mandats locaux » qui ne porte pas encore le nom de « statut de l'élu » mais en dessine les contours (II.).

I. Le droit d'être élu

Être éligible au sein des assemblées locales requiert non seulement de remplir les conditions pour être électeur (de manière générale) mais également d'établir un lien avec la collectivité territoriale dans laquelle l'électeur se présente.

Ainsi, d'une part, l'élu local doit remplir les conditions pour être électeur, c'est-à-dire :

- être âgé de 18 ans accomplis,
- jouir de ses droits civils et politiques,
- avoir satisfait aux obligations du service national (notamment, désormais, l'appel de préparation à la défense qui concerne les deux sexes),
- être Français ou, dans le cas des élections municipales, ressortissant d'un État de l'Union européenne.

D'autre part, il doit établir un lien avec la collectivité territoriale concernée. Ce lien peut être soit une inscription sur les listes électorales locales, soit la qualité de contribuable. Ainsi, une personne peut être éligible dans une commune sans y être domiciliée ni même électrice, dès lors qu'elle est inscrite sur le rôle des contributions directes de cette commune car elle y acquitte l'une des quatre taxes locales.

Mais la loi prévoit de nombreux cas d'inéligibilités et d'incompatibilités qui empêcheront d'exercer le mandat, même si les conditions ci-dessus sont réunies et si la personne a recueilli les suffrages nécessaires.

La différence entre inéligibilités et incompatibilités est simple : l'inéligibilité empêche d'être élu alors que l'incompatibilité impose seulement de choisir entre l'élection et une autre situation. Ainsi, les incompatibilités ne remettent pas en cause l'élection : c'est justement l'élection qui les fait apparaître. Elles impliquent simplement que l'élu abandonne telle ou telle position pour demeurer dans la légalité.

A. Inéligibilités

Si une inéligibilité est constatée, par exemple par le juge de l'élection saisi d'une protestation contre les opérations électorales, l'élection de la personne concernée est juridiquement impossible. Si elle a été proclamée le soir du scrutin, cette élection sera donc annulée par le juge.

Par souci de sécurité juridique, le Conseil d'État a reconnu la légalité des actes pris par les personnes inéligibles, entre le moment où elles sont proclamées élues et le moment où le juge annule cette élection (CE, Ass., 2 décembre 1983, Charbonnel, n° 43541). Seconde spécificité, l'appel n'est point suspensif en matière électorale : une décision du tribunal administratif, statuant comme juge de l'élection, n'est donc pas appliquée si l'une des parties interjette appel (dans ces matières, l'appel est examiné par le Conseil d'État). Mais une fois la décision devenue définitive (soit que le Conseil d'État ait tranché le litige, soit que le délai d'appel ait expiré), la personne déclarée inéligible sera démise d'office par le préfet.

On distingue deux types d'inéligibilités : celles qui découlent des fonctions exercées par le candidat (ou par l'élu si les fonctions sont exercées postérieurement à l'acquisition du mandat) et celles qui constituent une sanction.

1. Les inéligibilités « fonctions »

Le principe est le suivant : la personne exerçant certaines fonctions dans la période qui précède l'élection ne peut valablement concourir ni remporter celle-ci.

La liste de ces fonctions dépend de l'élection (municipale, cantonale ou régionale) en cause. Mais certains points sont communs à toutes. Ainsi, les magistrats des cours d'appel, des tribunaux de grande instance et d'instance, des tribunaux administratifs et des chambres régionales des comptes, les officiers des trois armes, les fonctionnaires des corps actifs de la police nationale sont inéligibles dans les conseils appartenant à leur ressort s'ils y ont exercé leurs fonctions moins de six mois avant l'élection.

Les agents salariés communaux ne peuvent être élus au conseil municipal de la commune qui les emploie (art. L.270 du Code électoral), cette inéligibilité ne s'appliquant qu'au jour de l'élection : l'employé communal peut donc démissionner la veille du scrutin et être valablement élu au conseil municipal le lendemain.

Le cas des agents départementaux est différent puisque le mandat de conseiller général est seulement incompatible avec le statut d'agent salarié du département (article L.207 du Code électoral), à condition que l'agent n'occupe pas l'une des fonctions de directeur général, directeur, directeur adjoint, chef de service et chef de bureau : il est alors inéligible.

Enfin, tous les agents régionaux sont soumis à un régime d'incompatibilité et doivent donc, dans le mois qui suit leur élection, choisir entre leur fonction et leur mandat (art. L.342 du Code électoral).

Les « entrepreneurs de services municipaux » (c'est-à-dire toute personne assurant, sur le fondement d'un contrat passé avec la commune, l'exécution d'un service public, qu'il soit rémunéré par la commune ou par l'usager) sont inéligibles au conseil municipal. Mais le cocontractant de la commune est bien souvent une personne morale et non une personne physique. Dès lors, comment reconnaître, au sein de la personne morale, la personne physique qui sera inéligible ? Il s'agit des personnes, représentants de droit ou salariés, qui disposent au sein de l'entreprise d'un « pouvoir prépondérant », consistant, par exemple, dans la fixation des tarifs ou le droit de signer des marchés publics. Une exception est prévue par l'article L.1524-5 du Code général des collectivités territoriales : les représentants des communes au sein des sociétés d'économie mixte et qui occupent une fonction de membre ou de président du conseil d'administration ou du conseil de surveillance de la SEM, ainsi que l'élu qui occupe la fonction de PDG de la SEM, ne sont jamais, par principe, « entrepreneurs de services municipaux ». Ils demeurent donc éligibles.

Les « entrepreneurs de services départementaux » ou « régionaux » (équivalents des entrepreneurs de services municipaux au niveau du département ou de la région) sont, quant à eux, seulement en situation d'incompatibilité avec un mandat de conseiller général ou régional.

2. Les inéligibilités « sanctions »

L'inéligibilité peut également constituer une sanction en cas de méconnaissance par l'élu de certaines obligations légales. Trois hypothèses seront ici mentionnées.

En vertu de l'article L.7 du Code électoral, toute condamnation définitive pour l'une des infractions rassemblées au sein du Code pénal dans le chapitre des « manquements au devoir de probité » (cf. la leçon relative aux infractions pénales dans la gestion publique locale) entraîne l'interdiction d'inscription sur les listes électorales pendant un délai de cinq ans, ce qui provoque l'inéligibilité de la personne concernée. Lorsque le condamné est un élu en exercice, il est alors démis d'office de ses fonctions. Pour autant, le juge pénal peut toujours éviter l'application de cette peine automatique à condition de l'indiquer expressément dans le dispositif de son jugement : l'inéligibilité peut alors être totalement écartée, ou réduite à une période inférieure à cinq ans.

Deuxièmement, l'inéligibilité peut être prononcée, non plus par le juge pénal mais par le juge de l'élection (Tribunal administratif pour les élections municipales et cantonales, le Conseil d'État statuant en appel, ou Conseil d'État en premier et dernier ressort pour les élections régionales). En effet, si la Commission nationale des comptes de campagne et des financements politiques (CNCCFP) rejette un compte de campagne, elle saisit le juge de l'élection aux fins que celui-ci prononce l'inéligibilité du candidat (ou du candidat tête de liste en cas de scrutin de liste). Cette sanction ne sera évitée que si le candidat convainc le juge de sa bonne foi, rarement retenue.

Enfin, la loi prévoit que tout élu soumis à l'obligation de déposer une déclaration de situation patrimoniale auprès de la Commission pour la transparence de la vie politique (CTVP) et qui n'aurait pas respecté cette formalité est inéligible aux élections municipales, cantonales et régionales.

II. Les incompatibilités

L'acquisition du mandat peut générer une situation d'incompatibilité à résoudre, avec un autre mandat (A), une situation professionnelle (B) ou familiale (C).

A. Les incompatibilités « élections »

Pour que ce théorème fonctionne, il convient d'apporter deux nuances :

- les mandats et fonctions au sein des établissements publics de coopération intercommunale (EPCI) ne sont jamais pris en compte.
- si l'un des mandats en cause est un mandat parlementaire (député, sénateur, député européen), alors le mandat de conseiller municipal dans une commune de moins de 3 500 habitants n'est pas pris en compte.

Avec cette formule et ces deux nuances, l'ensemble des situations d'incompatibilité est embrassé.

Ainsi, un conseiller régional et général, qui serait élu conseiller municipal se trouverait en situation d'incompatibilité (trois mandats, soit un de trop).

Un président de conseil régional pourrait conserver son nouveau mandat de conseiller municipal (« deux mandats dont un exécutif ») mais ne pourrait, suite à l'élection municipale, devenir maire (car il exercerait alors deux fonctions exécutives).

Dernier exemple, un maire qui serait également président d'une communauté urbaine (EPCI) pourrait devenir conseiller général, conseiller régional ou député, puisque les mandats et fonctions au sein des EPCI ne sont pas pris en compte par la législation sur le cumul des mandats.

On rappellera, bien que ce point n'intéresse pas directement les élus locaux, que les mandats parlementaires (député, sénateur et député européen) sont incompatibles entre eux.

B. Les incompatibilités « fonctions »

Sont incompatibles, où qu'elles soient exercées, avec un mandat d'élu local, les fonctions de militaire de carrière, de conception, de direction, de commandement et d'encadrement de la police nationale, de préfet, sous-préfet, secrétaire général de préfecture. Certaines fonctions nationales sont également concernées par cette incompatibilité générale, telles que membre du Conseil constitutionnel ou du Conseil supérieur de l'audiovisuel.

C. Les incompatibilités « générations »

L'article L.238 du Code électoral prévoit un cas d'incompatibilité propre aux communes de plus de 500 habitants, dans lesquelles « le nombre des ascendants et descendants, frères et sœurs, qui peuvent être simultanément membres du même conseil municipal est limité à deux ».

Pour déterminer quel membre de la famille doit céder son siège, l'article L.238 du Code électoral indique qu'il convient alors d'appliquer l'ordre du tableau, prévu à l'article R.2121-4 du Code général des collectivités territoriales. On applique donc les critères successifs suivants :

- la date de nomination : le membre de la famille nommé en dernier (par exemple à l'occasion du second tour, quand les autres ont été élus au premier tour) doit s'effacer,
- si les élus ont été désignés le même jour, le nombre de suffrages obtenus (les colistiers sont réputés avoir recueilli le même nombre de suffrages),
- enfin, à titre subsidiaire, la priorité d'âge : le plus jeune membre doit abandonner son mandat.

II. Les droits des élus

Dès son article premier, la loi du 2 mars 1982 relative aux droits et libertés des communes, des départements et des régions prévoit que des lois ultérieures détermineront « le statut de l'élu ». Conformément à ce programme et même si les termes de « statut de l'élu » font encore débat, en ce qu'ils paraissent à certains trop proches du régime applicable à la fonction publique, les droits des élus ont été considérablement renforcés au cours des vingt dernières années. Ce fut notamment l'objet de la loi n° 92-108 du 3 février 1992 relative aux conditions d'exercice des mandats locaux, qui reprend largement les conclusions de la mission confiée à M. Marcel Debarge en 1988.

L'objectif demeure d'assurer autant que possible l'égalité des chances de tous les citoyens dans l'accès et dans l'exercice d'un mandat politique local.

L'exigence démocratique ne saurait, en effet, se limiter à un égal droit au suffrage : chaque citoyen, nonobstant ses capacités financières ou sa situation professionnelle, doit pouvoir solliciter ce suffrage. À cette fin, le législateur a conféré des droits limités mais réels aux élus locaux (A.), en apportant une attention particulière aux élus qui continuent d'exercer une activité professionnelle (B).

Afin de rendre les droits des élus effectifs, la loi qualifie de dépenses obligatoires (pouvant donc être mandatées d'office par le préfet) le versement des indemnités de fonction, les cotisations au régime général de la sécurité sociale et aux régimes de retraites, les cotisations au fonds permettant le versement de l'allocation différentielle de fin de mandat ainsi que les frais de formation des élus.

A. Les droits accordés en seule qualité d'élu

La loi instaure quatre garanties aux élus, quelle que soit leur situation économique. Il s'agit du versement d'indemnités, de la protection sociale, de la protection fonctionnelle et du droit à la formation.

1. Des indemnités et des remboursements de frais

Le Code général des collectivités territoriales porte toujours la trace d'une conception désintéressée, voire chevaleresque de la fonction d'élu, en énonçant que « les fonctions de maire, d'adjoint et de conseiller municipal sont gratuites » (art. L.2123-17 CGCT). En cela, la formulation actuelle reprend celle de la loi du 21 mars 1831 qui prévoyaient la gratuité des fonctions d'élu local, ne donnant lieu « à aucune indemnité ni frais de représentation », elle-même héritière d'une conception noble et classique, exprimée notamment par Montaigne : « c'est une charge qui doit sembler d'autant plus belle qu'elle n'a ni loyer ni gain autre que l'honneur de son exécution » *(Essais*, III, X).

Mais cette gratuité peut également être comprise comme une volonté politique du législateur du XIXe siècle de réserver l'accès aux fonctions publiques locales aux notables disposant, par eux-mêmes, d'une fortune personnelle. En cela, la gratuité des fonctions instaure un biais social et économique fort problématique dans l'application du principe énoncé par l'article 6 de la Déclaration des droits de l'homme et du citoyen de 1789, en vertu duquel tous les citoyens « sont également admissibles à toutes dignités, places et emplois publics, selon leur capacité, et sans autre distinction que celle de leurs vertus et de leurs talents ».

C'est pourquoi, sans ôter du corpus l'article L.2123-17 précité, le législateur a apportée deux nuances pratiques au bénévolat de principe : le remboursement des frais engagés et le versement d'indemnités de fonctions.

a. Les remboursements de frais

Dès la loi municipale du 5 avril 1884, les élus peuvent se voir rembourser par la commune les frais qu'ils ont engagés pour l'exécution de mandats spéciaux.

Aujourd'hui, le régime juridique de ces remboursements de frais pour mandat spécial est prévu au sein des communes (art. L.2123-18 CGCT), des départements (L.3123-19) des régions (L.4135-19) et des structures intercommunales (L.5211-14).

Les frais ainsi exposés peuvent être remboursés forfaitairement dans la limite du montant des indemnités journalières allouées à cet effet aux fonctionnaires de l'État. Les dépenses de transport effectuées dans l'accomplissement de ces missions sont remboursées sur présentation d'un état de frais.

Le juge a précisé les conditions auxquelles un tel remboursement est soumis : une mission accomplie dans l'intérêt de la collectivité, par un membre de son organe délibérant et avec l'autorisation expresse et précise de cet organe. Il a récemment ajouté que la mission devait être confiée à l'élu avant qu'il l'exécute (CE, 11 janvier 2006, Département des Bouches-du-Rhône, n° 265325).

Enfin, les conseillers municipaux qui ne perçoivent pas d'indemnités de fonction (et seulement eux) peuvent bénéficier d'un remboursement par la commune, sur présentation d'un état de frais et après délibération du conseil municipal, des frais de garde d'enfants ou d'assistance aux personnes âgées, handicapées ou à celles qui ont besoin d'une aide personnelle à leur domicile, qu'ils ont engagés en raison de leur participation aux réunions du conseil municipal, des commissions auxquelles ils appartiennent et des bureaux des organismes où ils représentant la commune. Ce remboursement ne peut excéder, par heure, le montant horaire du salaire minimum de croissance.

b. Les indemnités de fonctions

De réelles indemnités de fonctions sont désormais versées à certains élus. Tout en étant conditionnées à l'exécution effective des fonctions, elles sont versées forfaitairement chaque mois, sans que l'élu n'ait à justifier de frais précis. Initialement prévu dans les ordonnances du 26 juillet 1944 et du 21 février 1945, ces indemnités de fonctions sont désormais largement encadrées par la loi.

Le Code général des collectivités territoriales prévoit, pour chaque catégor ie d'élus, non pas un montant fixe d'indemnités de fonction, mais un maximum : l'assemblée délibérante de chaque collectivité pourra décider d'atteindre ce maximum, ou de fixer les indemnités à un niveau inférieur.

Ce montant maximum varie en fonction de la nature de la collectivité, de sa taille et enfin de la nature des fonctions exercées au sein de cette collectivité.

Enfin, le montant maximum n'est jamais exprimé en valeur absolue, en euros, mais toujours en pourcentage de l'indice brut 1015 applicable à la fonction publique.

Par exemple, le barème prévu pour les maires à l'article L.2123-23 du CGCT est le suivant :

POPULATION (habitants)	TAUX MAXIMAL en % de l'indice 1015
Moins de 500	17
De 500 à 999	31
De 1 000 à 3 499	43
De 3 500 à 9 999	55
De 10 000 à 19 999	65
De 20 000 à 49 999	90
De 50 000 à 99 999	110
100 000 et plus	145

La somme à laquelle correspond cet indice 1015 évolue à chaque revalorisation du « point d'indice » de la fonction publique. Au 1er octobre 2008, le décret n° 2008-1016 du 2 octobre 2008, paru au *JORF* du 3 octobre 2008, fixe cet indice 1015 à 3 752,48 euros mensuels. Par application du tableau précité, les indemnités de fonction maximales pouvant être versées chaque mois à un maire d'une commune de moins de 500 habitants est donc de 637,92 euros.

Ces barèmes d'indemnités maximales de fonction sont prévus pour tous les élus au sein des conseils généraux et régionaux, à des hauteurs variables selon leurs prérogatives (présidents, vice-présidents, conseillers membres de la commission permanente, conseillers simples).

En sus de leurs indemnités de fonctions, le président du conseil général et le président du conseil régional peuvent se voir affecter un logement de fonction lorsque leur résidence personnelle se situe en dehors de l'agglomération comprenant la commune chef-lieu de leur département, ou de leur région dans le cas du président du conseil régional.

Dernière particularité des conseils généraux et régionaux, ils peuvent, dans des conditions fixées par leur règlement intérieur, réduire le montant des indemnités allouées à leurs élus, en fonction de leur participation aux séances plénières, aux réunions des commissions dont ils sont membres et aux réunions des organismes dans lesquels ils représentent le département (art. L.3123-16 et L.4135-16 du CGCT). Cette réduction ne pourra toutefois pas dépasser, pour chaque élu, la moitié de l'indemnité maximale pouvant lui être allouée.

Au sein des communes, les indemnités de fonction sont ouvertes aux maires et aux adjoints au maire disposant d'une délégation de fonction.

Concernant les conseillers municipaux, la situation est complexe : dans les communes d'au moins 100 000 habitants, les conseillers municipaux peuvent bénéficier d'une indemnité de fonction (au taux maximum de 6 % de l'indice 1015) ; dans les moins de 100 000 habitants, les conseillers peuvent disposer de la même indemnité maximale que celles prévues pour les communes d'au moins 100 000 habitants, mais à la condition que les crédits nécessaires soient prélevés sur l'enveloppe théorique maximale dont la commune peut disposer pour indemniser, au taux maximum, ses maires et ses adjoints au maire.

Cette enveloppe théorique maximale sert de référence dans deux autres cas : à condition que les crédits nécessaires soient prélevés sur l'enveloppe théorique maximale, les adjoints au maire et les conseillers municipaux disposant d'une délégation de fonction du maire peuvent percevoir des indemnités dépassant le barème de droit commun. Dans ce cas toutefois, l'indemnité versée à un adjoint ou à un conseiller délégué ne peut jamais dépasser l'indemnité maximale susceptible d'être allouée au maire de la commune.

Dernière subtilité, cinq catégories de communes peuvent dépasser (dans des proportions variables prévues à l'article R.2123-23 CGCT) les taux maxima prévus par le barème de droit commun : les communes chefs-lieux de département, d'arrondissement ou de canton, les communes sinistrées, les communes classées stations de tourisme, les communes dont la population, depuis le dernier recensement, a augmenté à la suite de la mise en route de travaux publics d'intérêt national, enfin les communes qui, au cours de l'un au moins des trois exercices précédents, ont été attributaires de la dotation de solidarité urbaine et de cohésion sociale. Dans ce dernier cas par exemple, les élus peuvent bénéficier d'indemnités correspondant aux limites prévues pour l'échelon de communes immédiatement supérieur dans le barème légal.

Toutes ces indemnités sont soumises à des prélèvements obligatoires : contribution sociale généralisée (CSG), contribution au remboursement de la dette sociale (CRDS), cotisation retraite de l'IRCANTEC et impôt sur le revenu. Cette dernière imposition est particulière. D'une part, l'imposition au titre de l'impôt sur le revenu peut donner lieu soit à l'application du droit commun, soit à un prélèvement à la source. D'autre part, le revenu imposable correspond à l'indemnité reçue, mais minorée d'une « fraction représentative des frais d'emploi ». Cette fraction est égale au montant maximal susceptible d'être allouée à un maire dans les communes de moins de 500 habitants, soit 637,92 euros. Elle illustre l'hypocrisie du droit actuel : si le montant qui excède cette part n'est pas « représentative des frais d'emploi », c'est donc bien qu'il s'agit d'une rémunération, en contradiction avec le principe de gratuité énoncé, notamment, par l'article L.2123-17 du CGCT...

2. La protection sociale

Un régime d'assurance-maladie et un système de retraite ont été mis en place au profit des élus locaux.

Les titulaires de fonctions exécutives (maires, adjoints au maire, présidents et vice-présidents d'EPCI, de conseil général et de conseil régional) bénéficient, sauf dans les communes et les EPCI de moins de 20 000 habitants, de droits étendus.

D'une part, une assurance-maladie peut leur être nécessaire lorsqu'ils ont cessé leur activité professionnelle, ne sont plus affiliés à aucun régime et ne bénéficient par conséquent d'aucune protection : ils peuvent être affiliés à la sécurité sociale en leur seule qualité d'élu. L'élu acquitte alors la part « salarié » de 0,75 % sur ses indemnités, la collectivité acquittant une part « employeur » de 12,8 %.

D'autre part, lorsque ces élus ont, pour la durée de leur mandat, cessé d'exercer leur activité professionnelle et n'acquièrent aucun droit à pension au titre d'un régime obligatoire d'assurance vieillesse, ils sont affiliés à l'assurance vieillesse du régime général de la sécurité sociale. Les cotisations sont, comme dans le cas de l'assurance-maladie, versées par l'élu et la collectivité, au taux de droit commun (respectivement 6,55 % et 8,20 % du montant des indemnités).

Il convient de ne pas confondre ce système d'assurance-vieillesse fondé sur le droit commun et réservé aux exécutifs ayant cessé leur activité professionnelle, avec le système obligatoire applicable à tout élu percevant une indemnité de fonction. En effet, tout élu communal, intercommunal, départemental et régional, percevant une indemnité de fonction, est affilié à l'Institution de retraite complémentaire des agents non titulaires de l'État (IRCANTEC). Une part « élu » et une part « collectivité » sont perçues par l'IRCANTEC sur chacune des indemnités (aux taux respectifs de 2,25 % et 5,95 % pour la partie de l'indemnité inférieure au plafond de la Sécurité sociale, aux taux respectifs de 3,38 % et 11,55 % au-delà de ce plafond).

Enfin, une troisième forme de régime de retraite est réservée aux élus qui ne peuvent pas bénéficier du premier régime, c'est-à-dire ceux qui ne sont pas affiliés en tant qu'élus au régime général de l'assurance-vieillesse, mais qui perçoivent une indemnité de fonction. Il s'agit d'un régime volontaire de cotisation à un fonds de retraite par rente. Il en existe de nombreux, l'élu choisissant le fonds auquel il entend cotiser. Le taux de cotisation est alors décidé par l'élu, dans la limite de 8 % de son indemnité de fonction, la collectivité étant contrainte de contribuer au fonds à la même hauteur.

3. La protection fonctionnelle

Sur le modèle de la protection due par chaque collectivité territoriale aux agents qu'elle emploie, une protection fonctionnelle couvre les élus locaux.

a. L'élu victime

La collectivité prend en charge le préjudice subi par un élu dans l'exercice de ses fonctions, qu'il s'agisse d'une perte de revenus ou d'un dommage physique ou moral. Cette responsabilité de la collectivité n'est pourtant pas absolue : elle est minorée, éventuellement, par la faute de la victime et n'empêche pas la collectivité de se retourner, dans un second temps, contre l'auteur de l'acte dont a été victime l'élu qu'elle a indemnisé.

Les dommages subis à la suite d'une participation personnelle à la lutte contre un incendie déclaré chez une administrée (CE 29 avril 1960, commune de Charmentray), d'un déplacement pour vérifier si un chemin, signalé comme impraticable par des administrés, l'était réellement (CE 17 mars 1957, commune de Saint-Momelin) ou pour vérifier l'avancement des travaux de consolidation d'une école désaffectée (CE 25 février 1983, Cauvin) ont été considérés comme survenant « *dans l'exercice des fonctions* ». Le conjoint, les descendants et les ascendants lésés sont eux aussi susceptibles de recevoir une compensation (cf. réponse du ministre de l'Intérieur à la question écrite n° 85435, *JOAN* du 23 janvier 2007).

La protection des élus locaux dans l'exercice de leurs fonctions a été élargie par la loi n° 2003-239 du 18 mars 2003 aux « violences, menaces ou outrages dont ils pourraient être victimes à l'occasion ou du fait de leurs fonctions », bien qu'elle soit alors réservée aux maires, aux présidents de conseil général ou régional, ainsi qu'aux élus bénéficiaires de délégation de fonction. Cette protection peut être étendue aux conjoints, enfants et ascendants directs des élus lorsqu'ils se retrouvent à leur tour victime de telles attaques du fait des fonctions électives de leur proche.

Lorsque la victime est un maire ou un adjoint au maire, si le dommage survient dans le cadre de l'accomplissement de missions exercées au nom de l'État (par exemple lors de la célébration d'un mariage), c'est bien l'État et non la collectivité qui assurera la protection, sur le fondement de l'article 11 de la loi du 13 juillet 1983.

b. L'élu responsable

Au titre de cette même « protection fonctionnelle », la collectivité est tenue d'accorder sa protection aux membres de son exécutif (maire, président, et élu disposant de délégation) ou à l'un de ces élus ayant cessé ses fonctions « lorsque celui-ci fait l'objet de poursuites pénales à l'occasion de faits qui n'ont pas le caractère de faute détachable de l'exercice de ses fonctions ».

La loi du 10 juillet 2000 qui étend ainsi le bénéfice de la protection fonctionnelle aux élus locaux pénalement poursuivis ne fait que retranscrire un principe général du droit dégagé antérieurement par le juge (CE, 5 mai 1971, Sieur Gillet, n° 79494).

On notera que la protection fonctionnelle n'est plus due à un élu lorsque sa faute est

« détachable de l'exercice de ses fonctions ». À ce titre, le Conseil d'État a refusé que la protection soit octroyée à un élu ayant diffusé un communiqué susceptible de provoquer une plainte en diffamation (CE, 27 avril 1988, Commune de Pointe à Pitre, n° 66932). De même, cette protection devait être refusée à un maire coupable d'avoir réalisé et utilisé, de sa propre initiative, un document administratif falsifié (CAA Bordeaux, 25 mai 1998, André, n° 96BX01847).

Quant à l'étendue de la protection fonctionnelle ouverte aux élus, elle est identique à celle couvrant les agents : pour l'essentiel, elle consiste en une prise en charge des frais de justice (honoraires d'avocats, frais de déplacement aux convocations et aux audiences).

4. Le droit à la formation

Tous les élus d'un conseil municipal, communautaire, général et régional « ont droit à une formation adaptée à leurs fonctions ». (articles L.2123-12, L.3123-10 et L.4135-10 du CGCT). Les actifs (cf. infra, B, 4°) disposent de surcroît d'un droit au congé et au remboursement des pertes de revenu engendrées par l'effort de formation.

Dans les trois mois suivant son renouvellement, chaque assemblée délibérante statue sur l'exercice du droit à la formation de ses membres et détermine les orientations et les crédits ouverts à ce titre. Par ailleurs, chaque année, un tableau récapitulant les actions de formation des élus financées par la collectivité est annexé au compte administratif. Il donne lieu à un débat annuel sur la formation des membres de l'assemblée.

Dès lors que la formation est assurée par un organisme de formation agréé par le ministère de l'Intérieur, les frais de déplacement, de séjour et d'enseignement donnent droit à remboursement par la collectivité. La loi limite toutefois le montant total des dépenses de formation d'une collectivité à 20 % du montant maximal des indemnités de fonction qu'elle peut allouer à ses élus.

B. Les droits conférés aux élus actifs

Avant même d'être élu, tout salarié dispose de facilités prévues par la loi pour mener sa campagne électorale (art. L.3142-56 à L.3142-59 du Code du travail). Ainsi, dès lors qu'il est candidat à un mandat de conseiller municipal dans une commune d'au moins 3 500 habitants, de conseiller général ou de conseiller régional, le salarié peut s'absenter de son entreprise 10 jours ouvrables, décomptés au minimum par demi-journée et à condition d'avertir son employeur vingt-quatre heures à l'avance. Ce congé est de droit, mais il n'est pas rémunéré, sauf si le salarié demande à l'imputer sur les jours de congés payés dont il bénéficie.

Une fois élu, ce salarié pourra obtenir, soit la suspension de son contrat de travail, soit, s'il conserve son activité professionnelle, des facilités d'absence lui permettant d'exercer son mandat.

1. Les élus qui interrompent leur activité professionnelle

a. La suspension de l'activité

Les titulaires de certaines fonctions exécutives locales pourront suspendre leur activité professionnelle pour s'acquitter de leurs tâches.

Il s'agit des maires, des présidents de communauté urbaine, de communauté d'agglomération ou de communautés de communes, des présidents de conseil général ou de conseil régional, ainsi que des vice-présidents de conseil général ou de conseil régional, s'ils disposent de délégations de fonction de leur président.

De plus, dans les communes (et les communautés précitées) d'au moins 20 000 habitants, les adjoints (et les vice-présidents desdites communautés) bénéficient du même droit.

Lorsque l'élu occupe l'une de ces fonctions et s'il justifie d'une ancienneté minimale d'une année chez son employeur à la date de son entrée en fonction, son contrat de travail est, sur sa demande, suspendu jusqu'à l'expiration de son mandat. La suspension du contrat de travail prend effet quinze jours après la notification qui en est faite à l'employeur, à la diligence du salarié, par lettre recommandée avec avis de réception (art. D.3142-35 du Code du travail).

En vertu de l'article L.3142-61 du Code du travail, à l'expiration de son mandat, le salarié retrouve son précédent emploi, ou un emploi analogue assorti d'une rémunération équivalente, dans les deux mois suivant la date à laquelle il a avisé son employeur de son intention de reprendre cet emploi. Cet avis à l'employeur doit être adressé au plus tard dans les deux mois qui suivent l'expiration de son mandat.

Néanmoins, ce droit à la réintégration n'est applicable qu'à l'issue d'un seul mandat : en cas de renouvellement du mandat, l'élu ne pourra plus que solliciter sa réembauche. Il en va différemment si la première période de suspension a été inférieure à cinq ans (par exemple si l'élu a accédé à la fonction de maire en cours de mandat).

Les titulaires des mêmes fonctions exécutives, s'ils sont titulaires de la fonction publique, sont placés, sur leur demande, en position de détachement.

b. La réinsertion professionnelle

La loi du 27 février 2002 relative à la démocratie de proximité s'est attachée à conforter les dispositifs de réinsertion professionnelle des élus ayant cessé leur activité pour exercer leurs fonctions.

Lorsque les élus ayant bénéficié de la suspension de leur contrat de travail réintègrent leur emploi à l'issue du mandat, ils bénéficient, à leur demande, d'un stage de remise à niveau organisé dans l'entreprise, compte tenu notamment de l'évolution de leur poste de travail ou de celle des techniques utilisées et d'un bilan de compétences (par exemple, pour les maires, article L.2123-11-1 du CGCT).

De plus, ces mêmes élus (mais à l'exception, cette fois, des maires de communes de moins de mille habitants) ont droit à une allocation différentielle de fin de mandat (ADFM) lorsqu'ils perdent leur mandat à l'occasion du renouvellement général de leur assemblée délibérante. Cette allocation est ouverte aux élus inscrits à l'Agence nationale pour l'emploi ou qui, tout en ayant repris une activité professionnelle, perçoivent des revenus inférieurs aux indemnités de fonction qu'ils recevaient au titre de leur mandat perdu. Cette allocation ne peut dépasser 80 % de la différence entre, d'une part, le montant de l'indemnité brute mensuelle que l'intéressé percevait pour l'exercice de ses fonctions et, d'autre part, l'ensemble des ressources qu'il perçoit à l'issue du mandat, ce qui inclut, éventuellement, les indemnités de fonctions dont il continue de bénéficier au titre des mandats qu'il conserve. Elle n'est versée que pendant six mois. Enfin, l'élu ne peut pas percevoir plusieurs allocations différentielles au titre des autres mandats locaux qu'il aurait perdus en même temps.

2. Les élus qui poursuivent leur activité professionnelle

Au lendemain de la Seconde Guerre mondiale, la loi du 2 août 1949 contraint les employeurs à accorder à leurs salariés élus au sein des collectivités territoriales des autorisations d'absence afin qu'ils puissent se rendre aux séances plénières des assemblées délibérantes. Ce principe, garant d'une égalité des chances dans l'accès au mandat, sera par la suite approfondi et détaillé : trois dispositifs, aux finalités différentes, sont aujourd'hui ouverts aux élus, qu'ils soient salariés du secteur privé ou agents du secteur public.

a. Les autorisations d'absence

L'employeur est tenu de laisser à tout salarié de son entreprise membre d'un conseil municipal, général ou régional, le temps nécessaire pour se rendre et participer à trois types de réunions : les séances plénières de ce conseil, les réunions des commissions internes instituées par le conseil dont il est membre et les réunions des assemblées délibérantes et des bureaux des organismes où il a été désigné pour représenter sa collectivité (par exemple les établissements publics, sociétés d'économie mixte ou associations).

En contrepartie de ce droit offert au salarié, l'employeur doit être informé de la date de la séance ou de la réunion dès que l'élu en a connaissance.

b. Les crédits d'heure

Indépendamment de ces autorisations d'absence, tout salarié a droit à un crédit d'heures lui permettant de disposer du temps nécessaire à « l'administration » de la collectivité dont il est élu ou de l'organisme auprès duquel il la représente et à la « préparation des réunions des instances où ils siègent » (art. L.2123-2 CGCT pour les communes, L.3123-2 CGCT pour les départements, L.4135-2 CGCT pour les régions). L'élu doit, cette fois, informer son employeur par écrit trois jours au moins avant son absence.

Ce crédit d'heures est forfaitaire et trimestriel, les heures non utilisées pendant un trimestre n'étant pas reportables sur le trimestre suivant.

Tous les mandats, à l'exception de celui de conseiller municipal sans délégation dans les communes de moins de 3 500 habitants, ouvrent droit à ce crédit d'heures, dans des proportions variant en fonction de la nature des fonctions occupées. Au sein des communes, ce crédit varie entre 10 h 30 par trimestre pour un conseiller municipal sans délégation dans les communes de 3 500 à 9 999 habitants, et 140 heures pour tout maire d'une commune d'au moins 10 000 habitants. Chaque conseiller général ou régional dispose de 105 heures par trimestre, tout président ou vice-président de conseil général ou régional bénéficie de 140 heures.

En cas de travail à temps partiel, ce crédit d'heures est toutefois réduit à due proportion.

c. Les éléments communs aux autorisations d'absence et au crédit d'heures

Qu'il s'agisse des autorisations d'absence ou des crédits d'heures, le salarié n'a pas à obtenir l'autorisation de son employeur : l'absence est de droit, une fois les formalités d'information préalable accomplies.

De plus, le temps d'absence est assimilé à une durée de travail effective pour la détermination de la durée des congés payés ainsi qu'au regard de tous les droits découlant de l'ancienneté.

Enfin, aucune modification de la durée et des horaires de travail prévus par le contrat de travail ne peut être imposée à l'élu concerné en raison des absences intervenues.

Toutefois, l'employeur n'est pas tenu de payer comme temps de travail le temps d'absence correspondant.

C'est pourquoi la loi a prévu une compensation des pertes de revenus engendrées par ces absences pour les actifs concernés, y compris les membres des professions libérales. Cette compensation est toutefois fortement encadrée. Elle n'est pas ouverte aux élus qui bénéficient d'une indemnité de fonctions de leur collectivité (ce qui exclut donc tous les conseillers généraux et régionaux), elle est limitée à 72 heures par an, elle n'est versée que sur justification des pertes de revenu engendrées par l'absence et ne peut dépasser 1,5 SMIC horaire par heure d'absence.

Enfin, par égard pour les nécessités du fonctionnement de l'entreprise ou du service administratif dans lequel l'élu exerce son activité, le temps total d'absence du salarié au titre des autorisations d'absence et des crédits d'heure ne peut dépasser la moitié de la durée légale du travail pour une année civile.

d. Le congé formation

L'accès à la formation des élus actifs est facilité par deux dispositifs spécifiques.

D'une part, ils bénéficient d'un congé-formation.

Ainsi la loi permet aux conseillers qui sont salariés de solliciter auprès de leur employeur un congé, dans la limite de 18 jours pour la durée d'un mandat, quel que soit le nombre de mandats détenus par le conseiller. Le salarié (privé ou public, qu'il soit titulaire ou contractuel) souhaitant bénéficier de ce congé, doit adresser à son employeur (ou à son autorité hiérarchique) trente jours à l'avance, une demande indiquant la date et la durée de l'absence, ainsi que le nom de l'organisme dispensant la formation. L'employeur accuse réception de la demande. Dès lors que l'organisme formateur est agréé par l'État, le congé est réputé accordé si aucune réponse expresse n'est notifiée au plus tard quinze jours avant le début de la formation.

L'employeur peut néanmoins refuser d'accorder le congé formation, après avis du comité d'entreprise ou le cas échéant des délégués du personnel, si l'absence du salarié est susceptible d'avoir des conséquences préjudiciables à la production et à la bonne marche de l'entreprise. Dans le cas d'un agent public, le congé pourra être refusé si les nécessités du fonctionnement du service le justifient. Dans ce cas, la décision rejetant la demande de congé devra être communiquée avec ses motifs à la commission administrative paritaire.

Les décisions de refus doivent être, en tout état de cause, motivées et notifiées à l'élu concerné. Enfin, en cas de nouvelle demande formulée par l'élu quatre mois après la notification du premier refus par son employeur, le congé est alors obligatoirement accordé.

D'autre part, les pertes de revenu subies par l'élu du fait de l'exercice de son droit à la formation sont compensées par la collectivité dans la limite de dix-huit jours par élu pour la durée du mandat et d'une fois et demie la valeur horaire du SMIC par heure. Pour bénéficier de ce versement compensatoire, l'élu doit toutefois prouver à la collectivité que son revenu a été amputé du fait de la formation à laquelle il s'est rendu.

Repères

- **CE, 2 décembre 1983, Charbonnel** : théorie de « l'élu de fait ». Un acte pris par un élu dont l'élection est ultérieurement annulée par le juge de l'élection n'est pas, de ce seul fait, illégal.
- **Art. L.270 du Code électoral** : un agent salarié par une commune à la date de l'élection est inéligible au conseil municipal de cette commune.
- **Art. L.46-1 du Code électoral** : nul ne peut cumuler plus de deux mandats locaux (conseiller régional, conseiller général, conseiller municipal).
- **Art. L.2123-17 du CGCT** : « les fonctions de maire, d'adjoint et de conseiller municipal sont gratuites ».
- **Art. L.2123-12, L.3123-10 et L.4135-10 du CGCT** : les élus locaux ont droit à une formation adaptée à leurs fonctions.

Pour gagner des points

La sociologie des élus locaux (2001-2008)

Le bureau des élections et des études politiques du ministère de l'Intérieur publie régulièrement des données statistiques sur le profil sociologique des élus locaux. Ces chiffres doivent être conservés en tête lorsqu'est abordée la réflexion sur l'égalité des chances dans l'accès aux mandats publics.

En ce qui concerne tout d'abord le taux de féminisation, on relèvera que l'effet de la parité stricte imposée sur les listes de candidats aux élections régionales se ressent mécaniquement dans la composition des conseils régionaux : 47,5 % des conseillers régionaux élus en 2004 sont des femmes. Le taux de féminisation chute à 10,9 %

en ce qui concerne les maires élus en 2001 et à 10,5 % chez les conseillers généraux en place après les élections cantonales de 2004.

Les conseils régionaux sont également plus jeunes que les assemblées départementales et communales. Ainsi, le taux de conseillers de moins de 40 ans est de 14,3 % au sein des conseils régionaux, contre 6,4 % dans les conseils généraux. Seuls 5,3 % des maires ont, de même, moins de 40 ans. Les plus de 60 ans représentent 13,7 % des conseillers régionaux (ils sont donc moins nombreux que les conseillers de moins de 40 ans), 25,2 % des conseillers généraux et 28,5 % des maires.

Enfin, la répartition des maires par catégorie socio-professionnelle mérite d'être soulignée. Certes, la part très importante des maires exerçant la profession d'exploitant agricole (18 %), par rapport à la part de la population de plus de 15 ans qui relève de cette catégorie (1,3 %) s'explique par le morcellement communal français : les communes de petite taille, en milieu rural, constituent l'essentiel des communes françaises et le profil de leur édile s'en ressent. Toutefois, un biais social est très visible en ce qui concerne les retraités, qui constituent la catégorie la plus représentée parmi les maires : près de 30 % des maires sont des retraités, alors que ces derniers ne représentent que 22 % de la population française de plus de 15 ans. Surtout, 22,7 % des maires sont des « cadres et professions intellectuelles supérieures », catégorie dont relèvent seulement 7 % de l'ensemble des Français de plus de 15 ans... À l'inverse, la part des ouvriers parmi les maires de France est dix moins moindre que leur part dans la population du pays.

En couplant ces facteurs de sexe et d'activité professionnelle, on peut déceler, dans le tableau ci-dessous, que seules 24 femmes ouvrières ont été élues maires au cours de la mandature 2001-2008, soit... 0,06 % du nombre total de maires.

[Maires (2001-2008)]				
Catégorie socio-professionnelle	Hommes	Femmes	Total	%
Agriculteurs exploitants	6 153	452	6 605	18,0 %
Artisans, commerçants et chefs d'entreprises	2 447	91	2 538	6,9 %
Cadres et professions intellectuelles supérieures	7 583	720	8 303	22,7 %
Professions intermédiaires	2 170	371	2 541	6,9 %
Employés	2 094	574	2 668	7,3 %
Ouvriers	537	24	561	1,5 %
Retraités	10 017	864	10 881	29,7 %
Autres sans activité professionnelle	1 710	850	2 560	7,0 %
Total	32 711	3 946	36 657	100,0 %

(source : Ministère de l'Intérieur)

Leçon 12
Les droits politiques des élus

I. Les moyens de concevoir les arguments
II. Les moyens d'exprimer les arguments

Les élus locaux ne sont pas seulement responsables sur le plan du droit, devant des instances chargées de sanctionner la méconnaissance du cadre juridique dans lequel ils se meuvent. Ils demeurent des acteurs politiques, à ce titre comptables de leur choix de gestion, du respect du mandat confié : c'est l'opportunité (et pas seulement la régularité) de leur définition de l'intérêt public local (et des moyens de l'atteindre) qui est en débat, localement. Ce débat permanent est la condition, au niveau national comme au niveau local, d'un exercice démocratique du pouvoir. C'est la raison pour laquelle la loi apporte des garanties à ceux qui entendraient porter une voix divergente de celle des édiles en charge de la gestion publique.

Ces garanties relèvent des deux catégories traditionnellement dégagées lorsque sont en cause des libertés publiques : des droits-libertés (ou « droit de... »), tels que le droit d'expression en séance, supposant que la puissance publique s'abstienne de réprimer certains comportements ; des droits-créances (ou « droit à... »), tel que le droit à un local de réunion pour préparer les séances.

Toutefois, notre démocratie locale demeurant d'essence représentative, les élus d'opposition se voient reconnaître des garanties plus étendues que celles offertes aux simples citoyens ou aux associations, émanation de la « société civile ».

Afin que le débat devant les électeurs soit permanent (et non limité aux campagnes électorales), complet et précis, la loi a entendu permettre aux élus de l'opposition de disposer des moyens intellectuels et matériels de concevoir leurs arguments (I.) et de les exprimer devant les électeurs (II.).

Avant de décrire ces droits et leurs limites, trois remarques liminaires s'imposent.

Concernant la procédure, dès lors que la loi prévoit expressément un droit au bénéfice de l'opposition, tout refus de la part du maire (ou du président du conseil général ou régional) serait susceptible de donner lieu à une annulation par le juge administratif pour excès de pouvoir. De surcroît, le juge pourrait assortir son annulation d'une injonction de mettre à disposition de l'opposition les moyens réclamés, éventuellement sous astreinte par jour de retard.

Quant au fond, on remarquera que l'opposition ne dispose pratiquement d'aucun droit opposable dans les communes de moins de 3 500 habitants. Cette exception s'explique davantage par le manque de moyens des communes concernées que par le prétendu consensus qui y régneraient : les débats de village ne sont parfois pas moins virulents que ceux des métropoles.

Enfin, les établissements publics de coopération intercommunale appliquent, par renvoi de l'article L.5211-1 CGCT, les mêmes règles de protection des droits des élus que les communes : ces établissements sont soumis aux règles applicables aux communes de 3 500 habitants et plus s'ils comprennent au moins une commune de 3 500 habitants et plus ; ils sont soumis aux règles applicables aux communes de moins de 3 500 habitants dans le cas contraire.

I. Les moyens de concevoir les arguments

Les critiques de l'opposition visent, sauf cas exceptionnels, les projets de l'équipe en place et non la personne des élus. Il est donc nécessaire que les élus disposent des informations essentielles sur ces projets, en amont de leur discussion (A.). Les moyens matériels nécessaires aux réunions de préparation et aux échanges leur sont également assurés par la loi, même si les garanties en la matière varient fortement selon le type et la taille de la collectivité (B.).

A. Les moyens intellectuels

L'article L.2121-13 du Code général des collectivités locales énonce le principe général selon lequel « tout membre du conseil municipal a le droit, dans le cadre de sa fonction, d'être informé des affaires de la commune qui font l'objet d'une délibération ». La même formule est accordée aux conseillers généraux (art. L.3121-18 CGCT) et régionaux (art. L.4131-17 CGCT).

Pour donner corps à ce droit, on peut identifier cinq garanties offertes par la loi.

Tout d'abord, dans les communes de plus de 3 500 habitants (hormis dans le Bas-Rhin, le Haut-Rhin et la Moselle), la composition des différentes commissions, y compris les commissions d'appel d'offres, doit respecter le principe de la représentation proportionnelle pour permettre l'expression pluraliste des élus au sein de l'assemblée communale (art. L.2121-22 CGCT). Des commissions thématiques peuvent, en effet, être librement créées par le conseil municipal, au cours de chaque séance, pour étudier les questions soumises au conseil soit par l'administration, soit à l'initiative d'un de ses membres. Dès que les membres sont désignés, le maire est tenu de convoquer la commission dans les huit jours, voire à plus bref délai si la majorité des membres qui la composent le demande. Dans cette première réunion, les commissions désignent un vice-président qui peut les convoquer et les présider si le maire est absent ou empêché. Si ce vice-président appartiendra, quasi systématiquement, à la majorité municipale, rien n'empêche de décider du contraire, par souci d'afficher un esprit « d'ouverture ». En tout état de cause, dans les communes de plus de 3 500 habitants, la représentation de l'opposition est garantie.

En deuxième lieu, dans les communes de 50 000 habitants et plus (ou dans les EPCI regroupant, sur leur territoire, au moins 50 000 habitants), la loi du 27 février 2002 relative à la démocratie de proximité a introduit le droit pour l'opposition (à la condition toutefois qu'elle rassemble au moins un sixième des membres du conseil municipal) d'inscrire à l'ordre du jour du conseil la question de la création d'une mission d'information et d'évaluation chargée de recueillir des éléments d'information sur une question d'intérêt communal ou de procéder à l'évaluation d'un service public communal (art. L.2121-22-1 CGCT). Afin d'éviter que l'exercice des droits de l'opposition aboutisse à une obstruction du travail de délibération, la loi interdit néanmoins à un même conseiller municipal de s'associer à une telle demande plus d'une fois par an. Parallèlement, pour éviter que les travaux de ces missions n'interfèrent avec les campagnes électorales, aucune mission ne peut être créée à partir du 1er janvier de l'année civile qui précède l'année du renouvellement général des conseils municipaux. Le détail des règles de fonctionnement de ces missions est obligatoirement prévu au règlement intérieur du conseil municipal qui fixe au moins les règles de présentation et d'examen de la demande de constitution de la mission, les modalités de sa composition (dans le respect du principe de la représentation proportionnelle), sa durée (qui ne peut excéder six mois à compter de la date de la délibération qui l'a créée), ainsi que les conditions dans lesquelles elle remet son rapport aux membres du conseil municipal.

Ces missions d'information et d'évaluation peuvent également être créées dans les conseils généraux et régionaux (art. L.3121-22-1 et L.4132-21-1 CGCT). La seule différence tient au nombre minimum de conseillers à rassembler pour une telle décision : un cinquième des membres, au lieu d'un sixième dans les conseils municipaux.

Troisièmement, au titre de leur droit à l'information, dans toutes les collectivités, les élus doivent être prévenus, plusieurs jours à l'avance, de la réunion du conseil ainsi que de son ordre du jour. Ce délai de convocation est fixé à trois jours francs dans les communes de moins de 3 500 habitants et à cinq jours francs dans les autres. Certes, en cas d'urgence, le délai peut être abrégé par le maire, mais il est toujours au moins égal à un jour franc et le maire doit en rendre compte dès l'ouverture de la séance au conseil municipal qui se prononce sur l'urgence et peut décider le renvoi de la discussion, pour tout ou partie, à l'ordre du jour d'une séance ultérieure.

En prolongement de ce droit de préparer les réunions du conseil dans des conditions satisfaisantes, la loi a prévu, mais seulement dans les communes de 3 500 habitants et plus, que chaque élu, à titre individuel, doit recevoir, avec la convocation au conseil municipal, une note explicative de synthèse sur les affaires qui seront soumises à délibération (article L2121-12 du CGCT). À défaut et même si l'absence de note de synthèse relève d'un problème matériel, les délibérations qui seront prises par le conseil municipal seront entachées d'illégalité (CE, 30 avril 1997, commune de Sérignan, n° 158730).

Non seulement la note de synthèse doit être jointe à la convocation, mais elle doit être suffisamment complète, sur le plan qualitatif, pour assurer l'information des conseillers.

Cette qualité de la note est soumise au contrôle du juge administratif qui fait parfois montre d'un haut degré d'exigence. Ainsi, le juge a annulé la révision d'un plan d'occupation des sols au seul motif que la note parvenue aux conseillers « ne comportait aucune explication relative aux motifs et aux choix qui ont conduit à ladite révision », alors même qu'elle énumérait « les actes de la procédure de révision, le détail des propositions du commissaire-enquêteur, les rectifications demandées par la commune, ainsi que les observations formulées lors de l'enquête et qui ont été écartées tant par le commissaire-enquêteur que par la commune » (CE, 6 octobre 2006, commune de Rueil-Malmaison, n° 270931).

De plus, si la délibération concerne un contrat de service public, le projet de contrat ou de marché accompagné de l'ensemble des pièces peut, à sa demande, être consulté à la mairie par tout conseiller municipal, dans les conditions fixées par le règlement intérieur.

Dans les départements et les régions, le président adresse aux conseillers un rapport, sous quelque forme que ce soit, sur chacune des affaires qui doivent leur être soumises, douze jours au moins avant la réunion du conseil (art. L.3121-19 et L.4132-18 CGCT). Enfin, dans les régions, les projets sur lesquels le conseil économique et social régional est obligatoirement et préalablement consulté sont adressés simultanément aux membres du conseil régional.

La communication aux conseillers généraux, dans le délai de douze jours, d'un rapport sur chacune des affaires soumises au conseil général est une formalité substantielle dont le non-respect constitue une irrégularité de procédure de nature à entacher d'illégalité la délibération concernée. De surcroît, cette formalité s'étend aux séances des commissions permanentes (CAA Marseille, 4 janvier 2006, Dpt des Bouches-du-Rhône, n° 04MA00793).

Enfin, dans toutes les collectivités, même dans les communes de moins de 3 500 habitants, pour lesquelles la note de synthèse n'est pas requise par les textes, les conseillers disposent du droit de se faire communiquer, s'ils en font la demande, les documents nécessaires à leur information sur les projets en discussion.

Ainsi le maire qui a attendu l'ouverture du conseil municipal pour communiquer aux élus les documents permettant l'étude du budget communal a violé le droit de ces derniers et la délibération du conseil municipal est annulée (CE, 8 juin 1994, Commune de Ville-en-Vermois, n° 136526).

Plus épineuse est la question de la communication de documents protégés par un secret professionnel, tels qu'une consultation rédigée par un avocat à l'attention de la commune. Dans une décision insatisfaisante car laissant les maires en proie à l'insécurité juridique, le Conseil d'État a considéré que « lorsqu'un membre du conseil municipal demande la communication de documents faisant partie de la correspondance échangée entre l'avocat de la commune et son exécutif ou des consultations juridiques rédigées par cet avocat pour le compte de la commune, il appartient au maire sous le contrôle du juge, d'une part, d'apprécier si cette communication se rattache à une affaire de la commune qui fait l'objet d'une délibération du conseil municipal, d'autre part, eu égard à la nature de ce document, de s'assurer qu'aucun motif d'intérêt général n'y fait obstacle, avant de procéder, le cas échéant, à cette communication selon des modalités appropriées » (CE, 27 mai 2005, Commune d'Yvetot, n° 265494). Les « motifs d'intérêt général » justifiant un refus de communication constituent un critère bien peu sûr (compte tenu du contrôle que le juge exercera sur cette qualification) pour les maires. La protection de la vie privée en fait à coup sûr partie, mais seule la jurisprudence future permettra de mieux cerner la portée de l'obligation du maire.

Ainsi, en tout état de cause, les élus ont le droit de disposer de tous les documents leur permettant d'apprécier les motivations du projet, le juge censurant les refus de transmission trahissant la volonté du maire de dissimuler certaines informations.

B. Les moyens matériels

La loi du 13 août 2004 relative aux libertés et aux responsabilités locales a créé de nouveaux articles dans le CGCT (L.2121-13-1, également applicable aux EPCI, L.3121-18-1 et L.4132-17-1) posant le principe général selon lequel chaque collectivité « assure la diffusion de l'information auprès de ses membres élus par les moyens matériels qu'elle juge les plus appropriés ». Puisque les articles (par ex. L.2121-13 CGCT) qui posent le principe du droit des élus d'être informés n'imposent ni n'interdit aucun mode de diffusion de l'information, le législateur a entendu confirmer expressément la marge de manœuvre de la collectivité en la matière. Les nouveaux articles précisent qu'« afin de permettre l'échange d'informations sur les affaires relevant de ses compétences », la collectivité « peut, dans les conditions définies par son assemblée délibérante, mettre à disposition de ses membres élus, à titre individuel, les moyens informatiques et de télécommunications nécessaires ».

L'articulation des deux phrases doit être bien comprise : constatant que « les moyens informatiques de télécommunications sont déjà fréquemment utilisés », le rapporteur du texte au Sénat a considéré qu'il n'était « sans doute pas inutile de prévoir dans la loi que leur utilisation peut être exclusive de tout autre mode de diffusion de l'information dès lors que la collectivité a doté chaque élu local du matériel nécessaire ». Si l'on suit l'interprétation du Sénat, dès lors que des ordinateurs, un logiciel de messagerie et une connexion internet ont été fournis à chaque élu, la collectivité serait autorisée à transmettre les informations demandées par un élu d'opposition par la voie informatique sans être contrainte d'en utiliser un autre.

Alors que cette mise à disposition du matériel informatique n'est que facultative, il en va différemment en ce qui concerne le local de réunion (art. L.2121-27 CGCT). Quatre cas doivent être distingués, selon la taille de la commune. Dans les communes de moins de 3 500 habitants, les élus n'ont aucun droit à un local gratuit pour organiser leurs réunions de travail. Dans les communes comprises entre 3 500 et 10 000 habitants, les conseillers n'appartenant pas à la majorité municipale et qui en font la demande peuvent disposer sans frais du prêt d'un local commun, mais cette mise à disposition doit être compatible avec l'exécution des services publics, et donc n'être que temporaire. Si le maire n'accorde que le bénéfice d'un local temporaire, l'opposition aura, à tout le moins, droit à quatre heures d'utilisation par semaine, dont deux heures au moins pendant les heures ouvrables (art. D.2121-12 CGCT).

Si les élus doivent formuler une demande pour bénéficier de l'usage d'un local, le maire est ensuite tenu de le leur fournir dans un « délai raisonnable ». À ce titre, un délai de quatre mois a été jugé excessif (CE, 4 juillet 1997, Leveau, n° 161105).

Le droit à un local permanent n'est ouvert que dans la troisième catégorie de communes, celles de plus de 10 000 habitants. La répartition du temps d'occupation du local est alors fixée d'un commun accord entre les groupes d'élus minoritaires ou, en l'absence d'accord, par le maire qui procède à cette répartition en fonction du nombre d'élus déclarant se rattacher à chaque groupe.

Si le local peut éventuellement se situer à l'extérieur de l'Hôtel de ville, il doit obligatoirement permettre la tenue de réunions entre conseillers et l'examen de dossiers, les conditions d'aménagement étant examinées au regard des moyens financiers de chaque commune (TA Lille, 16 février 1994, Joly c/ commune de Wattrelos).

Enfin, c'est logiquement dans les communes de plus de 100 000 habitants, les départements et les régions, que les moyens accordés à l'opposition sont potentiellement les plus étendus. Ainsi le CGCT prévoit que les groupes d'élus peuvent se voir affecter, pour leur usage propre ou pour un usage commun, un local administratif, du matériel de bureau, prendre en charge leurs frais de documentation, de courrier et de télécommunications, voire, sur leurs propositions, une ou plusieurs personnes (sans que les crédits nécessaires à ces dépenses puissent excéder 30 % du montant total des indemnités versées chaque année aux membres du conseil). Dans ce cas, c'est l'élu responsable de chaque groupe, et non plus le maire ou le président du conseil, qui décide des conditions et des modalités d'exécution du service que ces collaborateurs accomplissent auprès de ces groupes (art. L.2121-18, L.3121-24 et L.4132-23).

S'il ne s'agit là que de facultés, la présence de ces articles dans le Code général des collectivités locales peut exercer une légère pression politique sur les majorités qui seraient enclines à refuser toute prise en charge des frais de documentation ou de courrier des minorités. En contrepartie de ces moyens importants, les élus doivent nécessairement s'inscrire au sein d'un groupe, déclaré au maire ou au président par écrit, pour en bénéficier.

II. Les moyens d'exprimer les arguments

Une fois élaborés, les arguments et les contre-propositions de l'opposition doivent pouvoir être portés publiquement par les élus.

A. L'expression orale

L'assemblée délibérante d'une collectivité territoriale est le lieu privilégié de la confrontation orale entre majorité et opposition. Les débats en son sein donnent lieu à une législation qui tente de trouver un équilibre entre le droit des élus de s'exprimer et la conservation de l'ordre public. Ainsi la loi énonce solennellement que « le maire a seul la police de l'assemblée » (art. L.2121-16 CGCT) et qu'il peut à ce titre « faire expulser de l'auditoire ou arrêter tout individu qui trouble l'ordre ». La même formule est reprise concernant le président du conseil général (art. L.3121-12) ou régional (art. L.4132-11) Un propos diffamatoire, un discours qui dépasse les limites de temps fixées par le règlement intérieur ou une diatribe sans rapport avec les affaires en débat peuvent justifier que le maire retire la parole au conseiller. En cas de commission d'un crime ou d'un délit pendant la séance (notamment en cas de rixes), le maire est même tenu d'en dresser procès-verbal et d'en saisir immédiatement le procureur de la République.

L'opposition dispose de garanties sérieuses permettant que son message soit entendu. Ainsi, l'article L.2121-18 du CGCT prévoit que « les séances des conseils municipaux sont publiques » et que « ces séances peuvent être retransmises par les moyens de communication audiovisuelle ». Cet article fonde le droit des conseillers municipaux, comme de tout administré (CAA Bordeaux, 24 juin 2003, Commune de Neuvic, n° 99BX01857) d'enregistrer le son et l'image des débats. La jurisprudence en la matière peut être synthétisée comme suit : est « illégale l'interdiction par le maire de procéder à un tel enregistrement dès lors que les modalités de l'enregistrement ne sont pas de nature à troubler le bon ordre des travaux de l'assemblée communale » (Réponse du ministre de l'Intérieur à la question écrite n° 17447, JO Sénat, 14 juillet 2005). Ainsi, le juge a pu censurer le maire qui avait interdit l'usage d'un magnétophone pendant la séance aux prétextes que l'usage qu'en avait fait un administré au cours des précédentes séances avait porté atteinte à la sérénité des débats et que cet usage provoquait le trouble et la gêne des conseillers (CE, 25 juillet 1980, Sandré, n° 17844).

Certes, sur la demande de trois membres ou du maire, le conseil municipal peut décider, sans débat, à la majorité absolue des membres présents ou représentés, qu'il se réunit à huis clos. Mais il appartient au juge de l'excès de pouvoir, saisi d'une requête tendant à l'annulation d'une délibération adoptée par le conseil municipal à l'issue d'une séance à huis clos, de contrôler que la décision de recourir au huis clos ne repose pas sur un motif matériellement inexact et n'est pas entachée d'erreur de droit, d'erreur manifeste d'appréciation ou de détournement de pouvoir. Ainsi, le juge administratif a pu annuler la décision de recourir au huis clos dès lors qu'aucun incident ne la justifiait (CE, 19 mai 2004, Commune de Vincly, n° 248577).

Quant aux modalités du vote, les élus de l'opposition peuvent contraindre la majorité à procéder à un scrutin secret s'ils rassemblent au moins un tiers des membres présents. Ils peuvent user de cette arme dans les cas où ils espèrent que certains élus de la majorité sont prêts à voter avec eux… à la condition de ne pas être repérés. L'opposition peut également exiger un scrutin public si elle rassemble un quart des membres présents (art. L.2121-21 CGCT). Par scrutin public, on entend l'inscription, au registre des délibérations, du nom des votants et l'indication du sens de leur vote individuel. Cette faculté sera utile lorsqu'une mesure particulièrement grave, aux yeux de l'opposition, vient en débat : chaque élu sait alors qu'il ne pourra nier, notamment devant les médias locaux, avoir adopté le texte.

Cette publicité serait sans utilité pour les élus s'ils ne disposaient pas d'une liberté de parole étendue. Or cette liberté d'expression a été consacrée par le juge : le Conseil d'État a accepté de vérifier si un conseiller d'opposition avait pu « suffisamment exprimer son opinion pendant la séance », avant de valider la légalité d'une délibération (CE, 22 mai 1987, Tête, n° 70085). Un maire ne peut donc pas priver l'opposition du droit d'exprimer ses vues sans entacher d'illégalité la délibération que le conseil s'apprête à prendre.

Le règlement intérieur ne peut pas non plus imposer des conditions trop restrictives aux conseillers souhaitant s'exprimer devant l'assemblée. Pourtant, on ne saurait tolérer une liberté totale de parole, sauf à admettre qu'une séance se prolonge une nuit entière, au détriment du correct examen des derniers points inscrits à l'ordre du jour. La conciliation entre liberté d'expression et limitation du temps de parole individuelle est assurée par le juge administratif : ont été annulées les dispositions d'un règlement intérieur enfermant le temps de parole total des élus à six minutes par séance (CAA Versailles, 30 décembre 2004, Commune de Taverny, n° 02VE02420), tout comme celles le limitant à trois minutes par délibération (TA Grenoble, 15 septembre 1999, Lapelerie, n° 9503317).

Chaque conseiller municipal a également le droit d'exposer en séance du conseil des questions orales ayant trait aux affaires de la collectivité. Dans les communes de 3 500 habitants et plus, les départements et les régions, le règlement intérieur fixe la fréquence ainsi que les règles de présentation et d'examen de ces questions (art. L.2121-19, L.3121-20 et L.4132-20 CGCT). Au nombre de ces règles de présentation, peut légalement figurer l'obligation pour les élus de déposer le thème de leurs questions vingt-quatre heures au moins avant la séance du conseil.

Le conseil municipal doit examiner tous les amendements déposés par l'opposition sur un projet inscrit à l'ordre du jour, et entendre les conseillers qui souhaitent les défendre. Mais ces amendements n'ont pas à donner lieu, chacun, à un vote distinct : le rejet par blocs d'amendements est possible.

Enfin, dans le cadre des réunions de l'assemblée délibérante, le juge a pu découvrir de nouveaux droits pour l'opposition, non expressément prévus par la loi. Il en va ainsi du droit des conseillers de siéger côte à côte : le Tribunal administratif de Montpellier a ainsi annulé le règlement intérieur d'une commune qui fixait un « plan de table » pour les réunions du conseil municipal, aboutissant à séparer physiquement les conseillers minoritaires. L'annulation est encourue au motif que le code général des collectivités territoriales n'habilite pas le conseil municipal à « porter une atteinte au droit d'expression de ses membres et à leur droit de se concerter entre eux, y compris en cours de séance » (TA Montpellier, 19 septembre 2006, Hermet, n° 0205474).

B. L'expression écrite

Depuis la loi du 27 février 2002 relative à la démocratie de proximité, dans les communes de 3 500 habitants et plus, lorsque la commune diffuse, sous quelque forme que ce soit, un bulletin d'information générale sur les réalisations et la gestion du conseil municipal, un espace est réservé, souvent sous le nom de « tribunes libres », à l'expression des conseillers « n'appartenant pas à la majorité municipale » (art. L.2121-27-1 CGCT), les modalités d'application de ce droit étant obligatoirement fixées par le règlement intérieur. Dans les départements et les régions (respectivement aux art. L.3121-24-1 et L.4132-23-1 CGCT), le même droit est reconnu, cette fois aux « groupes d'élus ».

Si la notion de « groupes d'élus » est précisément définie, celle de « conseillers n'appartenant pas à la majorité », applicable dans les communes, a pu soulever des difficultés. Un ou plusieurs élus qui soutiendraient, ponctuellement, la municipalité en place, doivent-ils être considérés comme « appartenant à la majorité » ou non ? De la réponse à cette question dépend leur droit de se prévaloir d'un espace réservé d'expression dans le magazine. On sait désormais que la non-appartenance à la majorité municipale doit être appréciée en fonction de la situation politique dans la commune, et notamment de « la volonté exprimée publiquement par les conseillers municipaux, par-delà des désaccords purement conjoncturels ou limités à un sujet particulier, de se situer de façon pérenne dans l'opposition » (CAA Versailles, 13 décembre 2007, Bellebeau, n° 06VE00384). En organisant l'accès au journal municipal (ou au local de réunion) sur le seul critère du résultat des dernières élections, le conseil municipal porte donc atteinte au droit général d'expression des élus locaux sur les affaires de la commune, ce critère ne permettant pas de tenir compte des évolutions pouvant intervenir en cours de mandat entre majorité et opposition au sein du conseil municipal.

Afin de garantir l'effectivité de ce droit, il a été jugé que l'absence de règlement intérieur ou l'absence de point relatif aux tribunes libres dans le règlement intérieur ne faisait pas obstacle au droit des élus d'opposition de s'exprimer dans les bulletins (TA Besançon, ord, 21 février 2003, n° 03-218).

Par ailleurs, ce droit d'expression dans un espace réservé s'étend à tous les supports, dont les supports électroniques. Ainsi, le site Internet de la collectivité, s'il contient des informations générales sur ses réalisations et sa gestion (et pas seulement des données générales ou pratiques sur la commune, le département ou la région en cause) devra comprendre une rubrique permettant à l'opposition de dire son mot. Si le site est la simple reprise des articles du magazine papier, le règlement intérieur pourrait prévoir que les tribunes de l'opposition publiées dans ce dernier se retrouveront sur le site. Au nombre des supports, on peut également mentionner l'éventuelle newsletter transmise aux citoyens par courriel (sauf si elle ne comporte que des informations pratiques), voire la chaîne de télévision gérée en régie et qui diffuse des reportages sur la gestion locale : dans ce dernier cas, une tranche horaire devra être laissée à l'expression de l'opposition.

Enfin, quant à la place exacte à consacrer à cet « espace réservé » d'expression, la loi ne prévoit aucune proportion précise. Si le règlement intérieur devra la définir, afin que les élus connaissent à l'avance les contraintes (de temps et de place) qui pourraient leur être opposées, ces contraintes ne seront sanctionnées par le juge que si elles sont manifestement excessives. À titre d'illustration, l'octroi d'une seule page de libre expression, répartie entre tous les élus d'opposition, dans un magazine qui compte vingt pages, a été jugé légal (CE, 28 janvier 2004, Commune de Pertuis, n° 256544).

Repères

- **art. L.2121-16 CGCT** : Le maire ou le président a « seul la police de l'assemblée » et peut faire expulser de l'auditoire ou arrêter tout individu qui trouble l'ordre.
- **art. L.2121-12 CGCT, art. L.3121-19 et L.4132-18 CGCT** : les élus doivent recevoir une information préalable sur les points inscrits à l'ordre du jour
- **art. L.2121-27-1, L.3121-24-1 et L.4132-23-1 CGCT** : les conseillers municipaux n'appartenant pas à la majorité, ou les groupes d'élus dans les départements et les régions disposent d'un espace réservé pour l'expression de leur opinion dans tout support d'information générale sur la gestion de la collectivité

Pour gagner des point

Le droit à la confidentialité des correspondances

La note par laquelle le directeur général des services de la commune a fait savoir au service du courrier de cette commune que « sur instructions de Monsieur le député maire, l'ensemble des courriers adressés aux adjoints au maire ainsi qu'à [certains] conseillers municipaux [...] doit être ouvert et enregistré » fut l'occasion pour le Conseil d'État de reconnaître la qualité de « liberté fondamentale » à deux libertés distinctes.

Ainsi, dans l'arrêt « Lionel V. » du 9 avril 2004 (req. n° 263759), le Conseil d'État juge que « le secret des correspondances et la liberté d'exercice de leurs mandats par les élus locaux ont le caractère de liberté fondamentale ».

Or, en l'espèce, le Conseil d'État a constaté que la note du DGS avait pour conséquence que tous les plis adressés aux intéressés soient systématiquement ouverts, sans qu'il soit fait de distinction entre les différentes catégories de courriers que peuvent recevoir ces élus, sans que les destinataires de ces courriers aient donné leur accord préalable et sans qu'aucune circonstance particulière ne le justifie. Dans ces conditions, le juge a relevé l'existence d'une « atteinte grave et manifestement illégale au secret des correspondances et à la liberté d'exercice de leur mandat par les élus municipaux », à laquelle, compte tenu des conséquences qu'elle entraînait en permanence, il était urgent de mettre fin.

Par suite, sur le fondement de l'article L.521-2 du Code de justice administrative, instituant le « référé-liberté », le juge administratif ordonne la suspension de l'exécution de la note du directeur général des services et enjoint au maire de cette commune de donner à ses services toutes instructions pour qu'il soit immédiatement mis fin à l'application de cette note.

Il ressort clairement de cet arrêt qu'en pratique, les courriers adressés nominativement à des élus (et pas seulement à « monsieur le maire » ou « monsieur le vice-président chargé de... ») ne doivent être ouverts par les services de la collectivité qu'avec l'accord exprès des élus concernés.

Pour mémoire, le comportement censuré dans cet arrêt est également constitutif d'un délit, l'article 432-9 du Code pénal punissant de trois ans d'emprisonnement et de 45 000 euros d'amende « le fait, par une personne dépositaire de l'autorité publique ou chargée d'une mission de service public, agissant dans l'exercice ou à l'occasion de l'exercice de ses fonctions ou de sa mission, d'ordonner, de commettre ou de faciliter, hors les cas prévus par la loi, le détournement, la suppression ou l'ouverture de correspondances ou la révélation du contenu de ces correspondances. »

Leçon 13
Les agents des collectivités

- I. Des statuts nationaux
- II. Des institutions spécifiques
- III. Une gestion décentralisée

Deux lois ont, au début des années 1980, harmonisé et sécurisé les conditions de travail des agents des collectivités territoriales. La loi du 13 juillet 1983 relative aux droits et aux obligations des fonctionnaires s'applique à tous les agents publics, qu'ils exercent leur activité au sein de l'État, des collectivités territoriales ou des structures hospitalières. En cela, le fond des obligations et des droits attachés à la fonction ne diffère pas. De même, le rapprochement des fonctionnaires territoriaux avec le modèle premier de la fonction publique d'État se traduit par la possibilité pour les agents publics locaux d'être détachés au sein de l'administration d'État, et inversement.

Chacune de ces trois fonctions publiques est toutefois soumise à une loi développant les aspects particuliers de leur régime juridique. La fonction publique territoriale est ainsi régie par la loi n° 84-53 du 26 janvier 1984 portant dispositions statutaires relatives aux fonctionnaires territoriaux. En effet, le mode de gestion des ressources humaines des collectivités ne pouvait être exactement calqué sur celui de l'État, en raison, notamment, de la multiplicité des employeurs (80 000 collectivités et établissements satellites). Des institutions particulières ont donc été créées pour gérer leur carrière. Pour autant, la loi de 1984 a contribué à l'œuvre d'unification, en mettant fin à l'hétérogénéité antérieure des situations entre agents des communes, des départements ou des régions.

L'édifice législatif permet donc aux collectivités de développer une gestion autonome de leurs ressources humaines (III) en s'appuyant sur des institutions ad hoc (II), tout en conservant un cadre statutaire national des agents (I.).

Aujourd'hui, les collectivités territoriales et leurs établissements publics emploient plus de 1 700 000 personnes, dont 70 % d'agents communaux et moins de 0,5 % d'agents régionaux. Sur ce total, seuls 1 145 000 agents sont des fonctionnaires au sens strict, c'est-à-dire des agents titulaires d'un grade et nommés sur un emploi permanent. Les autres sont liés à leur employeur par un contrat, de droit public ou de droit privé.

I. Des statuts nationaux

Si les agents « titulaires » sont censés constituer la norme de droit commun (A), d'autres agents, « contractuels » peuvent être recrutés par les collectivités territoriales et leurs établissements (B).

A. Les titulaires

Les agents dits « titulaires » des collectivités bénéficient, comme les agents de l'État, de la distinction entre « grade » et « emploi » : ils sont titulaires d'un grade et nommés dans un emploi. La suppression de leur emploi par la collectivité au sein de laquelle ils exercent leur activité n'implique donc pas leur licenciement. Les fonctionnaires territoriaux sont titulaires, comme les autres fonctionnaires, d'un grade qui implique qu'ils conservent leurs droits en cas de suppression de leur poste. L'emploi n'est toutefois pas complètement sans lien avec le grade, dans la mesure où chaque titulaire d'un grade « a vocation à occuper certains des emplois correspondant à ce grade » (article 4 du statut de 1984).

En détail, les agents titulaires sont répartis en 8 filières (technique, administrative, médico-sociale – ces trois premières filiales regroupant 90 % des agents – culturelle et artistique, activités physiques et sportives, sapeurs-pompiers, sécurité, animation) comprenant chacune entre 3 et 18 « cadres d'emplois » (au nombre total de 59, ils sont l'équivalents des « corps » dans la fonction publique d'État) divisés chacun en « grades » (de 1 à 5 grades selon les cadres d'emplois).

Ainsi, par exemple, les policiers municipaux peuvent être titulaires d'un des cinq grades du cadre d'emploi des « agents de police municipale », constituant l'un des trois cadres d'emplois (avec les chefs de service de la police municipale et les gardes champêtres) de la filière « sécurité ».

Chaque cadre d'emplois est régi par un statut particulier, élaboré au niveau national et commun aux fonctionnaires des communes, des départements, des régions et de leurs établissements publics. L'accès aux grades dans chaque cadre d'emplois s'effectue par voie de concours, de promotion interne ou d'avancement, dans les conditions fixées par les statuts particuliers.

Enfin les cadres d'emplois ou corps sont répartis en trois catégories désignées dans l'ordre hiérarchique décroissant par les lettres A (8 % des fonctionnaires territoriaux), B (15 %) et C (77 %).

Les agents recrutés, avant d'être titularisés, sont accueillis en tant que stagiaires au sein de la collectivité territoriale qui vient de les recruter. Leur situation est régie par le décret n° 92-1194 du 4 novembre 1992 fixant les dispositions communes applicables aux fonctionnaires stagiaires de la fonction publique territoriale. La collectivité peut organiser le stage de l'agent comme elle l'entend, à condition de confier à ce dernier des missions qui relèvent de son grade (CE, 27 janvier 1993, n° 106527). Certes, le stagiaire « a vocation à être titularisé dans le grade correspondant à son emploi » (article premier du décret). Toutefois, le stage peut être prolongé pour une durée au maximum équivalente à la durée normale. Le stagiaire peut être licencié pour insuffisance professionnelle lorsqu'il est en stage depuis un temps au moins égal à la moitié de la durée normale du stage. Il peut enfin ne pas être titularisé en fin de stage, sans procédure particulière autre que la consultation pour avis de la commission administrative paritaire (le droit à communication du dossier ne s'applique pas dans ce cas). Le Conseil d'État a rappelé à ce titre qu'« un agent public a, à la suite de son recrutement ou dans le cadre de la formation qui lui est dispensée, la qualité de stagiaire » et qu'il se trouve donc « dans une situation probatoire et provisoire » (CE, 3 décembre 2003, n° 236485).

B. Les contractuels

En vertu de l'article 3 de la loi du 26 janvier 1984, les collectivités territoriales et leurs établissements publics ne peuvent recruter des agents non titulaires pour occuper des emplois permanents que pour assurer le « remplacement momentané » de titulaires (autorisés à exercer leurs fonctions à temps partiel ou indisponibles en raison d'un congé de maladie, d'un congé de maternité ou d'un congé parental, ou de l'accomplissement du service national, du rappel ou du maintien sous les drapeaux), ou pour « faire face temporairement et pour une durée maximale d'un an à la vacance d'un emploi qui ne peut être immédiatement pourvu ».

Toutefois, par dérogation à ce principe, des emplois permanents peuvent être occupés par des agents contractuels dans quatre cas :

- Lorsqu'il n'existe pas de cadre d'emplois de fonctionnaires susceptibles d'assurer les fonctions correspondantes.
- Pour les emplois du niveau de la catégorie A, lorsque « la nature des fonctions ou les besoins des services le justifient ». Pour justifier un recrutement d'agent non titulaire, au titre de la nature des fonctions, la doctrine renvoie exclusivement au besoin d'avoir recours à « des connaissances techniques hautement spécialisées » (réponse du ministre de l'Intérieur à la question écrite n° 56626), ces termes étant par ailleurs utilisés dans l'article 9 de la loi du 9 janvier 1986 portant dispositions statutaires relatives à la fonction publique hospitalière. Quant « aux besoins du service », le juge admet que la collectivité se fonde sur ce motif dans le cas où le recrutement du contractuel « avait été précédé d'un appel de candidature infructueux en vue du recrutement pour assurer les fonctions dont il s'agit, d'un agent titulaire appartenant au cadre d'emploi » correspondant (CE, 29 décembre 1995, Préfet du Val d'Oise, n° 118654).
- De plus, dans les communes de moins de 1 000 habitants (et dans les groupements de communes dont la moyenne arithmétique des nombres d'habitants ne dépasse pas ce seuil), des contrats peuvent être conclus pour pourvoir des emplois permanents à temps non complet pour lesquels la durée de travail n'excède pas la moitié de celle des agents publics à temps complet ou pour pourvoir l'emploi de secrétaire de mairie quelle que soit la durée du temps de travail.
- Enfin, dans les communes de moins de 2 000 habitants et dans les groupements de communes de moins de 10 000 habitants, lorsque la création ou la suppression d'un emploi dépend de la décision d'une autorité qui s'impose à la collectivité en matière de création, de changement de périmètre ou de suppression d'un service public, la collectivité peut pourvoir à cet emploi par un agent non titulaire.

Dans ces quatre cas dérogatoires, les agents sont alors engagés par des contrats à durée déterminée, d'une durée maximale de trois ans. Ces contrats sont renouvelables par reconduction expresse, mais la durée des contrats successifs ne peut excéder six ans. Sur ce point, la loi n° 2005-843 du 26 juillet 2005 a transposé la directive communautaire 1999/70/CEE du 28 juin 1999 : si, à l'issue de la période maximale de six ans, ces contrats sont reconduits, ils ne peuvent l'être que par décision expresse et pour une durée indéterminée. Considéré comme un instrument de renforcement de la sécurité juridique des contractuels, ou, au contraire, comme un coin enfoncé dans le principe traditionnel du pourvoi des postes permanents par des fonctionnaires titulaires, le CDI de droit public fait ainsi son apparition en droit français.

Enfin, les collectivités territoriales et leurs établissements peuvent recruter des agents non titulaires pour exercer des fonctions correspondant à un besoin saisonnier pour une durée maximale de six mois pendant une même période de douze mois et conclure pour une durée maximale de trois mois, renouvelable une seule fois à titre exceptionnel, des contrats pour faire face à un besoin occasionnel.

Le contrat conclu peut relever du droit privé sur détermination expresse de la loi (par exemple dans le cas des contrats d'avenir régis par l'article L.5134-41 du Code du travail), ou par application de critères jurisprudentiels. En effet, le Tribunal des conflits, dans un arrêt « Berkani » du 25 mars 1996 a considéré que « les personnels non statutaires travaillant pour le compte d'un service public à caractère administratif sont des agents contractuels de droit public quel que soit leur emploi » (TC, 25 mars 1996, Préfet de la Région Rhône-Alpes c/ Berkani, n° 3000), ce qui implique que des agents contractuels affectés à un service public industriel et commercial soient liés à la collectivité par un contrat de droit privé (à l'exception des cas où ils occuperaient les fonctions de directeur ou de comptable public du service, en vertu de l'arrêt « Jalenques de Labeau » du Conseil d'État du 8 mars 1957).

Les agents non-titulaires recrutés par les collectivités territoriales ne sont pas pour autant dénués de toute protection. Leur cas est régi par les articles 123-1 et suivants du statut législatif de 1984 et par le décret n° 88-145 du 15 février 1988.

Ainsi, les agents contractuels disposent d'un droit aux congés annuels dans les mêmes conditions que les fonctionnaires (article 5 du décret de 1988), de congés pour formation syndicale ou professionnelle ou pour raisons familiales (articles 15 et 16 du décret). En cas de licenciement, l'agent a droit à un préavis (entre huit jours et deux mois, en fonction de son ancienneté) et à une indemnité, à l'exception des cas de licenciement disciplinaire. Enfin, en 1984, 1996 puis 2001, des plans de « résorption de l'emploi précaire » ont été mis en place par le législateur, permettant aux agents contractuels, sous condition d'ancienneté, d'intégrer la fonction publique territoriale, soit par intégration directe, soit à la suite de la réussite d'un concours réservé.

Le droit français connaît une catégorie d'agents contractuels encore moins protégés que ces agents contractuels de droit commun et nommés « auxiliaires » : il s'agit des agents « vacataires », définis par le décret de 1988 comme ceux « engagés pour un acte déterminé », auxquels ledit décret ne s'applique pas. À défaut de précision textuelle, la doctrine administrative rappelle que « la jurisprudence administrative a clairement circonscrit le champ d'intervention de ces agents : exécution d'un acte déterminé, absence de continuité dans le temps, rémunération à l'acte » (réponse du Secrétaire d'État à la fonction publique à la question écrite n° 3538, JO Sénat du 24 avril 2008). Le juge administratif exerce son contrôle sur la qualification à donner à la relation juridique entre la personne rémunérée par la collectivité et cette dernière. Le juge a considéré par exemple que « ni la circonstance qu'elle ait été tenue de signer des feuilles de présence, ni le fait qu'elle ait été rémunérée sur la base de vacations mensuelles multipliées par un taux horaire, ne sauraient permettre de considérer comme un agent vacataire » la personne rémunérée par la commune, qui était bien en l'espèce un agent contractuel et avait donc droit à des indemnités de licenciement (CE, 23 novembre 1988, X c/ Ville d'Issy-les-Moulineaux, n° 59236).

II. Des institutions spécifiques

Le statut de 1984 prévoit la mise en place d'institutions propres à la fonction publique territoriale, au niveau national mais également local.

A. Les institutions nationales

1. Le CSFPT

Il est créé un Conseil supérieur de la fonction publique territoriale, instance représentative de la fonction publique territoriale, composé paritairement de représentants des organisations syndicales de fonctionnaires territoriaux et de représentants des collectivités territoriales (art. 8 du statut). Il est présidé par un représentant des collectivités territoriales, élu en son sein.

Le CSFPT exerce un rôle consultatif. Il est saisi pour avis par le ministre chargé des collectivités territoriales des projets de loi et d'ordonnance relatifs à la fonction publique territoriale. Il est également consulté par ce ministre pendant la préparation des décrets relatifs à la situation des fonctionnaires territoriaux et aux statuts particuliers des cadres d'emplois. Le Conseil peut faire toute proposition « en matière statutaire » et « sur toute question relative à la fonction publique territoriale » dont il est saisi soit par le ministre chargé des collectivités territoriales, soit à la demande écrite du tiers de ses membres. Il assure également un rôle d'études « sur l'organisation et le perfectionnement de la gestion du personnel des administrations territoriales ».

Enfin, les membres siégeant au sein du CSFPT en qualité de représentants des collectivités territoriales forment un « collège des employeurs publics territoriaux », consulté par le Gouvernement sur toute question relative à la politique salariale ou à l'emploi public territorial.

2. Le CNFPT

Le Centre national de la fonction publique territoriale est un organisme tout à fait particulier en droit français, sous la forme d'un établissement public à caractère administratif doté de la personnalité morale et de l'autonomie financière regroupant, en vertu de l'article de l'article 12 du statut de 1984, l'ensemble des collectivités territoriales et de leurs établissements publics.

Il est dirigé par un conseil d'administration de 34 membres, dont 17 élus locaux, représentants des collectivités territoriales et 17 représentants des organisations syndicales de fonctionnaires territoriaux. Son président est élu en son sein, mais doit appartenir au collège des représentants des collectivités territoriales.

Ses ressources proviennent essentiellement d'une cotisation obligatoire versée par les communes, les départements, les régions et leurs établissements publics, qui ont au moins, au premier janvier de l'année de recouvrement, un emploi à temps complet inscrit à leur budget. Elle est assise sur la masse des rémunérations versées par cette collectivité, son taux, fixé par le conseil d'administration du CNFPT, ne pouvant excéder 1 % (en pratique, ce taux maximal a été retenu).

Les missions du Centre sont de deux types principaux : la formation (mission décrite par la loi du 12 juillet 1984 relative à la formation des agents de la fonction publique territoriale) et la régulation des carrières (mission décrite dans le statut du 26 janvier 1984).

Au titre de la formation, le CNFPT « définit les orientations générales de la formation professionnelle des agents de la fonction publique territoriale » et les programmes de formation initiale et continue. La loi du 19 février 2007 a toutefois transféré (au plus tard le 1er janvier 2010) la majeure partie des tâches d'organisation des concours de la fonction publique territoriale aux centres de gestion, à l'exception des concours des administrateurs, des conservateurs du patrimoine, des conservateurs de bibliothèques (trois cadres d'emplois donnant lieu à scolarité avant recrutement) et des ingénieurs en chef. Pour ces cadres d'emploi de catégorie A, le président du Centre national de la fonction publique territoriale fixe le nombre de postes ouverts, contrôle la nature des épreuves et établit, au plan national, la liste des candidats admis.

Au titre de la régulation des carrières, via ses délégations régionales, le CNFPT assure également la mise en œuvre des procédures de reconnaissance de l'expérience professionnelle REP), la validation des acquis de l'expérience (VAE), ainsi que la gestion du répertoire national des emplois fonctionnels et de l'observatoire de l'emploi, des métiers et des compétences de la fonction publique territoriale. Pour les cadres d'emploi donnant lieu à une scolarité avant leur recrutement ainsi que pour les ingénieurs territoriaux en chef, le CNFPT demeure chargé de la publicité des créations et vacances des emplois (qui doivent leur être transmises par les centres de gestion), de la gestion de la bourse nationale des emplois, de la prise en charge des fonctionnaires momentanément privés d'emploi et du reclassement de ces fonctionnaires qui seraient devenus inaptes à l'exercice de leurs fonctions.

B. Les institutions locales

1. Les centres de gestion

Les centres de gestion de la fonction publique territoriale, communément appelés « centres de gestion » sont des établissements publics locaux à caractère administratif dirigés par un conseil d'administration comprenant de quinze à trente membres (selon l'importance démographique des collectivités concernées et de l'effectif total des personnels territoriaux employés par les collectivités et établissements affiliés au centre), représentants élus des collectivités territoriales et des établissements publics affiliés, titulaires d'un mandat local.

Sont obligatoirement affiliés aux centres de gestion les communes et leurs établissements publics qui emploient moins de trois cent cinquante fonctionnaires titulaires et stagiaires à temps complet, ou qui n'emploient que des fonctionnaires à temps non complet. L'affiliation est possible, sur la base du volontariat, pour les autres collectivités et établissements.

Les centres de gestion assurent, dans leur ressort, une mission générale d'information : ils sont chargés d'établir un bilan de la situation de l'emploi public territorial et de la gestion des ressources humaines dans leur ressort et d'élaborer les perspectives à moyen terme d'évolution de cet emploi, des compétences et des besoins de recrutement.

Sous la seule réserve des compétences dévolues par la loi au CNFPT, ils assurent surtout l'organisation des concours de recrutement et établissent les listes d'aptitude, mentionnant les personnes aptes à intégrer la fonction publique territoriale. Ils publient à la fois ces listes d'aptitude (soit les demandes d'emploi) et les créations et vacances d'emplois (soit les offres d'emploi des collectivités).

Chaque concours donne en effet lieu à l'établissement d'une liste d'aptitude classant par ordre alphabétique les candidats déclarés aptes par le jury. Mais l'inscription sur une liste d'aptitude ne vaut pas recrutement. C'est le paradoxe des « reçus-collés » : toute personne déclarée apte depuis moins de trois ans peut être nommée dans un des emplois auxquels le concours correspondant donne accès. Mais à l'issue de ce délai, celles et ceux qui n'auraient pas trouvé d'emploi perdent le bénéfice du concours.

Lorsqu'il est mis fin au stage par l'autorité territoriale en raison de la suppression de l'emploi ou pour toute autre cause ne tenant pas à la manière de servir, le fonctionnaire territorial stagiaire est, à sa demande, réinscrit de droit sur la liste d'aptitude, pour deux ans à compter de son inscription initiale.

Dans le cadre de cette fonction de régulation du « marché du travail » public local, les centres de gestion (toujours sous réserve des compétences du CNFPT pour les cadres d'emploi dont il a conservé la gestion) prennent en charge les « fonctionnaires momentanément privés d'emploi », sont chargés du reclassement de ceux inaptes à l'exercice de leurs fonctions et aident les fonctionnaires à la recherche d'un emploi après une période de disponibilité.

En cela, ils sont placés au cœur de la problématique entre, d'une part, les garanties apportées aux fonctionnaires locaux (qui demeurent titulaires d'un grade même en l'absence d'emploi correspondant) et d'autre part, la libre administration des collectivités territoriales susceptibles de les employer.

Ainsi, en vertu de l'article 97 du statut de 1984, une fois un emploi supprimé au sein d'une collectivité locale (ce qui nécessite l'avis du comité technique paritaire), si la collectivité ne peut offrir au fonctionnaire qui l'occupait un emploi correspondant à son grade, le fonctionnaire est maintenu en surnombre, au sein de la collectivité, pendant un an. Pendant cette période, tout emploi créé ou vacant correspondant à son grade dans la collectivité lui est proposé en priorité et le centre de gestion examine les possibilités de reclassement. À ce stade, est également étudiée la possibilité de détachement du fonctionnaire sur un emploi équivalent d'un autre cadre d'emplois au sein de la même collectivité ou de l'établissement. Au bout d'un an, le fonctionnaire est pris en charge par le centre de gestion dans le ressort duquel se trouve la collectivité ou l'établissement.

Pendant la période de prise en charge, l'intéressé est placé sous l'autorité du centre de gestion, et demeure soumis à tous les droits et obligations attachés à sa qualité de fonctionnaire. Notamment, il reçoit la rémunération correspondant à l'indice détenu dans son grade. Pendant cette période, le centre peut lui confier des missions et lui propose tout emploi vacant correspondant à son grade. En pratique, en permanence, entre 300 et 400 agents sont concernés par cette situation.

Afin de contribuer à cet effort de mutualisation, les collectivités qui ont supprimé un emploi sont soumises à contribution, à hauteur d'une fois et demie le montant constitué par les traitements bruts versés au fonctionnaire augmentés des cotisations sociales afférentes à ces traitements pendant les deux premières années (deux fois ces montants si la collectivité n'est pas affiliée au centre de gestion depuis moins de trois ans). Elle est égale à une fois ce montant, pendant la troisième année, et aux trois quarts de ce montant au-delà des trois premières années. Le fonctionnaire, de son côté, est également responsabilisé puisqu'il ne peut refuser plus de trois offres d'emploi (dans son département pour les catégories C), sauf à être licencié.

2. Les CAP et CTP

Afin de se rapprocher d'un objectif de « cogestion » des collectivités et de leurs établissements, par les employeurs et les employés, la loi a mis en place deux types de commissions, composées, comme leur nom l'indique, à parité de représentants des élus locaux et de représentants syndicaux élus pour six ans au scrutin proportionnel. Les dernières élections pour désigner les représentants des agents au sein de ces commissions ont eu lieu en novembre 2008.

Une commission administrative paritaire (CAP) est créée pour chaque catégorie A, B, et C de fonctionnaires, soit auprès du centre de gestion auquel est affiliée la collectivité, soit directement auprès de la collectivité si elle n'est pas affiliée au centre.

Ces CAP sont consultées préalablement aux décisions individuelles relatives à la carrière des fonctionnaires : qu'il s'agisse de leur position (détachement, mise à disposition, disponibilité), de leur avancement (passage d'échelon, promotion par liste d'aptitude, titularisation) du respect des règles de prévention du « pantouflage » dans le privé d'anciens fonctionnaires (article 87 de la loi du 29 janvier 1993 relative à la prévention de la corruption) ou encore des refus de titularisation à l'issue du stage et des sanctions disciplinaires.

En plus de cette commission administrative paritaire, un comité technique paritaire (CTP) est créé dans chaque collectivité employant au moins cinquante agents, ainsi qu'auprès de chaque centre de gestion pour les collectivités employant moins de cinquante agents.

Ces CTP sont consultés pour avis sur les questions relatives à « l'organisation des administrations intéressées » et « aux conditions générales de fonctionnement de ces administrations ». Ils sont également appelés à se prononcer sur les programmes de modernisation des méthodes et techniques de travail, leur incidence sur la situation du personnel ainsi que sur le plan de formation. Ils sont saisis des problèmes d'hygiène et de sécurité et obligatoirement consultés sur les mesures de salubrité et de sécurité applicables aux locaux et installations, ainsi que sur les prescriptions concernant la protection sanitaire du personnel. Ils sont réunis par leur président à la suite de tout accident mettant en cause l'hygiène ou la sécurité ou ayant pu entraîner des conséquences graves. Toutefois, si l'importance des effectifs et la nature des risques professionnels le justifient, des comités d'hygiène et de sécurité locaux ou spéciaux sont créés par décision de l'organe délibérant des collectivités.

Enfin, l'autorité territoriale présente au moins tous les deux ans au comité technique paritaire un rapport sur l'état de la collectivité, de l'établissement ou du service auprès duquel il a été créé. Ce rapport indique les moyens budgétaires et en personnel dont dispose cette collectivité, cet établissement ou ce service. Il inclut le bilan des recrutements et des avancements, des actions de formation, des demandes de travail à temps partiel ainsi que des conditions dans lesquelles la collectivité ou l'établissement respecte ses obligations en matière de droit syndical. La présentation de ce rapport donne lieu à un débat et, à partir de ces éléments, une négociation est conduite entre l'autorité territoriale et les organisations syndicales afin de promouvoir l'égalité professionnelle entre les femmes et les hommes en matière de recrutement, de rémunération, de formation, de promotion et de mobilité.

III. Une gestion décentralisée

Conformément au principe constitutionnel de libre administration, chaque collectivité territoriale et chacun de leurs établissements publics constituent autant d'employeurs qui arrêtent, de manière relativement autonome, leur politique en matière de gestion des ressources humaines. Ainsi, le statut de 1984 énonce clairement que « les collectivités territoriales et les fonctionnaires territoriaux sont gérés par la collectivité ou l'établissement dont ils relèvent », leur nomination étant faite par « l'autorité territoriale », terme qui désigne le maire dans les communes, le président dans les conseils généraux et régionaux.

A. La création des emplois et la gestion des carrières

Les emplois de chaque collectivité ou établissement sont créés par l'organe délibérant de la collectivité ou de l'établissement. La délibération qui crée l'emploi doit préciser le grade ou, le cas échéant, les grades correspondant à l'emploi créé. Si l'emploi permanent est pourvu par la voie contractuelle, l'organe délibérant doit indiquer le motif qu'il invoque, la nature des fonctions, le niveau de recrutement et de rémunération de l'emploi créé. Enfin, afin d'éviter une inflation incontrôlée des dépenses de fonctionnement, aucune création d'emploi ne peut intervenir si les crédits disponibles au chapitre budgétaire correspondant ne le permettent.

Une fois l'emploi créé, l'autorité territoriale peut le pourvoir en nommant l'un des fonctionnaires qui s'est déclaré candidat. Les candidatures peuvent provenir d'autres collectivités par voie de mutation ou de détachement ou des services de la collectivité, par promotion interne ou avancement de grade. La collectivité peut également pourvoir cet emploi en nommant l'un des candidats inscrits sur une liste d'aptitude. Mais lorsque aucun candidat n'a été nommé dans un délai de quatre mois à compter de la publicité de la création ou de la vacance, l'emploi ne peut être pourvu que par la nomination d'un candidat inscrit sur une liste d'aptitude.

L'autorité territoriale procède également aux mouvements des fonctionnaires au sein de la collectivité, seules les mutations comportant changement de résidence ou modification de la situation des intéressés étant soumises à l'avis des commissions administratives paritaires.

Le pouvoir de fixer les notes et appréciations générales exprimant la valeur professionnelle des fonctionnaires est exercé par l'autorité territoriale au vu des propositions du secrétaire général ou du directeur des services de la collectivité, même si les commissions administratives paritaires peuvent, à la demande de l'intéressé, en proposer la révision (art. 76 du statut).

Enfin, l'autorité territoriale prend seule les décisions relatives à la « position » du fonctionnaire. Ces positions sont définies par la loi du 26 janvier 1984 qui mentionne, outre le congé parental et l'accomplissement du service national, quatre positions.

- L'activité (à temps complet ou à temps partiel) est la position du fonctionnaire qui, titulaire d'un grade, exerce effectivement les fonctions de l'un des emplois correspondant à ce grade (art. 56 du statut). Cette position n'est pas exclusive d'une mise à disposition, situation du fonctionnaire qui demeure dans son cadre d'emplois ou corps d'origine, est réputé y occuper un emploi, continue à percevoir la rémunération correspondante, mais qui exerce ses fonctions hors du service où il a vocation à servir (art. 61 du statut).

- Le détachement est la position du fonctionnaire placé hors de son cadre d'emploi d'origine mais continuant à bénéficier, dans ce corps, de ses droits à l'avancement et à la retraite. Il est temporaire, limité à cinq ans maximum, éventuellement renouvelables, prononcé sur la demande du fonctionnaire et entraîne la soumission du fonctionnaire aux règles régissant la fonction qu'il exerce par l'effet de son détachement (art. 64 du statut).
- La position « hors cadres » est une position qui prolonge celle du détachement : elle est définie comme la position « dans laquelle un fonctionnaire détaché soit auprès d'une administration ou d'une entreprise publique dans un emploi ne conduisant pas à pension de la Caisse nationale de retraite des agents des collectivités locales, soit auprès d'organismes internationaux, soit auprès d'organismes d'intérêt communal, départemental ou régional peut être placé sur sa demande, s'il réunit quinze années de services effectifs accomplis en position d'activité, pour continuer à servir dans la même administration ou entreprise, ou dans le même organisme ». Dans cette position, le fonctionnaire cesse de bénéficier de ses droits à l'avancement et devient soumis au régime statutaire régissant la fonction qu'il exerce dans cette position (art. 70 du statut).
- La disponibilité est la position du fonctionnaire qui, placé hors de son administration ou service d'origine, cesse de bénéficier, dans cette position, de ses droits à l'avancement et à la retraite. Elle est prononcée, soit à la demande de l'intéressé, soit d'office à l'expiration des congés maladie de longue durée. Le fonctionnaire mis en disponibilité ne bénéficie plus de sa rémunération, ni de ses droits à l'avancement et à la retraite. Il doit demander, deux mois avant la fin de sa mise en disponibilité, sa réintégration dans sa collectivité d'origine. Si cette dernière ne dispose pas de poste vacant, l'agent est maintenu en disponibilité, et le CNFPT ou le centre de gestion lui proposera tout poste vacant correspondant à son grade. Si l'agent refuse successivement trois postes qui lui sont proposés dans le ressort territorial de son cadre d'emploi, il peut être licencié après avis de la commission administrative paritaire (art. 72 du statut).

B. Le cas des collaborateurs de cabinet et des emplois fonctionnels

La latitude de l'autorité territoriale est encore accrue en ce qui concerne deux catégories d'agents : les membres du cabinet politique de l'exécutif et les agents occupant des emplois de direction, dits « fonctionnels ».

Ainsi, d'une part, l'article 110 du statut de 1984 prévoit que « l'autorité territoriale peut, pour former son cabinet, librement recruter un ou plusieurs collaborateurs et mettre librement fin à leurs fonctions ». La nomination de non-fonctionnaires à ces emplois ne leur donne aucun droit à être titularisés dans un grade de la fonction publique territoriale.

D'autre part, en ce qui concerne les emplois dits « fonctionnels » (cf. infra « Pour gagner des points »), le législateur a mis en place un système permettant à la fois aux équipes politiques nouvellement élues de renouveler les plus hauts fonctionnaires de leur collectivité, afin qu'elles puissent s'assurer de leur loyauté, tout en évitant la précarité excessive que génère, pour les agents, le principe anglo-saxon du « spoil system » : les agents concernés bénéficient de garanties en vue de leur réinsertion.

Tout d'abord, il ne peut être mis fin aux fonctions des agents occupant les emplois fonctionnels (sauf s'ils ont été recrutés directement et non par voie de détachement d'un fonctionnaire), qu'après un délai de six mois suivant soit leur nomination dans l'emploi, soit la désignation de l'autorité territoriale (correspondant au changement d'équipe politique à la tête de la collectivité). Ce délai a pour objet de permettre, en théorie, aux fonctionnaires de direction ayant servi l'équipe politique précédente de prouver leur loyauté et leur compétence à l'occasion de l'alternance.

De surcroît, la fin des fonctions de ces agents est précédée d'un entretien de l'autorité territoriale avec les intéressés et fait l'objet d'une information de l'assemblée délibérante et du Centre national de la fonction publique territoriale.

Enfin, lorsqu'il est mis fin au détachement d'un fonctionnaire occupant un emploi fonctionnel et que la collectivité ne peut lui offrir un emploi correspondant à son grade, l'agent peut demander soit à être reclassé, soit à bénéficier, de droit, d'un congé spécial, soit à percevoir une indemnité de licenciement.

C. Les conditions de travail

L'assemblée délibérante de chaque collectivité territoriale (ou le conseil d'administration d'un établissement public local) fixe les régimes indemnitaires « dans la limite de ceux dont bénéficient les différents services de l'État ». C'est le principe de « parité » entre fonction publique territoriale et fonction publique d'État, énoncé par l'article 88 du statut. Ce principe de parité a été précisé par le décret n° 91-875 du 6 septembre 1991 qui indique que le régime indemnitaire des fonctionnaires territoriaux ne doit pas être plus favorable que celui des fonctionnaires de l'État exerçant des fonctions équivalentes. Il établit à cet effet des tableaux de correspondance entre les corps de la fonction publique de l'État et les cadres d'emplois de la fonction publique territoriale.

Parmi les éléments de la rémunération des fonctionnaires, seuls le traitement, l'indemnité de résidence et le supplément familial de traitement ont un caractère obligatoire, leur montant étant strictement déterminé en fonction de la situation du fonctionnaire et des barèmes imposés par les textes. Le régime indemnitaire, lui, a un caractère accessoire et facultatif. Pour autant, l'assemblée délibérante d'une collectivité « ne dispose d'aucun pouvoir normatif lui permettant de créer une prime » (réponse du ministre de l'Intérieur à la question écrite n° 255, *JO* Sénat du 3 janvier 2008) et la liberté des collectivités en la matière ne doit jamais amener les agents territoriaux à se trouver dans une situation plus favorable que celle des agents de l'État (CE, 4 mai 1998, Commune de Mont-Dol, n° 164942).

Les règles relatives à la définition, à la durée et à l'aménagement du temps de travail des agents sont également fixées par la collectivité dans les limites applicables aux agents de l'État.

D. La procédure disciplinaire

En vertu de l'article 89 du statut de 1984, « le pouvoir disciplinaire appartient à l'autorité territoriale après avis de la commission administrative paritaire siégeant en conseil de discipline ». Ce pouvoir est exercé dans les conditions prévues pour l'ensemble des fonctionnaires, sur le fondement du statut général de 1983, mais la procédure demeure sur certains points spécifiques.

L'autorité territoriale dispose d'un panel de neuf sanctions, distribuées en quatre groupes de sanctions : l'avertissement, le blâme et l'exclusion temporaire de fonctions pour une durée maximale de trois jours (premier groupe), l'abaissement d'échelon et l'exclusion temporaire de fonctions pour une durée de quatre à quinze jours (deuxième groupe), la rétrogradation et l'exclusion temporaire de fonctions pour une durée de seize jours à deux ans (troisième groupe), enfin les sanctions qui mettent fin à la collaboration entre l'agent et la collectivité, à savoir la mise à la retraite d'office et la révocation (quatrième groupe).

L'autorité territoriale peut par ailleurs décider, après avis du conseil de discipline, de rendre publics la décision portant sanction et ses motifs.

Une fois la décision prise, un conseil de discipline départemental ou interdépartemental de recours, présidé par un magistrat de l'ordre administratif, peut être saisi avant que soit engagé un recours pour excès de pouvoir classique devant le juge administratif. La saisine de ce conseil de discipline de recours n'est jamais possible en cas de sanction du premier groupe, toujours possible en cas de sanction du quatrième groupe. Lorsqu'une sanction des deuxième et troisième groupes a été prononcée par l'autorité territoriale, le fonctionnaire peut saisir le conseil de discipline de recours si l'autorité territoriale a prononcé une sanction plus sévère que celle proposée par le conseil de discipline de premier degré : l'autorité territoriale ne pourra alors prononcer de sanction plus sévère que celle proposée par le conseil de discipline de recours (art. 91 du statut).

Repères

- **Loi n° 84-53 du 26 janvier 1984** : statut national des fonctionnaires territoriaux
- **Article 3 de la loi du 26 janvier 1984** : cas limitatifs où un emploi permanent peut être pourvu par un agent non titulaire.
- **Article 88 de la loi du 26 janvier 1984** : principe de parité entre fonction publique territoriale et fonction publique d'État.
- **Article 97 de la loi du 26 janvier 1984** : prise en charge du fonctionnaire privé d'emploi par les centres de gestion ou le Centre national de la fonction publique territoriale
- **Article 110 de la loi du 26 janvier 1984** : recrutement libre des collaborateurs de cabinet.
- **Loi n° 2005-843 du 26 juillet 2005** : transposition du contrat à durée indéterminée de droit public prévu par la directive communautaire du 28 juin 1999
- **Tribunal des conflits, 25 mars 1996, Préfet de la Région Rhône-Alpes c/ Berkani, n° 3000** : les personnels non statutaires travaillant pour le compte d'un service public à caractère administratif sont des agents contractuels de droit public quel que soit leur emploi.

Pour gagner des points

L'extension récente des emplois fonctionnels des collectivités territoriales

La loi n° 2007-209 du 19 février 2007 relative à la fonction publique territoriale a augmenté le nombre des emplois fonctionnels que certaines collectivités peuvent créer et qui se caractérisent par la possibilité, pour une autorité territoriale nouvellement désignée, de mettre fin de façon anticipée aux fonctions des agents qui les occupent.

Ces emplois fonctionnels, limitativement énumérés à l'article 53 de la loi du 26 janvier 1984 modifiée en 2007 sont les emplois :

- de directeur général des services et, lorsque l'emploi est créé, de directeur général adjoint des services des départements et des régions ;
- de directeur général des services, de directeur général adjoint des services des communes de plus de 2 000 habitants ;
- de directeur général des services techniques ou de directeur des services techniques des communes de plus de 10 000 habitants ;

– de directeur général, de directeur général adjoint et de directeur général des services techniques des établissements publics de coopération intercommunale à fiscalité propre de plus de 10 000 habitants ;
– de directeur général, directeur général adjoint d'établissements publics dont la liste est fixée par décret ainsi que de directeur général, directeur général adjoint et directeur de délégation du centre national de la fonction publique territoriale.

À l'occasion de cette réforme, les seuils démographiques ont été considérablement abaissés, par exemple, en ce qui concerne les communes, de 3 500 à 2 000 habitants pour les emplois de DGS, de 20 000 à 10 000 habitants pour les emplois de DGST. Selon l'exposé des motifs du projet de loi, « ces mesures prennent acte du besoin d'encadrement supérieur dès ces nouvelles strates de population ». À l'issue de cet élargissement, 7 544 collectivités et établissements peuvent aujourd'hui créer ces emplois fonctionnels.

Pour autant, le projet de création d'un emploi de directeur général des services techniques au sein des départements et des régions, initialement inclus dans le texte, n'a pas été retenu par le Parlement. En effet, il a semblé « peu opportun voire inutile de créer ces emplois fonctionnels, dans la mesure où l'ensemble des compétences techniques d'un département ou d'une région ne saurait être placé sous l'autorité d'un seul directeur des services techniques et, au contraire, sont actuellement assurées par des services dirigés par plusieurs directeurs généraux adjoints, placés sous l'autorité du directeur général des services. En outre, l'Assemblée des départements de France a estimé que la création de cet emploi fonctionnel pourrait être dangereuse, en conduisant à un « démantèlement de l'unité de management et d'organisation » des régions et départements, en raison de la puissance qu'aurait un directeur général des services techniques assurant la direction de l'ensemble des services techniques, vis-à-vis du directeur général des services sous lequel il serait pourtant toujours hiérarchiquement placé » (Rapport n° 243, 2006-2007, de Mme Jacqueline Gourault, au nom de la commission des Lois du Sénat, 8 mars 2006).

Certains de ces emplois fonctionnels peuvent, par ailleurs, être pourvus sur recrutement direct, sans faire nécessairement appel à des fonctionnaires territoriaux mais en respectant toutefois des conditions de diplômes ou de capacités fixées par décret en Conseil d'État. Leur liste, figurant à l'article 47 du statut, a été élargie par la loi n° 2004-809 du 13 août 2004 à certains emplois des établissements publics de coopération intercommunale. Elle est désormais constituée des emplois de :

– directeur général des services et, lorsque l'emploi est créé, directeur général adjoint des services des départements et des régions ;
– directeur général des services et directeur général des services techniques des communes de plus de 80 000 habitants et des établissements publics de coopération intercommunale à fiscalité propre de plus de 80 000 habitants ;
– directeur général adjoint des services des communes de plus de 150 000 habitants et des établissements publics de coopération intercommunale à fiscalité propre de plus de 150 000 habitants ;
– directeur général des établissements publics dont les caractéristiques et l'importance le justifient, la liste de ces établissements étant fixée par décret en Conseil d'État.

Leçon 14
Les finances des collectivités

I. La préparation du budget
II. L'exécution du budget

Expression la plus nette de la liberté politique locale, le droit d'adopter son propre budget est reconnu à toute collectivité territoriale. Pour autant, la préparation de ce budget (I.), comme son exécution (II) sont encadrées par le droit national. Le contrôle de ces règles est, par ailleurs, assuré par le préfet, en lien avec la Chambre régionale des comptes, dans des conditions dérogatoires du droit commun du contrôle de légalité (cf. leçon 16 sur le contrôle « quasi hiérarchique » de l'État).

L'intervention de l'État dans les finances locales n'est de surcroît pas que juridique. Par le poids des dotations qu'il verse aux collectivités territoriales et qui représentent près de la moitié de leurs ressources, l'État conserve un rôle politique primordial qui peut faire douter de l'autonomie financière des collectivités, malgré la constitutionnalisation récente de ce principe (cf. sujet corrigé, « L'autonomie financière est-elle en danger ? »).

I. La préparation du budget

Dans sa rédaction issue de l'ordonnance du 26 août 2005, l'article L.2311-1 du CGCT définit le budget comme « l'acte par lequel sont prévues et autorisées les recettes et les dépenses annuelles » de la collectivité. Préparé par l'exécutif, le budget est adopté par l'assemblée délibérante de la collectivité ou de l'EPCI.

A. Principes

Les budgets locaux sont soumis à cinq principes généraux.

1. L'annualité

Ce principe implique que le budget soit défini pour une période de douze mois allant du 1er janvier au 31 décembre.

Il correspond à un impératif démocratique, imposant que les choix de gestion d'une collectivité soient très régulièrement soumis à l'examen des élus du peuple. Il est aussi une technique de souplesse, dans la mesure où un budget triennal devrait nécessairement être modifié en cas de chocs économiques, qui peuvent se traduire par une réduction des recettes publiques et un accroissement des besoins sociaux.

L'annualité budgétaire constitue ainsi le point d'équilibre entre la nécessité, d'une part, de prévoir les choix de gestion (un budget mensuel ne permettant aucune mise en perspective de l'action publique locale, se traduisant par une « navigation à vue ») et, d'autre part, de se fonder sur des projections de recettes crédibles (un budget triennal étant, ce point de vue, sujet à caution).

Il n'en reste pas moins que la loi du 19 février 2003 (pour les départements et les régions, respectivement codifiée aux articles L3312-4 et L.4311-3 du CGCT) puis l'ordonnance du 26 août 2005 (pour les communes, codifiée à l'article L.2311-3 CGCT) ont renforcé les éléments de pluriannualité dans le droit budgétaire.

Désormais, les dotations budgétaires peuvent comprendre des autorisations de programme et des crédits de paiement. Les autorisations de programme constituent la limite supérieure des dépenses qui peuvent être engagées pour le financement, sur plusieurs années, d'une même opération. Elles demeurent valables, sans limitation de durée, jusqu'à ce qu'il soit procédé à leur annulation mais peuvent être révisées. Les crédits de paiement constituent la limite supérieure des dépenses pouvant être mandatées pendant l'année en cause, pour la couverture des engagements contractés dans le cadre des autorisations de programme correspondantes.

Ces autorisations de programme et crédits de paiement peuvent être adoptés aussi bien pour les dépenses d'investissement que pour les dépenses de fonctionnement. Toutefois, en ce qui concerne les dépenses de fonctionnement, cette faculté est réservée aux seules dépenses « résultant de conventions, de délibérations ou de décisions, au titre desquelles la collectivité s'engage, au-delà d'un exercice budgétaire, à verser une subvention, une participation ou une rémunération à un tiers ». De plus, ni les frais de personnel, ni, dans le cas des communes, les « subventions versées aux organismes privés » ne peuvent faire l'objet d'une autorisation d'engagement ou d'un crédit de paiement.

2. L'équilibre réel

À la différence de l'État, les collectivités territoriales sont soumises à une règle de discipline budgétaire drastique : les budgets locaux doivent être adoptés en « équilibre réel » (art. L.1612-4 CGCT), sauf à ce que le préfet, en lien avec la Chambre régionale des comptes, rétablisse ledit équilibre (cf. leçon 16).

Par « équilibre réel », la loi entend la réunion de trois conditions.

Tout d'abord, les budgets locaux sont scindés en deux « sections », la section de fonctionnement et la section d'investissement, qui doivent toutes deux être votées en équilibre. La section de fonctionnement rassemble toutes les dépenses nécessaires au fonctionnement de la collectivité, qui n'entraînent pas l'accroissement du patrimoine de la collectivité : il s'agit principalement des frais de personnel, des fournitures courantes, des dépenses d'énergie et des intérêts de la dette. Elle rassemble, en regard de ces dépenses, les recettes de fonctionnement destinées à les financer, qui ont un caractère de régularité : la Dotation globale de fonctionnement versée par l'État, le produit des impôts locaux et les redevances payées par les usagers aux services publics locaux. La section d'investissement regroupe, quant à elle, en dépenses, les dépenses d'équipement et le remboursement du capital de la dette et, en recettes, les ressources ponctuelles que constituent les emprunts ainsi que les dotations et subventions versées par l'État, d'autres collectivités, voire des personnes privées et destinées au financement d'un projet d'investissement. La règle de l'équilibre réel s'imposant à chacune des deux sections, elle interdit donc à une collectivité de financer ses frais de personnel par l'emprunt.

Ensuite, les recettes et les dépenses doivent être évaluées « de façon sincère », ce qui implique que « les inscriptions budgétaires ne contiennent pas des recettes surestimées ou fictives ou, inversement, des dépenses minorées ou omises » (CRC Champagne-Ardenne, 31 mai 2007, Commune d'Oudincourt, affaire 2007-06).

Enfin, le remboursement du capital des emprunts doit être couvert par les ressources propres de la section d'investissement ce qui signifie qu'aucune collectivité locale ne peut emprunter pour rembourser des emprunts antérieurs, afin d'éviter le déclenchement de phénomènes de « boule-de-neige », où la dette croît chaque année de manière exponentielle.

Ce principe ne s'applique pas seulement au budget primitif, mais également aux budgets supplémentaires, décisions modificatives ainsi qu'aux budgets annexes.

Toutefois, n'est pas considéré comme étant en déséquilibre le budget dont la section de fonctionnement comporte ou reprend un excédent et dont la section d'investissement est en équilibre réel, après reprise pour chacune des sections des résultats apparaissant au compte administratif de l'exercice précédent (L.1612-6 CGCT). Seconde nuance, cette fois pour les seules communes, le budget est légal si la section de fonctionnement comporte ou reprend un excédent reporté par décision du conseil municipal ou si la section d'investissement comporte un excédent, notamment après inscription des dotations aux amortissements et aux provisions (art. L.1612-7 CGCT).

Les deux sections ne sont pas totalement étanches, puisqu'il est possible de financer une partie des investissements par les recettes régulières de la section de fonctionnement : il s'agit là de l'autofinancement. Il se matérialise par une inscription, au sein des dépenses de la section de fonctionnement, d'un virement à la colonne « recettes » de la section d'investissement.

3. L'unité

Ce principe a pour fonction de permettre un contrôle efficace des budgets locaux. L'unité impose que le document budgétaire soit unique, de sorte que l'intégralité des dépenses et des recettes mobilisées dans le cadre de la gestion locale se retrouve dans le « budget général ».

Une légère altération de ce principe est toutefois imposée par la loi, lorsqu'elle oblige le budget des services publics industriels et commerciaux (SPIC) gérés par la collectivité à figurer, chacun, dans un document annexe. Cette séparation s'explique par la nécessité de pouvoir vérifier si le financement des SPIC est, comme l'impose la loi (art. L.2224-2 et L.3241-5 CGCT), assuré par l'usager (via la redevance qu'il paye en contrepartie du service) et non par le contribuable (les subventions publiques aux SPIC en provenance du budget général étant, sauf exceptions détaillées en leçon 15, interdites).

4. L'universalité

Ce principe, dans les budgets locaux comme dans le budget de l'État a deux aspects. D'une part, toutes les dépenses et toutes les recettes doivent figurer au budget, sans qu'il soit permis de présenter une compensation (ou « contraction ») entre elles, sous forme de « solde net ». D'autre part, l'universalité commande la non-affectation des recettes à telle ou telle catégorie de dépenses : toutes les recettes doivent pouvoir financer toutes les dépenses. On a déjà vu que les budgets locaux connaissaient une entorse à ce principe, en ce que les deux sections étaient relativement étanches : les recettes d'investissement ne peuvent financer que les dépenses d'investissement. De même, le système des budgets annexes emporte une étanchéité entre les recettes et les dépenses du service d'une part et les recettes et dépenses du budget général d'autre part.

5. La spécialité

La spécialité impose au budget d'affecter chaque autorisation de dépenses à un chapitre, puis, à l'intérieur des chapitres, à un article précis, de sorte que l'exécutif local, en charge d'exécuter le budget, soit véritablement contraint par une autorisation précisément ventilée.

Le système adopté par l'État par la loi organique relative aux lois de finances de 2001 (LOLF), qui permet l'adoption du budget par « missions » décomposées en « programmes », à l'intérieur desquels les crédits sont « fongibles » (c'est-à-dire qu'ils peuvent être déplacés par l'autorité en charge de la gestion) n'a pas été étendu aux collectivités locales.

Toutefois, hors les cas où l'assemblée délibérante aura spécifié que les crédits sont spécialisés par article, l'exécutif pourra effectuer des virements d'article à article à l'intérieur d'un même chapitre (L.2312-2, L.3312-3 et L.4311-1 CGCT), dans la limite, toutefois, du cinquième de la dotation par chapitre dans le cas des régions.

En tout état de cause, l'irrespect des affectations budgétaires décidées par l'assemblée délibérante au moment du vote du budget peut entraîner des conséquences pénales : la Cour de cassation a admis que le juge pénal condamne un président de conseil général pour détournement de fonds publics au motif que « des crédits, inscrits au budget de ce département au titre des dépenses obligatoires et destinés à des actions ayant pour objet l'insertion des personnes en difficulté, ont en définitive bénéficié à des associations sportives évoluant au niveau national, à des sportifs de haut niveau et à des associations ne proposant aucune activité particulière d'insertion » (Cass., crim., 4 mai 2006, n° 05-81.151).

B. La procédure

1. Le débat d'orientation budgétaire

Dans les communes d'au moins 3 500 habitants, les EPCI qui comprennent une commune d'au moins 3 500 habitants et dans les départements, un débat a obligatoirement lieu au sein de l'assemblée délibérante « sur les orientations générales du budget de l'exercice ainsi que sur les engagements pluriannuels envisagés », pendant les deux mois qui précèdent l'examen du budget (art. L.2312-1, L.5211-36 et L.3312-1 CGCT). Au sein des régions, ce débat porte sur les « orientations générales » du budget et doit être organisé dans les dix semaines qui précèdent l'examen du budget (art. L.4311-1 CGCT). Enfin, dans les communes et EPCI, le déroulement du débat d'orientation budgétaire doit faire l'objet d'un encadrement par le règlement intérieur.

La tenue de ce débat d'orientation budgétaire est indispensable à la légalité de la procédure budgétaire : son omission entraîne l'illégalité du budget finalement adopté. Si le législateur a entendu que ce débat ne se tienne pas trop en amont de l'examen du budget, le juge a censuré des cas dans lesquels le débat s'était tenu trop près de l'examen du budget. Ainsi, un débat d'orientation budgétaire ne peut se tenir le soir même du vote du budget, sauf à entraîner l'illégalité dudit budget (TA Versailles, 16 mars 2001, Lafon). L'exécutif doit être, en effet, en mesure d'intégrer, si nécessaire, les enseignements tirés du débat d'orientation, dans les documents budgétaires qu'il soumettra à l'assemblée délibérante.

Enfin, la tenue du débat d'orientation budgétaire n'exonère toutefois pas les exécutifs locaux de leur obligation traditionnelle d'information des élus de l'assemblée délibérante avant la séance au cours de laquelle le budget sera examiné et adopté (CE, 12 juillet 1995, Commune de Fontenay-le-Fleury, n° 157092).

2. L'adoption du budget

L'adoption du budget est soumise à une contrainte principale, tenant à sa date.

Ainsi, l'article L.1612-2 du CGCT prévoit que le budget primitif d'une collectivité doit être adopté avant le 31 mars de l'exercice concerné.

Toutefois, la date limite d'adoption des budgets peut être repoussée dans trois cas, également prévus par le Code. Tout d'abord, si les services de l'État ne communiquent pas, avant le 15 mars, les informations indispensables (par exemple le montant des dotations d'État allouées à la collectivité ou les bases prévisionnelles d'imposition auxquelles s'appliqueront les taux des taxes locales), alors la collectivité n'est pas tenue de respecter la date du 31 mars pour adopter son budget : elle disposera d'un délai de 15 jours à compter de la notification des informations nécessaires. Deuxièmement, la date limite est reportée au 15 avril l'année de renouvellement des assemblées délibérantes (par exemple en 2008, dans toutes les communes, du fait des élections municipales), les conseils régionaux disposant même, dans cette hypothèse, d'un délai supplémentaire au 30 avril. Enfin, si le budget de l'année précédente a été réglé d'office par le préfet, la date limite d'adoption du budget de l'année suivante est fixée au 1er juin, voire au 15 juin, s'il s'agit de surcroît de l'année de renouvellement des assemblées délibérantes.

Mais d'autres règles encadrent l'adoption des budgets locaux. Ainsi, le budget doit être voté par chapitre et, si l'assemblée délibérante l'exige, par article. De plus, le budget des communes d'au moins 10 000 habitants et le budget des départements sont votés soit par nature (c'est-à-dire par type de dépenses : personnel, fournitures, etc.), soit par fonction (c'est-à-dire par type d'activité ou de service : éducation, culture, etc.). Mais si le budget est voté par nature, il comporte une présentation fonctionnelle et s'il est voté par fonction, il comporte une présentation par nature. Le budget des communes de moins de 10 000 habitants est toujours voté par nature mais comporte, pour les communes d'au moins 3 500 habitants, une présentation fonctionnelle.

Enfin, la procédure budgétaire au sein des régions connaît un dispositif particulier. Suite aux difficultés rencontrées par les conseils régionaux, après les élections de 1998, pour dégager des majorités stables, la loi n° 99-36 du 19 janvier 1999 a instauré une procédure budgétaire spécifique dénommée « 49-3 régional » par référence à l'article de la Constitution qui permet l'adoption d'un projet de loi à la seule condition qu'une motion de censure contre le Gouvernement ne soit pas adoptée par le Parlement. Ainsi, l'article L.4311-1-1 CGCT indique que si le projet de budget régional a été rejeté avant le 20 mars, le président du conseil régional communique aux conseillers régionaux, dans les dix jours de ce rejet, un nouveau projet, élaboré sur la base du projet initial et adopté par le bureau du conseil régional. Ce projet de budget (ainsi que les projets de délibérations relatives aux taux qui lui sont jointes) sont « considérés comme adoptés à moins qu'une motion de renvoi, présentée par la majorité absolue des membres du conseil régional, ne soit adoptée à la même majorité ». Ce dispositif s'inspire également de la « motion de défiance constructive » du Parlement allemand puisque la motion de renvoi, si elle est déposée, doit comporter un projet alternatif de budget, des projets de délibérations relatives aux taxes… et le nom d'un candidat aux fonctions de président du conseil régional. Si la motion est adoptée, le budget alternatif est adopté, le candidat aux fonctions de président entre immédiatement en fonction et la commission permanente est renouvelée.

3. La modification du budget

Quasi-systématiquement, le premier budget adopté pour une année civile, dénommé « budget primitif » connaît, en cours d'année, des modifications. Sur le modèle des « lois de finances rectificatives » de l'État, un « budget supplémentaire » peut être adopté pour intégrer dans le budget les résultats de la gestion de l'année précédente. En effet, ces résultats ne sont définitivement connus qu'une fois que l'assemblée délibérante a adopté le compte de cette gestion, présenté par l'exécutif et appelé « compte administratif », au plus tard le 30 juin.

Les « décisions modificatives », communément appelées « DM », permettent à l'assemblée délibérante, en sus du budget supplémentaire, d'autoriser l'exécutif à engager des dépenses supplémentaires et à percevoir les recettes supplémentaires qui permettent de les financer.

Il est toutefois à noter que l'assemblée délibérante est dépossédée de sa compétence budgétaire lorsqu'une procédure de contrôle budgétaire aboutit à la saisine de la Chambre régionale des comptes, et ce jusqu'au terme du contrôle (cf. leçon 16).

II. L'exécution du budget

Si l'adoption du budget est une opération essentiellement interne à la collectivité, son exécution met très fréquemment en relation l'exécutif local avec l'État, qu'il s'agisse de la perception effective des recettes (A) ou de la procédure de dépense (B).

On notera que l'exécution budgétaire est retracée dans la comptabilité de chaque collectivité, qui est tenue conformément à une nomenclature précise, portée par des instructions budgétaires et comptables arrêtées au niveau national : ces instructions sont communément désignées par les termes M14 (pour les communes et les EPCI), M52 (pour les départements) et M71 (instruction provisoire pour les régions). Ces comptabilités s'inspirent grandement du plan comptable général utilisé par les entreprises et permettent de porter une analyse sur la situation financière de chaque collectivité.

A. Les recettes

En plus de l'emprunt, auquel les collectivités ont librement accès, et des redevances que les collectivités perçoivent de la part des usagers de leurs services, les recettes des collectivités sont principalement composées d'impositions, de dotations et de produits financiers.

Les recettes fiscales constituent la première ressource des collectivités territoriales, à hauteur de 106 milliards d'euros en 2008 (72 milliards en 1999) dont 28 milliards au titre de la seule taxe professionnelle, à comparer avec les 58 milliards d'euros que fournit à l'État l'impôt sur le revenu. Les dotations versées par l'État aux collectivités et aux EPCI représentent, cette même année, 53 milliards d'euros (30 milliards en 1999). Les autres recettes de fonctionnement (recettes tarifaires qui proviennent de la vente de biens ou de services aux usagers et subventions) s'élèvent à 29 milliards d'euros (19 milliards en 1999). Enfin, les emprunts nouveaux contractés en 2008 ont permis aux collectivités de lever 21 milliards d'euros supplémentaires (10 milliards en 1999).

1. Les impôts locaux

a. À chaque collectivité son panier d'impôt

Les collectivités locales perçoivent le produit de très nombreuses impositions, au point qu'il peut paraître fastidieux de les énumérer toutes. L'« inventaire général des impôts locaux », publié par le ministère de l'Intérieur, en dénombrait 51 en 2003.

Les communes perçoivent essentiellement les « quatre vieilles » : la taxe d'habitation, acquittée par tout occupant au 1er janvier d'un local d'habitation, la taxe professionnelle, payée par les entreprises sur la valeur de leurs immobilisations, avec une cotisation minimale de 1,5 % de leur valeur ajoutée et une cotisation maximale égale à 3,5 % de cette même valeur ajoutée, la taxe foncière sur les propriétés bâties et la taxe foncière sur les propriétés non bâties, dont sont redevables les propriétaires de biens immobiliers. Mais les communes perçoivent également la taxe d'enlèvement des ordures ménagères, ainsi qu'une myriade d'impôts spécifiquement communaux (taxe de balayage, taxe de trottoirs, taxe de pavage, taxe sur les emplacements publicitaires, etc.).

Les établissements publics de coopération intercommunale (EPCI) à fiscalité propre (les trois types de communautés et les syndicats d'agglomération nouvelle) perçoivent soit une « fiscalité additionnelle » à celle des communes, en votant un taux supplémentaire sur les quatre vieilles, soit la taxe professionnelle unique (en lieu et place, alors, des communes membres), soit une fiscalité composée à la fois de la taxe professionnelle unique et d'une fiscalité additionnelle (ce système est alors appelé « fiscalité mixte »). De plus, la taxe d'enlèvement des ordures ménagères sera perçue par l'EPCI si ce dernier s'est vu transférer compétence en la matière.

En plus d'impôts à très faible rendement, les départements perçoivent les quatre vieilles (à l'exception de la taxe foncière sur les propriétés non bâties lorsque lesdites propriétés sont agricoles), ainsi qu'une part de deux impôts, en compensation du transfert récent de compétences de la part de l'État : une part du produit de la taxe intérieure sur les produits pétroliers (TIPP) et une part de la taxe spéciale sur les conventions d'assurance (TSCA).

Enfin, les régions votent un taux de taxe professionnelle, de taxe foncière sur les propriétés bâties et de taxe foncière sur les propriétés non bâties (à l'exception, comme pour le département, des propriétés non bâties agricoles), mais ne perçoivent plus de taxe d'habitation depuis la loi de finances rectificative pour 2000 du 13 juillet 2000.

b. L'encadrement des taux

Non seulement les collectivités territoriales ne peuvent créer un impôt qui soit propre à leur territoire, l'article 34 de la Constitution confiant au seul législateur le soin de fixer les règles concernant l'assiette, le taux et les modalités de recouvrement des impositions de toutes natures, mais encore la compétence des collectivités territoriales pour voter le taux des impôts qu'elles perçoivent (reconnue par la loi du 10 janvier 1980) est encadrée.

Ainsi, le taux de taxe d'habitation et des deux taxes foncières voté par chaque commune ne peut pas dépasser 2,5 fois le taux moyen national (ou le taux moyen départemental s'il est plus élevé) pratiqué par les communes l'année précédente.

Le taux de taxe professionnelle est limité à 2 fois le taux moyen national de l'année précédente pratiqué par la catégorie de collectivité concernée, aussi bien pour les communes que, cette fois, pour les départements et les régions.

Ces règles de plafonnement du taux sont destinées à éviter une trop grande disparité entre collectivités. Elles n'atteignent que partiellement leur objectif, dans la mesure où aucun taux « plancher », minimum, n'est prévu. Ainsi, à titre d'illustration, en 2008, le taux de taxe d'habitation est de 5 % à Neuilly-sur-Seine (Hauts-de-Seine) et de 20 % à Clichy-sous-Bois (Seine-Saint-Denis). De même, le taux de taxe professionnelle est de 3 % à Marnes-la-Coquette (Hauts-de-Seine) contre 30 % à Montreuil (Seine-Saint-Denis).

En plus de ces règles de plafonnement par rapport aux moyennes nationale ou départementale, le législateur a institué des règles de lien entre les taux d'une même collectivité (articles 1636 B sexies et suivants du Code général des impôts). L'objectif est ici d'éviter qu'une collectivité, pour attirer des activités économiques, réduise son taux de taxe professionnelle et augmente le taux des autres impôts, aboutissant à ce que les ménages supportent l'essentiel de la charge fiscale.

Ainsi, à l'origine, en 1980, le taux de taxe professionnelle ne pouvait augmenter plus vite et devait baisser au moins dans la même proportion que les taux des impôts ménages. La loi de finances pour 2003 a toutefois permis aux collectivités territoriales et aux EPCI à fiscalité propre d'augmenter leur taux de taxe professionnelle dans la limite d'une fois et demie l'augmentation du taux de taxe d'habitation ou, si elle est moins élevée, du taux moyen pondéré des taxes d'habitation et des deux taxes foncières (le taux moyen pondéré est calculé en affectant à chacune des trois taxes une importance différente en fonction de leur produit respectif).

c. Le rôle de l'État

Si les collectivités « lèvent » l'impôt, puisqu'elles votent les taux et perçoivent les produits, pour autant c'est l'État qui est chargé de calculer l'assiette des impositions locales (par exemple, la valeur locative d'un appartement, servant de base au calcul de la taxe foncière due par le propriétaire). Or l'une des critiques principales adressées au système actuel des impôts locaux consiste dans la vétusté des bases prises en compte pour le calcul de l'impôt dû par chaque contribuable. Ainsi, la valeur locative cadastrale de tous les biens imposés a fait l'objet d'une révision complète, pour la dernière fois, en 1961 en ce qui concerne les propriétés non bâties et en 1970 pour les propriétés bâties. Certes, chaque année, cette valeur est réévaluée par la loi de finances, mais de manière uniforme pour toutes les propriétés, alors même que les opérations de rénovation urbaine (des centres-villes notamment), ou, à l'inverse, les phénomènes de dégradation de l'environnement urbain (dans certaines communes périurbaines), ont abouti à profondément modifier la valeur cadastrale relative des propriétés. Une révision générale avait été engagée par la loi en 1990 et opérée dans les années qui suivirent. Ses résultats n'ont toutefois jamais été pris en compte, afin d'éviter des hausses brusques du niveau d'imposition de certains contribuables... C'est pourquoi il est régulièrement proposé que les collectivités territoriales décident seules d'une actualisation des bases fiscales sur leur territoire. Le rapport Mauroy de 2000 envisageait cette hypothèse. Plus récemment, la mission sénatoriale chargée en 2009 d'une réflexion sur la réorganisation territoriale a considéré, dans son rapport d'étape, que « les grandes collectivités auraient les capacités humaines et techniques pour travailler sur les bases d'imposition et assurer ainsi une meilleure et plus juste répartition de l'effort fiscal. Plusieurs collectivités ont ainsi effectué des études sur les bases de taxe professionnelle et ont transmis aux services de l'État les résultats de ces contrôles, ce qui a pu permettre d'augmenter la base d'imposition » (Rapport d'information n° 264 d'Yves Krattinger et Jacqueline Gourault, du 11 mars 2009).

De même, c'est l'État qui prélève dans les faits l'impôt dû par les contribuables locaux, au nom du principe d'« unité de caisse », avant de le reverser sur le compte de chaque collectivité. En contrepartie de cette prestation, l'État prélève un pourcentage des produits perçus.

En troisième lieu, il est désormais coutume de présenter l'État comme « le premier contribuable local », dans la mesure où, en plus des dotations de fonctionnement qu'il verse aux collectivités, il compense auprès d'elles la perte de recettes qu'engendrent les décisions d'exonérations et d'abattement prises par le législateur.

2. Les dotations

À l'exception des versements assurés par l'État aux collectivités au titre du dégrèvement d'impôts locaux décidés par le législateur et des subventions ponctuelles versées par les ministères (au montant de 1,5 milliard d'euros), tous les concours financiers de l'État sont désormais intégrés dans une « enveloppe normée », signifiant que leur évolution annuelle est encadrée. Après avoir conclu avec les collectivités un « pacte de stabilité » (1996), puis un « contrat de croissance et de solidarité » (1999) à la faveur duquel les dotations d'État étaient indexées chaque année sur l'inflation et la croissance du PIB, l'État n'augmente plus, en principe, ses concours qu'à hauteur du taux d'inflation prévisionnelle retenu dans la loi de finances (sauf en 2009 où le taux prévisionnel retenu fut finalement de 1,5 % et le taux de progression de l'enveloppe normée de 2 %).

À l'intérieur de cette enveloppe normée, se trouvent des dotations de fonctionnement et des dotations d'investissement.

La plus importante des dotations de fonctionnement est la Dotation globale de fonctionnement (DGF), représentant 40 milliards d'euros en 2008. À sa création en 1979, la Dotation globale de fonctionnement constituait un dispositif innovant et décentralisateur, dans la mesure où elle devenait, à la différence des précédentes dotations versées aux collectivités par l'État, libre d'emploi. Elle est aujourd'hui versée à toutes les collectivités territoriales, afin d'assurer, comme son nom l'indique, leur fonctionnement courant.

En ce qui concerne les communes, la DGF est composée de deux sous-dotations (articles L.2334-1 et suivants du CGCT) : d'une part une dotation forfaitaire, calculée essentiellement en fonction de la population et marginalement en fonction de la superficie et versée mensuellement et, d'autre part, une dotation d'aménagement, elle-même composée d'une dotation au bénéfice des groupements de communes et de trois outils de péréquation (c'est-à-dire de correction des inégalités entre collectivités, par la prise en compte de leurs charges propres et de leur potentiel financier par habitant), à savoir la dotation nationale de péréquation (DNP), la dotation de solidarité urbaine et de cohésion sociale (DSU) et la dotation de solidarité rurale (DSR). Ces outils de péréquation ne pourraient plus être supprimés sans être remplacés par d'autres instruments de redistribution, dans la mesure où, depuis la révision constitutionnelle du 28 mars 2003, l'article 72-2 de la Constitution dispose que « la loi prévoit des dispositifs de péréquation destinés à favoriser l'égalité entre les collectivités territoriales ».

Plus simplement, les départements reçoivent une dotation forfaitaire, une dotation de péréquation et des dotations de compensation consécutives au transfert de compétences, l'ensemble de ces sommes évoluant comme la dotation globale de fonctionnement mise en répartition (art. L.3334-1 CGCT).

Enfin, depuis la loi de finances pour 2004, les régions bénéficient également d'une dotation globale de fonctionnement (art. L.4332-4 CGCT), composée d'une dotation forfaitaire (qui intègre certaines compensations que l'État leur versait jusqu'alors en contrepartie des suppressions totales ou partielles d'impôts locaux dont il avait pris l'initiative) et d'une dotation de péréquation, qui ne bénéficie qu'aux régions d'outre-mer et aux régions métropolitaines dont le potentiel fiscal par habitant est inférieur d'au moins 15 % au potentiel fiscal moyen par habitant de l'ensemble des régions.

Chaque année en février, la ventilation de la DGF entre ses différentes composantes fait l'objet d'un arbitrage par le Comité des finances locales (cf. Pour gagner des points). Par exemple, la dotation forfaitaire de chaque région évolue chaque année selon un taux de progression fixé par le Comité des finances locales entre 60 % et 90 % du taux de progression de l'ensemble des ressources de la dotation globale de fonctionnement.

En plus de la DGF, l'État verse une dotation globale de décentralisation (DGD) permettant, à l'origine, de compenser les transferts de charge consécutifs aux transferts de compétence, de l'État vers les collectivités, que la loi avait prononcés. Néanmoins la DGF a absorbé nombre d'outils de compensation et, dorénavant, la compensation de transferts de charge est fréquemment assurée par le transfert aux collectivités d'une partie du produit d'impôts (TIPP et TSCA) et non plus par le versement d'une dotation. La DGD ne représente plus que 1,4 milliard d'euros chaque année. À l'occasion toutefois du transfert de la compétence « formation professionnelle », une DGD a été spécialement créée pour compenser les charges afférentes : elle est dotée de 1,6 milliard d'euros dans la loi de finances pour 2009. Une dotation de compensation de la taxe professionnelle (DCTP) est également servie aux collectivités, afin de compenser, notamment, les effets de la suppression de la part « salaires » de la taxe professionnelle, décidée par la loi de finances pour 1999. Mais cette DCTP sert désormais de « variable d'ajustement » pour permettre le respect du taux de progression de l'ensemble de l'enveloppe normée : déjà réduite à 600 millions d'euros, elle est condamnée à disparaître à court terme.

L'enveloppe normée comprend également des dotations d'investissement : dotation départementale d'équipement des collèges (DDEC), dotation régionale d'équipement scolaire (DRES) et dotation globale d'équipement (DGE) qui représentent, à elles trois, moins de 2 milliards d'euros. La loi de finances pour 2009 a opéré une innovation très contestée, consistant dans l'intégration, au sein de l'enveloppe normée, du fonds de compensation pour la taxe sur la valeur ajoutée (FCTVA). Ce fonds, dont les conditions d'éligibilité sont prévues aux articles L.1615-1 et suivants du Code général des collectivités territoriales, permet de rembourser aux collectivités la TVA qu'elles ont acquittée sur leurs achats mais qu'elles ne peuvent pas, dans la plupart des cas et à la différence des entreprises privées, répercuter sur l'utilisateur final. Pour cette raison, les élus locaux considèrent que le fonds ne constitue pas à proprement parler un « concours de l'État aux collectivités locales » mais un remboursement de droit. L'intégration de ce fonds dans l'enveloppe normée, qui ne peut globalement augmenter plus vite que l'inflation, est apparue d'autant plus injustifiée que les collectivités territoriales se trouvent mécaniquement handicapées par les investissements qu'elles consentent. En effet, plus les collectivités investissent, plus le montant du FCTVA augmente et donc plus les autres concours de l'État aux collectivités doivent baisser afin de respecter la norme globale d'augmentation…

3. Les produits financiers

Il peut paraître étonnant que les collectivités locales perçoivent des produits financiers, dans la mesure où, en principe, l'État recueille obligatoirement leurs fonds, sans qu'un tel dépôt soit rémunéré. Les collectivités sont, en effet, soumises à une obligation de dépôt de leurs liquidités auprès du Trésor. Ces fonds ne sont pas rémunérés par l'État, en contrepartie de l'avance que l'État accorde, chaque mois et par douzième, à toute collectivité sur le produit annuel des impôts locaux.

Mais cette obligation de dépôt des fonds des collectivités territoriales auprès de l'État a connu un assouplissement très important à l'occasion de la loi de finances pour 2004. Désormais, les collectivités territoriales, sur autorisation de l'assemblée délibérante (ou par délégation de l'assemblée délibérante accordée à l'exécutif), peuvent placer leurs fonds en titres émis ou garantis par les États de la Communauté européenne ou de l'Espace économique européen, et libellés en euros, dès lors que ces fonds proviennent de quatre types de ressources énumérées aux articles L.1618-2 et R.1618-1 du CGCT. Il s'agit des libéralités, de l'aliénation d'un élément de leur patrimoine, d'emprunts dont l'emploi est différé pour des raisons indépendantes de la volonté de la collectivité, des indemnités d'assurance, des sommes perçues à l'occasion d'un litige, des recettes tirées de la vente de biens suite à une catastrophe naturelle, enfin des dédits et pénalités reçus à l'issue d'un contrat.

4. Le recouvrement des créances

À l'exception du produit des impôts et des dotations directement versées par l'État, le recouvrement des créances dont dispose la collectivité sur des tiers donne lieu à l'émission, par le maire ou le président, d'un « titre de recettes », constatant la créance, fixant son montant et exigeant le paiement. Ce titre de recettes est composé de quatre volets dont un est notifié, par lettre simple, au débiteur, un est transmis au comptable public pour qu'il poursuive le recouvrement et un est annexé au compte administratif de l'ordonnateur (maire ou président).

En l'absence de contestation, le titre de recettes émis par la collectivité territoriale permet l'exécution forcée d'office contre le débiteur, y compris, depuis la loi de finances rectificative pour 2004, par la voie de l'opposition à tiers détenteur adressée aux personnes physiques ou morales qui détiennent des fonds pour le compte de redevables, qui ont une dette envers lui ou qui lui versent une rémunération.

Toutefois, et c'est un cas particulier en droit administratif, l'introduction devant une juridiction de l'instance ayant pour objet de contester le bien-fondé d'une créance assise et liquidée par une collectivité territoriale suspend la force exécutoire du titre. Il ne pourra donc être exécuté par le comptable public qu'à l'issue de la procédure contentieuse.

B. Les dépenses

Du côté des dépenses, l'encadrement légal et l'intervention de l'État se révèlent tout aussi incontournables qu'en matière de recettes : non seulement la loi met à la charge des collectivités des dépenses obligatoires (1.), mais c'est le comptable public, agent du Trésor public et non pas agent de la collectivité, qui procède au paiement de toutes les sommes dues par les collectivités (2.)

1. Les dépenses obligatoires

L'article L.2321-2 du CGCT qualifie d'obligatoires pour les communes 30 catégories de dépenses, qu'il liste. En plus du remboursement des emprunts et l'acquittement des dettes exigibles, y figurent des dépenses permettant d'assurer le fonctionnement matériel des services (l'entretien de l'hôtel de ville, les frais de bureau et d'impression pour le service de la commune, les frais de conservation des archives communales et du recueil des actes administratifs du département et, pour les communes chefs-lieux de canton, les frais de conservation du Journal officiel), celles afférentes aux ressources humaines de la collectivité (indemnité de fonctions et cotisations sociales pour les élus, rémunération et contributions sociales pour les agents communaux) ainsi que les dépenses afférentes à certains services publics (éducation nationale, livrets de famille, clôture et entretien des cimetières, démoustication, assainissement collectif, entretien des voies communales, gestion des aires d'accueil des gens du voyage, par exemple).

Les départements et les régions doivent obligatoirement, selon le même principe, prendre à leur charge les dépenses indiquées respectivement aux articles L.3321-1 CGCT et L.4321-1 CGCT, à savoir les dépenses relatives au fonctionnement des organes délibérants et à l'entretien de l'hôtel du département ou de région et les mêmes frais que la commune en matière de ressources humaines (élus et agents), de remboursement de l'emprunt et de paiement des dettes exigibles. S'y ajoutent les obligations tirées des compétences propres. Pour le département, il s'agit pour l'essentiel des dépenses de fonctionnement, de construction et de grosses réparations des collèges, liées à l'organisation des transports scolaires, relatives à l'action sociale, à la santé et à l'insertion, dont l'allocation personnalisée d'autonomie, la participation au service départemental d'incendie et de secours, enfin les dépenses d'entretien et de construction des ports maritimes de commerce et de pêche et de la voirie départementale. Pour les régions, seules sont mentionnées, en propre, les dépenses dont elles ont la charge en matière d'éducation nationale.

2. La procédure de dépenses

La dépense ne peut évidemment avoir lieu que si les crédits correspondants ont été prévus au budget de l'année. Une nuance doit toutefois être apportée à ce principe général : en vertu de l'article L.1612-1 du CGCT, l'exécutif local peut mandater des dépenses entre le 1er janvier d'une année civile et l'adoption du nouveau budget qui peut intervenir, comme on l'a vu, au printemps. Au cours de cette période transitoire, l'exécutif local est en droit de mettre en recouvrement les recettes et d'ordonner les dépenses de la section de fonctionnement dans la limite de celles inscrites au budget de l'année précédente, mandater les dépenses afférentes au remboursement en capital des annuités de la dette venant à échéance avant le vote du budget et, sur autorisation de l'organe délibérant, ordonner les dépenses d'investissement, dans la limite du quart des crédits ouverts au budget de l'exercice précédent (non compris les crédits afférents au remboursement de la dette). Les crédits correspondants, même déjà consommés, seront inscrits au budget lors de son adoption.

En tout état de cause, l'application du budget est gouvernée par le principe de séparation des ordonnateurs et des comptables. Ce principe est énoncé et organisé, pour tout organisme public dont les collectivités territoriales, par le décret n° 62-1587 du 29 décembre 1962 portant règlement général de la comptabilité publique, qui dispose notamment que « les fonctions d'ordonnateur et celles de comptable public sont incompatibles » (article 20). En pratique, au sein des collectivités territoriales comme de leurs groupements, l'ordonnateur est le maire ou le président et le comptable est un agent du Trésor public, placé sous l'autorité du Trésorier-payeur général, rattaché à la Direction des Finances publiques du ministère du Budget, c'est-à-dire de l'État. Le comptable est personnellement et pécuniairement responsable des fonds dont il a la garde et de la régularité des opérations auxquelles il procède (par exemple, CE, 28 juillet 2004, ministre de l'Économie, des Finances et de l'Industrie, n° 244405). Ce principe de séparation de l'ordonnateur et du comptable a pour justification la protection des deniers publics : comme s'il fallait deux clés pour ouvrir un coffre, il faudra l'interaction de deux personnes distinctes pour procéder, in fine, au décaissement des sommes appartenant à la collectivité.

Ainsi, chaque dépense publique locale va donner lieu à quatre phases successives : l'engagement, la liquidation, l'ordonnancement et le paiement, les trois premières relevant de la compétence exclusive de l'ordonnateur, la dernière de la compétence exclusive du comptable public.

L'engagement est « l'acte par lequel un organisme public crée ou constate à son encontre une obligation de laquelle résultera une charge » (article 29 du décret de 1962). La passation d'un marché public, par exemple, engage au nom de la collectivité une dépense. Afin de connaître en permanence l'état des engagements en cours, la loi oblige les ordonnateurs à tenir une « comptabilité des dépenses engagées » (pour les communes, les départements et les régions respectivement aux articles L.2342-2, L.3341-1 et L.4341-1 CGCT, un arrêté du 26 avril 1996 du ministre de l'Économie et du ministre de la Fonction publique en détaillant les modalités).

La liquidation a pour objet de « vérifier la réalité de la dette et d'arrêter le montant de la dépense » (article 30 du décret de 1962). Elle est faite au vu des titres établissant les droits acquis aux créanciers.

L'ordonnancement est « l'acte administratif donnant, conformément aux résultats de la liquidation, l'ordre de payer la dette de l'organisme public » (article 31 du décret de 1962). Également appelé « mandat de paiement », cet acte saisit le comptable d'une demande de décaissement des fonds de la collectivité.

Le paiement, enfin, est « l'acte par lequel l'organisme public se libère de sa dette » (article 33 du décret de 1962). Il échoit au comptable public, qui procède toutefois, avant de payer, aux contrôles qui lui incombent. Ainsi, l'article 12 du décret de 1962 dispose qu'en matière de dépenses, le comptable public est tenu de procéder au contrôle de la qualité de l'ordonnateur, de la disponibilité des crédits, de l'exacte imputation des dépenses aux chapitres qu'elles concernent selon leur nature ou leur objet, du caractère libératoire qu'aura le règlement mais également de la validité de la créance. Sur ce dernier point, le contrôle porte (article 13 du décret de 1962) sur la justification du service fait par le créancier, l'exactitude des calculs de liquidation opérés par l'ordonnateur, l'intervention préalable des contrôles réglementaires et l'application des règles de prescription et de déchéance.

À ce stade, une dissension peut surgir entre l'ordonnateur, qui a ordonné le paiement, et le comptable, qui refuserait d'y procéder et déciderait de suspendre le paiement. Le comptable public d'une collectivité locale est toutefois tenu de motiver la suspension du paiement et il ne peut la justifier par une appréciation de l'opportunité des décisions prises par l'ordonnateur (article L.1617-2 CGCT). Si le comptable suspend néanmoins le paiement, l'ordonnateur peut passer outre, en exerçant son pouvoir de réquisition du comptable (article L.1617-3 CGCT). L'ordre de réquisition est alors notifié à la Chambre régionale des comptes et transmis au préfet. Le comptable est tenu d'exécuter l'ordre sauf si les fonds sont insuffisants, l'imputation budgétaire est irrégulière, la justification du service fait totalement absente ou le paiement non libératoire. En tout état de cause, par l'ordre de réquisition, l'ordonnateur engage sa responsabilité personnelle (cf. leçon 21).

Repères

- **Article L.1612-4 du CGCT** : les budgets locaux doivent être adoptés en équilibre réel
- **Articles L.2312-1, L.5211-36, L.3312-1 et L.4311-1 du CGCT** : un débat d'orientation budgétaire doit avoir lieu préalablement à l'adoption du budget, dans les communes d'au moins 3 500 habitants, les EPCI comprenant une commune d'au moins 3 500 habitants, les départements et les régions.
- **Article L.1618-2 du CGCT** : les fonds détenus par les collectivités doivent être, sauf exceptions, déposés au Trésor public.
- **Articles L.2321-2, L.3321-1 et L.4321-1 du CGCT** : la loi énumère les dépenses obligatoires de chaque catégorie de collectivités.
- **Article L.1617-3 du CGCT** : un ordonnateur local peut réquisitionner le comptable public pour qu'il procède au paiement.

Pour gagner des points

Le Comité des finances locales

Créé, en même temps que la Dotation globale de fonctionnement, par la loi n° 79-15 du 3 janvier 1979, le Comité des finances locales (CFL) est une institution permettant la participation des élus locaux aux décisions nationales relatives aux finances des collectivités.

Désormais régi par les articles L.1211-1 à L.1211-5 du Code général des collectivités territoriales, le Comité des finances locales rassemble des parlementaires, des représentants de l'État et des représentants des différentes catégories de collectivités territoriales, élus par leurs pairs réunis par collège (présidents de conseils régionaux, présidents de conseils généraux, présidents d'EPCI et maires).

Composition

Précisément, il est composé de deux députés élus par l'Assemblée nationale, deux sénateurs élus par le Sénat, deux présidents de conseils régionaux, quatre présidents de conseils généraux, sept présidents d'EPCI (dont un pour les communautés urbaines, un pour les communautés d'agglomération, un pour les communautés de communes ayant opté pour la taxe professionnelle unique, deux pour les communautés de communes n'ayant pas opté pour la taxe professionnelle unique, un pour les syndicats et un pour les syndicats d'agglomération nouvelle), quinze maires (dont un au moins pour les départements d'outre-mer, un pour les collectivités d'outre-mer ainsi que la Nouvelle-Calédonie, un pour les communes situées en zone de montagne, un pour les communes situées en zone littorale, un pour les communes touristiques et trois pour les communes de moins de 2 000 habitants), enfin onze représentants de l'État désignés par décret.

Il est présidé par un élu désigné par le comité en son sein. En 2009, cette présidence est exercée par le député Gilles Carrez, par ailleurs rapporteur général du Budget à l'Assemblée nationale.

Le comité est renouvelable tous les trois ans. Sont élus, en même temps que les membres titulaires et selon les mêmes modalités (c'est-à-dire sur la base d'un collège par catégorie de collectivités), des suppléants appelés à les remplacer en cas d'empêchement temporaire ou de vacance définitive, pour quelque cause que ce soit.

Missions

À titre principal, le Comité des finances locales contrôle la répartition de la Dotation globale de fonctionnement, et décide, dans les marges fixées par la loi et pour le montant voté en loi de finances, de sa répartition entre les différentes sous-dotations.

Mais le Comité assure également une importante fonction consultative. Il peut, à ce titre, être amené à se prononcer sur tout projet de loi et tout projet d'amendement du Gouvernement. Sa consultation est obligatoire sur tout projet de décret à caractère financier concernant les collectivités locales.

Enfin, le Comité est une source d'expertise et de proposition. Pour exercer ce rôle, le Comité peut se réunir en trois types de formations restreintes :

- l'Observatoire des finances locales, chargé de fournir au Gouvernement et au Parlement les analyses nécessaires à l'élaboration des dispositions du projet de loi de finances intéressant les collectivités locales. Il établit chaque année, sur la base des comptes administratifs qui lui sont communiqués, un rapport sur la situation financière des collectivités locales. Dans un cadre pluriannuel, il a la charge de la réalisation d'études sur les facteurs d'évolution de la dépense locale, qui font l'objet d'un rapport au Gouvernement ;
- la Commission consultative sur l'évaluation des charges, présidée par un représentant des collectivités territoriales, est obligatoirement consultée sur les modalités d'évaluation et sur le montant de la compensation des transferts de compétences entre l'État et les collectivités territoriales. À chaque nouveau transfert de compétences, la Commission consultative sur l'évaluation des charges réunit, à parité, les représentants de l'État et ceux de la catégorie de collectivités territoriales concernée par le transfert ;
- la Commission consultative d'évaluation des normes, créée par la loi de finances rectificative pour 2007 du 25 décembre 2007. Également présidée par un représentant des collectivités territoriales, elle est consultée sur l'impact financier des mesures réglementaires créant ou modifiant des normes à caractère obligatoire, préalablement à leur adoption. Elle est également chargée d'émettre un avis sur les propositions de textes communautaires ayant un impact technique et financier sur les collectivités territoriales et leurs établissements publics.

Leçon 15
Les services publics locaux

- I. La qualification du service
- II. Les modes de gestion du service

I. La qualification du service

A. Le service public

En dehors des cas où la loi proclame la qualité de « service public » d'une activité particulière (c'est le cas notamment des activités mentionnées dans le livre IV, intitulé « services publics locaux », de la première partie du Code général des collectivités territoriales, qui cite les archives publiques ou les services d'incendie et de secours), il est d'usage de reconnaître un service public en présence d'une activité d'intérêt général (critère fonctionnel, dont la définition demeure toutefois mouvante, au gré de la jurisprudence) dont une personne publique aura décidé d'assurer l'exercice (critère organique).

La définition synthétique d'André de Laubadère dans son *Traité de droit administratif* demeure ainsi la plus juste : le service public est une « activité assurée par une collectivité publique en vue de donner satisfaction à un besoin d'intérêt général ». Elle doit être seulement expliquée à la marge : la collectivité publique pourra déléguer la gestion du service à une entreprise privée sans que l'activité perde sa qualité de service public, dès lors que la collectivité publique demeure l'autorité organisatrice de cette activité, le délégataire n'agissant qu'en vertu d'une autorisation expresse ou d'un contrat, et dans le respect d'un cahier des charges exigeant, élaboré en amont par la collectivité.

B. Services publics administratifs et services publics industriels et commercaux

À cette aune, les services publics assurés par les collectivités territoriales sont si nombreux qu'il pourra paraître fastidieux, voire vain, de prétendre en exposer une liste exhaustive. En sus des services publics assurés au nom de l'État (état civil, police judiciaire, organisation des élections, notamment), les organes des collectivités territoriales ont la charge de services publics spécifiquement locaux, dont certains relèvent de la catégorie des services publics « administratifs » (entretien des voies, action sociale, enseignement et formation professionnelle, bibliothèques, archives, services d'incendie et de secours par exemple) et d'autres de la catégorie des services publics « industriels et commerciaux » (eau, assainissement, transports, pompes funèbres, restauration scolaire, parcs de stationnement, notamment).

1. Les critères de la distinction

Les SPIC, au niveau local comme au niveau national, se reconnaissent par le fait qu'ils sont susceptibles d'être exercés, en dehors de toute intervention publique, par des entreprises privées selon les mécanismes du marché. Comme l'indique l'article L.2221-1 du Code général des collectivités territoriales, « sont considérées comme industrielles ou commerciales les exploitations susceptibles d'être gérées par des entreprises privées ». Précisément, deux critères cumulatifs sont, dans le silence de la loi, mobilisés pour reconnaître un SPIC : un critère fonctionnel (une activité de production de biens ou de services susceptible d'être exercée par une entreprise privée) et un critère organisationnel (un fonctionnement et un mode de financement similaire à celui d'une entreprise privée). Le mode de financement peut parfois, in fine, décider de la qualification du service public. Ainsi, le service public de l'enlèvement des ordures ménagères sera qualifié de SPA s'il est financé par le budget général de la collectivité ou par la taxe d'enlèvement des ordures ménagères (TEOM), c'est-à-dire dans ces deux cas par le contribuable, mais sera qualifié de SPIC s'il est financé par la redevance (REOM), c'est-à-dire par l'usager.

Il n'en reste pas moins des activités d'intérêt général qui constituent des services publics dès lors qu'une collectivité publique décide de les assurer, ou du moins de les organiser.

2. Les conséquences de la distinction

La qualification de service public industriel et commercial (SPIC) et non de service public administratif (SPA) emporte quatre conséquences principales : la soumission du personnel au droit du travail (et non aux règles applicables aux agents publics, à l'exception du directeur et du comptable du service), la soumission au droit commun des relations entre le service et l'usager, l'illégalité de certaines discriminations tarifaires (cf. ci-dessous Pour gagner des points) enfin l'obligation d'équilibrer le budget du service par les recettes de son exploitation, et non par le budget général de l'organisme public qui en assure l'organisation ou l'exercice (articles L.2224-1 du CGCT pour les communes et leurs groupements).

Toutefois, après avoir posé en principe qu'il est interdit aux communes de prendre en charge dans leur budget propre des dépenses au titre des SPIC, l'article L.2224-2 du CGCT prévoit que le conseil municipal peut décider une telle prise en charge, par une délibération motivée et chiffrée, dans six cas limitatifs :

- lorsque les exigences du service public conduisent la collectivité à imposer des contraintes particulières de fonctionnement (telles que des horaires d'ouverture particulièrement larges),
- lorsque le fonctionnement du service public exige la réalisation d'investissements qui, en raison de leur importance et eu égard au nombre d'usagers, ne peuvent être financés sans augmentation excessive des tarifs (ainsi d'une station d'épuration ne fonctionnant que pour un hameau),
- lorsque, après la période de réglementation des prix, la suppression de toute prise en charge par le budget de la commune aurait pour conséquence une hausse excessive des tarifs,
- dans le cas des services publics d'assainissement non collectif (SPANC), lors de leur création et pour une durée limitée au maximum aux cinq premiers exercices (et non plus seulement aux quatre premiers exercices, depuis la loi de finances pour 2009),
- dans le cadre du service public d'élimination des déchets ménagers et assimilés, lors de l'institution de la redevance d'enlèvement des ordures ménagères et pour une durée limitée au maximum aux quatre premiers exercices,
- enfin, seulement dans les communes de moins de 3 000 habitants et les établissements publics de coopération intercommunale dont aucune commune membre

n'a plus de 3 000 habitants, dans le cas des services de distribution d'eau et d'assainissement.

Dans le cas des départements, l'équilibre du budget s'impose tout autant (article L.3241-4 CGCT) et ils ne peuvent prendre en charge dans leur budget propre que les dépenses résultant de traités ou de cahiers des charges dûment approuvés (article L.3241-5 CGCT) sans que les six dérogations prévues pour les communes ne leur soient ouvertes.

Concernant les régions, aucune disposition expresse du Code général des collectivités territoriales ne les contraint à assurer l'équilibre et l'autonomie des budgets des SPIC. Pour autant, non seulement l'intervention des régions en la matière est limitée, mais ces collectivités demeurent soumises, comme les autres, aux exigences du droit communautaire (article 86 du Traité instituant la Communauté européenne) qui prohibe le soutien à des activités économiques : dès lors que le service est délégué à une entreprise privée, la région ne pourra donc abonder financièrement l'exploitation que pour compenser strictement les coûts occasionnés par l'exécution des obligations de service public (le droit communautaire parle de « services d'intérêt économique général »), préalablement et précisément définies (CJCE, 24 juillet 2003, Altmark, n° C-280-00).

Enfin, une particularité doit être mentionnée, qui a trait au service public du transport intérieur public régulier de personnes (quel qu'en soit le mode) : l'article 7 de la loi d'orientation des transports intérieurs (LOTI) du 30 décembre 2002 prévoit que le financement de ce service est assuré par les usagers mais également « le cas échéant par les collectivités publiques », ce qui constitue une exception au principe de financement exclusif d'un SPIC par l'usager. Les transports scolaires sont, quant à eux, qualifiés par la jurisprudence de SPA et échappent donc, en tout état de cause, à ces considérations (Tribunal des conflits, 23 juin 2003, Société GAN Eurocourtage, n° C3360).

C. Services publics et liberté du commerce et de l'industrie

Cette distinction entre SPA et SPIC ne recoupe pas une autre distinction qu'il convient de garder en tête entre, d'une part, les services publics que la loi impose aux collectivités territoriales d'exercer (ou de déléguer sous son contrôle), dénommés « services publics obligatoires » et, d'autre part, les services publics qu'on pourra appeler qualifier d'optionnels ou de facultatifs, dont la loi reconnaît l'existence, tout en laissant aux organes délibérants des collectivités territoriales la faculté de les mettre en place, ou non.

Ainsi, par exemple, la loi fait obligation aux communes d'assurer l'assainissement des eaux usées (art. L.2224-7 CGCT) alors que ce service a la qualité de SPIC, et la contraint également à assurer la police municipale ou la conservation des archives, qui relèvent de la catégorie des SPA.

Au nombre des services publics locaux facultatifs, on peut citer la gestion des cantines scolaires, le transport public de voyageurs ou, plus étonnamment, la distribution d'eau potable.

En dehors de ces cas où la loi oblige à l'exercice d'un service public, ou prévoit seulement son existence éventuelle, les collectivités territoriales peuvent décider de créer un service public local sans fondement légal, en identifiant une activité d'intérêt général qu'elles décideront d'exercer ou de faire exercer par délégation.

Toutefois, cette capacité à ériger, hors d'un cadre légal express, une activité en service public est limitée par l'impératif respect de la liberté du commerce et de l'industrie, contrôlé par le juge administratif. Ainsi, le Conseil d'État a posé en principe que « les entreprises ayant un caractère commercial restent, en règle générale, réservées à l'initiative privée » et que « les conseils municipaux ne peuvent ériger des entreprises de cette nature en services publics communaux que si, en raison de circonstances particulières de temps et de lieu, un intérêt public justifie leur intervention en cette matière » (CE, 30 mai 1930, Chambre syndicale du commerce en détail de Nevers, n° 6781). En l'espèce, l'organisation d'un service public de ravitaillement de la population communale n'était justifiée, selon le juge, à l'époque des faits, par aucune circonstance particulière et la délibération du conseil municipal fut par conséquent annulée.

Tout au long du XXe siècle, le Conseil d'État, sans abandonner la jurisprudence précitée, élargira progressivement la notion d'intérêt général justifiant l'intervention publique locale, en autorisant la création de bains-douches et lavoirs municipaux pour améliorer « le fonctionnement du service public de l'hygiène » (CE, 19 mai 1933, Blanc, rec. p. 540), des parcs de stationnement dans l'intérêt d'une bonne circulation (CE, 18 décembre 1959, Delansorme, rec. p. 692), d'un théâtre municipal afin « d'assurer un service permanent de représentations théâtrales de qualité, d'après un répertoire établi avec le souci de choisir et de varier les spectacles, en faisant prédominer les intérêts artistiques sur les intérêts commerciaux de l'exploitation » (CE, 21 janvier 1944, Leoni), ou encore, de manière plus surprenante, la création d'un casino (CE, 25 mars 1966, Ville de Royan).

Pour autant, c'est toujours l'incapacité (par carence ou insuffisance) de l'initiative privée à atteindre les objectifs d'intérêt général qui permet d'identifier la « circonstance particulière de temps et de lieu » justifiant l'intervention publique : ainsi, par exemple, de la construction d'un bar-restaurant dans une petite ville, permettant d'organiser « des repas collectifs et des réunions que comportait normalement la vie administrative et sociale de ce chef-lieu de canton et de contribuer à l'animation de la vie locale » alors que l'unique établissement privé connaissait des interruptions de fonctionnement (CE, 25 juillet 1986, Commune de Mercœur, n° 56334).

II. Les modes de gestion du service

La collectivité locale organise toujours le service public. Mais elle pourra décider, soit de gérer directement le service, par ses propres moyens (A.), soit d'en déléguer la gestion à un tiers (B.).

A. La gestion directe

Il est des services qui, « par leur nature ou par la loi, ne peuvent être assurés que par la collectivité locale elle-même » selon la formule adoptée par l'article L.1412-2 du CGCT. On pense notamment à la police municipale, à l'organisation des séances des assemblées délibérantes, ou encore à l'état-civil. Pour ces services, le seul mode de gestion légal est la « régie simple » ou « régie directe », termes trompeurs qui signifient seulement que la collectivité, sans la création juridique du moindre intermédiaire entre elle et le service public à assurer, exerce directement toutes les compétences, par le moyen de ses services internes. Ces services internes sont un simple agencement de fait des moyens de la collectivité, prévu par un organigramme sans force juridique : ils n'ont aucune existence juridique propre. Dans ce cas, aucune « régie » au sens qui va suivre, n'est créée.

Pour tous les autres services publics, les collectivités territoriales peuvent créer une « régie » afin d'individualiser juridiquement, mais en leur sein, la gestion d'un service public.

Il résulte des articles L.1412-1 et L.1412-2 du CGCT que les collectivités territoriales peuvent individualiser la gestion d'un service public administratif sous la forme d'une régie, mais qu'elles sont dans l'obligation de le faire lorsque ledit service est qualifié d'industriel et commercial. La loi du 12 juillet 1999 a étendu cette faculté (dans le cas des SPA) et cette obligation (dans le cas des SPIC) à toutes les collectivités territoriales, et plus seulement aux communes, même si les dispositions qui réglementent la création et le fonctionnement des régies continuent d'être placées dans la partie du Code applicable aux communes.

Seule entorse à l'obligation de créer une individualisation minimale sous la forme d'une régie pour gérer un SPIC, l'article L.2122-8 du CGCT prévoit que « les communes qui avaient des régies municipales avant le 28 décembre 1926 ont la faculté de conserver la forme de la régie simple ou directe en vigueur ».

Deux formes de régie peuvent être créées : la régie dotée de la seule autonomie financière et la régie dotée à la fois de l'autonomie financière et de la personnalité morale. Cette dernière constitue un mode de gestion plus autonome que la première puisque, dans ce cas, une personne morale juridiquement distincte de la collectivité va émerger pour gérer le service.

1. La régie dotée de la seule autonomie financière

La délibération par laquelle l'organe délibérant décide de la création d'une régie dotée de la seule autonomie financière fixe ses statuts et le montant de sa dotation initiale.

Elles sont administrées, sous l'autorité du maire (ou du président de la collectivité) et de l'assemblée délibérante de la collectivité, par un conseil d'exploitation et un directeur désignés dans les mêmes conditions sur proposition du maire.

Par souci de simplifier cette « quadriarchie » qui peut paraître complexe pour le fonctionnement quotidien, un même conseil d'exploitation ou un même directeur peut être chargé de l'administration ou de la direction de plusieurs régies (R.2221-3 CGCT). De plus, mais seulement dans les communes ou groupements de communes de moins de 3 500 habitants, le conseil d'exploitation peut être le conseil municipal. Dans ce cas, la présidence du conseil d'exploitation peut être assurée par le maire ou par l'un de ses membres, désigné par le maire à cet effet.

Les membres du conseil d'exploitation, au nombre minimal de trois, sont désignés par l'assemblée délibérante de la collectivité, sur proposition du maire (ou du président de la collectivité). Ces membres n'appartiennent pas nécessairement à la collectivité territoriale et peuvent inclure, par exemple, des usagers, mais les représentants de la collectivité doivent être majoritaires au sein du conseil d'exploitation. Ils élisent leur président, éventuellement des vice-présidents, et se réunissent au minimum une fois par trimestre.

Le directeur ne peut être un élu de la collectivité qui crée la régie, ni d'aucune collectivité incluse dans le ressort territorial de cette dernière.

Le maire (ou le président de la collectivité) demeure le représentant légal d'une régie dotée de la seule autonomie financière, il en est l'ordonnateur et peut, sous sa responsabilité et sa surveillance, déléguer sa signature au directeur pour toutes les matières intéressant le fonctionnement de la régie (R.2221-63 CGCT).

Le conseil d'exploitation n'a qu'une compétence résiduelle : même s'il est obligatoirement consulté sur toutes les questions d'ordre général intéressant le fonctionnement de la régie, il ne délibère que sur les catégories d'affaires pour lesquelles l'assemblée délibérante de la collectivité ne s'est pas réservé le pouvoir de décision ou pour lesquelles ce pouvoir n'est pas attribué à une autre autorité par les statuts.

Néanmoins, les recettes (y compris les taxes) et les dépenses de fonctionnement et d'investissement de chaque régie font l'objet d'un budget « spécial », annexé au budget de la collectivité, qui concrétise l'autonomie financière de la régie.

Lorsque la régie se voit confier un SPIC, l'assemblée délibérante se voit dotée de compétences obligatoires, mais après avis du conseil d'exploitation. Elle approuve les plans et devis afférents aux constructions neuves ou reconstructions, travaux de première installation ou d'extension, autorise le maire à intenter ou soutenir les actions judiciaires et à accepter les transactions, règle les conditions de recrutement, de licenciement et de rémunération du personnel et fixe les taux des redevances dues par les usagers de la régie (à un niveau qui doit permettre, pour mémoire, d'assurer l'équilibre financier de la régie).

Toujours dans le cas d'un SPIC et afin d'assurer l'autonomie du financement du service, la délibération qui institue la régie détermine les conditions du remboursement des sommes mises à sa disposition (cette durée ne pouvant excéder trente ans). De même, lorsque le fonctionnement du service nécessite l'affectation d'immeubles appartenant à la collectivité, le loyer de ces immeubles, fixé par l'assemblée délibérante suivant leur valeur locative réelle, est porté en dépense au budget de la régie et en recette au budget de la collectivité. Enfin le montant des rémunérations du personnel de la collectivité mis à la disposition de la régie est remboursé à la collectivité.

2. La régie dotée de l'autonomie financière et de la personnalité morale

Les régies dotées de la personnalité morale et de l'autonomie financière, dénommées « établissement public local » par l'article L.2221-10 du CGCT depuis la loi du 13 août 2004, ou « régies personnalisées » par la doctrine, sont créées par une délibération de l'assemblée délibérante qui fixe, comme dans le cas de la régie dotée de la seule autonomie financière ses statuts et le montant de sa dotation initiale.

Elles sont administrées par un conseil d'administration (et non un « conseil d'exploitation » comme dans les régies dotées de la seule autonomie financière) dont les membres sont désignés, comme dans le cas des régies dotées de la seule autonomie financière, par l'assemblée délibérante de la collectivité de rattachement.

À la différence des régies dotées de la seule autonomie financière, ces régies sont des personnes morales distinctes de la collectivité, qui peuvent donc ester en justice ou conclure des contrats. Elles ne sont pas placées « sous l'autorité du conseil municipal et du maire » comme le sont leurs « cousines » dotées de la seule autonomie financière.

Le conseil d'administration dispose d'un véritable pouvoir de décision puisqu'il « délibère sur toutes les questions intéressant le fonctionnement de la régie » (R.2221-18 CGCT), dont l'adoption du budget et la fixation des tarifs du service, le maire (ou le président de la collectivité de rattachement) n'assistant à ses réunions qu'avec voix consultative.

Le représentant légal et l'ordonnateur de ces régies est, soit le directeur lorsqu'il s'agit d'une régie chargée de l'exploitation d'un service public à caractère industriel et commercial, soit le président du conseil d'administration lorsqu'il s'agit d'une régie chargée de l'exploitation d'un service public à caractère administratif. Et lorsque la régie gère un SPA, ce président du conseil d'administration (ainsi que ses éventuels vice-présidents) doivent être membres de l'assemblée délibérante de la collectivité de rattachement.

B. La gestion déléguée

Dans cette hypothèse, la collectivité territoriale confie à une personne morale indépendante d'elle (de droit privé ou de droit public), par un contrat, le soin de gérer temporairement le service. Ce choix n'est pas systématiquement ouvert, certains services ne pouvant faire l'objet d'une délégation, tels que la sécurité publique, l'état-civil ou la délivrance des autorisations d'urbanisme (cf. leçon 19, II, B). Le partage est parfois délicat, le Conseil d'État ayant considéré, en matière de cantines scolaires, que la confection des repas pouvait être déléguée, mais non la surveillance des élèves pendant le temps de la restauration (CE, avis, 7 octobre 1986).

Le contrat qui emporte délégation de la gestion peut être de plusieurs natures. S'il relève en principe de la catégorie des délégations de service public (1) ou des marchés publics (2), des contrats « voisins » se rencontrent en pratique, tels que les contrats de partenariat (3) ou les baux emphytéotiques administratifs (4) même s'ils n'ont pas pour objet, en principe, l'exécution d'un service public.

1. La Délégation de service public

Au-delà du titre qui serait formellement adopté par les signataires du contrat, le juge administratif reconnaît une DSP à ses critères distinctifs (a). Or la qualification de DSP emporte l'encadrement légal de sa durée (b) et de sa procédure de passation (c).

a. Des critères distinctifs

Aux termes de l'article L.1411-1 du CGCT issu de la loi MURCEF du 11 décembre 2001, une délégation de service public (DSP) est « un contrat par lequel une personne morale de droit public confie la gestion d'un service public dont elle a la responsabilité à un délégataire public ou privé, dont la rémunération est substantiellement liée aux résultats de l'exploitation du service » étant entendu que « le délégataire peut être chargé de construire des ouvrages ou d'acquérir des biens nécessaires au service ».

Les deux critères distinctifs de la DSP sont donc son objet et le mode de rémunération du cocontractant.

L'objet d'une DSP est de confier la gestion d'un service public. En cela, elle se distingue d'une convention de mise à disposition d'équipements publics, même assortie d'un droit d'exploitation, si aucune obligation de service public ne pèse sur le cocontractant de la collectivité (CAA Marseille, 5 février 2001, Préfet des Alpes-Maritimes, n° 97MA05293). Ces obligations de service public, nécessaires à l'identification d'une DSP, peuvent consister dans le contrôle de la collectivité sur les bâtiments à construire, ou dans les contraintes, imposées par la collectivité, quant à l'exploitation du bien, et tenant aux horaires d'ouverture, aux tarifs pratiqués, aux prestations fournies aux usagers.

De même, c'est « faute, notamment, d'une prise en charge effective d'un service public par la société contractante » que le contrat de fourniture, d'installation et d'entretien d'abribus publicitaires n'a pas été qualifié de délégation de service public (CE, Ass, 4 novembre 2005, Société Jean-Claude Decaux, n° 247298)

En plus de l'objet, la délégation de service public se distingue par le mode de rémunération du cocontractant : cette rémunération doit être « substantiellement liée aux résultats de l'exploitation du service », ce qui distingue à coup sûr la DSP du marché public, sur le fondement duquel le cocontractant de la collectivité est rémunéré par un prix versé par elle.

La jurisprudence a apporté des éclairages sur cette notion de rémunération « substantiellement liée aux résultats de l'exploitation ». Il s'avère que cette part « substantielle » n'est pas nécessairement majoritaire : le Conseil d'État a jugé être en présence d'une DSP alors que les recettes tirées par l'exploitant de son activité ne représentaient que 30 % de sa rémunération, le reste étant fourni forfaitairement par l'autorité délégante (CE, 30 juin 1999, Syndicat mixte du traitement des ordures ménagères Centre-Ouest Seine-et-Marnais, n° 198147).

La jurisprudence devient toutefois de plus en plus subtile sur ce point, dans la mesure où l'indice d'une rémunération substantiellement liée à l'exploitation n'est plus seulement quantitatif (sous la forme d'un pourcentage des recettes provenant de l'usager) mais qualitatif : le juge se demande si l'activité recelait pour le délégataire un risque économique d'exploitation ou non. Ainsi, la Cour administrative d'appel de Versailles a qualifié de marché et non de DSP le contrat par lequel une commune avait confié la restauration collective d'écoles, de centres de loisirs et de résidences de personnes âgées, alors même que les recettes perçues sur l'usager représentaient 60 % des recettes totales de l'exploitant. En effet, le juge a relevé que la société s'engageait sur un prix unitaire des repas, fixé initialement sur la base de 303 000 repas par an, mais que, dans les cas où le nombre de repas commandés au cours d'un exercice s'avérerait inférieur ou supérieur de plus de 5 % par rapport à la base de référence retenue, le prix unitaire des repas fournis sur l'exercice écoulé serait réajusté par la rectification de divers postes composant ce prix, en fonction du nombre de repas effectivement commandés. De surcroît, en cas de défaut de paiement par les usagers de leurs redevances, le contrat permettait à la commune de prendre à sa charge lesdites redevances. Enfin, le nombre d'usagers, constitués pour l'essentiel d'enfants des centres aérés et des écoles ainsi que de personnes âgées vivant en maisons de retraite, n'était pas susceptible de diminuer de manière substantielle d'une année sur l'autre. Dans ces conditions, il est apparu au juge que la société « ne supportait pratiquement aucun risque d'exploitation », qu'en conséquence « la rémunération de la société n'était pas substantiellement assurée par les résultats de l'exploitation et constituait, dans ces conditions, un prix », aboutissant à la requalification de la convention en marché public (CAA Versailles, 14 septembre 2006, Avenance Enseignement et Santé, n° 04VE03566).

Dès lors que les deux critères, relatifs à l'objet et au mode de rémunération du cocontractant sont réunis, le contrat est une délégation de service public, au sens des articles L.1411-1 et suivants du CGCT et ne sera régulier que s'il respecte les contraintes de durée fixées par ces articles et la procédure de passation qu'ils imposent. Les termes de « concession » et d'« affermage », rencontrés dans la pratique, ne désignent pas des contrats d'une nature distincte des DSP : ils relèvent de cette catégorie mais en constituent des formes particulières. On parle ainsi de concession lorsque le titulaire de la DSP est chargé, en plus de l'exploitation du service, d'assurer la construction d'ouvrages nécessaires au service et d'affermage lorsque le délégataire se contente d'exploiter des infrastructures préexistantes au contrat.

b. Une durée limitée

Les conventions de délégation de service public doivent être limitées dans leur durée. Si, en principe, cette durée est déterminée par la collectivité en fonction des prestations demandées au délégataire, la DSP doit tenir compte, lorsque les installations sont à la charge du délégataire, de la nature et du montant de l'investissement à réaliser. La loi est venue encadrer la liberté contractuelle des collectivités puisque dans les domaines de l'eau potable, de l'assainissement et des ordures ménagères, les délégations de service public ne peuvent avoir une durée supérieure à vingt ans (sauf examen préalable par le trésorier-payeur général, à l'initiative de l'autorité délégante, des justificatifs de dépassement de cette durée).

Une délégation de service ne peut être prolongée qu'après un vote de l'assemblée délibérante, soit pour des motifs d'intérêt général (pour une durée d'un an maximum), soit lorsque le délégataire est contraint, pour la bonne exécution du service public ou l'extension de son champ géographique et à la demande de la collectivité délégante, de réaliser des investissements matériels non prévus au contrat initial, de nature à modifier l'économie générale de la délégation et qui « ne pourraient être amortis pendant la durée de la convention restant à courir que par une augmentation de prix manifestement excessive » (article L.1411-2 CGCT).

c. Une procédure de passation très encadrée

Afin de garantir l'égalité des candidats et la transparence de la procédure, principes imposés par la jurisprudence communautaire à toute conclusion d'un contrat public (CJCE, 7 décembre 2000, Telaustria Verlags GmbH, affaire C-324/98), les délégations de service public sont soumises par l'autorité délégante à une procédure de publicité permettant la présentation de plusieurs offres concurrentes. Cette procédure peut être présentée en cinq phases.

En premier lieu, l'assemblée délibérante de la collectivité territoriale se prononce sur le principe de la délégation de service public envisagée, après avoir recueilli l'avis de la commission consultative des services publics locaux, l'avis du comité technique paritaire en cas de délégation d'un service municipal existant (TA Lyon, 15 décembre 2005, SAS Enerpart, n° 0406582), et au vu d'un rapport présentant les caractéristiques des prestations que doit assurer le délégataire.

Après décision sur le principe de la délégation, il est procédé, dans une deuxième phase, à une publicité par une insertion dans une publication habilitée à recevoir des annonces légales et dans une publication spécialisée correspondant au secteur économique concerné (qui précise la date limite de présentation des offres de candidature, fixée un mois au moins après la date de la dernière publication) et au recueil des offres.

S'ouvre alors un troisième temps, consacré à la négociation. Une commission de délégation, composée du maire ou du président de la collectivité (ou son représentant) et de cinq membres de l'assemblée délibérante (trois dans les communes de moins de 3 500 habitants) élus en son sein à la représentation proportionnelle au plus fort reste, dresse la liste des candidats admis à présenter une offre après examen de leurs garanties professionnelles et financières. Les offres ainsi présentées sont librement négociées par l'autorité responsable de la personne publique délégante.

Quatrièmement, à l'issue de la négociation, au vu de l'avis de la commission de délégation, l'autorité habilitée à signer la convention saisit l'assemblée délibérante du choix de l'entreprise auquel elle a procédé. Le maire ou le président transmet alors à l'assemblée délibérante le rapport de la commission présentant notamment la liste des entreprises admises à présenter une offre et l'analyse des propositions de celles-ci, ainsi que les motifs du choix de la candidate et l'économie générale du contrat.

Enfin, deux mois au moins après la saisine de la commission de délégation (afin de permettre un délai d'analyse et de réflexion suffisant), l'assemblée délibérante se prononce sur le choix du délégataire et le contrat de délégation, les documents sur lesquels elle se prononce devant lui être transmis quinze jours au moins avant sa délibération.

Ainsi, le choix du délégataire demeure fait *intuitu personae*, plus librement dans le cadre d'une délégation de service public que dans le cadre de la passation des marchés publics, qui doivent être conclus avec le candidat présentant l'offre économiquement la plus avantageuse, parfois choisie, selon le montant en cause, non par l'exécutif mais par une commission d'appel d'offres.

2. Les marchés publics

Les marchés publics sont définis par l'article premier du Code des marchés publics de 2006 comme les contrats conclus à titre onéreux entre les pouvoirs adjudicateurs (dont les collectivités territoriales) et des opérateurs économiques publics ou privés, pour répondre à leurs besoins en matière de travaux, de fournitures ou de services.

Ainsi, a priori, l'objet d'un marché public n'est pas de gérer un service public, mais de fournir une prestation ou un bien qui sera utilisé par la collectivité territoriale dans le cadre de ce service.

Pour autant, comme on l'a vu, la délégation de service public ne peut être identifiée que si la rémunération du cocontractant de l'administration voit sa rémunération être substantiellement liée aux résultats de son exploitation. Dans le cas inverse, si la collectivité fournit un prix au cocontractant, la qualification de marché public sera encourue.

Ainsi les contrats de « gérance » par lesquels une personne se voit confier, par la collectivité, le soin de gérer un service contre une rémunération forfaitaire seront rattachés aux marchés publics. Il en sera de même des contrats de « régie intéressée », par lesquels une personne se voit confier, par la collectivité, le soin de gérer un service contre une rémunération pour partie forfaitaire et pour partie liée au volume d'activité, dès lors que cette part variable n'emporte pas de risque économique pour le cocontractant (CAA Douai, 5 juin 2001, Société Ateliers de mécanique du pays d'Ouche, n° 97DA10602).

Cet effort de qualification du contrat en DSP ou en marché public revêt une importance capitale en pratique : si le contrat se rattache à la catégorie des marchés publics, il ne pourra être passé qu'en respectant les procédures prévues au Code des marchés publics, variables selon le montant de la rémunération du cocontractant mais distinctes de celle à laquelle sont soumises les DSP. À défaut d'avoir respecté la procédure adéquate, le risque pour la collectivité est alors tant de nature administrative (annulation du contrat et dédommagement éventuel des candidats évincés) que pénale (le non-respect des règles de passation étant l'un des éléments constitutifs du délit de favoritisme, cf. leçon 20).

3. Les baux emphytéotiques administratifs

En vertu de l'article L.1311-2 du CGCT, un bien immobilier appartenant à une collectivité territoriale peut faire l'objet d'un bail emphytéotique, dénommé « bail emphytéotique administratif », en vue de « l'accomplissement, pour le compte de la collectivité territoriale, d'une mission de service public ou en vue de la réalisation d'une opération d'intérêt général relevant de sa compétence ».

Certes, d'autres objectifs légaux ont été assignés au BEA, tels que l'affectation à une association cultuelle d'un édifice du culte ouvert au public, la réalisation d'une opération liée aux besoins d'un service départemental d'incendie et de secours (jusqu'au 31 décembre 2010 seulement), ou encore depuis la loi du 17 février 2009, la réalisation d'enceintes sportives et des équipements connexes nécessaires à leur implantation.

Pour autant, la loi permet que le BEA porte sur un bien confié à un tiers « en vue de l'accomplissement d'une mission de service public ».

Dans ces conditions, malgré l'existence de dispositions du CGCT qui lui soient propres, un BEA est susceptible d'être requalifié en délégation de service public dès que des exigences d'exploitation du service public sont jointes à la convention et que le critère d'une rémunération substantiellement liée à l'exploitation est réuni (CE, Ass, 10 juin 1994, Ville de Cabourg, n° 141633).

La particularité du BEA tient à ce qu'un bien immobilier est mis à la disposition du cocontractant, lui conférant des droits réels (ils pourront par exemple être grevés d'hypothèque, avec l'accord de la collectivité), même si ce bien relève du domaine public de la collectivité. Il s'agira souvent d'un terrain nu, sur lequel le cocontractant édifiera un immeuble affecté au service public, l'exploitera et le rétrocèdera, en fin de contrat, à la collectivité. La durée d'un BEA est toutefois encadrée par la loi, entre 18 ans minimum et 99 ans maximum. Compte tenu de la durée des délégations de service public en cas d'investissement lourd à la charge du cocontractant (vingt ans par exemple), cet instrument peut correspondre. Il n'est toutefois pas adapté à des DSP dont la durée serait plus courte.

L'ordonnance du 21 avril 2006, portant le Code général de la propriété des personnes publiques, a également introduit dans le Code général des collectivités territoriales, aux articles L.1311-5 et suivants, l'« autorisation d'occupation temporaire « constitutive de droit réel ». Cet instrument, sans durée minimale et d'une durée maximale de soixante-dix ans, pourra correspondre à la volonté d'une collectivité de confier, pour une durée plus courte qu'un BEA, à un tiers l'accomplissement d'une mission de service public relevant de sa compétence. Le titulaire de ce titre possède un droit réel sur les ouvrages, constructions et installations de caractère immobilier qu'il réalise pour l'exercice de cette activité.

4. Les contrats de partenariat

Également appelés « partenariats public-privé » ou PPP, les contrats de partenariat constituent un nouveau type de contrat créé par l'ordonnance du 17 juin 2004.

L'article L.1414-1 du CGCT définit le contrat de partenariat comme « un contrat administratif par lequel une collectivité territoriale ou un établissement public local confie à un tiers, pour une période déterminée en fonction de la durée d'amortissement des investissements ou des modalités de financement retenues, une mission globale ayant pour objet le financement, la construction ou la transformation, l'entretien, la maintenance, l'exploitation ou la gestion d'ouvrages, d'équipements ou de biens immatériels nécessaires au service public ».

En apparence, donc, l'objet du contrat de partenariat se rapproche de celui du marché public, en ce qu'il s'agit pour le cocontractant de la collectivité, non pas d'exploiter un service public, mais de fournir des prestations de financement, de construction et d'entretien d'un ouvrage. Et la raison d'être de la création de ce type de contrat fut d'ouvrir aux collectivités la possibilité de conclure des contrats à la fois globaux par leur objet et donnant lieu à paiement fractionné (sous la forme d'un loyer régulier), deux choses interdites sous le régime des marchés publics. Comme l'indique la circulaire du 29 novembre 2005 relative aux contrats de partenariat, « il manquait un outil juridique permettant de confier à un tiers le soin de financer, concevoir tout ou partie, réaliser, maintenir et gérer des ouvrages ou équipements publics et des services concourant aux missions de service public en contrepartie d'une rémunération publique étalée dans le temps ».

Pour autant, l'article L.1414-1 précité prévoit bien que le cocontractant de la collectivité pourra, sur le fondement du contrat de partenariat, exploiter et gérer un équipement nécessaire au service public.

Par conséquent, même si c'est l'exploitation de l'équipement et non l'exploitation du service qui est formellement confiée au cocontractant, et même si l'article L.1414-1 du CGCT dispose par ailleurs que le contrat peut inclure des « prestations de services concourant à l'exercice, par la personne publique, de la mission de service public » dont elle reste chargée, il n'en reste pas moins que, dans les cas où l'exploitation de l'équipement constitue le service public lui-même (par exemple dans le cas d'un centre de traitement des déchets), le contrat de partenariat peut apparaître comme une nouvelle forme, au régime juridique autonome, de délégation de la gestion du service, alternative à la DSP.

Enfin, il convient de préciser que les collectivités locales ne peuvent pas recourir librement aux contrats de partenariat. De tels contrats ne peuvent être conclus que si, au regard d'une évaluation préalable, il s'avère :

- que, compte tenu de la complexité du projet, la personne publique n'est pas objectivement en mesure de définir seule et à l'avance les moyens techniques répondant à ses besoins ou d'établir le montage financier ou juridique du projet,
- ou que le projet présente un caractère d'urgence, lorsqu'il s'agit de rattraper un retard préjudiciable à l'intérêt général affectant la réalisation d'équipements collectifs ou l'exercice d'une mission de service public, ou de faire face à une situation imprévisible,
- ou, enfin, que, compte tenu soit des caractéristiques du projet, soit des exigences du service public dont la personne publique est chargée, soit des insuffisances et difficultés observées dans la réalisation de projets comparables, le recours à un tel contrat présente un bilan entre les avantages et les inconvénients plus favorables que ceux d'autres contrats de la commande publique (le critère du paiement différé ne pouvant, à lui seul, être retenu au nombre des avantages).

Repères

- **Article L.2224-1 CGCT** : les budgets des services publics industriels et commerciaux doivent être équilibrés en recettes et en dépenses.
- **Article L.2224-2 CGCT** : il est interdit aux communes de prendre en charge dans leur budget propre des dépenses au titre des SPIC, à l'exception des six cas prévus par cet article.
- **CE, 30 mai 1930, Chambre syndicale du commerce en détail de Nevers, n° 6781** : les collectivités ne peuvent ériger des activités industrielles et commerciales en services publics que si, en raison de circonstances particulières de temps et de lieu (notamment la carence de l'initiative privée), un intérêt public le justifie.
- **Articles R.2221-1 à R.2221-99 du CGCT** : modalités d'organisation et de fonctionnement des régies municipales.
- **Article L.1411-1 CGCT** : définition légale de la délégation de service public comme le contrat par lequel une personne morale de droit public confie la gestion d'un service public dont elle a la responsabilité à un délégataire public ou privé, dont la rémunération est substantiellement liée aux résultats de l'exploitation du service.
- **Article L.1311-2 CGCT** : recours aux baux emphytéotiques administratifs
- **Article L.1414-1 CGCT** : définition légale des contrats de partenariat

Pour gagner des points

La fixation des tarifs du service public local doit respecter le principe d'égalité.

Les services publics locaux sont soumis, comme tout service public, aux principes d'égalité, de neutralité, de continuité et de mutabilité. Or le premier de ces principes, l'égalité, soulève des difficultés dès lors que le service n'est plus assuré au niveau national, mais sur un ressort territorial limité. En effet, la collectivité en charge du service peut être tentée de privilégier « ses » usagers, ceux qui résident dans son ressort territorial et qui constituent, à quelques exceptions près, le corps des contribuables et des électeurs de la collectivité...

Or, le principe d'égalité des usagers devant le service public est un principe constitutionnel (Conseil constitutionnel, décision n° 2001-446 DC du 27 juin 2001, Loi relative à l'interruption volontaire de grossesse), qui s'impose aux collectivités territoriales, sous peine d'annulation de la mesure discriminatoire édictée et d'engagement de leur responsabilité pécuniaire (CE, 9 mars 1951, Société des concerts du conservatoire, n° 92004).

Et si ce principe d'égalité devant le service implique que la prestation soit identiquement servie à chacun, il implique également que le tarif que l'usager doit débourser pour y accéder soit identique, quelle que soit la qualité de cet usager.

Cette rigueur principielle doit toutefois être nuancée. La fixation de tarifs différents applicables, pour un même service rendu, à diverses catégories d'usagers d'un service public, est admise dans trois hypothèses : si elle est la conséquence nécessaire d'une loi, si une nécessité d'intérêt général en rapport avec les conditions d'exploitation du service commande cette mesure, ou, enfin, s'il existe entre les usagers des différences de situation appréciables.

Cette dernière hypothèse permet en pratique de nombreux aménagements du principe d'égalité.

Ainsi, une commune a pu légalement mettre en place dans les cantines scolaires des tarifs de repas différents selon que l'enfant était un usager régulier (et donc prévisible) ou ponctuel (et donc imprévu) du service : après avoir rappelé que « l'institution de tarifs différents pour des usagers qui ne sont pas placés dans la même situation vis-à-vis du service, ne contrevient pas au principe d'égalité », le Conseil d'État a considéré que, eu égard au système retenu pour l'approvisionnement des cantines scolaires, qui implique la préparation des repas 48 heures à l'avance, les parents qui ne réservent pas à l'avance les repas de leurs enfants à la cantine font peser sur le service une sujétion particulière, qui justifie qu'un tarif plus élevé que le tarif ordinaire leur soit appliqué (CE, 9 mars 1998, Ville de Marignane, n° 158334).

La question de savoir si une différence de situation peut donner lieu à une différence de tarif n'est toutefois pas toujours aisée à trancher.

Ainsi, un conseil municipal avait fixé les droits d'inscription à l'école de musique en prévoyant des montants différents pour les « élèves extérieurs » et pour les élèves domiciliés sur le territoire de la commune. De plus, en ce qui concernait les seuls « élèves extérieurs », une différence de tarif était appliquée entre les « anciens élèves », inscrits depuis plus de trois ans, et les « nouveaux ». Le Conseil d'État a jugé qu'il existait bien, entre les usagers de l'école de musique, service public municipal non obligatoire, domiciliés sur le territoire de cette commune, et les usagers non domiciliés sur le territoire de la commune, une différence de situation de nature à justifier des tarifs différents. Le Conseil d'État assortit néanmoins la légalité de l'inégalité de tarif à une condition supplémentaire, remplie en l'espèce : que le plus élevé des tarifs n'excède pas le prix de revient du service fourni. En revanche, le juge considère qu'il n'y avait pas, entre la qualité d'ancien ou de nouvel élève de cette école, de différence de situation de nature à justifier l'application d'une discrimination de tarifs entre les élèves extérieurs à la commune et les élèves qui y sont domiciliés (CE, 2 décembre 1987, commune de Romainville, n° 75200).

Pour que les différences de tarif fondées sur le lieu de résidence soient admises, il convient que le service soit en partie financé par le contribuable : dès lors que seul l'usager finance le service (et ce sera toujours le cas en matière de SPIC), le lieu de résidence ne saurait être légalement retenu comme critère distinctif (en matière de tarifs des parcs de stationnement, cf. CE, 12 juillet 1995, Commune de Maintenon, n° 147947).

Des différences de tarif fondées sur les différences de revenu ont également, dans certains cas, été admises. Ainsi le Conseil d'État a considéré que, compte tenu, d'une part, du mode de financement des centres de loisirs qui font appel dans des proportions significatives aux participations versées par les usagers et, d'autre part, de l'intérêt général qui s'attache à ce que les centres de loisirs puissent être utilisés par tous les parents qui désirent y placer leurs enfants sans distinction selon les possibilités financières dont dispose chaque foyer, le conseil municipal a pu, sans méconnaître le principe d'égalité des usagers devant le service public, fixer un barème des tarifs variant en fonction des ressources des familles, dès lors que les tarifs les plus élevés demeurent inférieurs au coût de fonctionnement desdits services. De plus, en retenant une évaluation des ressources de chaque foyer fondée sur les revenus imposables, le conseil municipal n'a pas, en dépit de l'écart qui peut exister entre les ressources réelles d'un foyer et son revenu imposable, entaché ses délibérations d'aucune erreur manifeste d'appréciation (CE, 18 mars 1994, X c. Commune de Lambersart, n° 140870).

Néanmoins, dès lors que le service est un SPIC, la différence de revenus n'est pas retenue au nombre des différences de situation pouvant fonder une différence de tarifs. La rigueur est alors identique à celle rencontrée dans le cas du critère fondé sur la résidence de l'usager. Ainsi, « eu égard à la nature de la redevance d'assainissement », les collectivités chargées de l'exploitation de ce service industriel et commercial ne peuvent pas, sauf autorisation textuelle expresse, appliquer des tarifs différents à certaines catégories d'usagers : en accordant aux bénéficiaires de l'allocation supplémentaire du Fonds national de solidarité, ainsi qu'à certaines personnes âgées ou atteintes d'une invalidité les rendant inaptes au travail, des réductions de tarif, le syndicat intercommunal en charge du service a excédé ses pouvoirs (CE, 17 décembre 1982, Préfet de la Charente-Maritime, n° 23293).

Leçon 16
Le contrôle « quasi hiérarchique » de l'État

I. Les pouvoirs de sanction
II. Les pouvoirs de substitution

Même si l'État n'exerce plus de tutelle sur les actes des collectivités territoriales depuis 1982, ce qui signifie que ces actes deviennent exécutoires sans son accord, il n'a pas abandonné pour autant toute ambition et tout moyen de contrôle. On distinguera les cas dans lesquels le contrôle administratif permet au représentant de l'État de prendre lui-même la décision de sanction ou de réformation, dans l'exercice de ce qui s'apparente à un contrôle « quasi hiérarchique », au cours de la présente leçon, des cas dans lesquels son rôle se limite à la saisine du juge : il s'agit là du contrôle dit « de légalité », auquel est consacrée la leçon suivante.

Un contrôle quasi hiérarchique des actes pris par les collectivités locales est exercé par l'État. Si les ministres sont parfois appelés à intervenir, le préfet concentre l'essentiel des compétences en ce domaine. Il est amené à prendre des décisions exécutoires (sans avoir à saisir le juge du différend qui l'oppose à la collectivité) que l'on peut rassembler en deux catégories : les décisions qui se rapprochent, par leurs effets, d'une sanction, à l'endroit des élus ou des assemblées (I) et celles qui auraient dû être prises par les collectivités mais que le préfet édicte dans le cadre de son pouvoir de substitution (II).

I. Les pouvoirs de sanction

A. Le contrôle des élus

En contradiction apparente avec le principe de libre administration des collectivités territoriales, l'État conserve les moyens de mettre fin à la fonction ou au mandat local exercé par les élus du suffrage universel. Il opère toutefois dans un nombre limité de cas et toujours sous le contrôle du juge.

1. La démission d'office

En vertu de l'article L.236 du Code électoral, tout conseiller municipal qui, pour une cause survenue postérieurement à son élection, se trouve dans un des cas d'inéligibilité prévus par les articles L.230, L.231 et L.232 est immédiatement déclaré démissionnaire par le préfet.

Il en va de même, en vertu de l'article L.239 du Code électoral, pour tout conseiller municipal qui, également pour une cause survenue postérieurement à son élection, se trouve dans un des cas d'incompatibilité prévus par les articles L.46, L.237, L.237-1 et L.238 du même Code.

On rappellera seulement ici la distinction fondamentale entre inéligibilité et incompatibilité : l'inéligibilité fait juridiquement échec à l'élection alors que l'incompatibilité fait échec au cumul entre l'élection et une position particulière (mandat, fonction, lien de parenté, etc.), l'intéressé étant alors contraint de choisir entre l'une et l'autre.

L'objet des articles L.236 et L.239 consiste à éviter qu'un élu (y compris s'il est membre de l'exécutif de la collectivité, cf. CE, 19 juin 1998, n° 191125), dont l'élection ne peut plus être contestée dans les courts délais impartis pour saisir le juge de l'élection, se retrouve, en cours de mandat, dans une position d'inéligibilité ou d'incompatibilité (du fait, par exemple, d'un changement dans sa situation professionnelle).

Le représentant de l'État agit donc, ici, non en opportunité, mais simplement en garant du respect de la loi. Si les conditions de la démission d'office sont réunies, le préfet a compétence liée pour la prononcer. À défaut, tout électeur de la commune peut lui demander d'y procéder et le refus du préfet pourra être contesté devant le juge (CE, 8 janv. 1992, Préel, n° 120282).

Des dispositions équivalentes permettent au représentant de l'État de prononcer la démission d'office des élus du conseil général (art. L.205 et L.210) et du conseil régional (art. L.341 et L.344).

Une particularité doit être soulignée dans le cas des conseillers régionaux : en cas d'incompatibilité survenue après l'élection, leur démission d'office n'est pas immédiatement prononcée. Le conseiller régional concerné dispose d'un délai d'un mois pour démissionner de son mandat ou mettre fin à la situation incompatible avec l'exercice de celui-ci. Il fait connaître son option par écrit au représentant de l'État dans la région, qui en informe le président du conseil régional. Ce n'est qu'à défaut d'option dans le délai d'un mois à compter de la date à laquelle est survenue la cause d'incompatibilité que le conseiller régional est déclaré démissionnaire de son mandat par arrêté du représentant de l'État dans la région.

Quel que soit le mandat local en cause, le recours exercé par l'élu contre l'arrêté préfectoral est suspensif : l'élu demeure donc en fonctions jusqu'à la lecture de la décision de justice définitive. Il n'en va différemment que si le conseiller municipal est déclaré démissionnaire d'office à la suite d'une condamnation pénale définitive prononcée à son encontre et entraînant de ce fait la perte de ses droits civiques et électoraux : le recours éventuel contre l'acte de notification du préfet n'est alors pas suspensif.

2. La suspension et la révocation

L'article L.2122-16 du CGCT prévoit que les maires et les adjoints peuvent être suspendus (pour une durée d'un mois maximum) ou être révoqués.

Plus la sanction est forte, plus l'autorité compétente est élevée dans la hiérarchie administrative : le ministre de l'Intérieur prononce seul la suspension d'un mois maximum, tandis que la révocation d'un maire ou d'un adjoint doit prendre la forme d'un décret en Conseil des ministres.

Il importe de souligner ici que ces procédures ne concernent ni les « simples » conseillers municipaux, ni les élus départementaux et régionaux. La cause en est simple : parmi tous les élus locaux, seuls les maires et leurs adjoints sont, pour certains actes de leur compétence, des agents de l'État. C'est donc d'un pouvoir quasi-disciplinaire dont il est ici question.

Ce pouvoir de sanction n'est pas pour autant discrétionnaire : son exercice est contrôlé par le juge qui peut annuler l'arrêté de suspension (par ex. CAA Nancy, 20 octobre 2005, n° 04NC00239). La suspension d'un mois peut être justifiée, par exemple, lorsque le maire procède à la célébration d'une union malgré l'opposition à mariage formée par le procureur de la République (TA Bordeaux, 9 juillet 2004, n° 042303).

En cas de révocation, afin d'éviter que le conseil municipal reconduise immédiatement les élus sanctionnés dans leur fonction de maire ou d'adjoint, le même article L.2122-16 CGCT prévoit qu'une telle révocation emporte de plein droit l'inéligibilité aux fonctions de maire et d'adjoint pendant une durée d'un an (à moins qu'interviennent, avant l'expiration de ce délai, des élections municipales générales).

Dans tous les cas de suspension ou de révocation (comme pour tout type d'empêchement), le maire est provisoirement remplacé, dans la plénitude de ses fonctions, par son premier adjoint, ou par le deuxième adjoint si le premier est également suspendu ou révoqué, et ainsi de suite. Si aucun adjoint n'est plus en fonction, le conseil municipal désigne, parmi les conseillers municipaux restants, celui qui exercera les fonctions de maire.

B. Le contrôle du bon fonctionnement des institutions locales

Les assemblées délibérantes locales peuvent être dissoutes par décret en conseil des ministres. On distinguera le cas des conseils municipaux (1.) de celui des conseils généraux et régionaux (2.).

1. La dissolution du conseil municipal

En vertu de l'article L.2121-6 CGCT, les conseils municipaux peuvent être dissous par un décret motivé rendu en conseil des ministres et publié au Journal officiel. De plus, s'il y a urgence, le conseil municipal peut être provisoirement suspendu par arrêté motivé du préfet, la durée de la suspension ne pouvant excéder un mois.

L'annulation du décret peut être recherchée devant le Conseil d'État, qui a apporté, à la faveur de quelques décisions, des éclairages sur les conditions dans lesquelles l'État pouvait user de cette faculté.

La dissolution a été admise en cas d'« interruption du fonctionnement des institutions municipales », le conseil municipal se révélant incapable d'assurer la gestion des affaires communales, à la suite de nombreux affrontements violents (CE, 3 novembre 1989, Galliot, n° 66118) ou lorsque les dissensions existant entre le maire et la majorité du conseil municipal « revêtaient un degré d'acuité tel que la gestion administrative de la commune était mise en péril », l'adoption du budget primitif communal ayant été, par exemple, empêchée (CE, 11 février 1991, Fortin, n° 120609). Sur le plan procédural, les observations du conseil municipal n'ont pas à être recueillies avant de prononcer sa dissolution, il suffit que le décret fasse état des éléments de droit et de fait sur le fondement desquels la décision a été prise.

Sur le plan pratique, en cas de dissolution d'un conseil municipal une délégation spéciale en remplit les fonctions (art. L.2121-35 et suivants du CGCT). Composée de trois à sept membres selon la taille de la commune, elle est nommée par le préfet dans les huit jours qui suivent la dissolution, puis élit son président qui remplit les fonctions de maire. Toutefois, les pouvoirs de la délégation spéciale sont limités aux actes de pure administration conservatoire et urgente : en aucun cas, elle ne peut engager les finances municipales au-delà des ressources disponibles de l'exercice courant. Elle ne peut pas non plus préparer le budget communal, ni modifier le personnel ou le régime de l'enseignement public.

Les pouvoirs de la délégation expirent à l'installation du nouveau conseil municipal. En effet, il est procédé à la réélection du conseil municipal dans les deux mois de la dissolution (à moins que l'on ne se trouve dans les trois mois qui précèdent le renouvellement général des conseils municipaux).

2. La dissolution des conseils généraux et régionaux

Les articles L.3121-5 et L.4132-3 du CGCT, respectivement relatifs au conseil général et au conseil régional prévoient également la possibilité de prononcer leur dissolution par décret motivé en conseil des ministres. Une procédure d'une telle gravité politique demeure à l'évidence rare, sans être totalement inexistante : le conseil général de Guadeloupe fut dissous par décret du 24 décembre 1953 dans un contexte de tensions politiques entre la population locale et le préfet ; le conseil de l'assemblée régionale de Corse subit le même sort, par décret du 29 juin 1984, en raison de l'instabilité politique chronique d'une assemblée élue à la représentation proportionnelle.

À la différence de la disposition relative aux

conseils municipaux, la condition de fond d'une telle dissolution est, dans le cas des conseils généraux et régionaux, expressément prévue par la loi : elle peut intervenir « lorsque le fonctionnement d'un conseil général [ou d'un conseil régional] se révèle impossible ». Des éléments propres à la situation locale doivent être identifiés puisque « la dissolution ne peut jamais être prononcée par voie de mesure générale ». Quant à la procédure, le gouvernement doit informer « dans le délai le plus bref » le Parlement de la dissolution qu'il a prononcée.

C'est principalement dans la gestion des effets de la dissolution que le droit applicable diffère par rapport au cas des communes : la loi ne prévoit pas de délégation spéciale dans les conseils généraux et régionaux. En cas de dissolution, le président du conseil général ou régional est chargé de l'expédition des affaires courantes et ses décisions ne sont exécutoires qu'avec l'accord du préfet (de département ou de région). Il est toutefois, comme dans le cas des communes, procédé à l'élection des nouveaux membres de l'assemblée délibérante dans un délai de deux mois.

II. Les pouvoirs de substitution

Dans trois domaines principaux, la sécurité publique (A.), l'urbanisme (B.) et la prévision budgétaire (C.), le représentant de l'État dispose d'un pouvoir de substitution aux autorités locales élues. Ces procédés ne sont pas purement hiérarchiques, en ce qu'ils exigent quasi-systématiquement une mise en demeure d'agir, préalablement adressée à l'élu, mais trahissent les pouvoirs exceptionnels que conserve l'État dans un contexte d'apparente « liberté d'administration » des collectivités locales.

A. Le contrôle des activités de police

En vertu de l'article L.2215-1 du Code général des collectivités territoriales, bien que la police municipale soit assurée par le maire, le préfet peut prendre, « pour toutes les communes du département ou plusieurs d'entre elles, et dans tous les cas où il n'y aurait pas été pourvu par les autorités municipales, toutes mesures relatives au maintien de la salubrité, de la sûreté et de la tranquillité publiques ». Afin de protéger les maires contre cette immixtion de l'État dans l'exercice de leurs compétences, ce droit de substitution ne peut être exercé par le représentant de l'État dans le département, lorsqu'une seule commune est en cause, qu'après « une mise en demeure au maire restée sans résultat ». L'article L.3221-5 CGCT ouvre au préfet la même possibilité de substitution en ce qui concerne les pouvoirs de police exercés par le président du conseil général. Dans ce cas également, une mise en demeure préalable est exigée.

Dans ces conditions, la mise en demeure et la mesure prise en substitution ne peuvent résulter d'un même acte mais doivent constituer deux actes distincts séparés par un laps de temps suffisant pour permettre au maire d'agir seul. Le délai de carence qui permet au préfet d'intervenir après la mise en demeure n'est pas fixé par les textes et il s'apprécie par conséquent en fonction des circonstances et de la plus ou moins grande nécessité d'intervenir rapidement. Ainsi, en pratique, si le délai de carence a pu être reconnu comme suffisant dans des espèces où le maire était resté sans réponse à la mise en demeure pendant un mois (CAA Lyon, 21 décembre 2000, req. n° 96LY23130) ou trois semaines (CE, 31 janvier 1997, SARL Camping « Les Clos », req. n° 156276), dans d'autres affaires, le juge administratif n'a exigé le respect d'aucun délai minimal. Il en fut notamment ainsi dans un cas où le préfet avait ordonné la fermeture d'un terrain de camping du fait d'un risque d'inondation. Le juge administratif se contente de relever que le préfet a pris l'arrêté « après avoir, sans succès, mis le maire en demeure de faire application de son pouvoir de police » (CAA Marseille, Van der Velden, req. N°98MA00520). Le préfet était donc tenu de respecter cette formalité, quitte à considérer la carence du maire suffisamment avérée quelques heures après sa mise en demeure.

Il n'en reste pas moins vrai que dans le cadre du pouvoir de substitution du préfet au maire (ou au président du conseil général), aucun texte législatif ne permet de déroger à l'obligation de procéder à la mise en demeure préalable.

En toute logique, le Conseil d'État annule pour incompétence des arrêtés préfectoraux pris en méconnaissance de cette obligation (CE, 9 février 1955, Époux Le Brigand, Rec. p. 78) et la circonstance que la municipalité ait éventuellement donné au préfet son accord préalable pour l'édiction de la mesure ne couvre pas l'irrégularité commise (par exemple, s'agissant de l'expulsion de gens du voyage, cf. TA Versailles, 7 mai 1998, n° 974691).

Même la gravité des conséquences dommageables de la situation de risque ne permet pas au préfet de s'exonérer de l'obligation de mise en demeure préalable : un arrêté préfectoral prescrivant la suppression de toute construction existant dans une zone exposée aux avalanches a été annulé au seul motif qu'aucune mise en demeure préalable n'avait été adressée au maire (CE, 27 novembre 1974, ministre de l'Intérieur c/ dame Bertranuc et autres, req. n° 93.691).

On notera tout de même une exception à cette règle. Dans une décision unique, le Conseil d'État a exceptionnellement admis que le préfet puisse agir sans mise en demeure préalable, compte tenu de l'extrême urgence qui commandait sa décision. En l'espèce, les denrées alimentaires vendues par une boucherie comportaient des souches épidémiques de listériose, épidémie largement répandue à l'époque : le juge considère « qu'il y avait urgence à prendre, dans l'intérêt de la santé publique, une mesure destinée à éviter la contamination des consommateurs » et que « l'urgence justifiait également qu'il y soit procédé sans mise en demeure d'agir adressée au maire préalablement à la mesure de fermeture de l'établissement » (CE, 25 novembre 1994, ministre de l'Intérieur, req. n° 148962 et 149018).

B. La substitution en matière d'urbanisme

L'article L.123-14 du Code de l'urbanisme confère au préfet des pouvoirs de substitution afin de faire directement assurer la hiérarchie des normes en matière d'occupation du sol.

Ainsi, lorsqu'un plan local d'urbanisme doit être révisé ou modifié pour être rendu compatible avec les directives territoriales d'aménagement ou avec les dispositions particulières aux zones de montagne et au littoral, ou pour permettre la réalisation d'un nouveau projet d'intérêt général, le préfet en informe la commune. Dans un délai d'un mois, la commune fait connaître au préfet si elle entend opérer la révision ou la modification nécessaire. Dans la négative ou à défaut de réponse dans ce délai, le préfet peut engager et approuver, après un simple avis du conseil municipal et enquête publique, la révision ou la modification du plan. Il en va de même si l'intention exprimée de la commune de procéder à la révision ou à la modification n'est pas suivie, dans un délai de six mois à compter de la notification initiale du préfet, d'une délibération approuvant le projet correspondant.

Le préfet met en œuvre la même procédure lorsque, passé un délai de trois ans, le plan local d'urbanisme n'a pas été rendu compatible avec les orientations d'un schéma de cohérence territoriale (SCOT), d'un schéma de secteur, d'un schéma de mise en valeur de la mer, d'une charte de parc naturel régional ou de parc national, d'un plan de déplacements urbains ou d'un programme local de l'habitat.

Enfin, depuis la loi MURCEF du 11 décembre 2001, l'article L.302-9-1 du Code de la construction et de l'habitation permet au préfet, lorsqu'il constate la carence d'une commune à respecter ses obligations de construction de logements sociaux, de conclure lui-même une convention avec un organisme en vue de la construction ou l'acquisition des logements sociaux nécessaires à la réalisation des objectifs fixés dans le programme local de l'habitat ou permettant d'atteindre l'objectif de 20 % du total des résidences principales. Ce constat de carence, condition de la substitution, ne peut intervenir sans que le préfet informe le maire de la commune de son intention d'engager la procédure. Une fois la substitution opérée, la commune contribue d'office au financement de l'opération, pour un montant égal à la subvention foncière versée par l'État dans le cadre de la convention, sans que cette contribution puisse excéder la limite de 13 000 euros par logement construit ou acquis en Île-de-France et 5 000 euros par logement sur le reste du territoire.

Enfin, on a vu en leçon 1 que la loi n° 2007-1224 du 21 août 2007 sur le dialogue social et la continuité du service public dans les transports terrestres réguliers de voyageurs obligeait désormais l'autorité organisatrice de transport (une collectivité ou un groupement de collectivités) à « définir les dessertes prioritaires en cas de perturbation prévisible du trafic ». Dans ce domaine également, en cas de carence de l'autorité organisatrice de transport et après une mise en demeure, le représentant de l'État arrêtera lui-même les priorités de desserte.

Comme l'illustrent ces deux derniers exemples, les pouvoirs de substitution du préfet aux organes des collectivités locales ne sont pas les reliquats d'une période révolue : ils constituent au contraire un instrument prisé du législateur contemporain pour appuyer l'application intégrale des contraintes qu'il édicte au niveau national.

C. Le contrôle budgétaire

Les budgets locaux sont des actes particuliers, soumis à deux types de contrôles : d'une part, comme toute décision administrative, un contrôle juridictionnel classique, exercé par le juge administratif, éventuellement saisi d'un recours en annulation ; d'autre part, un contrôle de type hiérarchique, exercé par le préfet avec l'appui des Chambres régionales des comptes et qui nous intéressera ici.

Le préfet, dans le cadre de son pouvoir de substitution, est en effet habilité, dans les cas prévus par le Code général des collectivités territoriales et après avis de la Chambre régionale des comptes compétente, à réformer, régler d'office et rendre exécutoire les documents budgétaires (budget primitif, budget supplémentaire, décision modificative et, finalement, compte administratif) adoptés par les collectivités territoriales et leurs établissements publics, dont les établissements publics de coopération intercommunale.

Comme dans le cas du contrôle de légalité, une fois l'acte pris par la collectivité, le préfet saisit des magistrats (ici, les CRC) aux fins que ces derniers contrôlent le respect du droit par les collectivités locales. Mais, à la différence du contrôle de légalité, la juridiction saisie n'a, ici, qu'un rôle consultatif et le préfet peut toujours s'écarter de son avis pour prendre une décision directement applicable.

Discerner la frontière entre ses deux compétences, l'une de réformation budgétaire, l'autre de contrôle de légalité, n'est pas toujours aisé. Ainsi, le juge administratif a considéré que le préfet ne peut arrêter d'office un budget local que dans les hypothèses limitativement prévues par les articles L.1612-2 et L.1612-5 du code général des collectivités territoriales et qu'il ne peut « hors le cas où cet acte serait entaché d'un vice tel qu'il serait de nature à le faire regarder comme inexistant, légalement y procéder pour un motif tenant à l'illégalité qui affecterait la délibération adoptant le budget » (CAA Marseille, 3 janvier 2005, ministre de l'Intérieur, n° 01MA00413). Un tel motif est seulement de nature à justifier que la délibération litigieuse soit déférée au tribunal administratif par le préfet, au titre du contrôle de légalité. Il en est ainsi, par exemple, lorsque le préfet considère que l'assemblée délibérante a été convoquée et présidée par un exécutif irrégulièrement désigné (arrêt précité).

On se contentera de mentionner rapidement ici le cas particulier des sociétés d'économie mixte locales, sur lesquelles le préfet exerce un contrôle plus restreint : en vertu de l'article L.1524-2 CGCT, s'il estime qu'une délibération du conseil d'administration, du conseil de surveillance ou des assemblées générales d'une SEM est de nature à « augmenter gravement la charge financière » d'une collectivité actionnaire ou à augmenter le risque encouru par une collectivité qui a garanti l'un de ses emprunts, le préfet saisit la CRC qui rend son avis sous un mois. Mais le préfet ne peut qu'obtenir une seconde lecture de la délibération par les organes de la SEM, qui pourront confirmer leur idée première. Cette absence de caractère contraignant à l'intervention du préfet explique que ce dernier n'entame quasiment jamais cette procédure.

Trois points essentiels sont abordés lors du contrôle budgétaire prévu aux articles L.1612-1 à L.1612-20 du CGCT : la date d'adoption (1.), l'équilibre budgétaire (2.) et l'inscription des dépenses obligatoires de la collectivité (3.).

1. La date d'adoption du budget primitif et du compte administratif

Les articles L.1612-2 et L.1612-9 du C.G.C.T. encadrent, dans le temps, l'exercice du pouvoir budgétaire par les collectivités. Afin de s'assurer que chaque collectivité dispose d'un document budgétaire annuel, si les dates limites imposées par les textes sont dépassées, le préfet est compétent pour intervenir.

Dans tous les cas, si le budget d'une collectivité n'est pas transmis au préfet dans les quinze jours qui suivent la date limite (art. L.1612-8), le préfet saisit sans délai la CRC, qui formule des propositions pour le règlement du budget, dans un délai d'un mois et par un avis public. Le préfet règle ensuite le budget et le rend exécutoire : s'il s'écarte des propositions de la chambre régionale des comptes, il est simplement tenu d'assortir sa décision d'une motivation explicite.

Dans tous les cas où le préfet règle le budget et le rend exécutoire, la décision est adressée, dans le délai de vingt jours à compter de la notification de l'avis de la chambre régionale des comptes, à la collectivité ou à l'établissement public intéressé ainsi qu'à son comptable et à la CRC concernée (art. R.1612-11 CGCT).

À compter de la saisine de la CRC et jusqu'au règlement du budget par le préfet, la collectivité est dessaisie de son pouvoir budgétaire : aucune délibération sur le budget de l'exercice en cours ne peut être adoptée.

Le budget primitif n'est pas le seul document soumis à ce type de contrôle. À la clôture de l'exercice, le compte administratif retrace toutes les recettes et dépenses réalisées au cours d'une année, y compris les « restes à réaliser » (c'est-à-dire les dépenses engagées mais non payées). Ce compte administratif doit être approuvé, une fois que la collectivité a reçu le compte de gestion établi par le comptable public, avant le 30 juin de l'année suivant l'exercice budgétaire (art. L.1612-12 CGCT). Il est réputé arrêté si une majorité de voix ne s'est pas dégagée contre son adoption.

2. L'équilibre budgétaire

En vertu de l'article L.1612-5 du CGCT les collectivités locales qui n'adopteraient pas leur budget en équilibre réel s'exposent à ce que le préfet règle d'office ledit budget.

S'il constate un déséquilibre dans les budgets adoptés, le préfet doit saisir la CRC dans un délai de trente jours suivant la transmission du budget. La CRC propose à la collectivité territoriale, dans un délai de trente jours à compter de sa saisine, les mesures nécessaires au rétablissement de l'équilibre budgétaire (augmentation des recettes et/ou diminution des dépenses) et demande à l'organe délibérant une nouvelle délibération. La nouvelle délibération, rectifiant le budget initial, doit intervenir dans un délai d'un mois à partir de la communication des propositions de la chambre régionale des comptes.

Si l'organe délibérant ne s'est pas prononcé dans ce délai, ou si la délibération prise ne comporte pas de mesures de redressement jugées suffisantes par la chambre régionale des comptes (qui se prononce sur ce point dans un délai de quinze jours à partir de la transmission de la nouvelle délibération) le budget est réglé et rendu exécutoire par le préfet. Comme dans le cas où le budget n'est pas adopté dans les délais (cf.1), le préfet peut s'écarter des propositions formulées par la chambre régionale des comptes, à condition de motiver explicitement sa décision.

Enfin, pendant tout le déroulement de la procédure de contrôle, « l'organe délibérant ne peut se prononcer en matière budgétaire » (art. L.1612-9 CGCT).

Le juge adopte une interprétation large de cette règle : le Conseil d'État a considéré qu'un conseil municipal ne pouvait plus, à compter de la saisine de la chambre régionale des comptes par le préfet et jusqu'au terme de la procédure, « compétemment prendre de décision ayant une incidence tant sur le budget de la commune que sur un budget spécial annexé à celui-ci et qu'il n'a donc pu légalement délibérer sur la création d'un emploi de directeur du port de plaisance et l'inscription du crédit correspondant au budget spécial du service de l'exploitation de ce port » (CE, 25 février 1998, Préfet de la Haute-Corse, req. n° 168726).

Le compte administratif fait également l'objet d'un contrôle à ce titre, même si, à la différence du budget primitif, un strict équilibre n'est plus requis. Lorsque l'arrêté des comptes fait apparaître dans l'exécution du budget, après vérification de la sincérité des inscriptions de recettes et de dépenses, un déficit égal ou supérieur à 10 % des recettes de la section de fonctionnement s'il s'agit d'une commune (ou d'un groupement) de moins de 20 000 habitants et à 5 % dans les autres cas, le préfet saisit la CRC qui propose à la collectivité territoriale les mesures budgétaires nécessaires au rétablissement de l'équilibre, dans le délai d'un mois à compter de cette saisine.

3. L'inscription et le mandatement des dépenses obligatoires

Le budget d'une collectivité locale doit obligatoirement prévoir certaines dépenses, définies par l'article L.1612-15 du CGCT comme « les dépenses nécessaires à l'acquittement des dettes exigibles et les dépenses pour lesquelles la loi l'a expressément décidé », par exemple la rémunération des agents.

À la différence du contrôle de la date d'adoption du budget et de son équilibre, le contrôle administratif de l'inscription des dépenses obligatoires dans les budgets locaux n'est pas réservé au seul préfet : le comptable public de la collectivité ou toute personne y ayant intérêt (par exemple un créancier de la collectivité ou un usager d'un des services publics locaux qui constaterait une carence dans les obligations de financement de la part de la collectivité) peut, en plus du préfet, saisir la CRC d'un manquement de la collectivité en la matière, soit que la dépense obligatoire ne figure pas au budget, soit qu'elle y figure pour un montant estimé insuffisant.

Première étape, la CRC dispose d'un mois pour se prononcer : soit elle rejette la demande qui lui est faite, soit elle confirme l'opinion juridique de celui qui l'a saisie et adresse alors à la collectivité une mise en demeure.

La collectivité ne peut pas contester, par un recours pour excès de pouvoir devant le juge administratif, cette qualification par la CRC et la mise en demeure qu'elle émet (CE, 18 nov. 1998, Association d'éducation populaire Louis Flodrops, req. n° 143007).

Seconde étape, si, dans un délai d'un mois, cette mise en demeure n'est pas suivie d'effet, la chambre régionale des comptes demande au préfet d'inscrire cette dépense au budget et propose, s'il y a lieu, la création de ressources ou la diminution de dépenses facultatives destinées à couvrir la dépense obligatoire. Le représentant de l'État dans le département règle et rend exécutoire le budget rectifié en conséquence, toujours en motivant explicitement sa décision s'il s'écarte des propositions formulées par la chambre.

Enfin, le paiement d'une dépense obligatoire peut être exigé, sans qu'il soit besoin de réformer le budget, si ce dernier prévoit déjà les sommes nécessaires. Dans ce cas, à défaut de mandatement d'une dépense obligatoire, le préfet met en demeure l'ordonnateur d'y procéder dans le délai d'un mois, ou de deux mois si la dépense est égale ou supérieure à 5 % de la section de fonctionnement du budget primitif. Si l'ordonnateur n'a pas mandaté la dépense à l'expiration de ce délai, le préfet y procède d'office.

L'inscription et le mandatement des dépenses dues par les collectivités locales au titre d'une condamnation passée en force de chose jugée sont enfermés dans des contraintes encore plus strictes (article premier de loi du 16 juillet 1980). Passé un délai de deux mois après la notification de la condamnation, si la collectivité dispose, dans son budget, des crédits suffisants au paiement de la somme à laquelle elle a été condamnée, le préfet n'est pas contraint de mettre en demeure la collectivité et peut mandater immédiatement d'office la dépense. Si la collectivité ne dispose pas des crédits suffisants, le préfet n'est pas, ici, contraint de saisir la CRC : c'est lui-même qui met en demeure la collectivité de prendre les mesures permettant de les dégager et, à défaut, qui réforme le budget avant de mandater la dépense.

Repères

- **art. L.236 et L.239 du Code électoral** : un élu local peut être démis d'office, en cas d'inéligibilité ou d'incompatibilité, par le préfet.
- **art. L.2122-16 CGCT** : un maire ou un adjoint peut être suspendu par le ministre de l'Intérieur ou révoqué par décret en Conseil des ministres.
- **art. L.2121-6, L.3121-5 et L.4132-3 CGCT** : les conseils municipaux, généraux et régionaux peuvent être dissous par décret.
- **art. L.2215-1 CGCT** : après mise en demeure, le préfet dispose d'un pouvoir de substitution en cas de carence du maire dans l'exercice de ses pouvoirs de police
- **art. L.1612-5 CGCT** : pouvoir de substitution du préfet en matière budgétaire

Pour gagner des points

Administration locale c./ Défense nationale

Dès l'ouverture du Code général des collectivités territoriales, son article L.1111-7 vient nuancer l'affirmation des grands principes de liberté des collectivités territoriales en rappelant que ces dernières « exercent leurs compétences propres dans le respect des sujétions imposées par la défense nationale ». À cet égard, la répartition des compétences prévue par la loi ne fait pas obstacle à ce que les autorités de l'État puissent prendre, à l'égard des collectivités territoriales, de leurs établissements publics et de leurs groupements, les mesures nécessaires à l'exercice de leurs attributions en matière de défense : à ce titre et sur le fondement de cet article L.1111-7 CGCT, « l'État dispose en tant que de besoin des services des communes, des départements, des régions, de leurs groupements et de leurs établissements publics ».

On notera ici l'existence d'une procédure de déféré toute particulière, le « déféré-défense », prévu à ce même article (et non au Code de justice administrative), qui se distingue du déféré de droit commun par son objet et sa procédure. Si le représentant de l'État estime qu'un acte pris par les autorités communales, départementales et régionales, soumis ou non à l'obligation de transmission, est de nature à compromettre de manière grave le fonctionnement ou l'intégrité d'une installation ou d'un ouvrage intéressant la défense, il peut en demander l'annulation par la juridiction administrative pour ce seul motif. Il défère alors l'acte en cause, dans les deux mois suivant sa transmission ou sa publication, à la section du contentieux du Conseil d'État, compétente en premier et dernier ressort. Il assortit, si nécessaire, son recours d'une demande de suspension ; le juge des référés statue alors dans un délai de quarante-huit heures.

LEÇON 17
LE CONTRÔLE DE LÉGALITÉ

- I. La transmission des actes
- II. La procédure de contrôle
- III. La pratique du contrôle

L'article 72 de la Constitution confie au représentant de l'État dans le département une mission ainsi définie : il a la charge des « intérêts nationaux, du contrôle administratif et du respect des lois ». Ce triptyque prend notamment corps dans le contrôle de légalité qu'il exerce sur les actes pris par les collectivités territoriales.

Le principe général est le suivant : depuis 1982, le préfet ne peut plus annuler lui-même les actes des autorités locales ni en suspendre l'exécution, mais seulement saisir le juge administratif pour que ce dernier prononce la mesure envisagée, au terme de la procédure dite de « déféré préfectoral ». Il convient dès l'abord de ne pas se méprendre sur le champ de ce contrôle : il s'agit pour le préfet de contribuer au respect du droit en général et pas seulement au respect des textes de nature législative, comme pourrait le laisser croire la formule « contrôle de légalité » ou l'expression constitutionnelle « *respect des lois* ». La violation d'un texte réglementaire par une collectivité locale permet bien au préfet de déférer l'acte concerné.

Lorsqu'il saisit ainsi le juge administratif, le préfet n'est pas une partie comme une autre dans le cadre de tout recours pour excès de pouvoir : au fond, il a toujours intérêt à agir ; dans le cadre des procédures d'urgence, la condition d'urgence est toujours réputée satisfaite.

Le contrôle de légalité par le préfet nécessite bien entendu que les actes des collectivités lui soient transmis (I.), afin qu'il forge son opinion juridique et saisisse, éventuellement après avoir demandé à la collectivité de réformer son acte, le tribunal administratif (II.). L'entreprise du contrôle de légalité est, en principe, si ambitieuse, qu'il est nécessaire de se pencher sur la manière dont elle est, en pratique, exercée (III.)

I. La transmission des actes des collectivités locales

A. Les actes à transmettre

Certaines catégories limitativement énumérées d'actes doivent être non seulement publiés (actes réglementaires) ou notifiés (actes individuels) mais également transmis au préfet ou au sous-préfet pour devenir exécutoires. Or la définition des actes qui doivent être transmis aux préfets est un exercice délicat pour le législateur : si elle est trop extensive, elle peut se traduire par un engorgement des services préfectoraux ; si elle est trop restrictive, elle peut impliquer un moindre respect effectif du droit.

La tendance récente consiste à réduire le champ des actes soumis au contrôle. Constatant à la fois l'accroissement du nombre d'actes transmis par les collectivités locales (4,6 millions en 1988, mais 8,3 millions en 2004), la complexité des procédures et l'enchevêtrement des dispositions législatives et réglementaires dont il s'agissait de contrôler l'application, la mission interministérielle d'audit sur l'exercice du contrôle de légalité de 2003 a considéré que l'exercice du contrôle de légalité par les préfectures se révélait de plus en plus lourd et difficile.

La loi n° 2004-809 du 13 août 2004 relative aux libertés et responsabilités locales fut l'occasion de remédier en partie à ce problème, en supprimant de la liste des actes obligatoirement transmis cinq catégories d'actes, dans trois domaines :

- en matière de police, les décisions des maires ou présidents de conseil général lorsque seul la circulation ou le stationnement sont en cause ;
- en matière d'urbanisme, les certificats de conformité ;
- enfin, en ce qui concerne la fonction publique territoriale, les décisions individuelles concernant les avancements d'échelon, les sanctions disciplinaires des trois premiers groupes et les recrutements sur des emplois contractuels répondant à un besoin saisonnier ou occasionnel.

Le relèvement des seuils en-deçà desquels la collectivité peut attribuer un marché par une procédure allégée (et donc s'abstenir de transmettre le marché en cause), introduit par le décret n° 2004-15 du 7 janvier 2004 dans le Code des marchés publics, participe du même effort.

La conséquence immédiate de ces deux réformes fut une réduction de 25 % du nombre d'actes transmis : de 8,3 millions en 2004 à 6,3 millions en 2006. En toute logique, la baisse concerne les domaines des décisions de police (–61,4 % en 2006 par rapport à 2003), de la fonction publique territoriale (–39,2 % pendant la même période), de la commande publique (–12,2 %) et de l'urbanisme (–7,3 %).

En pratique, de nombreuses communes, surtout les plus petites, continuent de transmettre en préfecture des actes pour lesquels cette formalité n'est pas requise. Les services de l'État, ne devant ni ne pouvant conserver de telles pièces, choisissent souvent de les renvoyer à leur expéditeur... ou de les remettre au service public de l'enlèvement des déchets.

Aujourd'hui, les actes soumis à cette obligation de transmission, énumérés aux articles L.2131-2 (pour les communes), L.3131-2 (départements) et L.4141-2 (régions) du Code général des collectivités territoriales, relèvent des neuf catégories suivantes :

- toutes les délibérations adoptées par les assemblées locales ;
- les décisions prises sur délégation de leur assemblée délibérante par le maire, la commission permanente du conseil général ou la commission permanente du conseil régional ;
- les décisions prises par le maire ou par le président du conseil général dans l'exercice de leur pouvoir de police (respectivement défini aux articles L.2212-1 et suivants et L.3221-4 du CGCT), à l'exclusion de celles relatives à la circulation et au stationnement ;
- les actes à caractère réglementaire pris par les autorités communales, départementales ou régionales dans tous les autres domaines qui relèvent de leur compétence en application de la loi ;
- les conventions relatives aux marchés et aux accords-cadres (à l'exception des marchés passés sans formalité préalable en raison de leur montant fixé par le Code des marchés publics), aux emprunts et les conventions de concession ou d'affermage des services publics locaux ;
- les décisions individuelles relatives à la nomination, à l'avancement de grade, à la mise à la retraite d'office, à la révocation des fonctionnaires, ainsi que les décisions individuelles relatives au recrutement, y

compris le contrat d'engagement, et au licenciement des agents non titulaires, à l'exception de celles prises dans le cadre d'un besoin saisonnier ou occasionnel ;
- le permis de construire, les autres autorisations d'utilisation du sol et le certificat d'urbanisme délivrés par le maire ou le président de l'établissement public de coopération intercommunale, lorsqu'il a reçu compétence à cette fin ;
- les ordres de réquisitions du comptable public pris par l'ordonnateur ;
- enfin les décisions relevant de l'exercice de prérogatives de puissance publique, prises par les sociétés d'économie mixte locales pour le compte d'une collectivité locale.

Certains établissements publics locaux sont soumis à une obligation comparable : pour les collèges et les lycées de l'enseignement public, l'article L.421-14 du Code de l'éducation précise la liste des actes soumis au contrôle de légalité et les modalités de ce contrôle ; concernant les centres de gestion de la fonction publique territoriale, il s'agit des actes relatifs à « l'organisation des concours, à l'inscription des candidats admis à ces concours sur une liste d'aptitude, à la publicité des créations et vacances d'emplois, et au budget de ces centres », en vertu de l'article 21 de la loi n° 84-53 du 26 janvier 1984 portant dispositions statutaires relatives à la fonction publique territoriale.

Sont exonérées de cette obligation de transmission toutes les autres décisions, non mentionnées par la loi, telles que les actes d'administration interne. De plus, en vertu de l'article L.2131-4 du CGCT, deux types d'actes sont expressément exclus du champ du contrôle de légalité : ceux pris par les autorités communales au nom de l'État et ceux relevant du droit privé.

Concernant les marchés publics, l'article R.2131-5 du CGCT exige toutefois la transmission d'un dossier complet, comprenant :
- la copie des pièces constitutives du marché, à l'exception des plans,
- la délibération autorisant le représentant légal de la commune ou de l'établissement à passer le marché,
- la copie de l'avis d'appel public à la concurrence ainsi que, s'il y a lieu, de la lettre de consultation,
- le règlement de la consultation, lorsque l'établissement d'un tel document est obligatoire,
- les procès-verbaux et rapports de la commission d'appel d'offres, de la commission de la procédure de dialogue compétitif et les avis du jury de concours, avec les noms et qualités des personnes qui y ont siégé, ainsi que le rapport de présentation,
- les renseignements, attestations et déclarations demandés aux candidats.

Les avenants aux marchés doivent également être transmis, accompagnés des délibérations qui les autorisent et du rapport de présentation.

Enfin, bien que l'article L.1411-9 du CGCT prévoie qu'un décret en Conseil d'État dresse la liste des pièces à joindre aux conventions de délégation de service public, ce décret n'a jamais été signé. Dans la pratique, les documents annexes indispensables au contrôle, se rapprochant par leur nature de ceux prévus en matière de marchés publics, sont toutefois transmis sans attendre que le préfet utilise son droit général d'exiger la production de documents complémentaires.

B. La transmission au préfet

Le projet de loi relative aux libertés des communes des départements et des régions qui a supprimé la tutelle préfectorale des actes locaux et instauré, à sa place, le contrôle de légalité, avait prévu que les actes des collectivités locales devenaient exécutoires dès leur publication (ou leur notification) et qu'ils devaient seulement, ensuite, être transmis en préfecture. Le Conseil constitutionnel y a vu, dans sa décision n° 82-137 du 25 février 1982, une violation du rôle constitutionnel dévolu au préfet : « en déclarant ces actes exécutoires de plein droit avant même leur transmission au représentant de l'État, c'est-à-dire alors qu'il n'en connaît pas la teneur et n'est donc pas en mesure de saisir la juridiction administrative d'un recours assorti d'une demande éventuelle de sursis à exécution », la loi privait l'État, « fût-ce temporairement, du moyen d'exercer les prérogatives qui lui sont réservées par l'article 72 (alinéa 3) de la Constitution ».

La loi du 22 juillet 1982 est donc intervenue pour modifier le dispositif : tant qu'un acte soumis à l'obligation de transmission n'est pas transmis en préfecture, il est dépourvu de caractère exécutoire. Certes, cette absence de caractère exécutoire ne rend pas pour autant illégal la délibération ou l'arrêté, mais un acte soumis à obligation de transmission et qui prévoirait d'entrer en vigueur avant la date de sa transmission au Préfet serait, lui, entaché d'illégalité.

Étonnamment, jusqu'à la loi du 13 août 2004 relative aux libertés et responsabilités locales, aucun délai n'était imposé aux collectivités pour procéder à la transmission des actes soumis au contrôle de légalité.

La loi de 2004 a modifié le CGCT (articles L.2131-1, L.3131-1 et L.4141-1) : désormais, lorsque l'acte est de nature individuelle, la transmission doit intervenir dans un délai de quinze jours à compter de sa signature.

Cette limitation aux actes individuels s'explique par la jurisprudence « Ternon » du Conseil d'État : à la faveur de cet arrêt du 26 octobre 2001, lorsqu'une administration adopte une décision individuelle explicite créatrice de droits et illégale, elle ne dispose que d'un délai de quatre mois à compter de la prise de décision (signature de l'acte ou délibération de l'assemblée) pour la retirer. Dans ces conditions, comme l'a noté le rapporteur du projet de loi au Sénat, il convenait « d'instituer une obligation de transmission “rapide” au représentant de l'État afin que ce dernier, après avoir examiné la légalité de l'acte transmis puisse, dans le délai de quatre mois prévu par l'arrêt Ternon, exercer un recours gracieux » (Rapport n° 31, 2003-2004 du 22 octobre 2003).

Dans le cas des marchés publics (notamment art. L.2131-13 CGCT) et des délégations de service public (art. L.1411-9 CGCT), la collectivité locale qui passe le contrat doit à la fois certifier au cocontractant, par une mention apposée sur la convention notifiée, que celle-ci a bien été transmise, en précisant la date de cette transmission, et informer le préfet ou le sous-préfet, dans un délai de quinze jours, de la date de notification de cette convention.

II. La procédure de contrôle

Une fois les actes transmis par la collectivité, le représentant de l'État émet des observations (A.) ou défère l'acte litigieux au juge de l'excès de pouvoir (B.), éventuellement assorti d'une demande de suspension en urgence (C.).

A. Les observations à la collectivité

Dans un arrêt du 18 avril 1986 « Commissaire de la République du département d'Ille-et-Vilaine » (n° 62470), le Conseil d'État a considéré qu'une lettre d'observations du préfet (ou du sous-préfet, toujours compétent pour formuler des observations), adressée à la collectivité locale, valait recours gracieux : à la condition que les observations contiennent une demande de retrait ou de modification de l'acte pour des raisons précises, le délai de recours contentieux de deux mois dont dispose le préfet pour saisir le juge est alors interrompu jusqu'à ce que la collectivité concernée fasse connaître sa position. Passés deux mois, une décision implicite de refus naît du silence de la collectivité. Un nouveau délai de deux mois court à compter de la date de réception, par les services de l'État, de la décision, expresse ou implicite, de la collectivité. Durant ce délai, le préfet pourra saisir le tribunal administratif.

Mais, avant d'adopter une opinion juridique sur l'acte transmis, le préfet peut demander à la collectivité locale qui en est l'auteur la transmission de documents supplémentaires et cette demande proroge, comme une lettre d'observations, le délai dont dispose le préfet pour déférer l'acte. L'article R.2131-7 CGCT prévoit clairement que, dans le cadre du contrôle de légalité des marchés publics, « le préfet ou le sous-préfet peut demander, pour exercer le contrôle de légalité, que des pièces complémentaires lui soient fournies ».

Le Conseil d'État a synthétisé le droit applicable sur ce point dans son arrêt du 13 janvier 1988 « Mutuelle générale des personnels des collectivités locales » (n° 68166) : lorsque la transmission de l'acte ne comporte pas le texte intégral de cet acte ou n'est pas accompagnée des documents annexes nécessaires pour mettre le représentant de l'État à même d'apprécier la portée et la légalité de l'acte, il appartient au préfet de demander à l'autorité locale, dans le délai de deux mois de la réception de l'acte transmis, de compléter cette transmission ; dans ce cas, le délai de deux mois imparti au préfet pour déférer l'acte au tribunal administratif court soit de la réception du texte intégral de l'acte ou des documents annexes réclamés, soit de la décision, explicite ou implicite, par laquelle l'autorité communale refuse de compléter la transmission initiale ; en revanche, à défaut d'une demande tendant à ce que l'autorité locale complète la transmission, présentée dans le délai de deux mois de la réception de l'acte, le délai imparti au préfet pour déférer cet acte au tribunal administratif court à compter de ladite réception.

Le recours successif à ces deux techniques est ouvert au préfet : si elle est véritablement nécessaire à l'appréciation de la légalité de l'acte, la demande de transmission des documents annexes nécessaires proroge une première fois le délai de recours et, dans le délai de deux mois suivant la transmission des documents annexes nécessaires, le représentant de l'État a la faculté de former un recours gracieux auprès de l'autorité locale : l'exercice d'un tel recours a pour effet de proroger à nouveau le délai imparti au préfet pour saisir le tribunal administratif (CE, 4 novembre 1996, Département de la Dordogne, n° 114956).

En sens inverse, la loi prévoit la possibilité pour l'exécutif local d'interroger en amont le préfet sur ses intentions contentieuses : sur sa demande, le préfet « l'informe de son intention de ne pas déférer au tribunal administratif » un acte des autorités locales communales qui lui a été transmis.

B. La saisine du juge

Pour déférer l'acte au tribunal administratif, le préfet dispose d'un délai de deux mois, qui court à compter de la réception de l'acte. Ce délai, franc, commence à courir le jour ouvrable suivant celui de la réception. Ainsi, si le préfet reçoit un acte le 1er septembre, il peut déférer l'acte au tribunal jusqu'au 2 novembre inclus. Si le jour où le délai expire n'est pas ouvrable, l'expiration est repoussée au jour ouvrable suivant.

On notera toutefois que la possibilité pour le préfet de saisir le juge ne se limite pas aux actes soumis à l'obligation de transmission : en prévoyant que le préfet défère au tribunal administratif les actes qu'il estime contraires à la légalité, « le législateur n'a pas entendu limiter la faculté qu'a le préfet, investi dans le département, en vertu du troisième alinéa de l'article 72 de la Constitution de « la charge des intérêts nationaux, du contrôle administratif et du respect des lois », de former un recours pour excès de pouvoir à l'encontre de tous les actes des collectivités territoriales » (CE, 28 février 1997, Commune du Port, n° 167483). Sont donc recevables les recours du préfet contre les actes non mentionnés à l'article L.2131-2 CGCT et notamment toutes les décisions implicites qui, par nature, ne peuvent faire l'objet d'une transmission.

On notera également que le déféré couvre un champ plus large que le recours pour excès de pouvoir classiquement manié par un requérant de droit commun. D'une part, le préfet peut déférer des actes préparatoires d'une décision (CE, 15 avril 1996, Syndicat C.G.T. des hospitaliers de Bédarieux, n° 120273). D'autre part, en matière contractuelle, le préfet peut déférer non seulement la délibération autorisant la passation du contrat mais le contrat lui-même, par exception au principe selon lequel cette contestation directe du contrat n'est ouverte qu'aux parties (et aux concurrents évincés depuis l'arrêt du Conseil d'État « Tropic Travaux Signalisation » du 16 juillet 2007).

Le déféré est une compétence personnelle du préfet, mais les sous-préfets peuvent l'exercer sur délégation expresse du préfet et le secrétaire général de la préfecture peut y procéder dans les seuls cas de vacance momentanée d'une préfecture, d'absence ou d'empêchement du préfet (CE, 29 décembre 1995, Commune d'Hyères, n° 144025).

Dans le débat tendant à savoir si le préfet doit, ou seulement peut, exercer son contrôle de légalité, on penchera dans le sens d'une obligation (pour une opinion contraire, voir le Rapport sur l'audit du contrôle de légalité, mission interministérielle dirigée par Philippe Melchior, juillet 2003). Le texte de l'article L.2131-6 CGCT est ambigu : il utilise le présent de l'indicatif, signe traditionnel de la compétence liée : « Le représentant de l'État dans le département défère au tribunal administratif les actes mentionnés à l'article L.2131-2 », mais précise immédiatement que cette obligation ne pèse que pour les actes « qu'il estime contraires à la légalité », le préfet conservant donc une marge de manœuvre. La jurisprudence amène cependant à considérer que le préfet est dans l'obligation de déférer à tout le moins les actes manifestement illégaux. Ainsi le juge a admis que la responsabilité de l'État soit engagée pour faute lourde, en cas de carence dans l'exercice de cette mission : « le préfet, en s'abstenant pendant trois années consécutives de déférer au tribunal administratif neuf délibérations dont l'illégalité ressortait avec évidence des pièces qui lui étaient transmises et dont les conséquences financières étaient graves pour les communes concernées, a commis compte tenu des circonstances particulières de l'espèce, dans l'exercice du contrôle de légalité qui lui incombait, une faute lourde de nature à engager la responsabilité de l'État » (CE, 6 octobre 2000, ministre de l'Intérieur, n° 205959). Ce n'est point ici sur le terrain de la responsabilité sans faute que l'État fut condamné, mais bien sur celui de la faute (quoiqu'en exigeant qu'elle fût lourde), la « faute » étant traditionnellement définie comme « le manquement à une obligation préexistante » (Marcel Planiol, *Traité élémentaire de droit civil,* 4e éd., 1952, n° 913).

Enfin, lorsque le représentant de l'État défère un acte au tribunal administratif, il doit en informer sans délai l'autorité communale et lui communiquer toutes précisions sur les illégalités invoquées à l'encontre de l'acte concerné. En pratique, cette information sera assurée par la communication immédiate d'une copie du mémoire adressé au tribunal administratif.

Parallèlement, en vertu de l'article L.2131-8 CGCT, toute personne physique ou morale lésée par un acte a la possibilité, dans le délai de deux mois ouvert pour introduire un recours pour excès de pouvoir, de saisir le Préfet afin que ce dernier exerce son contrôle de légalité. Cette saisine par un tiers lésé entraîne des conséquences procédurales différentes, selon que l'acte en cause devait, ou non, être transmis au préfet par la collectivité. S'il s'agit d'un acte soumis à l'obligation de transmission, la demande du tiers n'a pas pour effet de prolonger le délai de recours contentieux dont dispose le préfet pour déférer l'acte. À l'inverse, s'il s'agit d'un acte qui ne doit pas être transmis, la demande fait courir un délai de deux mois pendant lequel le préfet pourra déférer l'acte.

Cette procédure n'est donc pas des plus utiles du point de vue de la personne lésée : la saisine du préfet est enfermée dans le même délai que la saisine du juge et le refus du préfet de donner suite à la demande n'est pas susceptible de recours par la personne qui l'a saisi. Toutefois, le Conseil d'État a considéré que « la demande ainsi présentée au préfet, si elle a été formée dans le délai du recours contentieux ouvert contre l'acte de la collectivité locale, a pour effet de proroger ce délai jusqu'à l'intervention de la décision explicite ou implicite par laquelle le préfet se prononce sur ladite demande » (CE, 25 janvier 1991, Brasseur, n° 80969).

C. L'urgence

Le représentant de l'État peut assortir son déféré d'une demande de suspension prévue à l'article L.2131-6 CGCT. Le président du tribunal administratif statue dans un délai d'un mois. Il fait droit à cette demande si l'un des moyens invoqués paraît, en l'état de l'instruction, propre à créer un doute sérieux quant à la légalité de l'acte attaqué, sans que le préfet doive, comme y est astreint un requérant de droit commun, établir l'urgence de sa demande.

Dans certains domaines, le déféré-suspension du préfet suspend lui-même l'application de l'acte : il s'agit là de l'effet le plus puissant du contrôle de légalité. Il en va ainsi en matière d'urbanisme, de marchés et de délégation de service public : jusqu'à ce que le juge des référés ait statué, la demande de suspension formulée par le représentant de l'État entraîne la suspension de l'acte, à la seule condition qu'elle ait été demandée dans les dix jours à compter de la réception de cet acte. Au terme d'un délai d'un mois à compter de la réception, si le juge des référés n'a pas statué, l'acte redevient exécutoire.

Enfin, lorsque l'acte déféré est de nature à compromettre l'exercice d'une liberté publique ou individuelle, l'article L.2131-6 CGCT, sur le modèle du référé-liberté prévu à l'article L.521-2 du Code de justice administrative, indique que le juge des référés en prononce la suspension dans les quarante-huit heures. La décision relative à la suspension est susceptible d'appel devant le Conseil d'État dans la quinzaine de la notification, lequel est tranché également dans un délai de quarante-huit heures.

III. La pratique du contrôle

A. Les orientations stratégiques

Une circulaire du ministre de l'Intérieur du 17 janvier 2006 a demandé aux préfets de se « doter d'une réelle stratégie de contrôle » (NOR : MCT/B/06/00004/C). Cette stratégie prend la forme d'un programme annuel de contrôle, établissant des critères de priorité et déterminant les catégories d'actes les plus sensibles qui doivent faire l'objet d'un contrôle approfondi.

À cette fin, le ministre leur demande de recentrer le contrôle sur trois priorités :

- l'intercommunalité, « afin que soit véritablement mise en œuvre une politique de l'intercommunalité cohérente et efficace »,
- la commande publique,
- l'urbanisme et l'environnement, notamment en ce qui concerne la protection des espaces sensibles, des paysages et la prévention des risques.
- À partir de ces orientations, il appartient à chaque préfet, en fonction des spécificités de son département, d'arrêter chaque année, en liaison avec les chefs de services de l'État, un programme de contrôle, après avoir fait le bilan de l'exercice du contrôle de légalité pendant l'année écoulée. La plupart des préfets ont repris les orientations nationales, mais certains y ont ajouté des priorités locales, en particulier la fonction publique territoriale.

B. Les moyens

Créé en septembre 2002 à Lyon, le pôle interrégional d'appui au contrôle de légalité (PIACL) est un service délocalisé de la direction générale des collectivités locales (DGCL) du ministère de l'Intérieur. Initialement réservé à quatre régions (Rhône-Alpes, Auvergne, Bourgogne et Franche-Comté), cet organisme intervient, depuis le 1er janvier 2007, pour l'ensemble des préfectures de métropole, à l'exclusion des départements de la région Île-de-France. Le pôle, saisi par les préfectures, a pour fonction d'apporter une expertise juridique, en cas de difficulté particulière ou de montage complexe et principalement dans les domaines de la commande publique, des pouvoirs de police des autorités décentralisées, d'intercommunalité, d'urbanisme, de budgets locaux, d'environnement et de fonction publique. Le PIACL assure également une mission d'information permanente et de formation au profit des préfectures.

D'un effectif limité à 13 agents (alors que 1 660 agents sont dédiés au contrôle de légalité dans l'ensemble des préfectures), le pôle avait néanmoins traité, au 13 juillet 2007, 3 582 dossiers à la demande des préfectures (dans les deux tiers des cas), des sous-préfectures ou des secrétariats généraux pour les affaires régionales (SGAR), le délai moyen de réponse s'établissant, selon le rapport triennal déposé en 2008 par le Gouvernement au Parlement, à 15 jours.

Toujours selon ce rapport et contrairement à ce que son nom et sa vocation initiale pouvaient laisser penser, le PIACL s'est vu sollicité principalement dans le domaine du conseil aux collectivités locales, en amont de la décision (78 % des cas) et non dans celui du contrôle de légalité (qui ne représente que 20 % de son activité).

C. Les statistiques

Aux termes des articles L.2131-7, L.3132-2 et L.4142-2 du CGCT, le Gouvernement soumet tous les trois ans, avant le 1er juin, au Parlement, un rapport sur le contrôle a posteriori exercé à l'égard des actes des collectivités territoriales par les représentants de l'État dans les départements. Le XXe rapport déposé en 2008 couvre les années 2004 à 2006. Il permet de dégager plusieurs enseignements quant à la réalité concrète de l'exercice du contrôle.

Sur le plan statistique, le préfet défère peu d'actes au juge. Sur plus de six millions d'actes transmis, le nombre de recours déposés devant les juridictions administratives fut de 1 411 en 2006, soit 0,02 % des cas. Depuis quinze ans, ce taux varie entre 0,016 % au plus bas (2002) et 0,033 % au plus haut (1996).

Le nombre d'actes concernés baisse encore si l'on retient le nombre de jugements finalement rendus par les tribunaux administratifs sur recours des préfets, après les désistements éventuels. Il s'est élevé à 679 sur l'ensemble du territoire (soit moins de 7 en moyenne par préfet) en 2006.

Le nombre des observations formulées par les préfets à l'adresse des élus, au premier stade du contrôle, enregistre une diminution progressive : au titre de l'exercice 2004, 99 370 lettres d'observations étaient émises par les services chargés du contrôle de légalité, puis seulement 80 319 en 2005 et 81 803 en 2006.

Les ordres de grandeur sont donc les suivants : moins de 1 % des actes transmis font l'objet d'observations préfectorales et seulement 1 % des actes faisant l'objet de telles observations sont finalement déférés au juge.

Mais à cette faiblesse quantitative semble correspondre une forte qualité des démarches entreprises. Il pourrait être prétendu que les préfets défèrent « peu mais bien ». Ainsi, d'une part, le taux de retrait (pourcentage d'actes retirés ou réformés par les collectivités par rapport au total des lettres d'observations) est, en moyenne, de 80 % sur toute la période 2004-2006. Selon le Gouvernement, dans le rapport précité, « ce taux souligne l'importance de la phase précontentieuse du contrôle de légalité et de la fonction de conseil aux collectivités exercée par les préfectures ». D'autre part, les décisions des tribunaux administratifs se sont révélées favorables aux préfets dans 80 % des cas pendant la période 2004-2006.

Quant aux procédures d'urgence, les préfets en font un usage limité : seules 311 demandes de suspension accompagnaient les déférés en 2006 (soit dans un cas sur cinq), contre plus de 500 (soit un cas sur trois) dix ans auparavant.

Repères

- **art. 72 de la Constitution** : le préfet assure le « contrôle de légalité » des actes pris par les collectivités.
- **art. L.2131-2 (pour les communes), L.3131-2 (départements) et L.4141-2 (régions) du CGCT** : listes des actes à transmettre obligatoirement au préfet
- **CE, 18 avril 1986, Commissaire de la République du département d'Ille-et-Vilaine, n° 62470** : une lettre d'observations du préfet ou du sous-préfet adressée à la collectivité locale vaut recours gracieux et interrompt le délai du déféré préfectoral.
- **art. L.2131-6 CGCT** : le représentant de l'État peut assortir son déféré d'une demande de suspension adressée au président du Tribunal administratif.

Pour gagner des points

La mise en place de la télétransmission (ACTES)

Le CGCT accueille, depuis un décret du 7 avril 2005, plusieurs articles (par exemple pour les communes, les articles R.2131-1 à R.2131-4) dédiés à la télétransmission des actes soumis au contrôle de légalité.

Désormais, lorsqu'une collectivité choisit d'effectuer par voie électronique la transmission de tout ou partie des actes soumis à l'obligation de transmission, elle doit obligatoirement recourir à un dispositif de télétransmission ayant fait l'objet d'une homologation, subordonnée au respect des prescriptions contenues dans un cahier des charges élaboré par le ministère de l'Intérieur et qui assure à la fois l'identification et l'authentification de la collectivité territoriale émettrice, l'intégrité des flux de données ainsi que la sécurité et la confidentialité de ces données. Plus de dix dispositifs ont été à ce jour homologués.

Le chef de l'exécutif local signe avec le préfet une convention comprenant la référence du dispositif homologué et qui prévoit notamment la nature et les caractéristiques des actes transmis par la voie électronique.

La collectivité peut toujours renoncer à la transmission par voie électronique et le préfet, de son côté, peut suspendre l'application de la convention lorsqu'il constate des altérations graves du fonctionnement du dispositif de télétransmission, si ce dernier n'est plus homologué ou encore s'il est empêché de prendre connaissance des actes transmis. Cette suspension fait l'objet d'une notification écrite à la commune qui procède, dès lors, à la transmission de ses actes sur support papier.

Dans ce cadre, le ministère de l'Intérieur a engagé un programme de dématérialisation du contrôle de légalité qui prend la forme d'une application dénommée ACTES. Ce programme comporte deux volets : d'une part, il permet aux collectivités de transmettre les actes par voie électronique, d'autre part il permet d'assister les services des préfectures et des sous-préfectures par l'émission automatique de l'accusé de réception, le calcul des délais de recours et le dénombrement statistique des actes.

Au 1er septembre 2007, le rapport du Gouvernement sur le contrôle de légalité indiquait que 73 préfectures utilisaient ACTES et qu'une quinzaine d'autres s'apprêtait à le faire. D'après ce même rapport, plus de 111 000 actes avaient déjà été ainsi télétransmis. La livraison d'un module équivalent pour le contrôle budgétaire est annoncée pour 2008-2009.

Leçon 18

Les collectivités et le juge administratif

- I. Les conditions particulières de recevabilité des recours
- II. L'effectivité des décisions rendues par le juge administratif

Au nombre des juridictions (institutions composées de magistrats indépendants des parties et prononçant, au nom de la puissance publique, des sanctions après une procédure contradictoire) devant lesquelles les collectivités territoriales peuvent être attraites, ou qu'elles peuvent saisir, le juge administratif tient évidemment une place privilégiée. Cet ouvrage n'est pas le lieu d'un exposé de détail du contentieux administratif, d'autres manuels y sont spécifiquement consacrés.

Le juge administratif rend trois types principaux de décisions. Dans le cadre du contentieux de l'annulation, il peut, saisi d'un recours pour excès de pouvoir, annuler tout ou partie d'un acte pris par une autorité publique locale. En « plein contentieux », il peut condamner la puissance publique à la réparation pécuniaire d'un préjudice qu'elle a causé à un justiciable (ou inversement). Enfin, en urgence, il est compétent pour suspendre l'exécution d'une décision publique par une ordonnance de référé.

Si les collectivités locales sont souvent attraites devant le juge administratif en position de défenderesses, elles peuvent également saisir le juge administratif, afin de faire valoir leurs droits contre tout justiciable, qu'il s'agisse d'une personne physique ou morale, de droit privé (usager, propriétaire, entreprise délégataire de service public) ou de droit public (l'État, un établissement public, une autre collectivité locale, etc.).

Valablement saisi (I.), le juge administratif dispose de pouvoirs contraignants à l'endroit des collectivités locales (II.).

I. Les conditions particulières de recevabilité du recours

Le Tribunal administratif territorialement compétent pour trancher un recours en annulation d'un acte pris par une autorité publique locale ou d'un recours en indemnisation engagé contre cette dernière n'examinera le fond du problème que s'il est valablement saisi. Pour qu'il en soit ainsi, trois conditions, dites de « recevabilité », doivent être réunies.

Tout d'abord, le requérant doit désigner au tribunal une décision de l'administration : soit, dans le cas d'une demande en annulation d'un acte, la décision contestée, soit, dans le cas d'un recours de plein contentieux, le refus que la collectivité a opposé à la demande du requérant d'être indemnisé. Dans tous les cas, le requérant doit se munir d'une véritable décision (qu'elle soit explicite ou implicite passés quatre mois de silence) et non d'un acte préparatoire, comme l'avis d'une commission.

Ensuite, le recours doit être déposé dans un délai de deux mois à compter de la notification, par la collectivité au requérant, de la décision susmentionnée, ou de sa publication. On rappellera toutefois qu'aucun délai de forclusion ne court lorsque la décision ne mentionne pas les voies et délais de recours ouverts au requérant.

Enfin, le requérant doit détenir qualité pour agir. Ce point renferme quelques particularités du contentieux public local par rapport au contentieux administratif de droit commun et justifie qu'on s'y attarde.

Toute personne qui entend contester une décision d'une collectivité territoriale doit disposer non seulement d'une capacité à agir, c'est-à-dire réunir les conditions générales pour ester en justice, mais également d'un intérêt à agir contre cette décision précise.

A. La capacité à agir

La capacité à agir n'est problématique que dans le cas des personnes morales qui ne peuvent agir, concrètement, que par l'intermédiaire d'un de leurs représentants, personnes physiques.

En ce qui concerne les collectivités locales, deux cas doivent être distingués. Les maires peuvent se voir déléguer, par le conseil municipal et pour la durée de leur mandat, compétence pour agir en justice, sur le fondement du 16° de l'article L.2122-22 CGCT. À défaut d'une telle délégation, ce n'est que par délibération spéciale qu'ils sont fondés à introduire un recours en justice (art. L.2132-2 CGCT). Les présidents des conseils généraux et des conseils régionaux ne peuvent, eux, intenter un recours que sur autorisation spéciale de l'organe délibérant et ne peuvent défendre la collectivité qu'en vertu d'une autorisation de la commission permanente.

Sur ce point, une évolution du droit pourrait intervenir : une proposition de loi « de simplification et de clarification du droit et d'allégement des procédures », n° 1085, adoptée en première lecture par l'Assemblée nationale le 14 octobre 2008 prévoit, en son article 22, de transposer aux présidents de conseils généraux et régionaux le droit applicable aux maires ; une délégation générale pourrait leur être confiée, si ce texte était définitivement adopté.

Toutes les fois où elle est nécessaire, l'autorisation peut être délivrée à l'exécutif, en cours d'instance, aux fins de régularisation de la procédure. Mais son absence, éventuellement après mise en demeure de la produire, signifierait que le recours, introduit au nom de la collectivité par son exécutif, est irrecevable.

B. L'intérêt à agir

Quant à l'intérêt à agir, la qualité d'usager du service public permet de contester la décision par laquelle la collectivité en fixe les tarifs (Conseil d'État, 9 mars 1998, Ville de Marignane, n° 158334) ou en organise le fonctionnement : le très classique arrêt « Syndicat des propriétaires et contribuables du quartier Croix de Séguey-Tivoli » reconnaît qualité à agir aux habitants d'un quartier contre la décision supprimant la desserte de ce quartier par le tramway (CE, 21 décembre 1906, rec. p. 962).

À l'inverse, une entreprise ne justifie d'un intérêt à contester devant le juge de l'excès de pouvoir un permis de construire délivré à une entreprise concurrente que dans le cas où les caractéristiques particulières de la construction envisagée sont de nature à affecter par elles-mêmes les conditions d'exploitation de l'établissement commercial de l'entreprise requérante : le simple « manque à gagner » provoqué par l'implantation d'un concurrent ne suffit pas (Conseil d'État, 22 février 2002, Société France Quick SA, n° 216088).

Quant aux élus membres de l'assemblée délibérante de la collectivité, ils sont recevables à attaquer toute délibération prise par le conseil dont ils sont membres (CE, 4 août 1905, Martin, rec. p. 749). Toutefois, dans cette hypothèse, au nom de la théorie dite de « *la connaissance acquise* », le délai de recours de deux mois court contre eux à compter de la date de la séance pendant laquelle la délibération a été prise et non à compter de la date de la publication de la décision. Par ailleurs, tout membre d'une assemblée délibérante locale peut attaquer une décision relevant de la compétence de l'exécutif de cette collectivité si cette décision méconnaît la compétence de l'assemblée (CE, 30 octobre 1998, Ville de Lisieux, n° 149662). Pour autant, ce même conseiller n'est pas recevable, par cette seule qualité, à attaquer une décision de l'établissement public de coopération intercommunale dont sa commune est membre.

Enfin, le contribuable est placé dans une situation particulière. Certes, cette seule qualité ne lui permet pas d'attaquer les autorisations d'urbanisme délivrées par le maire (CE, 5 juillet 2006, Commune de la Possession, n° 285809), mais, à la différence du contribuable national (CE, 18 mars 2005, Association Agrafe, n° 261177), le contribuable local a été, très tôt, reconnu comme recevable à agir contre toute décision génératrice de dépenses pour la collectivité (CE, 29 mars 1901, Casanova, rec. p. 333).

Au surplus, le contribuable local peut décider d'engager une procédure appelée autorisation de plaider lui permettant d'intenter, au nom de la collectivité, les actions en justice que cette dernière n'engage pas.

Cette procédure spéciale est ouverte au contribuable communal par l'article L.2132-5 du CGCT qui dispose que « tout contribuable inscrit au rôle de la commune a le droit d'exercer, tant en demande qu'en défense, à ses frais et risques, avec l'autorisation du tribunal administratif, les actions qu'il croit appartenir à la commune, et que celle-ci, préalablement appelée à en délibérer, a refusé ou négligé d'exercer ». Elle est également placée entre les mains du contribuable départemental (L.3133-1), régional (L.4143-1) et, depuis la loi du 12 juillet 1999, intercommunal (art. L.5211-18).

La procédure d'autorisation de plaider est faite de multiples étapes. En tout premier lieu, bien que les textes ne le prévoient pas expressément, le juge a exigé que le contribuable saisisse la collectivité pour lui demander d'agir. Il ne pourra demander au tribunal administratif l'autorisation de plaider au nom de la commune que si cette dernière, par une décision expresse ou implicite (après quatre mois de silence), a refusé d'engager l'action (CE, 25 janvier 1993, Ville de Paris, n° 134982). Le contribuable a deux mois pour présenter sa demande d'autorisation au Tribunal administratif, qui statue ensuite dans un délai de deux mois. Le mémoire détaillé déposé par le contribuable au tribunal est transmis au maire, qui le soumet au conseil municipal. À ce stade, le conseil municipal peut revenir sur sa décision initiale et engager directement le recours. À défaut de décision du tribunal administratif ou en cas de refus d'autorisation prononcé par le juge, le contribuable dispose d'un mois pour se pourvoir devant le Conseil d'État, qui statue sous trois mois. Si le tribunal administratif accorde l'autorisation au contribuable, la collectivité dispose de la même voie de recours.

Le tribunal n'octroiera l'autorisation de plaider au contribuable que si l'action en justice :

peut être exercée par la collectivité ; le Conseil d'État vient de rappeler que la capacité d'une collectivité à édicter directement un titre de recettes la prive du droit de saisir les tribunaux pour obtenir le remboursement d'une somme : dans ces conditions, un contribuable ne peut demander à engager une instance à sa place (CE, 3 décembre 2007, n° 300922) ;

- ne peut pas être exercée, en recours pour excès de pouvoir, par le contribuable en son nom propre (CE, 28 avril 2006, Cassinari, n° 280878) ;
- n'est pas finalement exercée par la commune, quoi qu'elle ait décidé en tout premier lieu ;
- présente un « intérêt suffisant » ; l'autorisation de plaider sera refusée en cas de préjudice seulement moral, de faible montant ou lorsque la commune dispose d'autres

moyens que la voie contentieuse pour préserver ses intérêts ;
- et présente une « chance de succès » mesurée par le juge sur la base de pièces objectives fournies par le contribuable.

II. L'effectivité des décisions rendues par le juge administratif

Que le juge ait annulé un acte ou condamné la collectivité au paiement d'une somme d'argent, son contrôle n'est effectif que si ses décisions sont exécutées.

Or, depuis la loi du 8 février 1995, les juges, saisis de conclusions en ce sens, peuvent prononcer (y compris en référé) des injonctions à l'administration précisant les conséquences juridiques et pratiques que doivent emporter leur décision : soit les mesures d'exécution dans un sens déterminé qu'implique nécessairement leur jugement (article L.911-1 du Code de justice administrative), soit la nécessité d'une nouvelle instruction par la collectivité locale concernée, la nouvelle décision devant intervenir dans un délai déterminé (art. L.911-2 CJA).

Dans les deux cas, le juge, saisi de conclusions en ce sens, peut assortir son injonction d'une astreinte (art. L.911-3 CJA). L'astreinte est provisoire ou, si la juridiction le précise, définitive. Puis, en cas d'inexécution totale ou partielle ou d'exécution tardive, la juridiction procède à la liquidation de l'astreinte qu'elle avait prononcée : en cas d'astreinte définitive, la juridiction ne peut modifier le taux de l'astreinte lors de sa liquidation (sauf s'il est établi que l'inexécution de la décision provient d'un cas fortuit ou de force majeure) tandis qu'elle peut modérer, voire supprimer l'astreinte provisoire, même en cas d'inexécution constatée.

À ces deux dispositifs, le législateur a ajouté trois mécanismes pratiques qui rendent dangereuse, voire impossible, la méconnaissance d'une décision du juge administratif par les collectivités locales.

A. L'exécution d'office par le préfet

Lorsqu'une décision juridictionnelle passée en force de chose jugée (c'est-à-dire ne pouvant plus faire l'objet d'un appel) a condamné une collectivité locale ou un établissement public au paiement d'une somme d'argent dont le montant est fixé par la décision elle-même, cette somme doit être mandatée dans un délai de deux mois à compter de la notification de la décision de justice. À défaut de mandatement dans ce délai, le préfet, saisi en pratique par le créancier, pourra se substituer aux organes locaux pour assurer le paiement de la condamnation prononcée.

Le dispositif légal est prévu à l'article 1er, II, de la loi n° 80-539 du 16 juillet 1980. Les dispositions réglementaires ont été récemment actualisées et sont regroupées dans le décret n° 2008-479 du 20 mai 2008 relatif à l'exécution des condamnations pécuniaires prononcées à l'encontre des collectivités publiques.

Deux cas doivent être distingués. Si la collectivité dispose, dans son budget, des crédits suffisants au paiement de la somme à laquelle elle a été condamnée, le préfet peut mandater immédiatement d'office la dépense. Le mandatement d'office, déjà prévu pour toute dépense obligatoire, est ici renforcé puisque le préfet n'est même pas contraint de mettre en demeure la collectivité de payer, avant d'y procéder lui-même.

Si la collectivité ne dispose pas des crédits suffisants, le préfet n'est pas, ici, contraint de saisir la Chambre régionale des comptes : il met lui-même en demeure la collectivité de prendre les mesures permettant de dégager les ressources nécessaires (sous un mois ou sous deux mois si la somme atteint 5 % des recettes de la section de fonctionnement du budget) et, à défaut, réforme le budget avant de mandater la dépense. Il pourra à ce titre augmenter les taux des impôts locaux, réduire les dépenses, voire procéder à la vente de biens appartenant à la collectivité « dès lors que ceux-ci ne sont pas indispensables au bon fonctionnement des services publics dont elle a la charge » (CE, 18 novembre 2005, Société fermière de Campoloro, n° 271898).

Mais il peut également arriver qu'une collectivité renâcle à exécuter une décision qui lui est pourtant favorable, par exemple dans le cas où elle a obtenu la condamnation d'une entreprise mais qu'elle souhaite la préserver pour éviter des licenciements… Afin d'éviter que les élus locaux tergiversent, la loi du 16 juillet 1980 (article premier, IV) a prévu que la procédure d'exécution d'office du jugement par le préfet s'étendait à ce cas : l'ordonnateur est tenu d'émettre l'état nécessaire au recouvrement de la créance résultant d'une décision juridictionnelle passée en force de chose jugée dans le délai de deux mois à compter de la date de notification de la décision de justice. À défaut, le préfet adresse à la collectivité territoriale une mise en demeure d'y procéder dans le délai d'un mois et, en cas de nouvelle carence de la collectivité, le préfet émet d'office l'état nécessaire au recouvrement correspondant. Si, après mise en demeure du préfet, l'ordonnateur local émet le titre de recettes demandé mais bloque toute poursuite effective par le comptable public, le préfet peut autoriser lui-même ledit comptable à effectuer ces poursuites. On entrevoit qu'en pratique le préfet ne prendra pas davantage que les élus locaux la responsabilité de provoquer la faillite d'une entreprise et les licenciements subséquents : le dispositif demeure néanmoins utile dans l'hypothèse où la collectivité renâclerait aux poursuites pour des raisons d'opportunité moins louables.

B. L'application d'un taux majoré

L'article 1153 du Code civil prévoit que « les dommages-intérêts moratoires résultant du retard dans l'exécution ne consistent jamais que dans la condamnation aux intérêts au taux légal. » Néanmoins, l'article L.313-3 du Code monétaire et financier dispose : « En cas de condamnation pécuniaire par décision de justice, le taux de l'intérêt légal est majoré de cinq points à l'expiration d'un délai de deux mois à compter du jour où la décision de justice est devenue exécutoire, fût-ce par provision », même si « le juge de l'exécution peut, à la demande du débiteur ou du créancier, et en considération de la situation du débiteur, exonérer celui-ci de cette majoration ou en réduire le montant ».

Ces dispositions prévoient donc un principe général selon lequel, en cas de carence pendant deux mois dans le paiement des intérêts au taux légal d'une somme due sur le fondement d'une décision de justice, le débiteur se voit appliquer un taux d'intérêt majoré de cinq points.

La majoration du taux d'intérêt prévue à l'article L.313-3 du Code monétaire et financier s'applique quelle que soit la qualité de la personne débitrice : collectivité locale (CE, 26 mai 1982, Ville de Chamonix-Mont-Blanc, n° 16488) ou EPCI (TA Grenoble, 30 septembre 1996, Lafay, n° 952630).

Trois modalités d'application dégagées par la jurisprudence doivent être connues.

Tout d'abord, cette majoration du taux d'intérêt légal n'est pas exclusive d'une astreinte prononcée par le juge administratif, dans le cas où la décision de justice serait incomplètement exécutée.

En outre, le paiement du principal n'empêche pas la majoration du taux d'intérêt. Le Conseil d'État a pu juger que le paiement, dans le délai de deux mois, des sommes auxquelles une personne publique avait été condamnée au principal, ne faisait pas obstacle à la majoration du taux d'intérêt légal à l'issue de ce délai, lorsque les intérêts restaient dus (CE, 23 juillet 2003, Langlois, req. n° 251325).

Enfin, le point de départ du délai de deux mois prévu par l'article L.313-3 du Code monétaire et financier est la date à laquelle le jugement prononçant la condamnation est notifié à la partie condamnée, et non la date à laquelle le jugement a été rendu (CE, 12 mai 2003, Leniau, req. n° 231955). Le délai de deux mois à compter de la notification de la décision de justice, au-delà duquel le Préfet peut mandater d'office la dépense est donc exactement le même que celui à l'expiration duquel la majoration du taux d'intérêt légal intervient.

La jurisprudence du Conseil d'État a pu entretenir une incertitude quant à la nature de l'opération permettant de mettre fin au cours des intérêts moratoires dus par l'administration pour non-exécution d'une décision de justice. Ainsi, l'« acquittement » des sommes ou leur « versement » était requis pour considérer que l'exécution de la décision de justice condamnant l'administration avait été complète. Or, cette définition de l'« *exécution* » d'une décision de justice a été clarifiée par le Conseil d'État dans son arrêt Leniau du 12 mai 2003. Le Conseil d'État y affirme, en ce qui concerne le paiement d'intérêts au taux majoré que « tout jugement prononçant une condamnation à une indemnité fait courir les intérêts jusqu'au jour de son exécution, laquelle consiste en la liquidation de l'indemnité ». Il faut donc distinguer l'étape de la liquidation par l'ordonnateur des sommes dues et celle de leur versement effectif par le comptable public. Dès le mandatement des sommes et sous réserve d'un délai « *anormalement long* » entre la liquidation et le paiement effectif, les intérêts majorés ne courent plus.

C. La mise en cause de la responsabilité de l'ordonnateur

Toujours lorsqu'une décision passée en force de chose jugée a prononcé la condamnation d'une personne publique au paiement d'une somme d'argent dont elle a fixé le montant, l'ordonnateur de la collectivité (maire ou président) pourra être condamné à l'amende s'il ne procède pas au paiement.

Cette sanction est prévue à l'article L.313-12 du Code des juridictions financières et prononcée par la Cour de discipline budgétaire et financière (CDBF). Les maires et présidents de collectivités ne sont normalement pas justiciables de cette Cour, mais il est fait exception à cette règle dans deux cas (article L.312-2 CJF) : lorsque l'ordonnateur a réquisitionné le comptable public pour effectuer une dépense et lorsque, comme en l'espèce, il tarde à assurer l'exécution d'une décision de condamnation. De surcroît, par exception, dans ce cas précis, la CDBF pourra être saisie par le créancier de la collectivité (art. L.314-7 CJF).

Précisément, en cas de condamnation, l'ordonnateur est passible d'une amende comprise entre 150 euros (peine minimale) et l'équivalent d'une année d'indemnités de fonctions. Au surplus, si ses agissements ont entraîné la condamnation de la collectivité locale à une astreinte pour l'inexécution ou l'exécution tardive de la décision de justice, l'ordonnateur sera passible d'une amende dont le minimum est, cette fois, porté à 300 euros (et dont le maximum demeure une année d'indemnités de fonctions).

Repères

- **Conseil d'État, 4 août 1905, Martin** : un élu d'une assemblée délibérante est recevable à attaquer une délibération prise par cet organe
- **Conseil d'État, 29 mars 1901, Casanova** : tout contribuable local a intérêt à agir contre une décision génératrice de dépenses pour la collectivité
- **Art. L.2132-5 (commune), L.3133-1 (département), L.4143-1 (région) du CGCT** : procédure de l'« autorisation de plaider », permettant à un contribuable local d'introduire un recours au nom de la collectivité locale
- **Article premier de la loi n° 80-539 du 16 juillet 1980** : le préfet mandate d'office la dépense correspondant à la condamnation en justice d'une collectivité territoriale

POUR GAGNER DES POINTS

Le Tribunal administratif et le Conseil d'État, juges de l'élection locale

Le juge administratif intervient également dans le champ des collectivités territoriales en tant que juge de la régularité des élections. Ces litiges sont gouvernés par des procédures tout à fait spécifiques, inscrites au sein du Code électoral.

Le contentieux des élections municipales et cantonales ressortit de la compétence du tribunal administratif en premier ressort, et de celle du Conseil d'État en appel.

Dans les deux cas, les électeurs et les candidats peuvent déposer une requête devant le tribunal administratif, communément appelée « protestation » ou « réclamation », et le préfet peut déférer les opérations électorales, de sa propre initiative, au même juge. Les personnes « *éligibles* » peuvent de surcroît attaquer les élections municipales et les conseillers généraux en exercice toute élection cantonale dans leur département. Il en résulte que ni les sociétés, ni les associations, ni les collectivités locales elles-mêmes ne peuvent intenter cette action.

En vertu de l'article R.312-9 du Code de justice administrative, c'est le tribunal administratif dans le ressort duquel se trouve la commune ou le canton dont l'élection est contestée qui sera compétent.

Le délai de recours expire à 18 heures le cinquième jour qui suit celui de l'élection, en vertu des articles R.113 (élection cantonale) et R.119 (élection municipale) du Code électoral. Toutefois le préfet dispose, lui, de quinze jours pour déférer l'élection au tribunal administratif.

Le juge accueille des moyens variés, tenant au déroulement de la campagne électorale (notamment à la communication ou au financement des candidats) et des opérations le jour du scrutin, ainsi qu'à l'inéligibilité éventuelle des personnes dont l'élection est contestée.

Néanmoins, si une irrégularité est établie, l'annulation d'une élection, par le juge de l'élection, n'est pas aussi automatique que l'annulation d'un acte administratif, par le juge administratif. Le Conseil d'État a ainsi récemment rappelé qu'« il n'appartient pas au juge de l'élection de sanctionner toute irrégularité ayant pu entacher le déroulement d'une campagne électorale, mais seulement d'apprécier si cette irrégularité a été de nature à affecter la sincérité du scrutin et, par suite, la validité des résultats proclamés » (CE, 24 septembre 2008, élection municipale des Martys, n° 317786).

In fine, le juge peut :

– 1. déclarer inéligible un candidat et par conséquent annuler son élection,
– 2. réformer les résultats de l'élection (s'il peut s'assurer que certains votes omis, par exemple, doivent être réintégrés au total des suffrages exprimés, l'issue de l'élection s'en trouvant changée),
– 3. annuler l'ensemble des opérations électorales.

L'élu dont l'élection est attaquée par la voie de la protestation continue d'exercer son mandat ou sa fonction. Mais à compter du jour où la décision d'annulation de l'élection (individuelle ou collective) devient définitive, c'est-à-dire que le délai d'appel (d'un mois) a expiré ou qu'une décision a été rendue en appel par le Conseil d'État, l'élu perd son mandat.

En ce qui concerne les élections régionales, l'office du juge est identique. Deux particularités doivent être soulignées : le Conseil d'État est compétent en premier et dernier ressort et le délai de recours est de dix jours, pour les électeurs comme pour le préfet.

LEÇON 19

LES COLLECTIVITÉS ET LE JUGE PÉNAL

I. La responsabilité pénale des personnes physiques
II. La responsabilité pénale de la collectivité locale

La loi des 16 et 24 août 1790 affirmait en son article 13 que « les fonctions judiciaires sont distinctes et demeureront toujours séparées des fonctions administratives. Les juges ne pourront, à peine de forfaiture, troubler, de quelque manière que ce soit, les opérations des corps administratifs, ni citer devant eux les administrateurs pour raison de leurs fonctions ».

Dix ans plus tard, si la constitution de l'an VIII avait admis que les agents du gouvernement (autres que les ministres) puissent être poursuivis pour des faits relatifs à leurs fonctions, elle subordonnait toutefois les poursuites à une autorisation donnée par le Conseil d'État. Cette « garantie des fonctionnaires » demeura en vigueur jusqu'au décret du 19 septembre 1870, qui abrogea « toutes dispositions des lois générales ou spéciales ayant pour objet d'entraver les poursuites dirigées contre les fonctionnaires publics de tout ordre ».

Ce fut moins ce retournement que l'accroissement des compétences exercées par les collectivités locales et, surtout, le recours croissant au juge pénal de la part des victimes, qui aboutirent à créer un phénomène nouveau de « pénalisation de l'action publique locale ». Ce phénomène est traditionnellement avancé par les élus sortants pour expliquer leur volonté de ne pas se représenter aux suffrages de leurs concitoyens, même si le goût de la chose publique finit, dans la plupart des cas, par l'emporter.

Le nouveau Code pénal, adopté en mai 1992 et entré en vigueur en 1994, puis la loi dite « Fauchon » du 10 juillet 2000 ont modifié le cadre juridique de cette pénalisation de la vie publique locale. Notamment, l'article 111-5 du Code pénal permet désormais au juge pénal d'appréhender seul les actes administratifs en cause dans une affaire pénale, en disposant solennellement que « les juridictions pénales sont compétentes pour interpréter les actes administratifs, réglementaires ou individuels et pour en apprécier la légalité, lorsque de cet examen dépend la solution du procès pénal qui leur est soumis ».

Avant de détailler les infractions pénales susceptibles d'être commises dans les collectivités territoriales, en distinguant selon que ces infractions sont intentionnelles ou non (cf. leçon suivante), il convient de se demander qui est responsable.

Dès lors que l'infraction a été commise par un agent ou un élu local dans l'exercice de ses fonctions, imputer la faute pénale, c'est-à-dire désigner le coupable, n'est pas chose aisée. Les devoirs du fonctionnaire et l'organisation des pouvoirs au sein d'une collectivité territoriale rendent parfois cette imputation délicate (I.).

De plus, alors que le Code pénal napoléonien ne visait que les personnes physiques, le nouveau Code pénal de 1992 introduit une innovation majeure en permettant la condamnation des personnes morales, dont les collectivités territoriales en tant que telles (II.).

I. La responsabilité pénale des personnes physiques

À titre liminaire, il convient de souligner « l'autonomie » de la sanction pénale personnelle : non seulement un agent ou un élu peut être condamné même si la collectivité territoriale est condamnée, l'article 121-3 du Code pénal énonçant que « la responsabilité pénale des personnes morales n'exclut pas celle des personnes physiques auteurs ou complices des mêmes faits », mais un agent peut être condamné même s'il a reçu une sanction disciplinaire, l'article 29 de la loi n° 83-634 du 13 juillet 1983 portant droits et obligations des fonctionnaires prévoyant que « toute faute commise par un fonctionnaire dans l'exercice ou à l'occasion de l'exercice de ses fonctions l'expose à une sanction disciplinaire sans préjudice, le cas échéant, des peines prévues par la loi pénale ».

A. L'effet ambigu des délégations

En droit administratif général, les délégations relèvent de deux catégories, selon le degré de transfert de compétences qu'elles réalisent : les délégations de signature et les délégations de pouvoirs (appelées également délégations de compétences).

Dans les délégations de signature, le délégataire est nommément désigné et le délégant peut toujours prendre lui-même des décisions dans les domaines pour lesquels il a simplement délégué sa signature à un collaborateur. La délégation de signature n'est en effet qu'une mesure d'organisation interne du service qui ne modifie en rien la répartition des compétences.

Ainsi, « la délégation de signature permet à l'autorité administrative de se décharger de formalités purement matérielles en autorisant un ou plusieurs collaborateurs qui lui sont subordonnés à signer certains documents en ses nom, lieu et place, sous son contrôle et sa responsabilité » (Réponse du ministre des Collectivités territoriales à la question écrite n° 12074, *JOAN*, Q, 3 juillet 1989).

Les délégations de pouvoir ou délégations de compétence, au contraire, se caractérisent par deux attributs : elles sont accordées non à une personne nommément désignée mais au titulaire d'une fonction et elles emportent dessaisissement de l'autorité délégante qui devient donc incompétente pour décider dans les matières qu'elle a déléguées (sauf à révoquer la délégation).

Or, au sein des collectivités territoriales, le chef de l'exécutif (maire ou président) octroie, en apparence à la lecture des textes, deux types de délégation : il peut « déléguer une partie de ses fonctions » à des élus (adjoints ou vice-présidents) ou « donner délégation de signature » aux agents de direction (les directeur général des services, directeur général adjoint et directeur des services techniques dans les mairies et certains EPCI ; tous les « responsables de service » dans les autres cas).

Cette distinction fait même l'objet de deux articles différents du CGCT en ce qui concerne les communes : délégations de fonctions aux élus à l'article L.2122-18 et délégations de signature aux fonctionnaires à l'article L.2122-19 du CGCT. Cette dichotomie est conservée, quoique rassemblée en un seul article, dans les conseils généraux, conseils régionaux et EPCI (respectivement aux articles L.3221-3, L.4231-3, L.5211-9).

La délégation dont peuvent se prévaloir les agents est donc expressément qualifiée de délégation de signature. Quant aux « délégations de fonctions », se rattachent-elles aux délégations de signature ou aux délégations de pouvoir ? Il se trouve qu'elles n'opèrent pas de transfert de compétence : le maire peut toujours intervenir dans le domaine qu'il a délégué. La jurisprudence assimile donc la délégation de fonction également à la délégation de signature. Une circulaire du 10 août 2004 du ministre délégué à l'Intérieur (NOR/LBL/B/04/10069/C) confirme que, selon lui, « aucune délégation de compétence n'est possible au sein des collectivités territoriales ».

Quant aux conséquences pénales de ces délégations, force est de constater que la loi place tous les délégataires « sous la surveillance et la responsabilité » du chef de l'exécutif.

En principe, donc, le maire ou le président est pénalement responsable de tout ce qui est fait en son nom, sur la base des délégations qu'il a confiées, quand bien même l'agissement, ou la carence à agir, serait le fait matériel d'un autre. L'article 121-1 du Code pénal a beau énoncer que « nul n'est responsable pénalement que de son propre fait », la Cour de cassation considère depuis longtemps que « la responsabilité pénale peut cependant naître du fait d'autrui dans les cas exceptionnels où certaines obligations légales imposent le devoir d'exercer une action directe sur les faits d'un auxiliaire ou d'un subordonné » (Cass., crim., 28 février 1956, pourvoi n° 53-02.879).

Deux nuances doivent être apportées à ce principe de l'imputation systématique de la faute au chef de l'exécutif local.

D'une part, lorsqu'un texte désigne le responsable d'une tâche, alors que la mauvaise exécution de cette dernière est à l'origine d'une infraction, la personne désignée par le texte sera poursuivie et condamnée. Ce cas se rencontre principalement en matière d'hygiène et de sécurité : par exemple l'article 4 du décret n° 88-547 du 6 mai 1988 portant statut particulier du cadre d'emploi des agents de maîtrise territoriaux prévoit que les agents de maîtrise principaux sont chargés de diriger les activités de l'atelier, d'un ou de plusieurs chantiers et de réaliser l'exécution de travaux qui nécessitent une pratique et une dextérité toutes particulières. Dans ces conditions c'est l'agent de maîtrise principal et non le maire qui sera condamné pour une faute commise dans le cadre des missions de contrôle des activités de l'atelier dont il a la charge : par exemple une négligence ayant entraîné les blessures d'un agent (Cass., crim., 3 déc. 2002, n° 01-85109). De même, fut condamné un directeur général des services techniques pour blessures involontaires au motif qu'il était chargé, « en sa qualité de chef de service, d'assurer sous la responsabilité du maire la mise en œuvre des règles d'hygiène et de sécurité, conformément au décret du 10 juin 1985 relatif à l'hygiène et la sécurité du travail dans la fonction publique territoriale et à une note de service prise pour son application le 5 août 1985 » (Cass., crim., 22 fév. 1995, pourvoi n° 94-80.810).

D'autre part, dans le cadre des délits non intentionnels réprimant la négligence, l'agent ou l'élu délégué pourra être déclaré pénalement responsable s'il apparaît que cette personne devait (sur la base de la délégation confiée par le chef de l'exécutif), pouvait (compte tenu des moyens matériels et des informations dont il disposait) et savait (compte tenu de son expérience, de sa compétence) accomplir l'acte qui aurait dû être pris. Ce triptyque « devoir-savoir-pouvoir » doit donc être conservé à l'esprit : il tempère en pratique la sévérité du texte du CGCT qui prévoit que tout délégué agit « sous la surveillance et la responsabilité » du chef de l'exécutif.

Ainsi, dans une affaire récente, pour l'instant rarissime mais qui pourrait être répliquée à l'avenir, un adjoint au maire a été pénalement condamné, sans que le maire soit inquiété. Si les faits sont d'une gravité toute mineure (il s'agissait d'une condamnation pour tapage nocturne), le raisonnement est éclairant : pour imputer cette contravention au prévenu, le juge remarque d'abord que l'adjoint organisait chaque année la « fête de la Dune » et surveillait le niveau des émissions acoustiques de la salle où elle se déroule à l'aide d'un appareil approprié ; puis le juge constate que le maire a délégué, par arrêté, à cet adjoint, les actes afférents aux fêtes et cérémonies ; il en conclut que l'adjoint « disposait de la compétence, des pouvoirs et des moyens nécessaires pour remplir les fonctions de contrôle et de surveillance des manifestations qu'il organisait » et le condamne (Cass., crim., 4 septembre 2007, n° 07-80072).

De même, dans l'affaire précitée du directeur général des services techniques (Cass crim., 22 février 1995), le juge apporte une précision éclairante : si le DGST a été tenu personnellement responsable du dommage c'est parce qu'il n'avait pas alerté son supérieur. La Cour de cassation considère que si le prévenu ne disposait pas *des moyens suffisants pour mener à bien sa mission,* il était dans l'obligation « d'alerter la mairie des difficultés ou problèmes soulevés au sein de son service ». S'étant abstenu d'une telle alerte, le directeur général des services techniques, « par son inaction et son abstention, a donc contribué à la réalisation du dommage et doit être retenu dans les liens de la prévention ».

Dans cette affaire, le maire, n'ayant pas été mis au courant du risque, n'a pas pu agir et ne fut donc pas condamné. Ainsi, au-delà des schémas formels de répartition du pouvoir au sein de la collectivité territoriale, l'imputation de la faute dépendra des conditions précises du déroulement des faits : le juge procède à une analyse in concreto. Si les arrêtés de délégations sont analysés par le juge pénal pour déterminer ce que chacun devait faire, ils ne suffisent pas pour autant à établir ce que chacun savait et pouvait faire.

B. Le dilemme de l'obéissance

L'article 122-4 du Code pénal exclut la condamnation de celui qui a accompli « un acte commandé par l'autorité légitime, sauf si cet acte est manifestement illégal ».

Le principe est donc posé, selon lequel un agent qui exécuterait un ordre simplement illégal pourrait éviter la condamnation à une peine. Mais si l'ordre est « manifestement » illégal, l'agent doit s'y soustraire. Pour reconnaître un ordre « manifestement » illégal, les juridictions pénales mobilisent un critère objectif, tenant à l'ordre lui-même (par exemple, les atteintes volontaires à l'intégrité physique d'une personne seront toujours considérées comme manifestement illégales) et un critère subjectif, tenant à la personne du subordonné auquel l'ordre s'adresse : une illégalité peu flagrante objectivement peut néanmoins constituer un ordre manifestement illégal pour un haut fonctionnaire compte tenu de ses connaissances juridiques.

Est condamné pour faux en écriture publique, sans qu'il puisse invoquer son devoir d'obéissance, un agent qui, en exécution d'instructions téléphoniques du maire, a modifié le document graphique annexé au plan d'occupation des sols de la commune pour inclure dans une zone constructible, en violation de la délibération du conseil municipal, une parcelle de terrain classée dans une zone d'espace boisé à protéger, puis qui a donné des instructions à un agent de son service pour substituer le plan ainsi altéré au plan annexé à la délibération du conseil municipal dans les archives de la mairie et de la préfecture (Cass., crim., 25 février 1998, n° 97-82732). Dans cette affaire, l'ordre aurait dû lui apparaître pour ce qu'il était : manifestement illégal.

Les fonctionnaires sont susceptibles de rencontrer une difficulté supplémentaire, car le critère de la faute pénale diffère de celui de la faute professionnelle. Le contrôle pénal qui s'exerce sur eux n'est pas effectué selon les mêmes critères que le contrôle administratif. En effet l'article 28 de la loi du 13 juillet 1983 portant droits et obligations des fonctionnaires dispose que tout fonctionnaire doit « se conformer aux instructions de son supérieur hiérarchique, sauf dans le cas où l'ordre donné est manifestement illégal et de nature à compromettre gravement un intérêt public ». Ainsi, le statut général des fonctionnaires pose une condition supplémentaire pour exonérer de responsabilité sur le plan disciplinaire un agent qui s'opposerait à un ordre illégal : cet acte doit non seulement être « manifestement illégal » mais également « compromettre gravement un intérêt public ». Or un acte manifestement illégal ne porte pas nécessairement une atteinte grave à un intérêt public : les deux conditions donc bien distinctes.

Ainsi, un fonctionnaire n'a pas fait l'objet de sanction disciplinaire pour manquement à l'obligation de désobéissance alors qu'il avait bloqué des documents électoraux diffamatoires, sur ordre de son supérieur. En effet, si l'exécution de cet ordre manifestement illégal constituait une voie de fait, il n'en demeure pas moins qu'elle a permis le respect de la loi électorale, considérée comme un impératif supérieur, et n'a donc pas porté atteinte à un intérêt public (Tribunal des conflits, 10 décembre 1956, Randon, rec. p. 592). En revanche, si le fonctionnaire n'a pas été sanctionné disciplinairement pour avoir obéi à cet ordre manifestement illégal, il a néanmoins été pénalement sanctionné au titre de l'article 187 de l'ancien Code pénal, pour détournement de courrier…

Par conséquent, s'il veut éviter la condamnation pénale, un agent doit s'opposer à un acte manifestement illégal mais ne compromettant pas gravement un intérêt public, quitte à encourir des sanctions disciplinaires. En pratique, l'agent fera ce choix car il est peu probable que son supérieur, le maire par exemple, déclenche une procédure disciplinaire qui révélera le caractère illégal de l'ordre qu'il a donné !

II. La responsabilité pénale de la collectivité locale

A. La genèse d'un compromis

Sous l'Ancien régime, l'ordonnance criminelle d'août 1670, en son titre XXI, prévoyait la responsabilité pénale des structures publiques locales en disposant notamment que « le procès sera fait aux communautés des villes, bourgs et villages, corps et compagnies qui auront commis quelque rébellion, violence ou autre crime ». À cette fin, « le syndic, le député ou curateur, subira les interrogatoires et la confrontation des témoins, et sera employé dans toutes les procédures en la même qualité et non dans le dispositif du jugement, qui sera rendu seulement contre les communautés, corps et compagnies ».

Le Code pénal révolutionnaire de 1791, comme le Code pénal napoléonien de 1810 avaient aboli ce principe, retenant la responsabilité pénale des seules personnes physiques. Pour autant, le nouveau Code pénal adopté en 1992 opéra un revirement : il prévoit désormais, en son article 121-2, que les personnes morales sont pénalement responsables des infractions commises, « pour leur compte, par leurs organes ou représentants ».

En ce qui concerne les personnes morales de droit public, trois cas se rencontrent :

- L'État ne peut jamais voir sa responsabilité pénale engagée.
- Les collectivités territoriales et leurs groupements ne sont responsables pénalement que « des infractions commises dans l'exercice d'activités susceptibles de faire l'objet de conventions de délégation de service public ».
- Enfin, les autres personnes morales de droit public, principalement les établissements publics (autres que les groupements de collectivités), sont pénalement responsables de l'ensemble de leur activité.

Dans ce dernier cas, la seule différence entre leur responsabilité pénale et celle d'une personne morale de droit privé tient aux sanctions : la dissolution et le placement sous surveillance judiciaire ne peuvent être prononcés à leur encontre.

La situation des collectivités locales est donc la plus complexe des trois catégories, en ce que leur responsabilité pourra, ou non, être retenue selon le domaine dans lequel elles ont commis la faute pénale. Cette subtilité s'explique par les débats qui ont présidé à l'élaboration du nouveau Code pénal. Initialement, le projet présenté par le Gouvernement excluait toute responsabilité pénale des collectivités territoriales, assimilées sur ce point à l'État, le Conseil d'État ayant considéré que, disposant de prérogatives de puissance publique, elles « ne sauraient être placées sous le contrôle des juridictions répressives sans qu'il soit porté au principe de la séparation des pouvoirs une atteinte particulièrement grave » (avis repris au *JO du Sénat*, 11 mai 1989, p. 624). Le Parlement refusa d'exclure totalement les collectivités territoriales du nouveau principe de responsabilité pénale des personnes morales, mais, intégrant l'argument du Conseil d'État, il limita cette responsabilité aux actes commis dans le cadre d'activités susceptibles de faire l'objet d'une délégation de service public puisque, dans ce cadre, une collectivité territoriale se comporte exactement comme pourrait le faire une société privée délégataire.

B. Les activités concernées

Quelles sont les activités susceptibles de faire l'objet d'une convention de délégation de service public ? Les articles y relatifs dans le Code général des collectivités territoriales (art. L.1411-1 à L.1411-18) ne permettent pas de dégager un critère général, la convention de DSP étant simplement définie, afin d'être différenciée d'un marché public, comme « un contrat par lequel une personne morale de droit public confie la gestion d'un service public dont elle a la responsabilité à un délégataire public ou privé, dont la rémunération est substantiellement liée aux résultats de l'exploitation du service ». Il serait possible, en théorie, de mobiliser le critère susmentionné par le Conseil d'État et tiré de l'absence d'exercice de prérogatives de puissance publique dans l'activité en question. Mais le texte du Code pénal n'en dit mot : le juriste en est réduit à une analyse au cas par cas et à l'établissement d'une liste.

À cette fin, une réponse ministérielle (n° 32824, JOAN du 4 mars 1996, p. 1194) cite au nombre des services dont la gestion peut être déléguée : l'eau, l'assainissement, les transports urbains et interurbains, les cantines scolaires, les parkings et les fourrières de voitures, les droits de place dans les foires et marchés, les centres de congrès, les parcs d'exposition, l'exploitation des lignes aériennes dites de service public, le chauffage urbain…

La Cour de cassation a contribué à allonger cette liste, en y intégrant l'exploitation du domaine skiable (Cass., crim., 14 mars 2000, n° 99-82871), des abattoirs municipaux (Cass., crim., 23 mai 2000, n° 99-80008), et d'un théâtre municipal (Cass., crim., 3 avril 2002, n° 01-83160). Enfin, le 27 mars 2007, le tribunal correctionnel de Strasbourg condamnait la ville de Strasbourg à 150 000 euros d'amende pour homicides et blessures involontaires après la chute d'un platane sur un groupe de spectateurs qui assistait à un concert dans le parc du château de Pourtalès : l'activité en cause, retenue par le tribunal pour entrer en voie de condamnation, ne fut pas la sécurité publique mais l'organisation d'une manifestation culturelle, susceptible, elle, de délégation.

À l'inverse, on connaît une série d'activités par nature insusceptibles de délégation : celles exercées par les collectivités au nom de l'État (état civil, élections, délivrance de permis de construire) et celles se rattachant à l'exercice de la police administrative ou judiciaire. Le juge a également allongé cette liste, en indiquant, dans l'affaire du Drac, que « l'exécution même du service public communal d'animation des classes de découverte suivies par les enfants des écoles publiques et privées pendant le temps scolaire, qui participe du service de l'enseignement public, n'est pas, par nature, susceptible de faire l'objet de conventions de délégation de service public » (Cass., crim., 12 décembre 2000, n° 98-83969).

C. Les actes pris par les organes de la collectivité et pour son compte

L'article 121-2 prévoit que les personnes morales sont pénalement responsables des actes commis « par leurs organes ou représentants ». Ainsi, un magistrat de la Cour de cassation a rappelé que « l'article 121-2 du Code pénal n'affirme pas qu'une personne morale peut commettre une infraction. Il définit les conditions dans lesquelles une infraction commise par une ou plusieurs personnes physiques peut être imputée à une personne morale » (Frédéric Desportes, JurisClasseur Pénal, article 121-2).

Que convient-il d'entendre par organes et représentants ? Toute personne ou groupe de personnes compétent pour agir au nom de la personne morale. La Cour de cassation vise très largement « les personnes pourvues de la compétence, de l'autorité et des moyens nécessaires, ayant reçu une délégation de pouvoirs de la part des organes de la personne morale ou une subdélégation des pouvoirs d'une personne ainsi déléguée » (Cass., crim., 26 juin 2001, n° 00-83466).

Dans le cas des collectivités territoriales, il s'agira du maire ou du président, des assemblées délibérantes, des organes collégiaux lorsqu'ils disposent d'une existence légale (bureau de l'EPCI, commission permanente des conseils généraux et régionaux), ainsi que de tout élu ou agent ayant reçu une délégation.

Enfin, pour engager la responsabilité pénale de la collectivité, l'acte doit avoir été pris « pour son compte », ce qui correspond à un périmètre très large, incluant les actes pris dans l'intérêt de la collectivité, ou pour assurer son organisation ou son fonctionnement. Les détournements de finalité de fichier informatique, les consignes discriminatoires dans le recrutement pourront, par exemple, donner lieu à condamnation de la collectivité.

D. Les infractions et les peines

Depuis 1994, les personnes morales ne pouvaient être condamnées que pour des infractions précises, le Code pénal indiquant, pour chaque contravention, délit et crime, s'il pouvait être reproché à une personne morale. La loi n° 2004-204 du 9 mars 2004 portant adaptation de la justice aux évolutions de la criminalité, également appelée « Perben II », a simplifié ce régime et supprimé ce principe de spécialité : à compter du 1er janvier 2006, la responsabilité pénale des personnes morales peut être engagée pour toutes les infractions, sans aucune exception.

Les peines encourues par les collectivités territoriales et leurs groupements sont en nombre limité. En pratique seules des peines d'amende sont prononcées, étant entendu que le taux maximum de l'amende applicable aux personnes morales est égal au quintuple de celui prévu pour les personnes physiques et que, lorsqu'il s'agit d'un crime pour lequel aucune peine d'amende n'est prévue à l'encontre des personnes physiques, l'amende encourue par les personnes morales est d'un million d'euros (art. 131-41 et 131-38). En théorie toutefois, l'article 131-39 prévoit également la possibilité de prononcer, contre toute personne de droit public, l'exclusion des marchés publics (on sait que certaines collectivités se portent aujourd'hui candidates à des appels d'offres lancés par d'autres), la confiscation de la chose qui a servi ou était destinée à commettre l'infraction ou de la chose qui en est le produit, ou encore l'affichage ou la diffusion de la décision prononcée.

Repères

- **Art 111-5 du Code pénal** : les juridictions pénales sont compétentes pour interpréter les actes administratifs, réglementaires ou individuels et pour en apprécier la légalité, lorsque de cet examen dépend la solution du procès pénal qui leur est soumis.
- **Art 122-4 du Code pénal** : n'est pas pénalement responsable la personne qui accomplit un acte commandé par l'autorité légitime, sauf si cet acte est manifestement illégal.
- **Art 121-2 du Code pénal** : les collectivités territoriales et leurs groupements ne sont responsables pénalement que des infractions commises dans l'exercice d'activités susceptibles de faire l'objet de conventions de délégation de service public.

Pour gagner des points

Vers une substitution de responsabilité ?

L'article 121-3 du Code pénal affirme que « la responsabilité pénale des personnes morales n'exclut pas celle des personnes physiques auteurs ou complices des mêmes faits ». On trouve ici l'écho de l'ordonnance criminelle de 1670, par laquelle le roi avait énoncé : « outre les poursuites qui se feront contre les communautés, voulons que le procès soit fait aux principaux auteurs du crime et à leurs complices » (article 5 du titre XXI). Mais aujourd'hui les deux responsabilités sont clairement disjointes et l'imputation n'est pas nécessairement double : une personne physique peut être condamnée tandis que la personne morale est relaxée (Cass., crim., 26 octobre 2004, n° 03.86970) ou inversement (Cass., crim., 8 septembre 2004, n° 03-85826).

Afin d'atténuer le « sentiment de risque » pénal personnel, fortement ressenti par les élus locaux, des recommandations officielles ont été récemment formulées, laissant entrevoir un accroissement de la fréquence d'engagement de la responsabilité pénale des personnes morales, en substitution de celle des personnes physiques.

Ainsi la circulaire du garde des Sceaux du 13 février 2006 (CRIM 2006 03 E8) indique aux magistrats du parquet, chargés des poursuites, deux politiques distinctes, selon que l'infraction est intentionnelle ou non : « en cas d'infraction intentionnelle, la règle devra en principe consister dans l'engagement de poursuites à la fois contre la personne physique auteur ou complice des faits, et contre la personne morale, dès lors que les faits ont été commis pour son compte par un de ses organes ou représentants ». En revanche, « en cas d'infraction non intentionnelle, mais également en cas d'infractions de nature technique pour laquelle l'intention coupable peut résulter, conformément à la jurisprudence traditionnelle de la Cour de cassation de la simple inobservation, en connaissance de cause, d'une réglementation particulière » (ce qui est le cas, notamment, du délit d'octroi d'avantage injustifié, également appelé délit de favoritisme), « les poursuites contre la seule personne morale devront être privilégiées, et la mise en cause de la personne physique ne devra intervenir que si une faute personnelle est suffisamment établie à son encontre pour justifier une condamnation pénale ».

Cette priorité donnée à la sanction de la personne morale trouverait particulièrement à s'appliquer sur le terrain de la répression des délits d'imprudence, puisque les personnes morales ne sont pas concernées par les précisions apportées sur ce point par la loi Fauchon : elles demeurent, à la différence des personnes physiques, pénalement responsables des dommages causées à autrui quelle que soit la gravité de la faute.

LEÇON 20

LES INFRACTIONS PÉNALES DANS LA GESTION PUBLIQUE LOCALE

Le phénomène de pénalisation de la gestion publique comporte deux faces. L'une, qui fait l'objet d'un consensus, concerne la répression des délits intentionnellement commis par les élus, notamment ceux constitutifs de manquements au devoir de probité. Ce contrôle pénal s'appuie notamment sur le devoir de dénonciation, pesant sur tout élu ou agent d'une collectivité par l'article 40, alinéa 2 du Code de procédure pénale en ces termes : « toute autorité constituée, tout officier public ou fonctionnaire qui, dans l'exercice de ses fonctions, acquiert la connaissance d'un crime ou d'un délit est tenu d'en donner avis sans délai au procureur de la République et de transmettre à ce magistrat tous les renseignements, procès-verbaux et actes qui y sont relatifs ».

L'autre face du contrôle pénal de la gestion publique locale est davantage problématique : la répression s'étend aux délits non-intentionnels (par exemple l'homicide involontaire) commis par les décideurs locaux, même lorsqu'ils sont les auteurs indirects de l'infraction, parce que leur négligence a simplement contribué à créer la situation ayant permis le dommage.

En effet, si le Code pénal affirme solennellement « il n'y a point de crime ou de délit sans intention de le commettre » (art. 121-3 al.1), de très nombreuses exceptions existent, susceptibles de concerner les élus et les agents publics locaux. Initiée en 1970 après l'incendie de la discothèque du « 5-7 » qui provoqua la mort de 146 personnes, la recherche de cette responsabilité personnelle des élus pour délits non-intentionnels devint plus fréquente dans les années 1990 : l'incendie des thermes de Barbotan (1991) et de la clinique de Bruz (1993) ou encore l'effondrement de la tribune du stade de Furiani (1992) en furent les cas les plus médiatisés.

Ces deux catégories de délits seront donc bien distinguées.

I. Les délits intentionnels spécifiques à la gestion publique

Le Code pénal regroupe dans un même chapitre, aux articles 432-1 à 432-16, les « atteintes à l'administration publique commises par des personnes exerçant une fonction publique », en distinguant les abus d'autorité (A) des manquements au devoir de probité (B). Ils ont en commun de ne pouvoir être commis que par des personnes dépositaires de l'autorité publique, chargées d'une mission de service public ou investies d'un mandat électif public, élu ou agent, agissant dans l'exercice de ses fonctions. Ils sont tous des délits, supérieurs par leur gravité aux contraventions, mais de nocivité sociale jugée moindre que les crimes.

Le seul crime spécifique à la gestion publique se rencontre, lui, à l'article 441-4 du Code pénal : il s'agit du faux commis dans une écriture publique par une personne dépositaire de l'autorité publique ou chargée d'une mission de service public, agissant dans l'exercice de ses fonctions ou de sa mission. Puni de quinze ans de réclusion criminelle et de 225 000 euros d'amende, il entraîne le renvoi de l'élu ou de l'agent devant une Cour d'assises.

A. Les abus d'autorité

Les « abus d'autorité » peuvent être commis contre l'administration ou contre les particuliers.

Les infractions d'abus d'autorité contre l'administration sont au nombre de deux : le fait de prendre des mesures destinées à faire échec à l'exécution de la loi est prévu à l'article 432-1 et puni de cinq ans d'emprisonnement et de 75 000 d'euros d'amende (ou le double des deux peines si l'infraction a été suivie d'effet) et la poursuite illégale de fonctions, après leur expiration, puni de deux ans d'emprisonnement et de 30 000 euros d'amende à l'article 432-3.

Les abus d'autorité contre les particuliers constituent toutes des violations de libertés individuelles particulièrement protégées. Si les atteintes les plus directes à la liberté individuelle d'aller et venir, comme la séquestration illégale, n'ont que peu d'occasions de se rencontrer dans les collectivités locales (articles 432-4 à 432-6), d'autres abus d'autorité constituent un risque permanent, telle la discrimination, définie à l'article 225-1, mais dont les peines sont augmentées (cinq ans d'emprisonnement et 75 000 euros d'amende) lorsqu'elle est commise par une personne dépositaire de l'autorité publique ou chargée d'une mission de service public et lorsqu'elle consiste, de sa part, soit à refuser le bénéfice d'un droit accordé par la loi, soit à entraver l'exercice normal d'une activité économique quelconque (art. 432-7). Enfin la violation de domicile par un élu ou un agent, toujours dans l'exercice de ses fonctions, est punie de deux ans d'emprisonnement et de 30 000 euros d'amende (art. 432-8) et la violation du secret des correspondances, par le fait d'ordonner, de commettre ou de faciliter, hors les cas prévus par la loi, le détournement, la suppression ou l'ouverture de correspondances ou la révélation du contenu de ces correspondances, est punie de trois ans d'emprisonnement et de 45 000 euros d'amende (art. 432-9).

B. Les manquements au devoir de probité

Sept infractions principales sont rassemblées sous cette appellation.

1. La prise illégale d'intérêt et le pantouflage

En vertu de l'article 432-12 du Code pénal, est puni de cinq ans d'emprisonnement et de 75 000 euros d'amende, le fait, par une personne dépositaire de l'autorité publique ou chargée d'une mission de service public ou par une personne investie d'un mandat électif public,

- de prendre, recevoir ou conserver (c'est-à-dire d'avoir),
- directement ou indirectement (c'est-à-dire, soit-même ou par l'entremise d'un proche, ascendant ou conjoint par exemple),
- un intérêt quelconque (qu'il soit matériel, financier par la détention de parts sociales, mais également symbolique et honorifique)
- dans une entreprise ou dans une opération
- dont l'élu ou l'agent a, au moment de l'acte, en tout ou partie, la charge d'assurer la surveillance, l'administration, la liquidation ou le paiement.

Ces notions de « surveillance » et d'« administration » sont moins précisément définies que les termes de liquidation et de paiement : elles sont assez vagues pour inclure tous les agissements par lesquels la personne incriminée va pouvoir exercer une influence quelconque sur l'opération. Il n'est en effet pas nécessaire qu'elle possède sur cette affaire un pouvoir autonome de décision, mais simplement qu'elle participe à cette décision (par exemple en votant pour l'adoption de la délibération collective) ou à son élaboration (en participant à une commission).

Signe du périmètre très large de l'infraction, il n'est pas nécessaire, pour que le juge prononce la condamnation, que la personne concernée ait retiré de l'opération prohibée un bénéfice (Cass., crim., 23 février 1988, n° 87-82801), ni que la collectivité ait souffert un préjudice.

Ce délit, héritier direct du délit d'ingérence prévu à l'article 175 de l'ancien Code pénal, vise donc la seule confusion, sur une même tête, de deux qualités : celle de surveillant public et celle de surveillé privé. Ce simple cumul suffit à caractériser l'infraction dont la raison d'être est d'empêcher que la décision publique soit soupçonnée : il ne faut pas que les citoyens puissent imaginer que la décision prise au nom de la collectivité ait été polluée par l'intérêt privé du décideur.

La prévention, en pratique, de ce délit dans les collectivités territoriales requiert une attention permanente. En ce qui concerne les agents, les adjoints, les vice-présidents ou les conseillers détenteurs d'une délégation, il est toujours possible de fixer le périmètre de cette délégation de telle sorte qu'ils n'interviennent pas dans un champ d'activité sur lequel ils disposent d'intérêts économiques. Mais c'est surtout le chef de l'exécutif que l'existence de ce risque pénal permanent place en position délicate, le CGCT énonçant qu'il est « seul chargé de l'administration », de toute l'administration. Le chef de l'exécutif peut toujours intervenir dans les matières qu'il a déléguées. Par conséquent, la Cour de cassation a jugé qu'un président de conseil général s'était rendu coupable de prise illégale d'intérêts dans la passation d'un marché public par la collectivité, alors que ce marché avait été signé par un agent sur délégation : « nonobstant la délégation de signature donnée à un chef de service du conseil général », le président du conseil général avait conservé « la surveillance et l'administration de la conclusion du marché » (Cass., crim., 9 février 2005, n° 03-85697).

Ces considérations pratiques ont amené le législateur à prévoir deux types de dérogations.

D'une part, dans les communes comptant au plus 3 500 habitants, les maires, adjoints ou conseillers municipaux délégués ou agissant en remplacement du maire peuvent, malgré l'intérêt éventuel qu'ils en tirent :

- traiter avec la commune dont ils sont élus pour le transfert de biens mobiliers ou immobiliers ou la fourniture de services dans la limite d'un montant annuel fixé à 16 000 euros,
- acquérir une parcelle d'un lotissement communal pour y édifier leur habitation personnelle,
- conclure des baux d'habitation avec la commune pour leur propre logement,
- acquérir un bien appartenant à la commune pour la création ou le développement de leur activité professionnelle.

Afin d'assurer toutefois un contrôle sur l'exercice de ces dérogations, ces actes doivent alors être autorisés, après estimation des biens concernés par le service des domaines, par une délibération motivée du conseil municipal, à laquelle l'élu intéressé doit s'abstenir de participer et sans que le conseil municipal puisse recourir au huis clos. Dans le cas de l'acquisition par l'élu d'un bien pour son activité professionnelle, le prix fixé par la commune ne peut pas être inférieur à l'estimation du service des domaines.

D'autre part, l'article L.1524-5 du CGCT autorise la présence au sein des organes décisionnels d'une société d'économie mixte locale des élus chargés, par leur assemblée délibérante, de représenter la collectivité territoriale actionnaire. Ces représentants peuvent même percevoir une rémunération ou des avantages particuliers à condition d'y être autorisés par une délibération expresse de l'assemblée qui les a désignés, cette délibération fixant le montant maximum des rémunérations ou avantages susceptibles d'être perçus ainsi que la nature des fonctions qui les justifient.

Enfin, la prise illégale d'intérêt ne doit pas être confondue avec le délit de « pantouflage », prévu par l'article 432-13 du Code pénal. Celui-ci punit de deux ans d'emprisonnement et de 30 000 euros d'amende le fait, par un fonctionnaire public ou agent ou préposé d'une administration publique, de « prendre ou de recevoir une participation par travail, conseil ou capitaux dans une entreprise privée, avant l'expiration d'un délai de cinq ans suivant la cessation de sa fonction » lorsqu'il est chargé :

- soit d'assurer la surveillance ou le contrôle de cette entreprise privée,
- soit de conclure des contrats de toute nature avec elle,
- soit d'exprimer son avis sur les opérations qu'elle effectue.

Ce délit de pantouflage exprime donc le même souci de ne pas voir la décision publique polluée par un intérêt privé, mais il diffère de la prise illégale d'intérêts en ce qu'il se consomme une fois que l'agent ou l'élu a quitté ses fonctions. Il permet d'éviter que le citoyen soupçonne, a posteriori, l'agent ou l'élu d'avoir pris une décision publique en faveur d'une entreprise qu'il savait être sur le point de rejoindre.

2. Le délit de favoritisme

Le délit de favoritisme ou « délit d'octroi d'avantage injustifié » consiste dans le fait « de procurer ou de tenter de procurer à autrui un avantage injustifié par un acte contraire aux dispositions législatives ou réglementaires ayant pour objet de garantir la liberté d'accès et l'égalité des candidats dans les marchés publics et les délégations de service public » (art. 432-14 du Code pénal).

Dès lors qu'une violation du Code des marchés publics (ou, dans le cas des délégations de service public, du CGCT) est constatée, si cette violation a eu pour effet de procurer un avantage à un candidat, les éléments matériels du délit sont réunis. La plupart des violations réprimées ont lieu au cours de la procédure de passation du contrat (diffusion d'information à certains candidats, limitation de la publicité, accueil de candidatures irrégulières) mais les modalités d'exécution du contrat sont également concernées, notamment en cas de multiplication des avenants.

Il ne reste plus alors qu'à identifier l'élément intentionnel de la part de l'agent ou de l'élu. Or, la jurisprudence considère que cette intention est présente dès que l'agent ou l'élu a violé les dispositions du code « *en connaissance de cause* ». Enfin, le juge pourra déduire cette violation « *en connaissance de cause* » de l'expérience et de la compétence juridique du prévenu, ou encore du nombre d'irrégularités rencontrées dans une même procédure.

Compte tenu de la maigreur de ces éléments constitutifs, du nombre de marchés passés et de la relative sévérité de la sanction prévue (deux ans d'emprisonnement et 30 000 euros d'amende) on comprend que le délit de favoritisme constitue la manifestation principale du sentiment de « *risque pénal* » dans les collectivités territoriales.

Ce sentiment de risque est d'autant plus répandu que l'auteur de la faute est largement défini : il peut s'agir de toute personne dépositaire de l'autorité publique ou chargée d'une mission de service public ou investie d'un mandat électif public ou exerçant les fonctions de représentant, administrateur ou agent de l'État, des collectivités territoriales, des établissements publics, des sociétés d'économie mixte d'intérêt national chargées d'une mission de service public et des sociétés d'économie mixte locales ou de toute personne agissant pour le compte de l'une de celles susmentionnées. L'agent qui prépare le règlement de consultation, rédige le cahier des clauses techniques particulières ou le projet d'acte d'engagement peut être impliqué dans la commission du délit, tout comme l'élu qui signe, in fine, l'acte.

Enfin, les règles particulières de prescription de ce délit de favoritisme permettent au juge de se saisir d'actes commis il y a fort longtemps : la

Cour de cassation considère que si, en principe, le délit de favoritisme « est une infraction instantanée qui se prescrit à compter du jour où les faits la consommant ont été commis », elle admet que, dans le cas où « les actes irréguliers ont été dissimulés ou accomplis de manière occulte », le délai de prescription de trois ans puisse ne courir qu'à partir du jour où les faits sont apparus et « ont pu être constatés dans des conditions permettant l'exercice des poursuites » (Cass. Crim. 27 oct. 1999).

Au surplus, la saisine de la mission interministérielle d'enquête sur les marchés (MIEM) suspendra le cours du délai de prescription.

La Mission interministérielle d'enquête sur les marchés publics et les délégations de service public est régie par la loi n° 91-3 du 3 janvier 1991 relative à la transparence et à la régularité des procédures de marchés. Elle est composée de magistrats, de fonctionnaires de catégorie A et d'officiers, nommés pour quatre ans. Elle ne prononce pas elle-même de sanctions mais établit des faits à l'issue d'enquêtes qui peuvent être décidées par la Cour des comptes, le Premier ministre ou le ministre chargé de l'Économie et des Finances, quel que soit le contrat ou l'organisme concerné, ou par le préfet lorsque l'enquête qu'il sollicite concerne les marchés ou les conventions de délégation de service public passés, dans son ressort territorial, par les collectivités territoriales, leurs établissements publics et les sociétés d'économie mixte locales. Pour rechercher le délit de favoritisme, la MIEM peut procéder à des visites en tous lieux, ainsi qu'à la saisie de documents, à condition d'obtenir du président du tribunal de grande instance une autorisation judiciaire donnée par ordonnance et motivée par l'indication des éléments de fait et de droit retenus.

3. La concussion

Le délit de concussion est aussi traditionnel (il figure déjà dans le code pénal de 1791) que méconnu. Il consiste dans le fait, par une personne dépositaire de l'autorité publique ou chargée d'une mission de service public, soit de « recevoir, exiger ou ordonner de percevoir à titre de droits ou contributions, impôts ou taxes publics, une somme qu'elle sait ne pas être due, ou excéder ce qui est dû », soit « d'accorder sous une forme quelconque et pour quelque motif que ce soit une exonération ou franchise des droits, contributions, impôts ou taxes publics en violation des textes légaux ou réglementaires » (art. 432-10). Ce délit, sévèrement puni (cinq ans d'emprisonnement et 75 000 euros d'amende) vient donc sanctionner l'agent ou l'élu qui exige, intentionnellement, de la part des administrés, une somme illégalement majorée ou minorée. Mais il permet également de sanctionner des responsables publics qui perçoivent, à leur bénéfice, des avantages publics auxquels ils savent ne pas avoir droit.

Les « participations d'urbanisme » illustrent le cas d'une somme illégalement majorée. Jusque dans les années 1990 il pouvait arriver qu'un constructeur se vît réclamer, à l'occasion de la délivrance d'un permis de construire par la commune, une contribution financière en échange de travaux réalisés par la collectivité en lien avec la construction projetée. Mais, par son arrêt EPAD du 4 février 2000 (n° 060068), le Conseil d'État énonce que le Code de l'urbanisme fixe de façon limitative les contributions qui peuvent être mises à la charge des constructeurs lors de délivrance du permis de construire : aucune autre participation ne peut leur être demandée, même par convention entre le constructeur et la commune, et même si cette convention prévoit une contrepartie au versement supplémentaire. Un élu ou un agent qui exigerait une telle « participation d'urbanisme » encourrait désormais à coup sûr une condamnation pour concussion.

D'autres décisions sont représentatives du cas dans lequel la somme exigée de l'administré est sciemment minorée. Ainsi, un maire a été condamné pour concussion à 3 000 euros d'amende pour avoir attribué gratuitement, pendant près de dix ans, un logement communal à l'entraîneur du club de football local, alors que le conseil municipal avait, par une délibération antérieure, fixé, pour ce logement, un loyer mensuel (Cass., crim., 31 janvier 2007, n° 06-81273).

4. La corruption passive et le trafic d'influence

L'article 432-11 du Code pénal punit de dix ans d'emprisonnement et de 150 000 euros d'amende le fait, par une personne dépositaire de l'autorité publique, chargée d'une mission de service public, ou investie d'un mandat électif public, « de solliciter ou d'agréer, sans droit, à tout moment, directement ou indirectement, des offres, des promesses, des dons, des présents ou des avantages quelconques pour elle-même ou pour autrui » pour l'un de ces deux buts :

- accomplir (ou s'abstenir d'accomplir) un acte de sa fonction
- ou abuser de son influence réelle ou supposée en vue de faire obtenir d'une autorité ou d'une administration publique des distinctions, des emplois, des marchés ou toute autre décision favorable.

On distinguera donc deux éléments : l'acte matériel, « solliciter ou agréer » des offres, et la portée de la promesse faite par le responsable public en contrepartie.

Au titre de l'acte réprimé, par « solliciter », il faut comprendre toute tentative du responsable public de faire savoir au corrupteur éventuel qu'il doit faire un don s'il veut obtenir un acte (ou l'absence d'un acte). Ainsi, cette seule sollicitation suffit pour que l'infraction soit constituée, même si elle a échoué à convaincre l'interlocuteur (Cass., crim., 9 novembre 1995, n° 94-84204). « Agréer » recouvre l'autre hypothèse, dans laquelle le responsable public accepte l'offre faite par le corrupteur. L'infraction sera alors consommée dès l'acceptation de l'offre par le responsable public, quand bien même, par cynisme, il ne tiendrait pas sa promesse ou, pris de remords, il restituerait au généreux donateur l'avantage qu'il a reçu.

Quant à la portée de la promesse faite par le responsable public, elle permet de différencier la « corruption passive » du « trafic d'influence ». Dans la « corruption passive », le responsable public détient lui-même la compétence permettant de prendre l'acte qu'il promet de prendre (ou de ne pas prendre l'acte qu'il promet de ne pas prendre). À l'inverse, le « trafic d'influence » se rencontre lorsque la contrepartie offerte par l'agent ou l'élu consiste simplement dans l'utilisation de son influence auprès du décideur réel, afin d'obtenir de ce dernier une décision favorable au corrupteur.

5. Le détournement de biens et de fonds publics

Le fait, par une personne dépositaire de l'autorité publique ou chargée d'une mission de service public, un comptable public, un dépositaire public ou l'un de ses subordonnés, « de détruire, détourner ou soustraire un acte ou un titre, ou des fonds publics ou privés, ou effets, pièces ou titres en tenant lieu, ou tout autre objet qui lui a été remis en raison de ses fonctions ou de sa mission », est puni de dix ans d'emprisonnement et de 150 000 euros d'amende en vertu de l'article 432-15 du Code pénal.

Au-delà du fait de s'approprier une somme ou un dossier que la collectivité a remis au responsable public en raison de ses fonctions, le détournement de fonds publics peut également consister dans le fonctionnement d'un système d'« emplois fictifs ». Le chef de l'exécutif est alors coupable et l'employé fictif receleur du délit. Ainsi, le juge pénal a considéré « que se rend coupable de détournement de fonds publics, le maire, ordonnateur des dépenses de la commune, en application de l'article L.2122-21 du Code général des collectivités locales, qui donne l'ordre de payer les frais de personnel communal travaillant au seul profit de l'union locale d'un syndicat professionnel et les dépenses d'électricité du siège de cette personne morale, celle-ci fût-elle hébergée dans des locaux communaux » (Cass., crim., 28 septembre 2004, n° 03-85142). Le fait que le conseil municipal ait approuvé ces dépenses n'a pas permis au maire d'échapper à la sanction, dès lors que les dépenses, selon le juge, étaient étrangères au fonctionnement de la commune.

Enfin, avant d'aborder les délits non intentionnels, on mentionnera le seul d'entre eux à être inscrit dans cette catégorie des « manquements au devoir de probité » : le détournement de biens publics… par négligence. L'article 432-16 du Code pénal prévoit en effet que « lorsque la destruction, le détournement ou la soustraction par un tiers des biens visés à l'article 432-15 résulte de la négligence d'une personne dépositaire de l'autorité publique ou chargée d'une mission de service public, d'un comptable public ou d'un dépositaire public, celle-ci est punie d'un an d'emprisonnement et de 15 000 euros d'amende ». À titre d'illustration, le juge pénal a condamné un maire dont la secrétaire avait détourné des livres et du matériel électroménager commandés aux frais de la commune : l'édile eût dû mieux contrôler sa subordonnée (Cass., crim., 9 novembre 1998, n° 97-84696).

II. Les délits non intentionnels

Après avoir identifié les infractions non intentionnelles auxquelles s'exposent les agents et élus locaux (A), on insistera sur les conditions particulières de leur mise en cause personnelle pour de tels faits (B).

A. Les infractions

Parmi les délits non-intentionnels susceptibles d'être reprochés aux élus et agents locaux, c'est principalement pour homicide involontaire (article 221-6 du Code pénal) ou blessures involontaires (article 222-19) que des poursuites sont engagées.

Les délits non intentionnels susceptibles d'être commis par des élus ou des agents des collectivités territoriales se rencontrent plus rarement dans les domaines de l'environnement (art. L.432-2 du Code de l'environnement : « le fait de jeter, déverser ou laisser écouler dans les eaux mentionnées à l'article L.431-3, directement ou indirectement, des substances quelconques dont l'action ou les réactions ont détruit le poisson ou nui à sa nutrition, à sa reproduction ou à sa valeur alimentaire, est puni de deux ans d'emprisonnement et de 18 000 euros d'amende ») ou de l'informatique (art. 226-16 du Code pénal : « le fait, y compris par négligence, de procéder ou de faire procéder à des traitements de données à caractère personnel sans qu'aient été respectées les formalités préalables à leur mise en œuvre prévues par la loi est puni de cinq ans d'emprisonnement et de 300 000 euros d'amende »).

L'homicide involontaire est défini à l'article 221-6 du Code pénal comme le fait de causer, par maladresse, imprudence, inattention, négligence ou manquement à une obligation de sécurité ou de prudence imposée par la loi ou le règlement, la mort d'autrui. Une telle infraction est punie de trois ans d'emprisonnement et de 45 000 euros d'amende, ces peines étant portées à cinq ans d'emprisonnement et à 75 000 euros d'amende en cas de violation « *manifestement délibérée* » d'une obligation particulière de sécurité ou de prudence imposée par la loi ou le règlement.

Parallèlement, les blessures involontaires ou atteintes involontaires à l'intégrité physique sont définies à l'article 221-19 comme le fait de causer à autrui, par maladresse, imprudence, inattention, négligence ou manquement à une obligation de sécurité ou de prudence imposée par la loi ou le règlement, une incapacité totale de travail. Si cette ITT est supérieure à trois mois, la peine peut atteindre deux ans d'emprisonnement et 30 000 euros d'amende, portée à trois ans d'emprisonnement et 45 000 euros d'amende en cas de violation manifestement délibérée d'une obligation particulière de sécurité ou de prudence imposée par la loi ou le règlement. Dans le cas d'une incapacité totale de travail d'une durée inférieure ou égale à trois mois, la peine maximale est ramenée à un an d'emprisonnement et 15 000 euros d'amende.

Dans ces conditions, plus les textes confient de compétences à une personne pour assurer la sécurité publique, plus cette personne est susceptible de se voir reprocher un manquement à ses obligations et donc se voir imputer le délit d'homicide ou de blessures involontaires.

C'est principalement le cas du maire, investi d'un pouvoir de police administrative générale par l'article L.2212-2 du CGCT, afin « d'assurer le bon ordre, la sûreté, la sécurité et la salubrité publiques » et notamment de prévenir les accidents et catastrophes par « des précautions convenables ». Ce même maire est de surcroît investi de pouvoirs de polices spéciales, dont l'une des plus sensibles consiste à protéger la population contre les risques d'incendie et de panique dans les immeubles recevant du public (art. R. 123-1 et suivants du Code de la construction et de l'habitation).

Seconde catégorie de responsables publics locaux particulièrement concernés par les délits non intentionnels, les fonctionnaires d'encadrement des services techniques, chargés de veiller à la sécurité des chantiers qu'ils dirigent.

Dans tous ces cas d'homicide ou de blessures involontaires, l'infraction est commise « dans les conditions et selon les distinctions prévues à l'article 121-3 ». C'est au sein de cet article que le législateur a intégré les dispositions permettant de limiter les cas dans lesquels la responsabilité personnelle pour délits non intentionnels pouvait être recherchée.

B. Les conditions de l'engagement de la responsabilité pour faute non intentionnelle

En 1996, le législateur a introduit un nouvel alinéa à l'article 121-3 du Code pénal, afin que la condamnation ne soit possible, en cas de faute d'imprudence, de négligence ou de manquement à une obligation de prudence ou de sécurité prévue par la loi ou le règlement, que « s'il est établi que l'auteur des faits n'a pas accompli les diligences normales compte tenu, le cas échéant, de la nature de ses missions ou de ses fonctions, de ses compétences ainsi que du pouvoir et des moyens dont il disposait ».

Cet ajout a donc pour objet et pour effet de contraindre le juge pénal à prendre en compte, pour toute incrimination pour délit non intentionnel, à la fois la réalité de la situation à laquelle était confrontée la personne dont la responsabilité est recherchée et la façon dont elle y a fait face, compte tenu des moyens concrets dont elle disposait.

La charge de la preuve repose sur l'accusation : le ministère public doit prouver que le prévenu n'a pas accompli les diligences normales qui s'imposaient, ce n'est pas à l'élu d'établir qu'il les a effectuées.

Pour autant, cette innovation législative ne s'est pas traduite par une réduction des cas de condamnation de responsables publics locaux pour des fautes non intentionnelles. Après un débat nourri, la loi du 10 juillet 2000, dont l'initiative revient au sénateur Fauchon, est venue ajouter un nouvel alinéa à l'article 121-3, qui concerne « les personnes physiques qui n'ont pas causé directement le dommage, mais qui ont créé ou contribué à créer la situation qui a permis la réalisation du dommage ou qui n'ont pas pris les mesures permettant de l'éviter ».

Il s'agit là des auteurs « indirects » de l'infraction de négligence, catégorie à laquelle se rattachent, dans la quasi-totalité des accidents, les élus et agents locaux, à qui il sera souvent reproché de ne pas avoir pris les mesures de police ou de sécurité qui auraient permis que le dommage de la victime n'advienne pas.

Leur situation devait être traitée car le juge pénal ne sanctionne pas seulement ceux dont la négligence a causé directement l'accident, mais tous ceux sans qui l'accident ne serait pas arrivé. En effet, la Cour de cassation applique la théorie dite de « l'équivalence des conditions » selon laquelle toute faute, ayant été l'une des conditions du dommage, a un lien de causalité avec ce dernier. Selon elle, « sont également en faute [...] deux prévenus qui ont participé ensemble à une action essentiellement dangereuse et créée, par leur commune imprudence, un risque grave dont un tiers a été victime, alors même qu'il n'a pas été possible de déterminer l'incidence directe, sur la victime, des actes accomplis par chacun des prévenus » (Cass., crim., 19 mai 1978, n° 77-93426).

Ces auteurs indirects ne sont pénalement responsables, selon les termes de la loi Fauchon, que s'ils ont commis une faute « qualifiée », c'est-à-dire s'ils ont :

- « soit violé de façon manifestement délibérée une obligation particulière de prudence ou de sécurité prévue par la loi ou le règlement,
- soit commis une faute caractérisée et qui exposait autrui à un risque d'une particulière gravité qu'elles ne pouvaient ignorer ».

Les deux fautes qualifiées prévues par l'article 121-3 du Code pénal ont deux champs d'application a priori largement différents.

La première branche est protectrice des élus et agents locaux : le juge doit non seulement identifier le texte précis que le prévenu a violé, mais également acquérir la conviction que cette violation fut manifestement délibérée, ce qui réintroduit une notion d'intentionnalité dans le délit non intentionnel.

La seconde branche prend des contours plus flous. Pour revêtir les traits d'une faute caractérisée, certains juges ont considéré que « la constance de la faute reprochée doit être bien établie, elle doit correspondre à un comportement présentant un caractère blâmable, inadmissible » (CA Poitiers, 2 février 2001, Juris-data n° 2001-140967). Mais une telle notion peut se révéler bien peu protectrice des décideurs locaux si le juge l'applique avec moins de rigueur et la découvre à tout coup. Même incertitude quant à la condition tenant au fait que le décideur connaissait la gravité du péril auquel sa négligence exposait les éventuelles victimes. Une telle connaissance peut lui être attribuée alors qu'elle ressort d'une analyse plus approfondie des conditions de sécurité que celle dont disposait le décideur au moment des faits.

Faisant une première application de cette réforme, le tribunal correctionnel de La Rochelle, dans un jugement du 7 septembre 2000, a relaxé un maire, dont la responsabilité était recherchée à la suite du décès d'un enfant, provoqué par la chute d'un but de football sur un terrain municipal.

À cette occasion, le Tribunal avait donné la définition suivante de la faute caractérisée : une faute « dont les éléments sont bien marqués et d'une certaine gravité, ce qui indique que l'imprudence ou la négligence doit présenter une particulière évidence ». La Cour d'appel de Poitiers a confirmé cette relaxe, définissant la faute caractérisée comme devant être « d'une particulière évidence, d'une particulière intensité ». La Cour de cassation confirme le jugement, mettant fin à la procédure (Cass., crim., 4 juin 2002, n° 3461). Dans cette affaire, le maire avait reconnu avoir eu connaissance, par une lettre du Préfet, du décret du 4 juin 1996 imposant la fixation au sol des buts sportifs. Dans ces conditions, le fait d'avoir laissé sur le terrain de sport les cages amovibles, sans ordonner leur enlèvement ou leur destruction, était constitutif d'une faute. Mais, selon les juges, la faute n'était pas d'une gravité suffisante pour entrer en voie de condamnation pénale car le maire n'était pas informé du fait que des enfants s'en servaient.

Pour autant, la loi Fauchon ne signifie pas que les responsables locaux sont désormais placés dans une situation d'impunité. Les imprudences les plus graves peuvent toujours être sanctionnées. Suite au décès d'un enfant, la Cour de cassation a ainsi condamné un maire d'une commune alpine à huit mois d'emprisonnement avec sursis pour ne pas avoir réglementé la circulation de dameuses à proximité d'une piste de luge (Cass., crim., 18 mars 2003, n° 02-83523). Le juge a identifié, dans la carence prolongée du maire à résoudre cette situation de risque permanent, une faute caractérisée.

L'analyse de la situation jurisprudentielle récente tendrait même à prouver que la protection supplémentaire mise en place par la loi

Fauchon n'a pas été véritablement efficace (cf. « pour aller plus loin »).

En tout état de cause, cet encadrement supplémentaire des conditions d'engagement de la responsabilité pénale personnelle des décideurs locaux pour des fautes non-intentionnelles n'a été rendu (politiquement) possible que par une autre innovation majeure de la loi du 10 juillet 2000 : la séparation de la faute civile et la faute pénale. Désormais, l'absence de faute pénale non intentionnelle au sens de l'article 121-3 du Code pénal ne fait pas obstacle à la mise en œuvre de la responsabilité civile sur le fondement de l'article 1383 du Code civil. Un responsable local peut désormais être relaxé sur le plan pénal mais condamné, sur le plan civil, à réparer le dommage subi par les victimes.

Repères

- **Article** 432-11 du Code pénal : corruption passive
- **Article** 432-12 du Code pénal : prise illégale d'intérêt
- **Article** 432-14 du Code pénal : délit d'octroi d'avantage injustifié (ou « délit de favoritisme »).
- **Article** 121-3 du Code pénal : conditions d'engagement de la responsabilité d'une personne physique en cas de négligence, en tant qu'auteur direct ou indirect du dommage.

Pour gagner des points

La loi Fauchon, une loi pour rien ?

Les condamnations prononcées par les juridictions pénales postérieurement à la loi Fauchon du 10 juillet 2000 ont relancé le débat sur l'effectivité de la protection que le législateur avait entendu instaurer au bénéfice des élus poursuivis comme auteurs indirects de délits non-intentionnels. Le raisonnement des juges doit donc être anticipé en pratique pour éviter une éventuelle mise en cause.

Trois exemples de condamnation

Dans les trois cas analysés ci-après, l'un d'un tribunal correctionnel, le deuxième d'une cour d'appel, le dernier de la Cour de cassation, soulignons tout d'abord que l'élu est placé dans la position la plus éloignée qui soit par rapport à l'infraction :

- le délit est non intentionnel (l'élu n'a évidemment pas souhaité la blessure ou la mort),
- l'auteur est indirect (l'élu n'est poursuivi que parce qu'il a participé, en amont, aux multiples conditions qui ont créé la situation ayant permis le dommage)
- la faute est une carence dans l'exercice de ses pouvoirs (et non un acte positif qui serait identifiable).

1. L'affaire « de l'avalanche » (T. Corr Bonneville, 17 juillet 2003, n° 654/2003)

Les faits : informé du risque d'avalanches, le maire ordonne la fermeture de plusieurs voies de circulation ainsi que des remontées mécaniques et des pistes de ski au risque de déplaire à la population de touristes largement présente à cette période (février) ; il réunit le comité consultatif « Sécurité avalanches et risques naturels » les jours précédents et le jour même de l'avalanche ; il prend des mesures de confinement. Mais l'avalanche touche un hameau, qui n'avait pas connu d'avalanche depuis 50 ans et n'était pas mentionné comme une zone à risque sur la carte de localisation probable des avalanches établie sous la responsabilité par l'État. 14 personnes décèdent.

La faute : le maire, doté des pouvoirs de police lui permettant de faire procéder à l'évacuation des zones habitées menacées n'avait pas pris cette mesure concernant le hameau de Montroc. Il n'était pas conscient du risque, mais aurait dû l'être. Pour preuve, certains habitants du hameau, se basant sur les savoirs vernaculaires, avaient pris l'initiative de quitter les lieux.

La condamnation : 3 mois d'emprisonnement avec sursis.

Dans cette affaire, la condamnation du maire paraît sévère car il a mobilisé un grand nombre de moyens pour éviter que l'avalanche ne cause des dommages. Mais ses diligences sont apparues insuffisantes au juge. Pourtant, cette mobilisation aurait pu amener à considérer que la faute, pour existante qu'elle fût, n'était pas pour autant « caractérisée ».

2. L'affaire « de la fanfare » (CA Rouen, 10 septembre 2003, n° 02-00782)

Les faits : Dans un petit village de l'Oise de 180 habitants, pour la Saint-Jean, le maire organise un petit défilé de dix-huit personnes, avec la fanfare municipale, en centre-ville. Un conseiller municipal est chargé d'ouvrir le défilé, plusieurs dizaines de mètres devant le cortège afin d'alerter les éventuels véhicules venant en sens inverse. Mais un jeune chauffard arrive au volant de sa voiture, sur la voie de gauche, à plus de 100 km/h, après avoir coupé un virage annoncé par un panneau, avec trois pneus totalement lisses. La trace de freinage est longue de plus de 60 mètres. Deux fillettes sont gravement blessées.

La faute : les précautions prises apparaissent insuffisantes, le véhicule doté de gyrophare et utilisé pour le 14 juillet n'ayant pas été mobilisé pour l'occasion et aucun arrêté limitatif de circulation n'ayant été édicté. De plus, la réputation du chauffard était connue du maire.

La condamnation : 1 500 euros d'amende. Le maire a fait parvenir au Préfet sa démission.

Cette condamnation apparaît discutable eu égard aux circonstances du drame (dont la prévisibilité apparaît mal établie), des moyens limités de la commune et des précautions (existantes mais jugées insuffisantes) prises par le maire.

3. L'affaire « de la soirée mousse » (Cass., 11 juin 2003, n° 02-82622)

Les faits : un jeune homme est mort et deux autres ont été blessés par électrocution, après être entrés en contact avec les barrières métalliques délimitant la piste d'un bal « disco », avec projection de mousse, organisé par le comité des fêtes de la commune. Le fait générateur de l'accident provenait d'un défaut d'isolement du matériel de sonorisation non relié à la terre et branché en amont du disjoncteur différentiel par la société chargée de la sonorisation, ainsi que du défaut de la mise à la terre des éléments conducteurs du podium, installé par la municipalité.

La faute : le maire a commis « une faute caractérisée (absence de contrôle quant à l'organisation d'une manifestation qu'il a formellement autorisée et pour laquelle il a mandaté le comité des fêtes) qui exposait autrui à un risque d'une particulière gravité (la mort par électrocution ou des blessures graves à partir d'un podium et d'un coffret électrique propriétés de la commune) qu'il ne pouvait ignorer (dès lors que les précautions à prendre en matière de sécurité électrique avaient été déterminées à l'avance par les contrats signés par Mme X représentant le Comité des fêtes émanation de la commune) ». Étant présent sur les lieux le soir des faits, le maire aurait « dû remarquer le coffret attaché avec des fils électriques à la scène », d'autant plus que « la séance de mousse qui peut être qualifiée d'intempérie volontaire devait attirer son attention alors que l'humidité ainsi créée se déposait sur des barrières métalliques garnies d'appareils électriques fonctionnant en courant triphasé ».

La condamnation : 15 000 euros d'amende.

Cette affaire est emblématique du risque retrouvé de condamnation des élus locaux, malgré les efforts du législateur. Elle concerne une commune de moins de 900 habitants, dans laquelle le maire ne dispose que de quatre employés communaux. Or, la Cour d'appel de Montpellier, dans cette affaire, considéra, sans être contredite par la Cour de cassation que le maire « se doit d'être d'autant plus présent que sa commune est petite ». Lorsque le législateur exigeait que soient pris en compte les moyens dont disposaient les maires pour exercer leurs compétences, il ne se doutait peut-être pas du retournement qui allait être opéré : à la lecture de cette décision, il semblerait que le maire soit d'autant plus responsable qu'il dispose de peu de moyens...

Enseignements pratiques

Afin d'anticiper sur ce rigoureux contrôle des conditions dans lesquelles les fonctions publiques sont exercées, le responsable public local (et surtout le maire) doit être guidé par deux préoccupations.

D'une part, prévenir. Ce souci de la prévention commence par un audit du risque dans sa commune. En effet, on eut pu penser que le maire trouverait un intérêt à ne pas être informé des risques encourus par les habitants de sa commune, puisque la connaissance du risque demeure un élément constitutif de l'infraction. Pour autant, l'affaire de l'avalanche montre que le maire ne doit pas se contenter d'informations obsolètes ou erronées : il lui appartient également d'aller au devant de l'information et de mesurer avec précision les risques encourus. D'après les termes mêmes du jugement : « le maire n'a pas su recueillir les informations suffisantes et appropriées ».

Ce souci de la prévention doit également se retrouver dans le cadre de l'organisation d'une manifestation ponctuelle ou traditionnelle :

– comme l'illustre l'affaire de la fanfare, l'élu doit mettre en place une réglementation spécifique ;
– comme l'illustre l'affaire de la soirée mousse, il doit, avant le commencement de toute manifestation, procéder ou faire procéder aux vérifications de sécurité.

D'autre part, l'élu doit agir dès l'alerte.

Dès que l'élu est informé de l'existence d'un risque de blessure ou de mort sur sa commune, quelle que soit la source de cette information (presse, courriers préfectoraux, appels téléphoniques, voire rumeur publique), il doit mettre en action l'intégralité des moyens à sa disposition pour empêcher l'accident. À la question posée par l'élu, après le drame, « que vouliez-vous que je fasse de plus ? », aucune réponse ne doit pouvoir être formulée par les victimes ou les magistrats. Le maire doit épuiser sa compétence pour s'extraire du risque pénal.

Il s'agira pour lui :

– D'édicter la réglementation générale permettant de faire cesser le risque (affaire de la dameuse, Cass., crim., 18 mars 2003, n° 02-83523),
– De réunir les commissions compétentes, permettant d'identifier les zones de risque (même décision),
– De mobiliser les moyens matériels de la commune pour anéantir l'élément susceptible de provoquer l'accident (Cass., crim., 2 décembre 2003, n° 03-83.008) ;
– De fermer l'accès au public d'une zone dangereuse (TC Agen, 22 sept. 2004, n° 1303/04),
– Voire, si nécessaire, d'ordonner l'évacuation de la population (affaire de l'avalanche).

Leçon 21

Les collectivités et le juge financier

Deux juridictions financières exercent un contrôle sur les actes des pouvoirs publics locaux : les Chambres régionales et territoriales des comptes (CRC) et, dans des cas plus rares, la Cour de discipline budgétaire et financière (CDBF).

Les CRC sont au nombre de 22 en métropole, leur ressort correspondant aux périmètres des régions, et de deux en outre-mer, l'une compétente pour les départements de Guadeloupe, Martinique et Guyane, la seconde compétente pour la seule Réunion. S'y ajoutent deux « chambres territoriales des comptes » en Polynésie française et en Nouvelle-Calédonie.

Les Chambres régionales et territoriales des comptes interviennent à trois titres :

Le contrôle budgétaire, au titre duquel elles rendent des avis sur les mesures propres à assurer l'équilibre budgétaire ou le dégagement des ressources nécessaires au paiement des dépenses obligatoires, intervention qui a déjà fait l'objet de développements dans le cadre de la leçon n° 19 ;

Le contrôle des comptes des comptables, procédure juridictionnelle à l'issue de laquelle les CRC rendent des jugements et prononcent des amendes envers le comptable public qui a commis des irrégularités dans sa gestion ou envers le comptable « de fait » qui s'est immiscé sans titre dans la gestion des deniers publics (I.) ;

L'examen de gestion, qui peut être assimilé à un audit public forcé de la gestion d'une collectivité locale, d'un établissement public, d'une association ou d'une SEM, à l'issue duquel les CRC rendent des rapports d'observations, communicables au public (II).

I. La gestion de fait

A. Les éléments constitutifs de la gestion de fait

L'article L.211-1 du Code des juridictions financières prévoit que « la chambre régionale des comptes juge, dans son ressort, l'ensemble des comptes des comptables publics des collectivités territoriales et de leurs établissements publics ainsi que les comptes des personnes qu'elle a déclarées comptables de fait », la Cour des comptes statuant en appel et le Conseil d'État en cassation.

Par exception à cette compétence, l'article L.211-2 du CJF prévoit que les comptes des collectivités les plus petites font l'objet d'un simple apurement administratif par les comptables supérieurs du Trésor. Il s'agit des comptes des communes dont la population n'excède pas 3 500 habitants et dont le montant des recettes ordinaires figurant au dernier compte administratif est inférieur à 750 000 Euros, ainsi que ceux de leurs établissements publics ; des comptes des établissements publics de coopération intercommunale regroupant une population inférieure à 3 500 habitants ; enfin des comptes des associations syndicales autorisées et des associations de remembrement.

Ce contrôle, s'il porte sur les comptes, engage la personne du comptable : en vertu de l'article 60 de la loi de finances pour 1963 (loi n° 63-156 du 23 février 1963) toujours en vigueur, les comptables publics sont personnellement et pécuniairement responsables du recouvrement des recettes, du paiement des dépenses, de la garde et de la conservation des fonds et valeurs appartenant ou confiés aux différentes personnes morales de droit public dotées d'un comptable public, du maniement des fonds et des mouvements de comptes de disponibilités, de la conservation des pièces justificatives des opérations et documents de comptabilité ainsi que de la tenue de la comptabilité du poste comptable qu'ils dirigent.

Ils sont en outre personnellement et pécuniairement responsables des contrôles qu'ils sont tenus d'assurer en matière de recettes, de dépenses et de patrimoine.

Leur responsabilité sera engagée dès lors qu'un déficit ou un manquant en monnaie ou en valeurs a été constaté, qu'une recette n'a pas été recouvrée, ou encore qu'une dépense a été irrégulièrement payée.

Les agents et élus des collectivités locales ne sont, en théorie, pas concernés par ce risque, intégralement assumé par les comptables publics qui relèvent de la Direction générale des finances publiques, placée sous l'autorité du ministre chargé des Finances. Il en va toutefois autrement dès lors que les responsables publics locaux s'ingèrent, parfois sans en avoir conscience, dans les prérogatives des comptables publics. Ils violent alors le principe de séparation de l'ordonnateur et du comptable, qui veut que seul le premier ordonne la perception ou la dépense et que seul le second manie les fonds, en procédant à l'encaissement ou au décaissement. Les agents ou élus qui s'immiscent dans les fonctions du comptable public deviennent « comptables de fait » (puisqu'ils ne sont pas comptables publics « en droit ») et s'exposent à la mise en cause de leur responsabilité personnelle. Comme l'indique l'article L.231-5 du Code des juridictions financières : « la chambre régionale des comptes n'a pas juridiction sur les ordonnateurs, sauf sur ceux qu'elle a déclarés comptables de fait ».

La « gestion de fait » correspond à la situation dans laquelle se trouve le comptable de fait : elle se définit comme le maniement de fonds publics par une personne n'ayant pas l'habilitation pour ce faire.

Toutefois, le juge financier s'est montré plus sévère que cette définition stricte : il considère qu'est gestionnaire de fait « non seulement celui qui a personnellement détenu et manié irrégulièrement des fonds publics, mais aussi celui qui a ordonné ou organisé le maniement irrégulier, ou encore l'a connu et toléré alors qu'il avait les moyens d'y mettre un terme » (Cour des comptes, 24 octobre 2002, Université française du pacifique).

La distinction opérée entre gestion de fait « de brève main » (pour désigner la situation de maniement direct des fonds) et de « longue main » (pour désigner l'ordre donné par un supérieur de procéder au maniement) ne revêt plus une grande utilité pratique.

On distinguera, pour la clarté de l'exposé, deux types de gestion de fait, celle correspondant au « volet recettes » et celle relative au « volet dépenses ».

En ce qui concerne le « volet recettes », en vertu du même article 60 de la loi de finances pour 1963, toute personne qui, sans avoir la qualité de comptable public (ou sans agir comme régisseur sous contrôle et pour le compte d'un comptable public) s'ingère dans le recouvrement de recettes affectées ou destinées à un organisme public doit, en sus des sanctions pénales auxquelles elle s'expose, rendre compte au juge financier de l'emploi des fonds ou valeurs qu'elle a irrégulièrement détenus ou maniés.

Ce pourra être le cas, par exemple, lorsque les sommes dues à la commune (par exemple du fait de l'occupation d'un local, ou en contrepartie d'une formalité administrative réalisée en mairie) seront directement encaissées en mairie, par un agent qui n'aura pas été au préalable nommé régisseur par le comptable public. Afin de pallier ce risque, lorsque la loi l'y autorise, une collectivité territoriale peut confier à un organisme privé la gestion d'un service public, cette convention valant titre légal pour encaisser les recettes du service et les reverser au receveur municipal.

Des situations plus subtiles donnent lieu à une gestion de fait, en son volet recettes. Ainsi une association pour le rayonnement d'un opéra municipal avait été mise en place pour délivrer aux usagers intéressés des abonnements aux « premières » des représentations, le prix des places ainsi obtenues étant supérieur au prix normal et le paiement de ce supplément étant obligatoire. Le juge en a conclu que le produit des suppléments devait revenir à l'opéra et constituait dès lors une « recette destinée à un organisme public doté d'un comptable public » au sens de la loi de 1963. Le président de l'opéra, alors même qu'il n'avait pas autorité sur l'association et n'était pas à l'initiative du dispositif irrégulier, fut reconnu gestionnaire de fait pour avoir eu connaissance du dispositif et ne pas l'avoir fait immédiatement cesser (CE, 9 juin 2000, n° 176743).

Côté dépenses, la gestion de fait concerne toute personne qui reçoit ou manie directement ou indirectement des fonds ou valeurs extraits irrégulièrement de la caisse d'un organisme public.

Ce type de gestion se rencontre principalement dans deux cas : le « mandat fictif » et « l'association transparente ». Par « mandat fictif », on entend un ordre donné au comptable de procéder à une dépense dont l'ordonnateur sait qu'elle ne correspond à aucun service réel ou qu'elle ne correspond pas au service pour laquelle elle est ordonnée.

L'association transparente est une association, dotée de la personnalité morale, mais qui n'est qu'un démembrement de fait d'une collectivité. Si la collectivité subventionne cette association, alors que cette association est « transparente », alors les fonds versés seront réputés n'avoir jamais quitté la sphère publique. Par conséquent, ils auraient dû continuer d'être maniés par un comptable public. Dans ce cas, au moins l'ordonnateur de la collectivité et le président de l'association seront en situation de gestion de fait. Pour reconnaître une association « transparente », le juge financier réunit un faisceau d'indices :

Le financement de l'association : si l'association fonctionne exclusivement ou pour une part très importante grâce aux fonds versés par une seule collectivité, ce premier indice pourra être décelé ; toutefois, une part de 20 % de ressources propres a suffi au juge financier pour écarter la qualification d'association transparente (Cour des comptes, 9 décembre 1993, Comité des fêtes, des arts et des sports de Nice) ;

L'organisation de l'association : si le conseil d'administration comprend une majorité de membres émanant de la collectivité qui finance l'association, ou si sa présidence est attribuée de droit à un représentant de la collectivité, celui-ci disposant de l'essentiel des prérogatives de gestion, un deuxième indice sera présent ;

Le fonctionnement concret de l'association : s'il apparaît que l'association est accueillie matériellement au sein des locaux de la collectivité, que le courrier est ouvert et traité par du personnel municipal, ou encore que le budget est préparé, voire exécuté par les services de la collectivité, un troisième indice sera trouvé.

Ces indices ne sont ni strictement alternatifs, ni strictement cumulatifs : le juge financier les soupèsera, au cas par cas, pour décider de la qualification (Pour deux illustrations de ce raisonnement, cf. CRC Île-de-France, Association JVA, lettres d'observations de gestion du 16 juillet

1999, § 2.1 et CRC Champagne-Ardenne, AASP de Vitry-le-François, lettre d'observations de gestion du 6 juillet 2000, § 3.2.).

Dans un souci de sécurité juridique, il importe donc aux collectivités de veiller à ce qu'aucun des trois critères ne soit réuni !

En présence d'une association transparente, la collectivité est placée devant une alternative simple pour rétablir la régularité de la situation : soit conférer une réelle autonomie à l'association existante (en réduisant les subventions, supprimant les sièges de droit attribués à la collectivité, etc.), soit reprendre en régie l'activité exercée par elle.

En cas d'éléments laissant penser à l'existence d'une gestion de fait, l'agent ou l'élu sera attrait devant la Chambre régionale des comptes pour rendre compte de sa gestion.

B. La procédure

La procédure de gestion de fait poursuit deux objectifs : rétablir la régularité des opérations de maniement de fonds et éventuellement sanctionner les comptables de fait.

La loi n° 2001-1248 du 21 décembre 2001 a induit deux nouveautés atténuant les conséquences d'une gestion de fait pour les responsables publics locaux : la prescription est réduite de trente ans à dix ans et, surtout, la déclaration de gestion de fait n'entraîne plus inéligibilité (et donc démission d'office) pour l'ordonnateur concerné.

Dès lors que la procédure est engagée, les comptables de fait ne se distinguent des comptables « patents » (c'est-à-dire théoriquement compétents) que sur deux points. D'une part, le juge des comptes peut, hors le cas de mauvaise foi ou d'infidélité du comptable de fait, admettre l'insuffisance des justifications produites. D'autre part, les comptables de fait ne pourront pas être condamnés aux amendes prévues contre le comptable fautif s'ils ont, pour les mêmes faits, été poursuivis pour immixtion dans l'exercice d'une fonction publique (infraction prévue à l'article 433-12 du Code pénal).

Cette procédure française de gestion de fait est en pleine évolution, nombre de ses traits se révélant incompatibles avec les exigences de la Convention européenne de sauvegarde des droits de l'homme et des libertés fondamentales et notamment son article 6§1 reconnaissant le droit à tout justiciable d'être jugé publiquement, par une juridiction impartiale, et dans un délai qui ne soit pas anormalement long, ces exigences s'appliquant à la procédure française de gestion de fait (CE, 30 décembre 2003, M. Beausoleil et Mme Richard, n° 251120). Sur le premier point, la publicité des audiences a été expressément reconnue lors de la réforme opérée par la loi du 21 décembre 2001. Concernant l'impartialité, le Conseil d'État a jugé que « tant le principe d'impartialité que celui des droits de la défense font obstacle à ce qu'une décision juridictionnelle prononçant la gestion de fait soit régulièrement rendue par la Cour des comptes alors que, comme en l'espèce, celle-ci a précédemment évoqué cette affaire dans un rapport public en relevant l'irrégularité des faits » (CE, 23 février 2000, Société Labor Métal, n° 195715). Il exige désormais qu'un magistrat ayant exercé les fonctions de rapporteur lors de l'examen de la gestion d'une collectivité ne puisse ensuite participer, concernant les mêmes faits, à la juridiction de jugement d'une gestion de fait (CE, 17 octobre 2003, Dugoin, n° 237290).

Ces points résolus, demeurait le problème de la longueur structurelle de la procédure de gestion de fait. La France a été condamnée à plusieurs reprises pour cette raison (CEDH, 12 décembre 2006, Siffre c/ France, n° 49699/99), au point qu'une réforme législative s'imposait.

Ce fut l'un des objets de la loi du 24 octobre 2008 relative à la Cour des comptes et aux chambres régionales des comptes, qui consacre la suppression de la règle du double arrêt. Auparavant, une CRC se prononçait, à chaque étape d'une procédure, d'abord à titre provisoire puis à titre définitif.

Désormais, la CRC se prononce en une seule fois à chaque étape. La procédure n'en reste pas moins originale puisque le juge désigne d'abord les personnes comptables de fait, puis se prononce sur leur ligne de compte, avant de prononcer, éventuellement une amende.

Dans un premier temps, la CRC déclare donc la gestion de fait et les personnes concernées. À compter de cette date, l'ordonnateur d'une collectivité est suspendu de sa qualité d'ordonnateur jusqu'au terme de la procédure (art. L.2342-3, L.3221-3-1 et L.4422-25-1 du CGCT) : un adjoint, ou un vice-président, désigné par l'assemblée délibérante, émet les mandats à sa place.

La deuxième étape consiste dans le jugement du compte. Les personnes reconnues comptables de fait doivent « produire leur compte », c'est-à-dire présenter les différents encaissements et décaissements qu'elles ont réalisés pendant la période concernée, accompagnés de leurs pièces justificatives. Parallèlement, la collectivité locale ou l'établissement dont les fonds ont été régulièrement dépensés est appelé à se prononcer sur l'utilité publique (ou l'absence d'utilité publique) des sommes concernées.

Le juge financier n'acceptera de retenir que les dépenses justifiées et régulières, les autres dépenses seront laissées à la charge des comptables de fait qui devront justifier de leur reversement dans la caisse publique : c'est la « mise en débet » du comptable de fait.

Enfin, la CRC prononce ou non l'amende que devra régler le comptable de fait à la collectivité locale. Son montant dépend de la durée pendant laquelle la gestion de fait s'est poursuivie, du montant des sommes en cause et, depuis la loi de 2008, des circonstances dans lesquelles l'immixtion dans les fonctions de comptable public s'est produite, ainsi que du comportement et de la situation matérielle du comptable de fait. En tout état de cause, le montant de l'amende ne peut excéder le total des sommes indûment maniées.

Au terme de la procédure, le juge donne « quitus » au comptable de fait, si le débet et l'amende ont été réglés.

II. L'examen de gestion

Les Chambres régionales des comptes sont compétentes pour « examiner la gestion » des collectivités locales, de leurs établissements publics et de leurs satellites : organismes dans lesquels ils apportent un concours financier supérieur à 1 500 euros ou dans lesquels ils détiennent, séparément ou ensemble, plus de la moitié du capital ou des voix dans les organes délibérants (par exemples les SEM), ou encore dans lesquels ils exercent un pouvoir prépondérant de décision ou de gestion. À ce titre, les CRC peuvent également vérifier auprès des délégataires de service public les comptes produits aux collectivités locales qui leur ont confié la gestion d'un service.

Cette compétence fut longtemps la moins bien accueillie par les responsables publics locaux, avant d'être précisée dans ses contours, afin d'atténuer les tensions (A.). La procédure actuelle, quoique non juridictionnelle puisqu'aucun jugement modifiant l'ordonnancement juridique n'est rendu à son terme, est toutefois organisée afin de préserver les droits de la défense (B.).

A. Le périmètre de l'examen de gestion

L'article L.211-8 du Code des juridictions financières définit le champ matériel de l'examen de gestion opéré par les CRC. Ce type de contrôle doit porter sur « la régularité des actes de gestion » (leur conformité au droit applicable), sur « l'économie des moyens mis en œuvre » (ou efficience de l'action) et sur « l'évaluation des résultats atteints par rapport aux objectifs fixés par l'assemblée délibérante ou par l'organe délibérant » (c'est-à-dire l'efficacité de l'action). Mais la loi précise expressément que « l'opportunité de ces objectifs ne peut faire l'objet d'observations » : la CRC pourra, dans son rapport d'observations définitives, critiquer tous les moyens mis en œuvre mais jamais les fins poursuivies par l'organisme contrôlé.

Ces contours de l'examen de gestion ont représenté, avant de trouver leur point d'équilibre actuel, le point le plus problématique, pour les élus locaux, du rôle exercé par les chambres. En effet, la loi du 2 mars 1982 relative aux droits et libertés des communes, des départements et des régions qui a créé les Chambres régionales des comptes prévoyait que chaque CRC « peut présenter aux collectivités territoriales soumises à sa juridiction des observations sur leur gestion ». La loi du 5 janvier 1988 d'amélioration de la décentralisation supprime ces termes et prévoit qu'une CRC « examine la gestion » des collectivités territoriales, sans davantage de précisions sur le champ matériel du contrôle.

Or, peu après, le législateur va accroître considérablement la portée politique et médiatique des observations formulées à ce titre par les CRC. Ainsi, la loi du 15 janvier 1990 a introduit l'obligation, pour l'exécutif de la collectivité contrôlée, de communiquer à l'assemblée délibérante (et donc à l'opposition), dès sa plus proche réunion, les observations définitives formulées par les CRC dans le cadre de l'examen de gestion des collectivités locales. La loi du 29 janvier 1993 relative à la prévention de la corruption et à la transparence de la vie économique et des procédures publiques a ensuite exigé que ces observations fassent l'objet d'une inscription à l'ordre du jour de l'assemblée délibérante et soient jointes à la convocation adressée à chacun des membres de l'assemblée. Pouvant préparer sa critique et disposant d'une tribune assurée en séance publique, l'opposition pouvait dès lors véritablement interroger l'exécutif de la collectivité sur les reproches formulés par la CRC.

Ainsi, au milieu des années 1990, la combinaison de la publicité intégrale des observations rendues par les CRC et de l'absence de limitation du champ du contrôle a fait craindre aux élus locaux que les magistrats s'ingèrent dans les débats politiques de leur collectivité. De fait, des rapports de CRC ont, alors, critiqué le principe même du financement d'une course nautique ou de la reconstruction d'un vélodrome. Signe de cette exaspération, une proposition de loi fut déposée le 25 février 1997 visant à empêcher toute observation sur une mesure votée par la collectivité et l'Association des maires de France publia un sondage selon lequel près de 90 % des maires souhaitaient limiter l'examen de gestion aux seules observations sur la régularité juridique des décisions.

Deux textes seront alors adoptés, afin d'aboutir à l'équilibre actuel. Loin de gêner les CRC dans l'exercice de leurs prérogatives, ces initiatives ont eu pour objet et pour effet de mieux asseoir l'autorité des observations qu'elles formulent.

D'une part, le 18 juillet 1997, le premier Président de la Cour des comptes diffusait aux magistrats des CRC un document « de référence » qui, sans constituer une circulaire impérative compte tenu du principe d'indépendance des magistrats, invite les Chambres à respecter les recommandations dégagées par le président de la mission d'inspection, M. Jacques Bonnet. Les rapports d'observations des CRC doivent « s'appuyer sur des faits précis sans y ajouter par des qualificatifs ou des formules susceptibles d'une exploitation politique ou médiatique indésirable », en évitant d'inclure « des allusions, des sous-entendus, de l'ironie » et en se gardant « de toute insinuation ».

D'autre part, la loi du 21 décembre 2001 est intervenue pour préciser la rédaction actuelle de l'article L.211-8 et interdire formellement toute observation relative à l'opportunité des objectifs dégagés.

B. La procédure de contrôle

1. Une nature ambiguë

La procédure de l'examen de gestion n'est pas, formellement, juridictionnelle : dans ce cadre la Chambre régionale des comptes ne rend pas un jugement, elle n'annule aucun acte, elle ne prononce aucune sanction. Formellement, elle ne fait qu'adopter un rapport d'observations. Ceci explique que les magistrats ne portent pas la robe dans cette procédure et qu'aucune voie de recours contre leur décision ne soit ouverte à l'ordonnateur concerné (sauf, de manière très marginale, contre le refus de la CRC de procéder à une rectification d'erreur, une fois le rapport définitif rendu).

Pour autant, le rapport est bien adopté par des magistrats ; la loi garantit, tout au long de la procédure, le respect du principe du contradictoire ; elle prévoit notamment que « *les parties* » (terme relevant du lexique juridictionnel) peuvent se faire assister ou représenter par un avocat ; enfin le rapport d'observations peut constituer la première étape d'une procédure de gestion de fait (si la Chambre décide de se saisir des faits au titre de sa compétence de juge des comptes), voire d'une procédure pénale (si le commissaire du gouvernement, de nature différente de celui rencontré dans les juridictions administratives car exerçant les fonctions du ministère public au sein de la CRC, saisit le parquet de la juridiction pénale territorialement compétente).

2. Des pouvoirs de contrôle particulièrement étendus

Les Chambres régionales des comptes décident souverainement des organismes dont elles examinent la gestion. Ce contrôle peut également être sollicité par le préfet ou par l'exécutif de la collectivité mais les CRC ne sont jamais contraintes de procéder à ces (rares) demandes.

Aidé d'un assistant, le magistrat-rapporteur désigné par le président de la CRC procédera librement au contrôle : il pourra procéder, à sa guise, à des visites, des échanges écrits ou des questions orales ou faire procéder à des expertises. Le Code des juridictions financières prévoit d'ailleurs, de la manière la plus large que « les rapporteurs procèdent à toutes investigations qu'ils jugent utiles sur pièces et sur place » (art. R.141-2).

Les personnes contrôlées ont l'obligation d'accéder à leurs demandes, notamment en termes de communication de pièces. Ainsi « la chambre régionale des comptes est habilitée à se faire communiquer tous documents, de quelque nature que ce soit, relatifs à la gestion des collectivités publiques, des établissements publics et des autres organismes soumis à son contrôle » (art. L.241-1 du Code des juridictions financières). Les agents des services financiers, ainsi que les commissaires aux comptes des organismes contrôlés, sont déliés du secret professionnel à l'égard des magistrats (art. L.140-4) et même le secret de l'instruction ne peut leur être opposé, puisque la CRC peut demander, par la voix de son commissaire du Gouvernement, à prendre copie de toute pièce relative à des infractions liées aux comptes ou à la gestion.

Afin de garantir le respect de ces pouvoirs d'investigation, la loi a institué un délit « d'entrave », puni de 15 000 euros d'amende et défini comme « le fait de faire obstacle, de quelque façon que ce soit, à l'exercice des pouvoirs attribués aux magistrats de la chambre régionale des comptes » (article L.241-1 CJF).

3. Un déroulement qui laisse place aux droits de la défense

La procédure débute formellement par une lettre du Président de la CRC, adressée à l'ordonnateur de la collectivité et à ses prédécesseurs si la période de contrôle les concerne, mentionnant le nom du rapporteur chargé de l'instruction.

Une fois que ce magistrat estime avoir suffisamment d'éléments, soit, en pratique, après plusieurs mois de contrôle, un entretien doit obligatoirement avoir lieu entre l'ordonnateur (ou les ordonnateurs successifs) et le magistrat (ou le président de la Chambre), avant que la chambre régionale des comptes adopte un « rapport d'observations provisoires ».

Ce rapport qui est alors, formellement, l'œuvre collective de la Chambre, est adressé à l'ordonnateur de l'organisme contrôlé, les anciens ordonnateurs éventuellement concernés et à toute personne « nominativement ou explicitement mise en cause » dans le rapport.

Les destinataires disposent alors d'un délai de deux mois (éventuellement prolongé sur autorisation du Président) pour remettre au greffe de la CRC une réponse écrite. Le rapport d'observations définitives ne peut être adopté qu'après réception de cette réponse, ou, à défaut, à l'expiration du délai indiqué. Dans ce même délai, le destinataire du rapport provisoire peut demander à être auditionné par la Chambre : ce droit doit lui être accordé et la CRC ne pourra adopter le rapport définitif qu'après cette audition.

Au terme de ces échanges, la CRC peut décider, soit d'adopter un rapport d'observations définitives (cas le plus fréquent), soit de ne retenir aucune observation, le Président adressant alors à l'ordonnateur une lettre de clôture de la procédure.

Si la CRC adopte un rapport d'observations définitives, il est transmis à l'ordonnateur qui dispose d'un mois pour adresser au greffe une réponse écrite. À ce stade, la production écrite de l'ordonnateur ne pourra plus modifier le contenu du rapport, mais elle sera obligatoirement jointe au rapport d'observations définitives.

Journalistes, élus d'opposition ou simples citoyens ne pourront donc se voir transmettre ledit rapport sans la réplique finale, librement rédigée, de l'ordonnateur. Ce droit à la réplique fut l'une des innovations de la loi du 21 décembre 2001 permettant une meilleure prise en compte des droits des élus dans cette procédure.

Enfin, le rapport d'observations, accompagné des répliques éventuelles, est communiqué par l'exécutif de la collectivité territoriale ou de l'établissement public à son assemblée délibérante : joint à la convocation, le rapport doit obligatoirement faire l'objet d'une inscription à l'ordre du jour de la plus proche réunion. Il n'est communicable au public qu'à compter du jour de cette réunion. Toutefois, autre innovation procédurale de la loi de 2001, afin de protéger les élus d'une utilisation trop polémique des observations de la CRC, aucun rapport d'observations définitives ne peut être publié ni communiqué à ses destinataires ou à des tiers à compter du premier jour du troisième mois précédant le mois au cours duquel il doit être procédé à des élections pour la collectivité concernée et jusqu'au lendemain du tour de scrutin où l'élection est acquise.

Dans le délai d'un an suivant la communication du rapport d'observations définitives à l'assemblée délibérante de la collectivité, une demande en rectification d'erreur ou d'omission dudit rapport peut être adressée à la CRC par les dirigeants des personnes morales contrôlées ou toute autre personne nominativement ou explicitement mise en cause (L.243-4 CJF). Cette demande de rectification peut porter sur une simple erreur matérielle, sur une inexactitude, ou sur l'appréciation à laquelle la chambre régionale des comptes s'est livrée. La décision de la CRC sera dans tous les cas annexée, ensuite, au rapport d'observations définitives. Cette dernière décision est la seule de la procédure qui puisse être utilement contestée : le refus de la CRC de procéder à la rectification peut faire l'objet d'un recours pour excès de pouvoir devant le juge administratif, ce dernier limitant toutefois son contrôle à l'exactitude matérielle des faits (CE, avis, 15 juillet 2004, Chabert, n° 267415).

Repères

- **Article 60 de la loi de finances pour 1963 du 23 février 1963** : définition de la gestion de fait.
- **Loi n° 2001-1248 du 21 décembre 2001** : la déclaration de gestion de fait n'entraîne plus d'inéligibilité
- **Loi du 24 octobre 2008 relative à la Cour des comptes et aux CRC** : suppression de la règle du double-arrêt dans la procédure de gestion de fait
- **CE, 23 février 2000, Société Labor Métal** : application du principe d'impartialité à la procédure de gestion de fait
- **Art. L.211-8 du Code des juridictions financières** : La chambre régionale des comptes examine la gestion des collectivités territoriales et de leurs établissements publics
- **Art L.241-1 du Code des juridictions financières** : délit d'entrave à l'exercice des pouvoirs attribués aux magistrats et rapporteurs de la chambre régionale des comptes.

Pour gagner des points

La Cour de discipline budgétaire et financière

Créée par la loi du 25 septembre 1948, la Cour de discipline budgétaire et financière (CDBF) est une juridiction siégeant matériellement à la Cour des comptes. Elle est compétente pour réprimer, par le prononcé d'amendes, les irrégularités financières principalement commises par les fonctionnaires.

Composition et procédure

La CDBF est composée de douze magistrats (la voix du président étant prépondérante en cas de partage), issus de la Cour des comptes et du Conseil d'État : le premier président de la Cour des comptes, président, le président de la section des finances du Conseil d'État, vice-président, cinq conseillers d'État et cinq conseillers maîtres à la Cour des comptes nommés pour cinq ans.

Elle ne peut pas être saisie par tout citoyen, mais seulement par un nombre limité d'autorités constituées : le président de l'Assemblée nationale, le président du Sénat, les membres du Gouvernement, la Cour des comptes ou son procureur général, les chambres régionales et territoriales des comptes et, exceptionnellement, le créancier d'une collectivité lorsqu'elle tarde à exécuter une décision de justice définitive la condamnant au paiement d'une somme d'argent.

La CDBF exerce principalement son contrôle sur les fonctionnaires. Ainsi, sont justiciables de la Cour tous les agents relevant d'un organisme soumis au contrôle de la Cour des comptes, d'une CRC ou d'une chambre territoriale des comptes, dont les collectivités territoriales et leurs établissements publics.

Les exécutifs locaux sont, au contraire, expressément exclus de la compétence personnelle de la CDBF (art. L.312-1 CJF) : les maires et adjoints, les présidents et vice-présidents de toutes les assemblées délibérantes locales, y compris des EPCI ne peuvent être attraits devant elle. Deux exceptions sont toutefois prévues par l'article L.312-2 du CJF : les membres des exécutifs locaux pourront être renvoyés devant la CDBF, soit en cas de retard à exécuter une décision de justice définitive condamnant leur collectivité au paiement d'une somme d'argent, soit lorsqu'ils auront réquisitionné le comptable public aux fins de procéder à un paiement qui aura procuré à autrui un avantage injustifié, pécuniaire ou en nature, entraînant un préjudice pour le Trésor ou la collectivité territoriale.

Dans tous les cas, les poursuites devant la Cour ne font pas obstacle à l'exercice de l'action pénale et de l'action disciplinaire.

Les arrêts de la Cour sont sans appel et ne peuvent faire l'objet que d'un recours en cassation devant le

Conseil d'État, exercé par l'intéressé ou par le procureur général, ou d'un recours en révision, s'il survient des faits nouveaux ou s'il est découvert des documents de nature à établir la non-responsabilité de l'intéressé.

Les infractions et les sanctions

Les infractions susceptibles d'être sanctionnées par la CDBF sont rassemblées aux articles L.313-1 à L.313-7-1 du Code de juridictions financières. Toute infraction aux règles relatives à l'exécution des recettes et des dépenses des collectivités est visée. Est réprimé, notamment, le fait d':

- engager des dépenses sans en avoir le pouvoir, sans avoir reçu délégation de signature à cet effet, ou sans respecter les règles applicables en matière de contrôle financier ;
- imputer irrégulièrement une dépense pour dissimuler un dépassement de crédit ;
- omettre sciemment de souscrire des déclarations aux administrations fiscales ou fournir sciemment des déclarations inexactes ou incomplètes ;
- octroyer à autrui un avantage injustifié, pécuniaire ou en nature, entraînant un préjudice pour le Trésor, la collectivité ou l'organisme intéressé, ou tenter de procurer un tel avantage.

Enfin, tout agissement ou carence grave dans les contrôles, toutes omissions ou négligences répétées dans son rôle de direction, si la faute a causé un préjudice grave à l'organisme public, peuvent entraîner la mise en cause de la responsabilité de l'agent devant la CDBF.

Pour l'ensemble de ces infractions, le délai de prescription est fixé à cinq années à compter du jour de la commission des faits.

Quant aux sanctions, seules une amende et la publication de la décision au Journal officiel sont encourues. Cas rare de « peine-plancher », une amende minimale est prévue, à hauteur de 150 ou 300 euros. L'amende maximale est fixée, selon les cas, au montant d'une ou de deux années de traitement de l'agent concerné.

Toutefois les agents ne seront passibles d'aucune sanction s'ils peuvent « exciper d'un ordre écrit donné préalablement par leur supérieur hiérarchique ou par la personne légalement habilitée à donner un tel ordre » (c'est-à-dire, dans les collectivités territoriales et les EPCI, le maire ou le président) dès lors que ces autorités ont été dûment informées sur l'affaire. Si l'ordre émane du supérieur hiérarchique ou de la personne légalement habilitée à donner un tel ordre, la responsabilité de ces derniers se substituera à celle du subordonné.

Leçon 22
Vers un contrôle populaire ?

I. L'association des citoyens non élus à la décision

Chaque collectivité territoriale peut créer des commissions afin d'associer tout ou partie des citoyens à la réflexion préalable sur les projets en cours. Toutefois, ces conseils, commissions ou comités ne devront jamais disposer d'un quelconque pouvoir décisionnel, fût-ce par délégation de la collectivité territoriale, sous peine d'illégalité.

Ainsi, en vertu de l'article L.2143-2 du CGCT, le conseil municipal peut créer des comités consultatifs sur tout problème d'intérêt communal concernant tout ou partie du territoire de la commune. Ces comités comprennent des personnes qui peuvent ne pas appartenir au conseil, notamment des représentants des associations locales, mais ils sont obligatoirement présidés par un membre du conseil municipal, désigné par le maire. Sur proposition de ce dernier, le conseil en fixe la composition pour une durée qui ne peut excéder celle du mandat municipal en cours.

Les comités peuvent être consultés par le maire sur toute question ou projet intéressant les services publics et équipements de proximité et entrant dans le domaine d'activité des associations membres du comité. Ils peuvent par ailleurs transmettre au maire toute proposition concernant tout problème d'intérêt communal pour lequel ils ont été institués.

Sur cette base, la France a vu éclore nombre de « conseils de jeunes », « conseils des anciens » ou « conseils des étrangers », ni prévus ni interdits par la loi.

Toutefois, le législateur est venu consacrer certaines de ces expériences consultatives dans le Code général des collectivités territoriales, afin de les rendre obligatoires, tout du moins dans les collectivités les plus importantes.

A. Les commissions consultatives des services publics locaux

L'article L.1413-1 du CGCT prévoit que les régions, les départements, les communes de plus de 10 000 habitants, les établissements publics de coopération intercommunale de plus de 50 000 habitants et les syndicats mixtes comprenant au moins une commune de plus de 10 000 habitants créent une commission consultative des services publics locaux pour l'ensemble des services publics qu'ils confient à un tiers par convention de délégation de service public ou qu'ils exploitent en régie dotée de l'autonomie financière. Les établissements publics de coopération intercommunale dont la population est comprise entre 20 000 et 50 000 habitants peuvent créer une commission consultative des services publics locaux dans les mêmes conditions.

Cette commission, présidée par le maire, le président du conseil général, le président du conseil régional, le président de l'organe délibérant, ou leur représentant, comprend, d'une part, des membres de l'assemblée délibérante, désignés dans le respect du principe de la représentation proportionnelle, et, d'autre part, des représentants d'associations locales, nommés par l'assemblée délibérante. En fonction de l'ordre du jour, la commission peut, sur proposition de son président, inviter à participer à ses travaux, avec voix consultative, toute personne dont l'audition lui paraît utile.

Cette CCSPL intervient dans trois types de cas.

Tout d'abord, elle est consultée pour avis, avant que l'assemblée délibérante se prononce, sur tout projet de délégation de service public, tout projet de création d'une régie dotée de l'autonomie financière et tout projet de partenariat (PPP).

En second lieu, chaque année, la commission examine une série de documents de synthèse, reflétant les conditions dans lesquelles le service public local est assuré : le rapport établi par le délégataire de service public ou le cocontractant d'un contrat de partenariat, un bilan d'activité des services exploités en régie dotée de l'autonomie financière, et les rapports sur le prix et la qualité du service public d'eau potable, sur les services d'assainissement et sur les services de collecte, d'évacuation ou de traitement des ordures ménagères.

Enfin, la majorité des membres de la commission peut demander l'inscription à l'ordre du jour de toute proposition relative à l'amélioration des services publics locaux.

B. Les conseils de quartier

Depuis la loi relative à la démocratie de proximité du 27 février 2002, dans les communes de 80 000 habitants et plus, le conseil municipal doit instituer des « conseils de quartier » (art. L.2143-1 CGCT). Le conseil municipal fixe le périmètre de chaque quartier, l'ensemble devant couvrir le territoire communal. Il fixe également la dénomination du conseil de quartier, sa composition et ses modalités de fonctionnement.

Ces conseils peuvent être consultés par le maire ou lui faire spontanément des propositions sur toute question concernant le quartier ou la ville. Le maire peut les associer à l'élaboration, à la mise en œuvre et à l'évaluation des actions intéressant le quartier, en particulier celles menées au titre de la politique de la ville.

Ils peuvent disposer, si le conseil municipal en décide ainsi, d'un local et de crédits annuels de fonctionnement. Le nombre maximal d'adjoints susceptibles d'être désignés peut donner lieu à dépassement en vue de la création de postes d'adjoints chargés principalement d'un ou plusieurs quartiers, sans toutefois que le nombre de ceux-ci puisse excéder 10 % de l'effectif légal du conseil municipal (art. L.2122-2-1 CGCT). Une fois institué dans son principe et élu par le conseil municipal, l'adjoint chargé de quartier connaît de toute question intéressant à titre principal le ou les quartiers dont il a la charge. Il « veille à l'information des habitants » et « favorise leur participation à la vie du quartier » (L.2122-18-1 CGCT).

Les communes dont la population est comprise entre 20 000 et 79 999 habitants sont dans une situation particulière : la création de conseils de quartier y est facultative, mais si leur conseil décide de leur création, la commune pourra se doter d'adjoints de quartier en sus du nombre maximal d'adjoints au maire pouvant en principe être désignés.

C. La commission communale pour l'accessibilité aux personnes handicapées

Dans les communes de 5 000 habitants et plus, en vertu de l'article L.2143-3 du CGCT introduit en 2005, il est obligatoirement créé une commission communale pour l'accessibilité aux personnes handicapées. Elle est présidée par le maire, qui arrête la liste de ses membres : elle accueille nécessairement des représentants de la commune, d'associations d'usagers et d'associations représentant les personnes handicapées.

Cette commission se voit conférer quatre tâches principales. Elle organise un système de recensement de l'offre de logements accessibles aux personnes handicapées ; elle dresse le constat de l'état d'accessibilité du cadre bâti existant, de la voirie, des espaces publics et des transports ; elle fait toutes propositions utiles de nature à améliorer la mise en accessibilité de l'existant ; enfin elle établit un rapport annuel présenté en conseil municipal et transmis au représentant de l'État dans le département, au président du conseil général, au conseil départemental consultatif des personnes handicapées, ainsi qu'à tous les responsables des bâtiments, installations et lieux de travail concernés par le rapport.

La commission pour l'accessibilité peut cependant être créée au niveau intercommunal : elle est alors présidée par l'un des maires des communes, qui arrêtent conjointement la liste de ses membres. Elle est obligatoirement intercommunale lorsque la compétence en matière de transports ou d'aménagement du territoire est exercée au sein d'un établissement public de coopération intercommunale : elle est alors présidée par le président de l'EPCI. Enfin, même si les communes qui composent l'EPCI accueillent toutes moins de 5 000 habitants, la création d'une commission intercommunale est obligatoire pour les EPCI compétents en matière de transports ou d'aménagement du territoire qui regroupent au moins 5 000 habitants.

II. Les outils de la démocratie directe

Solennellement, l'article L.2141-1 du CGCT énonce que « le droit des habitants de la commune à être informés des affaires de celle-ci et à être consultés sur les décisions qui les concernent » est à la fois « indissociable de la libre administration des collectivités territoriales » et qualifié de « principe essentiel de la démocratie locale ».

Malgré la dorure de cet énoncé, ce droit à être « consultés » ne signifie pas que les électeurs disposent, en leurs mains, d'un quelconque pouvoir de décision directe, au nom de la collectivité territoriale. Le mandat impératif n'est pas davantage en vigueur au niveau local qu'au niveau national et aucune décision publique locale ne doit nécessairement recevoir l'onction populaire : les organes élus, ou les autorités qui en émanent disposent, en principe, dans le cadre de leurs compétences, du « monopole de la décision légitime » (pour paraphraser Max Weber) au nom de la collectivité.

Pour autant, l'intervention des électeurs locaux, dans le processus de décision publique locale, n'est pas totalement exclue. Récemment, ce monopole de la décision légitime a même connu une nuance importante : si elle y consent, l'assemblée délibérante pourra, dans certaines conditions, renvoyer au peuple le pouvoir de décision.

On distinguera trois formes d'intervention directe des citoyens dans le processus décisionnel.

La première ne retiendra pas longtemps l'attention : il s'agit du droit de « pétition », introduit à l'article 72-1 de la Constitution par la loi constitutionnelle du 28 mars 2003, et reconnu en ces termes : « les électeurs de chaque collectivité territoriale peuvent, par l'exercice du droit de pétition, demander l'inscription à l'ordre du jour de l'assemblée délibérante de cette collectivité d'une question relevant de sa compétence ». On peine à identifier ce qu'une telle reconnaissance apporte à l'ordonnancement juridique : avant même l'introduction de cet alinéa, n'importe quel électeur ou n'importe quelle association ne disposait-il pas du droit de solliciter l'inscription à l'ordre du jour du conseil municipal, général ou régional, l'examen d'un point particulier ?

Deux autres procédures, plus formalisées, existent : la « consultation » des électeurs (A.), par laquelle ces derniers ne font que donner un avis qui ne lie pas l'organe délibérant de la collectivité, et le « référendum local », seul instrument véritablement décisionnel (B.)

A. La consultation des électeurs

Depuis la loi du 13 août 2004, cette procédure est codifiée aux articles L.1112-15 et suivants du Code général des collectivités territoriales : « Les électeurs d'une collectivité territoriale peuvent être consultés sur les décisions que les autorités de cette collectivité envisagent de prendre pour régler les affaires relevant de la compétence de celle-ci ».

Cette insertion dans la première partie du CGCT traduit l'extension du dispositif, par la loi du 13 août 2004, à l'ensemble des collectivités territoriales et aux EPCI (art. L.5211-49 CGCT). Autre nouveauté, les consultations pourront ne concerner qu'une portion du territoire, pour les affaires « intéressant spécialement cette partie de la collectivité ».

1. L'initiative de la consultation

Certes, les électeurs peuvent demander à ce que soit inscrite à l'ordre du jour de l'assemblée délibérante de la collectivité l'organisation d'une consultation sur toute affaire relevant de la décision de cette assemblée (et non de l'exécutif). Le seuil est fixé à un cinquième des électeurs dans une commune ou un EPCI, et un dixième des électeurs dans les départements et les régions. Si la demande est effectuée auprès d'une autre collectivité que la commune, les organisateurs sont tenus de communiquer à l'organe exécutif de cette collectivité une copie des listes électorales des communes où sont inscrits les auteurs de la demande. Dans tous les cas, aucun électeur ne peut signer plus d'une demande par an et par collectivité territoriale.

Pour autant, si l'assemblée délibérante est tenue de se prononcer sur la demande qui lui est adressée, elle peut librement refuser d'organiser la consultation, l'article L.1112-16 du CGCT disposant clairement que « la décision d'organiser la consultation appartient à l'assemblée délibérante de la collectivité » qui, en vertu de l'article L.1112-17, « arrête le principe et les modalités de l'organisation de la consultation ».

2. L'organisation de la consultation

La date de la consultation n'est pas librement arrêtée par la collectivité.

Ainsi, la consultation ne doit pas interférer avec un scrutin électoral. Elle ne peut donc pas être organisée à compter du premier jour du sixième mois précédant celui au cours duquel il doit être procédé au renouvellement du conseil municipal qui l'organise. Pour la même raison, elle ne peut avoir lieu pendant la campagne officielle ou le jour du scrutin en cas d'élections législatives, sénatoriales, européennes, présidentielle ou en cas de référendum national.

La collectivité doit respecter un délai de deux mois entre la date de la transmission au préfet de la délibération décidant d'organiser la consultation et la date du scrutin.

Si le préfet estime que la délibération est illégale, il dispose d'un délai de dix jours à compter de sa réception pour la déférer au tribunal administratif. Il peut assortir son recours d'une demande de suspension. Le juge statue dans un délai d'un mois, en premier et dernier ressort, sur la demande de suspension, ou dans un délai de quarante-huit heures si le préfet prétend que l'organisation de la consultation est de nature à compromettre l'exercice d'une liberté publique ou individuelle. Il est fait droit à cette demande de suspension si l'un des moyens invoqués paraît propre à créer un doute sérieux quant à la légalité du projet soumis à consultation.

L'illégalité sera encourue dans plusieurs hypothèses, notamment :

– si le scrutin est ouvert trop largement, notamment à des résidants qui ne disposeraient pas du droit de vote (les ressortissants communautaires dûment inscrits sur les listes électorales complémentaires d'une commune doivent toutefois être appelés, par cette dernière, à se prononcer comme tout autre citoyen),
– si la question posée aux électeurs d'une collectivité se rattache à un champ de compétence réservé à une autre collectivité ou à l'État, par exemple si des électeurs communaux sont appelés à se prononcer sur le tracé d'une route départementale,
– ou encore si une seconde consultation avait lieu sur le même objet qu'une consultation déjà organisée depuis moins d'un an (article L.1112-21 du CGCT).

Une fois le principe de la consultation adopté, les maires concernés sont légalement tenus d'organiser le scrutin. Si la délibération émane de l'assemblée délibérante d'une collectivité territoriale autre que la commune, le représentant de l'État dans cette collectivité la notifie dans un délai de quinze jours aux maires des communes dans lesquelles la consultation est prévue, sauf s'il a été fait droit à sa demande de suspension. Si un maire refuse de procéder à cette organisation, le représentant de l'État, après l'en avoir requis, y procède d'office.

De même, il résulte de l'article L.1112-19 du CGCT que « les dépenses liées à l'organisation de la consultation des électeurs constituent une dépense obligatoire de la collectivité territoriale qui l'a décidée ». Lorsque la collectivité qui a décidé d'organiser la consultation n'est pas une commune, elle doit rembourser aux communes mobilisées pour son organisation les dépenses qui en résultent. Ce remboursement s'effectue de manière forfaitaire, en fonction du nombre des électeurs inscrits dans la commune et du nombre des bureaux de vote qui y sont installés.

En vertu de l'article L.1112-20 du CGCT, « les électeurs font connaître par oui ou par non s'ils approuvent le projet de délibération ou d'acte qui leur est présenté ». Concrètement, deux types identiques de bulletins de vote, imprimés en couleur noire sur papier blanc, l'un portant la réponse « OUI » et l'autre la réponse « NON », doivent donc être fournis par la collectivité ayant décidé le référendum, en nombre égal à celui des électeurs inscrits dans le ressort de la collectivité organisatrice. Ils sont expédiés en mairie au plus tard le mardi précédant le scrutin. L'électeur devra, comme pour tout scrutin officiel, déposer l'un de ces bulletins dans une urne transparente après l'avoir glissé dans une enveloppe lors de son passage dans un isoloir.

3. La décision finale

L'article L.1211-20 du CGCT souligne que l'assemblée délibérante conserve un pouvoir d'appréciation quant à la suite à donner à la consultation, en disposant : « après avoir pris connaissance du résultat de la consultation, l'autorité compétente de la collectivité territoriale arrête sa décision sur l'affaire qui en a fait l'objet ». En principe, les élus conservent donc la possibilité de trancher en sens contraire des électeurs, quitte à s'exposer, lors de l'élection suivante, à ce que les mêmes électeurs leur reprochent ce fait d'armes.

4. Le cas particulier des EPCI

Lorsqu'une consultation a lieu dans un cadre intercommunal, plusieurs spécificités doivent être soulignées (art. L.5211-49 et suivants CGCT). La demande d'organisation peut être formulée, non seulement par un cinquième des électeurs, mais également par l'ensemble des maires des communes membres ou la moitié des membres de l'organe délibérant. Les contraintes temporelles sont plus strictes dans les EPCI, puisque le délai entre deux consultations portant sur un même objet ne peut être inférieur à deux ans au lieu d'un an. Enfin, un délai d'un an doit s'écouler entre deux consultations, quel que soit leur sujet.

B. Le référendum local

Le référendum local diffère de la simple consultation sur de nombreux points. Le principal tient au caractère décisionnel du référendum alors que, comme on l'a vu, la consultation n'est qu'un avis donné par le peuple, que l'assemblée n'est pas tenue de suivre. Cette différence majeure en entraîne de nombreuses autres, à commencer par le caractère organique des dispositions applicables au « référendum local » (d'où la numérotation des articles y afférents en LO et non plus en L).

Il faut également remarquer que l'initiative d'organiser un référendum local appartient aux seuls élus, sans qu'il soit reconnu la moindre place aux sollicitations de pétitionnaires. De plus, seul l'exécutif lui-même peut proposer à l'assemblée délibérante de soumettre à référendum local un projet d'acte relevant de ses attributions.

Autre restriction, un référendum ne peut être organisé, par une collectivité, sur une portion seulement de son territoire : tous les électeurs doivent être appelés à s'exprimer.

Le référendum local diffère ensuite de la consultation par son objet moins large : les actes individuels ne pas peuvent faire l'objet du référendum.

Cette précaution peut se justifier par le souci de ne pas placer la résolution d'une situation particulière au centre d'un débat public, susceptible d'être pollué par des intérêts privés. Le Conseil constitutionnel a expliqué l'exclusion des actes individuels du champ du référendum par le régime juridique particulier de tels actes (notamment la présentation d'observations préalables) et par « le risque d'atteinte aux droits individuels que leur adoption par référendum pourrait comporter » (Décision n° 2003-482 DC du 30 juillet 2003).

Une fois que la délibération décidant du référendum a été adoptée, l'exécutif de la collectivité territoriale est tenu, dans le cas particulier du référendum, de la transmettre au représentant de l'État dans un délai maximum de huit jours.

Le contrôle de légalité, y compris en urgence, se déroule dans les mêmes conditions que pour une délibération décidant d'une simple consultation et les périodes pendant lesquelles l'organisation du scrutin est interdite sont identiques.

Toutefois, compte tenu du caractère décisionnel du référendum, les conditions de son organisation sont plus précisément encadrées par la loi que dans le cas de la simple « consultation » : il s'agit là d'une véritable campagne politique, organisée sur le modèle des campagnes électorales.

Ainsi, la campagne en vue du référendum local, organisée par la collectivité territoriale ayant décidé d'y recourir, est ouverte le deuxième lundi précédant le scrutin à zéro heure et close la veille du scrutin à minuit.

Toutes les dispositions relatives à la propagande électorale, inscrites au chapitre V du premier livre du Code électoral, sont applicables en l'espèce : la distribution de documents polémiques le jour du scrutin (L.49), la distribution de tels documents par des agents publics (L.50), l'affichage en dehors des emplacements officiels (L.51) et la diffusion des résultats d'un sondage à compter de la veille du scrutin (loi du 19 juillet 1977) sont interdits. Dès l'adoption par la collectivité territoriale de la délibération décidant du référendum, sont interdits la publicité pour un numéro de téléphone gratuit relayant la propagande du « oui » ou du « non » (L.50-1), la publicité commerciale par voie de presse et le lancement d'une campagne de promotion publicitaire des réalisations ou de la gestion de la collectivité en cause (L.52-1).

Compte tenu de ce formalisme accru et en l'absence de « candidats », l'expression des différents courants d'opinion doit être organisée. À ce titre, sont habilités à participer à la campagne en vue du référendum, à leur demande, par l'exécutif de la collectivité territoriale ayant décidé d'organiser le scrutin tous les groupes d'élus constitués au sein de l'assemblée délibérante.

Mais la loi organique (art. LO.1112-10 CGCT) a entendu permettre l'expression de courants non représentés au sein de l'assemblée délibérante. Ainsi, participeront également à la campagne les partis auxquels ont déclaré se rattacher au moins 5 % des élus de l'assemblée délibérante. Plus largement encore, participeront :

- pour un référendum décidé par une commune de moins de 3 500 habitants, les partis auxquels ont déclaré se rattacher au moins trois candidats ayant obtenu au moins 5 % des suffrages exprimés lors du dernier renouvellement du conseil municipal ;
- pour un référendum décidé par une commune d'au moins 3 500 habitants ou une région, les partis auxquels ont déclaré se rattacher au moins la moitié des candidats d'une liste ayant obtenu au moins 5 % des suffrages exprimés lors du premier tour du renouvellement général de l'assemblée délibérante de la collectivité territoriale ;
- pour un référendum décidé par un département, les partis auxquels ont déclaré se rattacher des candidats dont l'addition des voix a atteint au moins 5 % des suffrages exprimés au niveau de l'ensemble des cantons lors du premier tour du renouvellement de l'une des séries des conseillers généraux ;

Enfin, autre rapprochement entre le droit commun des élections locales et cette procédure de référendum, la régularité du référendum local peut être contestée dans les conditions, formes et délais prescrits pour les réclamations contre l'élection des membres de l'assemblée délibérante de la collectivité territoriale ayant décidé de l'organiser : soit devant le Conseil d'État, dans les dix jours, pour un référendum organisé par une région, soit devant le Tribunal administratif, dans les cinq jours, dans tous les autres cas.

La campagne référendaire connaît tout de même des particularités par rapport au droit commun : ainsi, un dossier d'information sur l'objet du référendum décidé par la collectivité territoriale est mis à disposition du public.

Ce dossier comporte le texte de la question à laquelle les électeurs sont appelés à répondre, le projet de délibération ou d'acte soumis à leur approbation, un rapport explicatif exposant les motifs et la portée du projet, les notes, rapports, avis et tous documents qui auraient dû être communiqués aux élus si ces derniers avaient conservé le pouvoir de se prononcer, enfin, le cas échéant les caractéristiques techniques et financières de sa réalisation.

Le référendum appelle ainsi la constitution d'un dossier plus fourni que dans le cas des simples consultations, pour lesquelles sont seulement requis : la délibération par laquelle la consultation a été décidée, les observations formulées par les membres de l'assemblée délibérante à l'occasion de cette délibération, ainsi qu'une notice d'information sur l'objet de la consultation.

Deux conditions sont nécessaires pour que le projet soumis aux électeurs soit adopté : non seulement le projet doit être, classiquement, approuvé par la majorité des suffrages exprimés, mais la moitié au moins des électeurs inscrits doit avoir pris part au scrutin. Cette seconde condition, conçue pour garantir la légitimité du référendum emporte toutefois un biais politique relativement gênant, dans la mesure où il sera plus utile pour les partisans du « non » d'appeler à l'abstention et de s'abstenir eux-mêmes que de déposer un bulletin « non » dans l'urne. Dans le premier cas en effet, ils agrègent à leur cause les abstentionnistes d'habitude, tandis que dans le second cas ils participent à l'augmentation du nombre de suffrages exprimés, permettant ainsi aux partisans du « oui », éventuellement majoritaire lors du dépouillement, d'obtenir la seconde condition posée par la loi et relative au taux de participation, qui est nécessaire à leur victoire.

Le référendum étant décisionnel, l'organe délibérant de la collectivité locale ne se prononce pas à l'issue du scrutin : le texte soumis aux électeurs est adopté si les deux conditions de majorité sont réunies. Le texte est alors soumis aux règles de publicité et de contrôle applicables à une délibération de l'assemblée délibérante de la collectivité (ou, selon les cas, à un acte de son exécutif).

Repères

- **Art L.1413-1 CGCT** : création des commissions consultatives sur les services publics locaux
- **Art. L.2143-1 CGCT** : création obligatoire des conseils de quartier dans les communes d'au moins 80 000 habitants.
- **Art L.2143-3 CGCT** : création obligatoire d'une commission d'accessibilité aux personnes handicapées dans les communes d'au moins 5 000 habitants.
- **Art. L.1112-15 et suivants CGCT** : procédure de « consultation des électeurs », non décisionnelle.
- **Art. LO.1112-1 et suivants CGCT** : procédure de « référendum local », décisionnel.

Pour gagner des points

Les consultations locales en Europe

Le rapport n° 315 (2002-2003) de M. Daniel Hoeffel, fait au nom de la commission des lois du Sénat, déposé le 27 mai 2003, sur le projet de loi organique relatif au référendum local, soulignait les traits saillants des procédures de consultation locale en Allemagne, en Belgique, au Danemark, en Espagne, en Italie, aux Pays-Bas, au Portugal et en Suède.

Le cadre juridique de ces consultations est, tout d'abord, de nature variable. Inexistant au Danemark, où il est admis, sans fondement exprès, que les conseils municipaux puissent organiser des référendums consultatifs, le cadre juridique est fixé, en Allemagne, par les Länder, en Italie, par les communes elles-mêmes, et, dans les autres pays, plus strictement par une norme nationale.

Les solutions adoptées diffèrent également sur le plan de l'autorité compétente pour prendre l'initiative de la consultation. Ainsi, les électeurs peuvent demander l'organisation d'un référendum en Allemagne, en Belgique (où ce droit est ouvert aux habitants et non seulement aux électeurs), en Italie, aux Pays-Bas et au Portugal, le pourcentage minimum des électeurs inscrits requis variant entre 10 % et 20 %. Mais les demandes qui satisfont aux critères fixés par la loi n'entraînent automatiquement l'organisation d'un référendum qu'en Allemagne, en Italie et aux Pays-Bas.

Au contraire, l'initiative de la consultation est réservée aux élus du conseil local au Danemark, en Suède et en Espagne.

Quant à la force juridique des résultats de la consultation, elle est nulle dans tous les pays susmentionnés, à l'exception de l'Allemagne, du Portugal et de certaines villes italiennes.

Concernant le Portugal, dès lors que le taux de participation des électeurs est supérieur à 50 %, les résultats de la consultation s'imposent à la collectivité locale, le non-respect de cette décision entraînant même la dissolution de l'assemblée délibérante.

En Allemagne, ou plutôt dans les Länder allemands puisque chacune de ces régions élabore ses propres règles en la matière, les décisions prises à l'issue de la consultation ont la même valeur juridique que les délibérations de l'assemblée locale. Seul varie, entre les Länder, le taux minimal de participation nécessaire pour donner à la consultation ce plein effet : il est situé entre 20 et 30 % des inscrits.

Ainsi l'Allemagne, qui ne connaît pas le référendum national, apparaît comme une démocratie très favorable aux référendums locaux : non seulement la consultation est laissée à l'initiative des électeurs, qui peuvent contraindre les pouvoirs locaux à l'organiser, mais encore elle aboutit à une décision populaire produisant des effets juridiques immédiats et autonomes.

SUJETS CORRIGÉS

■ Sujets classiques

1. Dissertation : L'autonomie financière des collectivités territoriales est-elle assurée ?

2. Commentaire d'arrêt : CE, 6 avril 2007, Commune d'Aix-en-Provence, n° 284736

3. Dissertation : Collectivités territoriales et associations, des liaisons dangereuses ?

■ Sujets difficiles

4. Commentaire d'arrêt : CE, septembre 2005, Société fermière de Campoloro, n° 271898

5. Dissertation : Le droit public local devient-il plus complexe ?

■ QCM de révision

Sujet classique

Sujet 1 Dissertation

■ SUJET

L'autonomie financière des collectivités locales est-elle assurée ?

■ CORRIGÉ

Depuis la révision constitutionnelle du 28 mars 2003, l'article 72-2 de la Constitution prévoit que « les collectivités territoriales bénéficient de ressources dont elles peuvent disposer librement dans les conditions fixées par la loi ». Cette libre disposition de leurs ressources par les collectivités territoriales, constitutionnellement protégée, pourrait suffire à conclure que leur autonomie financière est protégée. Pour autant, cette autonomie pourrait être considérée comme réduite et précaire, si les collectivités pouvaient se voir imputer, en dehors de leur volonté, des charges supplémentaires ou si les ressources, indispensables à l'exercice de l'autonomie financière, n'étaient pas librement définies par les collectivités territoriales, mais octroyées par un tiers, sans garantie quant à leur niveau et leur évolution.

Le débat relatif à l'ampleur de l'autonomie financière des collectivités se partage ainsi en deux volets. La première question a trait à la compensation financière qui doit accompagner le transfert de nouvelles compétences (et donc de nouvelles charges) de l'État aux collectivités. Tranchée dans son principe en 1982, elle n'en connaît pas moins une actualité récurrente (I). La seconde question est plus complexe : les collectivités locales peuvent-elles être considérées comme librement administrées si l'essentiel de leurs recettes provient de dotations de l'État ? Une réelle liberté de gestion ne suppose-t-elle pas que les collectivités tirent leurs revenus essentiellement de leurs ressources propres, notamment le produit des impôts locaux dont elles votent les taux chaque année ? Si ces questions ont donné lieu à une réponse récente, aux niveaux constitutionnel et organique, il n'est pas certain que ces apports constituent une innovation aussi notable qu'il peut paraître (II).

I. La compensation imparfaite des transferts de compétences illustre les limites de l'autonomie financière des collectivités

La loi du 2 mars 1982 relative aux droits et libertés des communes, des départements et des régions a posé le principe selon lequel « tout accroissement net de charges résultant des transferts de compétences effectués entre l'État et les collectivités territoriales ou la région sera compensé par un transfert de ressources. Ces ressources seront équivalentes aux charges existantes à la date du transfert et devront évoluer comme la dotation globale de fonctionnement » (article 102).

De la même manière que la personnalité juridique des collectivités locales avait été reconnue par la loi avant d'être constitutionnalisée, ce principe d'une compensation des charges transférées par l'État sera inscrit dans le texte suprême, à l'occasion de la révision constitutionnelle du 28 mars 2003. Le nouvel article 72-2 de la Constitution prévoit que « tout transfert de compétences entre l'État et les collectivités territoriales s'accompagne de l'attribution de ressources équivalentes à celles qui étaient consacrées à leur exercice ».

Cette méthode fut, certes, appliquée à chaque transfert de compétences depuis vingt-cinq ans. Techniquement, les « ressources » consistent soit en un transfert (total ou partiel) du produit d'un impôt national, soit dans le versement de dotations provenant du budget de l'État.

Ainsi, la loi du 7 janvier 1983 prévoit déjà la combinaison de ces deux techniques. Les départements reçoivent le produit tiré de la taxe différentielle sur les véhicules à moteur (également appelée « vignette »), les droits d'enregistrement et la taxe sur la publicité foncière dus à l'occasion des mutations d'immeubles ; les régions récupèrent le produit de la taxe frappant l'édition des cartes grises. Chaque collectivité recevra par ailleurs de l'État une « dotation générale de décentralisation » (DGD) annuelle et libre d'emploi, ainsi que des dotations spécifiques à telle ou telle compétence transférée (formation professionnelle, équipements des collèges et lycées).

Par la suite, le transfert, partiel, d'impôts nationaux fut privilégié. Ainsi, la loi du 18 décembre 2003 confiant aux départements la gestion du RMI a prévu le transfert concomitant d'une part de la taxe intérieure sur les produits pétroliers (TIPP). De même, les transferts de compétence prévus par la loi du 13 août 2004 sont essentiellement compensés par l'octroi d'une part de la TIPP aux régions et aux départements, ces derniers récupérant également le produit de la taxe spéciale sur les conventions d'assurance.

Toutefois, la seule lecture de l'article 72-2 de la Constitution incite à considérer que la garantie accordée par l'État est mince : certes, les collectivités sont fondées à obtenir, concomitamment au transfert des charges liées aux nouvelles compétences, des ressources équivalentes. Néanmoins, le montant de ces ressources garanties n'est égal qu'au montant des charges que supportait l'État à la date du transfert. Dès l'année suivante, le risque financier pèse sur les collectivités, l'évolution des dépenses pouvant se révéler supérieure à la compensation accordée : c'est ce qu'il advint en 2004, les dépenses de RMI ayant bondi de 10 % alors que la compensation demeurait calculée sur les dépenses supportées par l'État en 2003. Certes, la compensation de ces transferts de compétences doit évoluer chaque année comme la dotation globale de fonctionnement (également accordée aux collectivités), mais cette dernière est fixée chaque année par la loi de finances, si bien qu'aucune protection constitutionnelle ne peut être invoquée dans l'hypothèse où cette dotation globale de fonctionnement serait amenée à stagner d'une année sur l'autre.

Enfin, la protection des collectivités se révèle encore moindre lorsqu'il s'agit non pas de transférer une compétence de l'État vers les collectivités territoriales, mais de créer une nouvelle compétence, ex nihilo, confiée à la charge des collectivités. Dans ce cas, l'article 72-2 de la Constitution prévoit seulement que « toute création ou extension de compétences ayant pour conséquence d'augmenter les dépenses des collectivités territoriales est accompagnée de ressources déterminées par la loi ». C'est ce qui explique que la loi du n° 2005-102 du 11 février 2005 relative au handicap ait pu confier aux départements la gestion des nouvelles Maisons départementales des personnes handicapées en laissant à leur charge une partie du financement correspondant.

II. L'autonomie fiscale, composante de l'autonomie financière, est garantie mais limitée

La question de l'autonomie financière a été renouvelée du fait de la part croissante, dans les budgets locaux, que prirent les dotations de l'État.

Dans un premier temps, dans les années 1970 et 1980, les dotations d'État ont pu apparaître comme une garantie d'autonomie financière pour les collectivités, comparées au système précédant, dans lequel l'État ne versait que des subventions ponctuelles pour tel ou tel projet d'investissement de son choix. Un décret du 10 mars 1972 avait prévu qu'une subvention globale d'équipement soit « attribuée aux communes [...] sur la base de formules de répartition établies en fonction de l'effort d'équipement collectif local, de l'effort d'autofinancement et de la capacité financière des bénéficiaires ». Aucun texte d'application n'étant intervenu, il fallut attendre la loi du 2 mars 1982 pour voir créée la Dotation Globale d'Equipement (DGE), en plus de la Dotation Globale de Fonctionnement mise en place par la loi du 3 janvier 1979. Cette DGE se substitue alors aux subventions spécifiques d'investissement de l'État. Elle est versée chaque année par l'État aux collectivités et, surtout, est libre d'emploi.

Toutefois, à compter des années 1990, il apparaît que la fiscalité locale doit être réformée en profondeur : les « quatre vieilles » taxes (taxe professionnelle, taxe d'habitation, taxe foncière sur les propriétés bâties, taxe foncière sur les propriétés non bâties) sont obsolètes dans leur principe, en ce qu'elles pèsent, toutes les quatre, sur la valeur d'immobilisations et non sur les revenus des contribuables. De surcroît, la valeur des bases auxquelles ces impôts sont appliqués (par exemple la valeur locative d'un appartement) n'a pas fait l'objet d'une révision d'ampleur depuis plus de trente ans : en ce qui concerne le foncier non bâti, les bases datent de 1961, quant aux à celles de la taxe d'habitation et de la taxe sur le foncier bâti, elles datent de 1970. Au début des années 1990, une révision de grande ampleur est réalisée par les services fiscaux, un texte est même déposé au Parlement en 1992. Mais, probablement par crainte de la réaction des contribuables confrontés, ici ou là, à des hausses brutales du montant de leur imposition, la réforme ne fut pas menée à bien. Dans ces conditions, la pression fiscale demeurait (et demeure toujours) plus élevée dans des quartiers désormais défavorisés que dans d'autres quartiers, désormais réhabilités.

Confronté à ces critiques relatives à l'injustice du dispositif en vigueur, le législateur ne s'est pourtant toujours pas attelé à une réforme radicale : il a préféré adoucir les effets du système pour les contribuables, en supprimant tout ou partie de l'impôt dû, limitant par là même la part des recettes fiscales dans le budget des collectivités.

D'une part, des impôts nationaux, transférés en 1983, sont supprimés : c'est le cas de la taxe additionnelle régionale aux droits de mutation à titre onéreux (DMTO), par la loi de finances pour 1999, puis d'une partie de la taxe différentielle sur les véhicules à moteur (la « vignette ») par la loi de finances pour 2001.

D'autre part, les quatre taxes qui constituent traditionnellement les quatre leviers fiscaux maîtrisés par les collectivités territoriales ont fait l'objet de suppressions partielles. Par exemple, la loi de finances pour 1999 supprime la part « salaires » des bases de la taxe professionnelle (ce qui signifie que la taxe professionnelle ne sera plus calculée que sur la valeur des immobilisations des entreprises), puis la loi de finances rectificatives pour 2000 supprime la part régionale de la taxe d'habitation.

Ces suppressions donnant lieu à une augmentation corrélative des dotations versées par l'État aux collectivités, le procédé était-il critiquable ? « L'autonomie financière » des collectivités devait-elle consister, simplement, dans la libre disposition des ressources affectées ou devait-elle comprendre une dose d'« autonomie fiscale », permettant aux collectivités de maîtriser, chaque année, via la modification des taux des impôts locaux, le montant de leurs recettes ?

Le Conseil économique et social, optait pour cette seconde conception, dans un avis de juin 2001 intitulé « L'avenir de l'autonomie financière des collectivités locales ». Il y considérait que « l'autonomie fiscale est un élément essentiel de l'autonomie locale. Elle constitue un fondement de la démocratie locale. Le lien fiscal est un facteur de responsabilisation des acteurs du développement local en permettant une confrontation directe entre les besoins et les contraintes de moyens. C'est aussi un instrument d'autonomie des choix locaux permettant de choisir le niveau souhaité pour les services et les initiatives de développement jugées opportunes ».

Lors de la révision constitutionnelle du 28 mars 2003, cette même option prima. La conception minimale de l'autonomie financière fut, bien entendu, assurée, le premier alinéa du nouvel article 72-2 disposant que « les collectivités territoriales bénéficient de ressources dont elles peuvent disposer librement », mais la réforme principale consista à inscrire, dans ce même article que « les recettes fiscales et les autres ressources propres des collectivités territoriales représentent, pour chaque catégorie de collectivités, une part déterminante de l'ensemble de leurs ressources », une loi organique devant préciser ce qu'il fallait entendre par « ressources propres » et « part déterminante ».

Cette loi organique n° 2004-758 fut promulguée le 29 juillet 2004. Elle entend largement la notion de « ressources propres » puisque celles-ci comprennent les impositions dont les collectivités fixent l'assiette, le taux ou le tarif (c'est-à-dire les « quatre vieilles » précitées et la myriade d'impôts ponctuels, dont le plus important est la taxe d'enlèvement des ordures ménagères) mais aussi les impositions partagées avec l'État en fonction d'une assiette locale (comme par exemple la part de TIPP accordée aux départements et aux régions), en plus des redevances pour services rendus, des produits du domaine, des participations d'urbanisme, des produits financiers et des dons et legs. Cette inclusion des impositions partagées dans le panier des « ressources propres » fut largement contestée, dans la mesure où, si un lien est conservé entre le territoire et l'impôt (le montant versé à la collectivité dépend du montant de l'assiette présent sur le territoire), pour autant les collectivités territoriales ont peu ou pas de marge de décision sur les taux de ces impôts.

L'avis précité du Conseil économique et social proposait une conception plus stricte de l'autonomie fiscale, incluant non seulement l'effet « retour sur investissement » qui permet à une collectivité dynamique de retrouver sous forme de bases nouvelles les fruits de ses efforts de développement, mais aussi et surtout la possibilité de fixer le taux des impôts (à la hausse comme à la baisse ». En retenant cette conception, il serait impossible de conclure que l'état actuel du droit permet d'assurer l'autonomie fiscale, et donc financière, des collectivités.

Quant à la « part déterminante » que ces « ressources propres » devront représenter dans les ressources totales des collectivités, on aurait pu s'attendre à ce que le législateur détermine un ratio, un pourcentage. Or il préféra considérer que « la part des ressources propres ne peut être inférieure au niveau constaté au titre de l'année 2003 » (soit 60,8 % des ressources totales pour les communes, 58,6 % pour les départements et seulement 39,5 % pour les régions). La loi se contente donc d'instaurer un « effet cliquet », interdisant de réduire à l'avenir la part des ressources propres dans les budgets locaux.

Notons enfin que cette garantie ne s'apprécie pas collectivité par collectivité, mais catégorie de collectivités par catégorie de collectivités : au niveau de tous les départements agglomérés, au niveau de toutes les régions, étant entendu que, pour les communes, les « ressources propres » sont augmentées du montant de celles qui bénéficient aux établissements publics de coopération intercommunale, alors même qu'il s'agit là de personnes morales tout à fait distinctes.

Il convient ici de rappeler que les collectivités locales françaises sont celles qui, en Europe, disposaient, dès avant cette réforme, de l'autonomie fiscale la plus étendue. Environ la moitié de leurs ressources totales provenait (et provient toujours) d'impôts dont elles votent le taux, tandis que cette proportion est de 8 % aux Pays-Bas et de 27 % en Espagne *(Dexia, Les finances locales dans les quinze pays de l'Union européenne, 2002)*. Quant aux Länder allemands, réputés puissants, ils ne décident en rien du taux des impôts dont ils reçoivent le produit. On comprend donc que la réforme adoptée en 2003 et 2004, n'implique pas, en pratique une remise en cause de l'architecture globale du financement des collectivités territoriales. Elle n'a vocation qu'à protéger ces collectivités contre une éventuelle recentralisation des décisions relatives aux finances locales.

Contrairement à ce qu'annonçait le ministre de l'Intérieur dans l'exposé des motifs de la loi organique de 2004 (« cette disposition garantit la fin du mouvement de remise en cause de la fiscalité locale constaté ces dernières années ») cette protection s'avère bien mince, puisque l'amputation de la fiscalité locale s'est poursuivie après 2004.

Bien que les régions aient été autorisées, à compter du 1er janvier 2007 à moduler le taux de la TIPP sur leur territoire (dans des proportions très faibles d'un centime d'euro par litre), l'effet de cette mesure, qui plus est temporaire, demeure faible comparé à celui des deux principales réformes récentes. La loi de finances pour 2006 a, d'une part, plafonné à 3,5 % de sa valeur ajoutée annuelle le montant de taxe professionnelle que chaque entreprise pouvait être contrainte de payer. Le manque à gagner pour les collectivités n'est pris en charge par l'État que sur la base des taux votés par les collectivités en 2005. Si, désormais, une collectivité locale a besoin de ressources fiscales supplémentaires, qu'elle augmente à cette fin son taux de taxe professionnelle et qu'un grand nombre d'entreprises se trouve alors en situation de bénéficier de la règle du plafonnement, l'augmentation votée par la collectivité ne produira plus les effets escomptés… sans que l'État prenne en charge la différence. La même loi de finances pour 2006 a également créé le « bouclier fiscal », permettant le plafonnement à 60 % du revenu (encore abaissé à 50 % par la loi de finances rectificative de 2007) de l'impôt dû par chaque contribuable au titre, certes, des impôts nationaux (impôt sur le revenu et impôt sur la fortune), mais également des taxes foncières et de la taxe d'habitation (ainsi que de la CSG et du CRDS depuis la LFR de 2007). Le coût de ce dispositif sera pris en charge par les collectivités territoriales à concurrence de la part des impôts locaux dans le montant total des impositions concernées par le plafonnement.

Depuis plus de deux siècles, les collectivités territoriales françaises ont acquis, sans que ces points ne soient plus contestés, une existence juridique et politique distincte de l'État, ainsi que des compétences étendues. Seule leur autonomie financière, réduite et précaire, malgré des efforts récents pour la conforter, peut encore faire douter que les collectivités territoriales soient tout à fait « librement administrées ». Les raisons de cette prudence peuvent, en partie, être trouvées dans les inconvénients réels qu'aurait un approfondissement excessif de l'autonomie financière de chaque collectivité. Une complète autonomie financière de chaque collectivité serait en effet antinomique avec les mécanismes de péréquation, de redistribution des richesses, non plus entre l'État et les collectivités, mais entre les collectivités elles-mêmes. Puisque l'article 72-2 qui garantit l'autonomie financière des collectivités prévoit également que « la loi prévoit des dispositifs de péréquation destinés à favoriser l'égalité entre les collectivités territoriales », la contradiction apparente ne peut être dépassée que par un équilibre entre autonomie et solidarité.

Sujet classique

Sujet 2
Commentaire d'arrêt

■ SUJET

CE, 6 avril 2007, Commune d'Aix-en-Provence, n° 284736

Conseil d'État

N° 284736

Publié au recueil Lebon

Section du Contentieux

M. Stirn, président

M. Édouard Crépey, rapporteur

M. Séners, commissaire du gouvernement

SCP DELAPORTE, BRIARD, TRICHET ; SCP LYON-CAEN, FABIANI, THIRIEZ ; SCP GASCHIGNARD, avocats

lecture du vendredi 6 avril 2007

RÉPUBLIQUE FRANÇAISE

AU NOM DU PEUPLE FRANCAIS

Vu la requête sommaire et le mémoire complémentaire, enregistrés les 5 septembre 2005 et 5 janvier 2006 au secrétariat du contentieux du Conseil d'État, présentés pour la COMMUNE D'AIX-EN-PROVENCE (Bouches-du-Rhône), représentée par son maire ; la COMMUNE D'AIX-EN-PROVENCE demande au Conseil d'État :

1°) d'annuler l'arrêt du 4 juillet 2005 par lequel la cour administrative d'appel de Marseille a, à la demande de M. et Mme X, annulé les jugements du 29 juin 2000 du tribunal administratif de Marseille rejetant leurs demandes tendant à l'annulation pour excès de pouvoir des délibérations des 12 février et 26 mars 1998 du conseil municipal d'Aix-en-Provence décidant d'allouer à l'association pour le festival international d'art lyrique et l'académie européenne de musique d'Aix-en-Provence deux subventions d'un montant respectif de six et deux millions de francs ;

2°) de mettre à la charge de M. et Mme X une somme de 5 000 euros au titre des dispositions de l'article L.761-1 du code de justice administrative ;

Vu les autres pièces du dossier ;

Vu le code général des collectivités territoriales ;

Vu la loi n° 93-122 du 29 janvier 1993 relative à la prévention de la corruption et à la transparence de la vie économique et des procédures publiques ;

Vu le code de justice administrative ;

Après avoir entendu en séance publique :

– le rapport de M. Édouard Crépey, Maître des Requêtes,

– les observations de la SCP Delaporte, Briard, Trichet, avocat de la COMMUNE D'AIX-EN-PROVENCE, de la SCP Gaschignard, avocat de M. et Mme X et de la SCP Lyon-Caen, Fabiani, Thiriez, avocat de l'association pour le festival international d'art lyrique et l'académie européenne de musique d'Aix-en-Provence,

– les conclusions de M. François Séners, Commissaire du gouvernement ;

Considérant qu'il ressort des pièces du dossier soumis aux juges du fond que, par des délibérations en date des 12 février et 26 mars 1998, le conseil municipal d'Aix-en-Provence a accordé à l'association pour le festival international d'art lyrique et l'académie européenne de musique d'Aix-en-Provence des subventions d'un montant respectif de six et deux millions de francs ; que la COMMUNE D'AIX-EN-PROVENCE se pourvoit en cassation contre l'arrêt du 4 juillet 2005 par lequel, saisie par M. et Mme X, la cour administrative d'appel de Marseille, infirmant les jugements du tribunal administratif de Marseille du 29 juin 2000, a annulé pour excès de pouvoir les délibérations litigieuses ;

Sur l'intervention en demande :

Considérant que l'association pour le festival international d'art lyrique et l'académie européenne de musique d'Aix-en-Provence justifie d'un intérêt à l'annulation de l'arrêt attaqué ; qu'ainsi, son intervention est recevable ;

Sur le bien-fondé de l'arrêt attaqué :

Considérant qu'après avoir relevé que l'association pour le festival international d'art lyrique et l'académie européenne de musique d'Aix-en-Provence s'était vue confier une mission de service public, la cour, pour annuler les délibérations litigieuses, a jugé qu'une association ne pouvait exercer une telle mission et bénéficier à ce titre d'une subvention que si elle était liée à une personne publique par un contrat de délégation de service public conclu soit en application des dispositions des articles 38 et suivants de la loi du 29 janvier 1993 soit en application des articles L.1411-1 et suivants du code général des collectivités territoriales ;

Considérant que, lorsque des collectivités publiques sont responsables d'un service public, elles peuvent, dès lors que la nature de ce service n'y fait pas par elle-même obstacle, décider de confier sa gestion à un tiers ; qu'à cette fin, sauf si un texte en dispose autrement, elles doivent en principe conclure avec un opérateur, quel que soit son statut juridique et alors même qu'elles l'auraient créé ou auraient contribué à sa création ou encore qu'elles en seraient membres, associés ou actionnaires, un contrat de délégation de service public ou, si la rémunération de leur cocontractant n'est pas substantiellement liée aux résultats de l'exploitation du service, un marché public de service ; qu'elles peuvent toutefois ne pas passer un tel contrat lorsque, eu égard à la nature de l'activité en cause et aux conditions particulières dans lesquelles il l'exerce, le tiers auquel elles s'adressent ne saurait être regardé comme un opérateur sur un marché concurrentiel ;

Considérant que, lorsqu'elles sont responsables d'un service public, des collectivités publiques peuvent aussi décider d'en assurer directement la gestion ; qu'elles peuvent, à cette fin, le gérer en simple régie, ou encore, s'il s'agit de collectivités territoriales, dans le cadre d'une régie à laquelle elles ont conféré une autonomie financière et, le cas échéant, une personnalité juridique propre ; qu'elles doivent aussi être regardées comme gérant directement le service public si elles créent à cette fin un organisme dont l'objet statutaire exclusif est, sous réserve d'une diversification purement accessoire, de gérer ce service et si elles exercent sur cet organisme un contrôle comparable à celui qu'elles exercent sur leurs propres services leur donnant notamment les moyens de s'assurer du strict respect de son objet statutaire, cet organisme devant en effet être regardé, alors, comme n'étant pas un opérateur auquel les collectivités publiques ne pourraient faire appel qu'en concluant un contrat de délégation de service public ou un marché public de service ; qu'un tel organisme peut notamment être mis en place lorsque plusieurs collectivités publiques décident de créer et de gérer ensemble un service public ;

Considérant en outre que, lorsqu'une personne privée exerce, sous sa responsabilité et sans qu'une personne publique en détermine le contenu, une activité dont elle a pris l'initiative, elle ne peut, en tout état de cause, être regardée comme bénéficiant de la part d'une personne publique de la dévolution d'une mission de service public ; que son activité peut cependant se voir reconnaître un caractère de service public, alors même qu'elle n'a fait l'objet d'aucun contrat de délégation de service public procédant à sa dévolution, si une personne publique, en raison de l'intérêt général qui s'y attache et de l'importance qu'elle revêt à ses yeux, exerce un droit de regard sur son organisation et, le cas échéant, lui accorde, dès lors qu'aucune règle ni aucun principe n'y font obstacle, des financements ;

Considérant qu'il résulte de tout ce qui précède qu'en jugeant qu'une association ne pouvait gérer un service public et bénéficier à ce titre d'une subvention qu'à la condition d'être titulaire d'un contrat de délégation de service public passé soit en application des dispositions des articles 38 et suivants de la loi du 29 janvier 1993 soit en application des articles L.1411-1 et suivants du code général des collectivités territoriales, sans rechercher si, pour l'une des raisons analysées ci-dessus, la passation d'un tel contrat pouvait ou devait être exclue, la cour administrative d'appel de Marseille a entaché son arrêt d'une erreur de droit ; que la COMMUNE D'AIX-EN-PROVENCE est fondée pour ce motif, et sans qu'il soit besoin d'examiner les autres moyens de sa requête, à en demander l'annulation ;

Considérant que, dans les circonstances de l'espèce, il y a lieu, par application des dispositions de l'article L.821-2 du code de justice administrative, de régler l'affaire au fond ;

Considérant d'une part que, contrairement à ce que soutiennent M et Mme X, le tribunal administratif de Marseille a suffisamment répondu aux moyens tirés de l'absence de convention de délégation de service public et de la méconnaissance des dispositions de l'article L.1411-2 du code général des collectivités territoriales ;

Considérant d'autre part qu'il ressort des pièces du dossier que l'État, la région Provence-Alpes-Côte d'Azur, le département des Bouches-du-Rhône et la commune d'Aix-en-Provence ont créé en 1996 une association pour le cinquantenaire du festival international d'art lyrique d'Aix-en-Provence, devenue en 1997 l'association pour le festival international d'art lyrique et l'académie européenne de musique d'Aix-en-Provence ; que cette association a pour objet statutaire exclusif la programmation et l'organisation du festival international d'art lyrique et de l'académie européenne de musique ; qu'elle se compose de trois représentants de l'État, de quatre représentants des collectivités territoriales et de cinq personnalités qualifiées, dont une est nommée par le maire d'Aix-en-Provence et trois par le ministre chargé de la culture, ainsi que, le cas échéant, de membres actifs ou bienfaiteurs ou encore d'entreprises, dont la demande d'adhésion doit être agréée par le bureau et qui ne disposent pas de voix délibérative au sein de l'association ; que son conseil d'administration est composé de quinze membres, dont onze sont désignés par les collectivités publiques ; que les subventions versées par les collectivités publiques mentionnées ci-dessus représentent environ la moitié des ressources de l'association ; que celle-ci bénéficie en outre, de la part de la commune d'Aix-en-Provence, de différentes aides, comme la mise à disposition de locaux dans lesquels se déroule le festival et des garanties d'emprunt ;

Considérant que l'État, la région Provence-Alpes-Côte d'Azur, le département des Bouches-du-Rhône et la commune d'Aix-en-Provence ont ainsi décidé, sans méconnaître aucun principe, de faire du festival international d'Aix-en-Provence un service public culturel ; que, compte tenu de son objet, de ses modalités d'organisation et de ses modalités de financement, ce service public présente un caractère administratif ; que l'association à laquelle les quatre collectivités publiques ont confié sa gestion ne saurait être regardée, compte tenu de son objet statutaire et du contrôle qu'exercent sur elle ces collectivités, comme un opérateur auquel il ne pourrait être fait appel que dans le cadre d'un contrat de délégation de service public ou d'un marché public de service ; qu'ainsi, le moyen tiré de ce que la commune d'Aix-en-Provence aurait dû passer avec l'association une convention de délégation de service public doit être, en tout état de cause, écarté ; que M. et Mme X ne peuvent, dès lors, utilement invoquer les dispositions de l'article L.1411-2 du code général des collectivités territoriales ;

Considérant que la commune d'Aix-en-Provence pouvait accorder des subventions au service public culturel du festival international d'Aix-en-Provence ; que, contrairement à ce que soutiennent M et Mme X, les dispositions de l'article L.2224-2 du code général des collectivités territoriales, qui limitent la possibilité pour une commune de prendre en charge dans son budget des dépenses d'un service public à caractère industriel et commercial, ne peuvent être utilement invoquées ; que la commune d'Aix-en-Provence n'a pas davantage méconnu les dispositions des articles L.1511-1 et suivants du même code dès lors que celles-ci ont pour objet de réglementer les conditions dans lesquelles les collectivités territoriales peuvent apporter des aides à des entreprises et que l'association, dont l'activité exclusive est de gérer, à la demande des collectivités publiques qui l'ont créée et sous leur contrôle, le service public du festival international d'Aix-en-Provence, ne saurait être regardée comme une entreprise au sens de ces dispositions ;

Considérant qu'il résulte de tout ce qui précède que M et Mme X ne sont pas fondés à se plaindre de ce que, par ses jugements du 29 juin 2000, le tribunal administratif de Marseille a rejeté leurs demandes tendant à l'annulation des délibérations des 12 février et 26 mars 1998 ;

Sur les conclusions tendant à l'application des dispositions de l'article L.761-1 du code de justice administrative :

Considérant que ces dispositions font obstacle à ce que soit mise à la charge de la COMMUNE D'AIX-EN-PROVENCE, qui n'est pas, dans la présente instance, la partie perdante, la somme que M et Mme X demandent au titre des frais exposés par eux et non compris dans les dépens ; que, dans les circonstances de l'espèce, il y a lieu de mettre à la charge de M et Mme X une somme de 4 000 euros au titre des conclusions que la COMMUNE D'AIX-EN-PROVENCE présente sur le même fondement ;

D É C I D E :

Article 1er : L'intervention de l'association pour le festival international d'art lyrique et l'académie européenne de musique d'Aix-en-Provence est admise.

Article 2 : L'arrêt de la cour administrative d'appel de Marseille en date du 4 juillet 2005 est annulé.

Article 3 : Les conclusions présentées par M et Mme X sous les requêtes n° 00MA02343 et n° 00MA02344 devant la cour administrative d'appel de Marseille sont rejetées.

Article 4 : M et Mme X verseront à la COMMUNE D'AIX-EN-PROVENCE une somme de 4 000 euros au titre des dispositions de l'article L.761-1 du code de justice administrative.

Article 5 : La présente décision sera notifiée à la COMMUNE D'AIX-EN-PROVENCE, à M. et Mme X, à l'association pour le festival international d'art lyrique et l'académie européenne de musique d'Aix-en-Provence, au ministre de la culture et de la communication et au ministre de l'intérieur et de l'aménagement du territoire.

■ CORRIGÉ

Si le droit administratif est essentiellement jurisprudentiel et donc épars, son état est parfois rassemblé, en termes didactiques, dans un seul arrêt qui, malgré le caractère particulier du cas d'espèce, résonnent en termes généraux. L'arrêt « Commune d'Aix-en-Provence », rendu par le Conseil d'État le 6 avril 2007 est au nombre de ces arrêts de principe. Non seulement l'arrêt rappelle quels sont les droits et obligations des collectivités territoriales dans la gestion des services publics locaux dont elles ont la charge, selon qu'elles entendent gérer elles-mêmes le service ou le déléguer (I.) mais encore l'arrêt innove-t-il en proposant, dans un cas précis, d'écarter l'obligation de principe faite aux collectivités publiques de conclure un contrat emportant délégation de la gestion du service (II.).

I. L'arrêt fait œuvre de synthèse

Dans un premier temps, l'arrêt rappelle que, lorsque des collectivités publiques entendent confier la gestion d'un service public à un tiers, elles doivent en principe conclure avec un opérateur, quel que soit son statut juridique, un contrat qui sera, soit une délégation de service public si la rémunération de leur cocontractant est substantiellement liée aux résultats de l'exploitation, soit un marché public de service dans l'hypothèse inverse. Ce recours au contrat est exigé, rappelle le Conseil d'État, alors même que les autorités délégantes auraient créé ou auraient contribué à la création de l'organisme délégataire, ou encore si elles en sont « membres, associés ou actionnaires ». L'éventail des types de satellites est ici envisagé dans son intégralité : par exemple une société d'économie mixte, un établissement public de coopération intercommunale ou, comme dans le cas d'espèce, une association. En cela, le Conseil d'État synthétise à la fois les contraintes de droit interne, ses propres exigences jurisprudentielles et la position de la Cour de justice des communautés européennes, jugeant que le respect des procédures de publicité et de mise en concurrence s'impose à une collectivité publique qui souhaite contracter à titre onéreux avec une société d'économie mixte dont elle est pourtant actionnaire (CJCE, 11 janvier 2005, Stadt Halle, affaire C-26/03).

L'arrêt rappelle, dans un second temps, que lorsqu'elles sont responsables d'un service public, des collectivités publiques peuvent décider d'en assurer directement la gestion, plutôt que déléguer cette dernière, ce qui est conforme à la décision classique « Société Unipain » du Conseil d'État du 29 avril 1970 et à la décision « Stadt Halle » précitée de la CJCE, aux termes de laquelle un pouvoir adjudicateur « a la possibilité d'accomplir les tâches d'intérêt public qui lui incombent par ses propres moyens, administratifs, techniques et autres, sans être obligée de faire appel à des entités externes ». Conformément à l'ambition qui semble se dessiner de présenter l'exhaustivité des modes de gestion d'un service public ouvert aux collectivités territoriales, l'arrêt rappelle ensuite que ces dernières peuvent, à cette fin, soit gérer le service en simple régie, soit dans le cadre d'une régie à laquelle elles ont conféré une autonomie financière et, le cas échéant, une personnalité juridique propre.

Dans une troisième et dernière hypothèse présentée par l'arrêt, il n'est pas exclu de rencontrer un service public, géré par un organisme tiers aux collectivités publiques, sans qu'une convention ait été conclue au préalable. Ce sera le cas lorsqu'une personne privée exerce, sous sa responsabilité et sans qu'une personne publique en détermine le contenu, une activité dont elle a pris l'initiative, mais que son activité est, postérieurement à sa création, érigée en service public en raison de l'intérêt général qui s'y attache et de l'importance qu'elle revêt aux yeux d'une personne publique, cette dernière exerçant alors un droit de regard sur son organisation et lui accordant éventuellement des financements.

II. L'arrêt fait preuve d'innovations

L'arrêt apporte deux innovations, se concrétisant par un assouplissement relatif des conditions dans lesquelles les collectivités publiques interviennent dans le cadre d'un service public local.

Tout d'abord, dans le cas du recours à un tiers, le Conseil d'État précise dans cet arrêt que les collectivités publiques peuvent « ne pas passer un tel contrat lorsque, eu égard à la nature de l'activité en cause et aux conditions particulières dans lesquelles il l'exerce, le tiers auquel elles s'adressent ne saurait être regardé comme un opérateur sur un marché concurrentiel ». Ainsi, la contrainte tenant à la passation d'un contrat (DSP ou marché) est replacée dans le contexte qui la justifie : le champ économique. Ce n'est que parce qu'il s'agit de protéger l'égalité des opérateurs économiques au sein du marché que le juge « traque » les opérations de prestation de service qui n'auraient pas été précédées de la conclusion d'un contrat, donc qui n'auraient pas été précédées d'une procédure encadrée, garantissant l'égal accès des candidats et la transparence du choix de l'opérateur. Si le cocontractant n'est pas « opérateur sur un marché concurrentiel », la raison d'être du contrôle procédural préalable à la conclusion du contrat s'évanouit et avec elle la raison d'être de l'exigence systématique d'un contrat.

Ensuite, et cet enseignement permettra de trancher le cas d'espèce, le Conseil d'État étend le champ des hypothèses dans lesquelles les collectivités publiques doivent être considérées comme assurant directement la gestion du service public, sans recours à un tiers. Selon le juge, les collectivités publiques « doivent aussi être regardées comme gérant directement le service public si elles créent à cette fin un organisme dont l'objet statutaire exclusif est, sous réserve d'une diversification purement accessoire, de gérer ce service et si elles exercent sur cet organisme un contrôle comparable à celui qu'elles exercent sur leurs propres services leur donnant notamment les moyens de s'assurer du strict respect de son objet statutaire », ce qui correspond à la transposition de la doctrine dite du « in house » issue du droit communautaire, étant entendu, ce qui est beaucoup plus remarquable et audacieux, « qu'un tel organisme peut notamment être mis en place lorsque plusieurs collectivités publiques décident de créer et de gérer ensemble un service public ».

Voilà qui tempère largement, dans certains cas, la rigueur de jurisprudence Stadt Halle précitée de la CJCE. En jugeant de la sorte, le Conseil d'État réduit encore le champ des hypothèses dans lesquelles un contrat sera requis pour l'exécution du service : il considère que des organismes publics peuvent faire appel, pour l'exécution d'un service public, à un tiers, sans nécessairement respecter la procédure applicable à la passation des délégations de service public ou à la conclusion des marchés publics, dès lors que deux conditions sont réunies : un contrôle public sur l'organisme délégataire (contrôle qui peut être partagé comme en l'espèce entre plusieurs autorités) et un objet statutaire du tiers limité à l'exécution du service délégué (une diversification accessoire étant même tolérée).

Le Conseil d'État fait alors application de son schéma au cas d'espèce : dans cette affaire, l'État, la région Provence-Alpes-Côte d'Azur, le département des Bouches-du-Rhône et la commune d'Aix-en-Provence avaient décidé de faire du Festival international d'art lyrique d'Aix-en-Provence un service public culturel en créant une association éponyme. Selon le juge, « l'association à laquelle les quatre collectivités publiques ont confié sa gestion ne saurait être regardée, compte tenu de son objet statutaire et du contrôle qu'exercent sur elle ces collectivités, comme un opérateur auquel il ne pourrait être fait appel que dans le cadre d'un contrat de délégation de service public ou d'un marché public de service ». Alors que la Cour administrative d'appel de Marseille avait considéré qu'une convention de délégation de service public aurait dû être signée en l'espèce, le Conseil d'État tolère que les organismes en présence se dispensent de cette formalité.

On comprend dans ces conditions que cet arrêt ait été qualifié de « *décision fondatrice* » par le ministre de la Culture de l'époque, M. Donnedieu de Vabres : en réduisant les cas dans lesquels une délégation de service public ou un marché public est requis, cette décision est de nature, non seulement à assouplir la coopération des pouvoirs locaux, notamment dans le secteur culturel, mais encore à réduire les risques administratifs et pénaux pesant sur les décideurs publics locaux.

Pour autant, si la solution dégagée par le Conseil d'État est porteuse de simplification dès lors que plusieurs collectivités publiques entendent organiser le service, il convient de ne pas dissimuler les risques que comporte, pour une collectivité agissant seule, le recours à une structure associative entièrement contrôlée par ladite collectivité et qualifiée par conséquent de « transparente ». Ainsi, l'arrêt « Commune d'Aix-en-Provence » de 2007 doit être lu en conservant en mémoire les critiques émises par le même Conseil d'État, dans son rapport intitulé « Les associations et la loi de 1901, cent ans après » (EDCE n° 51, Documentation française, 2000), dans lequel il considérait que « si le recours à des associations pour assurer la gestion et l'exécution du service public est, dans son principe, parfaitement légitime et souvent souhaitable, il doit en revanche susciter plus de réserves lorsque la collectivité délégante fait partie de l'association délégataire et exerce en réalité sur elle un total contrôle ». Selon le Conseil d'État, « la délégation n'est alors qu'une fiction, et la prétendue association délégataire n'est en réalité qu'une régie irrégulière ».

Sujet classique

Sujet 3
Dissertation

■ SUJET

Collectivités territoriales et associations, des liaisons dangereuses ?

■ CORRIGÉ

Au nombre d'un million, les associations françaises, régies par la loi du 1er juillet 1901, constituent pour les collectivités territoriales des interlocuteurs incontournables dans l'exécution des politiques publiques. L'approche du phénomène associatif par les collectivités territoriales est néanmoins paradoxale : les collectivités craignent davantage quelques associations locales velléitaires, constituant des contre-pouvoirs plus ou moins déclarés et plus ou moins procéduriers, que la masse des associations qu'elles soutiennent, voire auxquelles elles participent. Pourtant, la responsabilité (pécuniaire ou pénale) des collectivités territoriales, de leurs élus et de leurs agents, est fréquemment engagée dans le cadre des relations tissées avec ces associations partenaires. Les relations entre collectivités territoriales et associations sont, ainsi, marquées par une multiplicité de risques juridiques, au point qu'on a pu les qualifier de « nid à contentieux ».

Si les initiatives, classiques, de soutien des collectivités territoriales à l'action des associations génèrent des risques de mise en cause de leur responsabilité respective (I.), le phénomène est plus complexe mais s'avère tout aussi problématique dans l'hypothèse où les collectivités territoriales participent à la gestion même desdites associations (II.).

I. Les relations contractuelles entre les collectivités territoriales et les associations sont encadrées par une multiplicité de contraintes

En dehors du cas dans lequel la collectivité confie à une association, dans les mêmes conditions qu'à n'importe quel type de structure, la gestion d'un service public dans le cadre d'une convention de délégation de service public, deux types de contrats caractérisent les relations particulières entre collectivités territoriales et associations : les conventions de subventionnement et les conventions de mise à disposition d'équipements publics.

Les conventions de subventionnement génèrent deux risques principaux : l'un administratif, consistant dans l'annulation de l'attribution, l'autre pénal, consistant dans la commission d'un délit de favoritisme.

Au titre de la régularité administrative, en vertu de l'article 10 de la loi du 12 avril 2000, toute autorité administrative qui attribue une subvention doit, lorsque cette subvention dépasse un seuil défini par décret, conclure une convention avec l'organisme de droit privé qui en bénéficie. Ce seuil a été fixé à 23 000 euros par an, par le décret n° 2001-495 du 6 juin 2001. Le contenu de la convention est également encadré par la loi. Le contrat doit obligatoirement prévoir trois mentions : l'objet, le montant et les conditions d'utilisation de la subvention attribuée.

Dans son principe, il est impératif que le versement d'une subvention réponde à un « intérêt public local ». Pour s'assurer qu'il en est ainsi, le juge se penchera nécessairement sur le but statutaire de l'association. Si le but de l'association est uniquement privé, notamment parce qu'elle défend exclusivement les intérêts patrimoniaux de ses membres (dans le cas d'une association de quelques propriétaires par exemple), la subvention ne pourra pas être légalement attribuée. De même, la collectivité locale ne pourra subventionner une association dont les buts sont politiques. Ainsi, une association qui révèle, avant le versement d'une subvention, sa nature « politique et partisane » en n'infirmant pas le fait qu'elle cherche à « combattre une formation politique dont l'existence est légalement reconnue » ne peut pas bénéficier d'une subvention municipale (CE, 28 octobre 2002, Commune de Draguignan, n °216706). Enfin, les associations ayant fomenté des actes troublant l'ordre public ne peuvent être aidées : dans un contexte où la décision de l'État d'engager des travaux de reconnaissance en vue de choisir un site de stockage de déchets radioactifs avait suscité, de la part d'associations locales de défense de l'environnement, créées pour faire obstacle aux études conduites par l'agence nationale pour la gestion des déchets radioactifs, une opposition qui s'est traduite notamment par l'organisation d'actions violentes, telles la destruction de matériels ou la mise à sac de locaux administratifs, le conseil municipal ne pouvait pas, légalement, accorder de subvention auxdites associations (CE, 1er octobre 1993, Commune de Secondigny, n° 112406).

Le caractère « local » de l'intérêt public défendu par l'association est également contrôlé par le juge administratif. Il convient que le projet porté par l'association réponde aux besoins de la population locale. Une commune peut, évidemment, subventionner une association dont le siège est situé hors de son ressort, dès lors que l'organisme subventionné, via une section locale, agit dans la commune. La subvention d'un projet culturel engagé par une association hors du territoire de la collectivité peut être également envisagée, mais avec précaution, uniquement dans le cas où cette collectivité entretiendrait un « lien particulier » avec le territoire d'intervention de ladite association (CE, 11 juin 1997, Département de l'Oise, n° 170069).

Enfin, il n'existe aucun droit pour une association d'obtenir une aide financière, même si elle en a bénéficié les années précédentes. Les subventions ont un caractère discrétionnaire, c'est l'organisme public qui choisit de les accorder et il n'est pas requis qu'il motive sa décision, notamment en cas de refus. Le Conseil d'État a affirmé avec la plus grande clarté que, même si la collectivité a déterminé des critères de sélection des associations à subventionner et des priorités dans leur distribution, « l'attribution d'une subvention ne constitue pas un droit pour les personnes remplissant les conditions légales pour l'obtenir » (CE, 25 septembre 1995, Association CIVIC, n° 155970).

En second lieu, sur le plan pénal, il n'est pas exclu que la convention de subventionnement soit requalifiée en marché public, impliquant un risque de poursuite au titre du délit de favoritisme prévu et réprimé par l'article 432-14 du Code pénal, au motif que la procédure de passation prévue au Code des marchés publics n'aura pas été respectée. En effet, la subvention se définit strictement comme une contribution financière de la personne publique à une opération justifiée par l'intérêt général, mais qui est initiée et menée par un tiers. Il ne s'agira de subvention et non d'un marché public que si l'initiative du projet émane de l'association et non de la collectivité et si aucune contrepartie directe n'est attendue par la personne publique du versement de la contribution financière.

Les conventions de mise à disposition constituent le second type de contrats fréquemment conclus entre les collectivités territoriales et les associations.

En vertu de l'article L.2144-3 du Code général des collectivités territoriales, « des locaux communaux peuvent être utilisés par les associations, syndicats ou partis politiques qui en font la demande ». Ce même article prévoit que le maire détermine les conditions dans lesquelles ces locaux peuvent être utilisés, « compte tenu des nécessités de l'administration des propriétés communales, du fonctionnement des services et du maintien de l'ordre public ». Le rôle du conseil municipal est alors limité, à la différence du cas du versement d'une subvention : la loi prévoit seulement que le conseil « fixe, en tant que de besoin, la contribution due à raison de cette utilisation ».

Le juge administratif contrôle les conditions de mise à disposition de locaux publics à une association plus précisément que les simples décisions de subvention. Dans le cas des mises à disposition de locaux, le principe d'égalité retrouve une certaine vigueur et le juge censure sa rupture.

Ainsi, en la matière, le Conseil d'État considère qu'une collectivité détermine librement les conditions de mise à disposition de ses locaux « en fonction de l'affectation de l'immeuble et de l'intérêt d'une bonne gestion du domaine communal » *(*CE, 21 mars 1990, Commune de la Roque d'Anthéron, n° 76765*) :* il n'y a donc pas, de la part des associations en général, un droit à accéder aux installations publiques.

Toutefois, dans la même décision, le Conseil d'État rappelle que la collectivité ne peut pas commettre, dans les décisions individuelles de mise à disposition « de discrimination non justifiée par l'intérêt général ». Ainsi, la délibération qui réserve un équipement au club affilié à la Fédération française est illégale si la commune ne peut invoquer, à l'appui de sa décision d'évincer les adhérents du second club, aucune circonstance tirée des nécessités de l'administration des propriétés communales ou du maintien de l'ordre public (CE, 26 octobre 1988, Ville de Marines, n° 76604).

Parallèlement à ce risque administratif, le recours à des conventions de mise à disposition de locaux à des associations génère un risque de condamnation pénale pour le décideur local, pour délit de favoritisme.

Le risque de constitution du délit de favoritisme résulte du fait qu'une convention de mise à disposition peut être requalifiée de contrat de délégation de service public. Puisque l'article 432-14 du Code pénal réprime la méconnaissance, non seulement des dispositions du Code des marchés publics, mais également des articles L.1411-1 et suivants du Code général des collectivités territoriales relatives aux délégations de service public, le risque de condamnation n'est pas à exclure. Si la convention de mise à disposition de locaux, passée entre la collectivité et l'association, dissimule en réalité une convention de délégation de service public (sous la forme particulière, ici, d'un affermage), le juge pénal pourrait considérer que l'élu signataire a cherché à contourner les règles de passation de ces conventions de délégation, et a donc sciemment commis le délit.

II. L'insertion des collectivités au sein même des structures associatives est une tentation compréhensible mais risquée

Aucune règle ni aucun principe n'interdisent aux collectivités territoriales et à leurs groupements d'adhérer à une association constituée sous le régime de la loi du 1er juillet 1901. Dès lors que l'objet de l'association revêt un intérêt public local, la collectivité territoriale peut décider d'en être membre. Une cotisation pourra être versée et des représentants de la collectivité pourront siéger au sein des organes de direction de l'association.

Deux écueils doivent toutefois être évités par les responsables publics, lorsqu'ils mettent en place une relation durable avec le monde associatif. D'une part, tolérer une confusion des rôles, la collectivité et l'association s'immisçant respectivement dans les activités de l'autre. D'autre part, instrumentaliser le fait associatif, au point d'annihiler la liberté d'autonomie de l'association. Dans les deux cas, ces comportements, outre qu'ils ne sont pas satisfaisants pour le bon fonctionnement de la démocratie locale, emportent une série de risques juridiques particulièrement divers et graves, tant pour les personnes morales concernées (collectivités locales et associations) que pour les personnes physiques qui les dirigent.

Au titre de la confusion des rôles, il convient tout d'abord de noter un risque administratif d'annulation : l'article L.2131-11 du Code général des collectivités territoriales dispose que « sont illégales les délibérations auxquelles ont pris part un ou plusieurs membres du conseil intéressés à l'affaire qui en fait l'objet, soit en leur nom personnel, soit comme mandataire ». Sur ce fondement, les délibérations d'une collectivité territoriale (autorisant par exemple une subvention ou une mise à disposition) peuvent faire l'objet d'un recours pour excès de pouvoir et encourent l'annulation s'il apparaît que l'un des conseillers (municipaux, généraux ou régionaux) qui a participé à la délibération a un intérêt dans l'association soutenue. D'une façon générale, l'intérêt à l'affaire existe dès lors qu'il ne se confond pas avec « les intérêts de la généralité des habitants de la commune » (CE, 8 mars 2002, Mme Géron, n° 234650), c'est-à-dire avec les intérêts attachés à la qualité soit de contribuable, soit d'habitant de la collectivité (CE, 17 novembre 1999, M. Riche, n° 196531). Quant à la participation du conseiller à la délibération, sa seule présence ne suffit pas à vicier la délibération : il faut que son influence ait été effective, c'est-à-dire que sa participation ait été de nature à exercer une influence décisive sur le résultat du vote.

Mais cette confusion des rôles est susceptible d'avoir des conséquences pénales. Ainsi, le délit de prise illégale d'intérêts, prévu par l'article 432-12 du Code pénal, consiste dans le fait, pour les élus, les dépositaires de l'autorité publique et les personnes chargées d'une mission de service public « de prendre, recevoir ou conserver, directement ou indirectement, un intérêt quelconque dans une entreprise ou dans une opération dont elle a, au moment de l'acte, en tout ou partie, la charge d'assurer la surveillance, l'administration, la liquidation ou le paiement ». Le champ du délit est très large et recouvre, de manière synthétique, le fait d'avoir un intérêt dans un projet dont le prévenu était chargé de surveiller l'exécution au nom de la collectivité. Cet « intérêt quelconque » visé par la loi est particulièrement large : quatre élus ont été récemment condamnés pour prise illégale d'intérêts au seul motif qu'ils avaient participé au vote de subventions bénéficiant aux associations qu'ils présidaient, alors même qu'ils n'en avaient retiré aucun profit personnel, que la collectivité n'avait subi aucun préjudice et que ces associations poursuivaient un but d'intérêt général (Cass., crim., 22 octobre 2008, n° 08-82068). Dans cette affaire, la présidence, par un élu municipal, des associations concernées était pourtant expressément prévue par les statuts de ces associations : le juge a tout de même condamné les prévenus au motif qu'ils cumulaient les deux fonctions en connaissance de cause.

Le troisième et dernier risque que recèle l'éventuelle confusion des rôles respectifs de la collectivité et de l'association est de nature financière et consiste dans la « gestion de fait » des deniers publics. En effet, en vertu de l'article 60 de la loi de finances pour 1963, toute personne qui, sans avoir la qualité de comptable public (ou sans agir comme régisseur sous contrôle et pour le compte d'un comptable public) s'ingère dans le recouvrement de recettes affectées ou destinées à un organisme public doit, en sus des sanctions pénales auxquelles elle s'expose, rendre compte au juge financier de l'emploi des fonds ou valeurs qu'elle a irrégulièrement détenus ou maniés et s'expose à une amende. En cas de perception sans titre de recettes publiques par l'association, le risque de condamnation pour gestion de fait pèse non seulement sur les responsables associatifs mais également sur les dirigeants de la collectivité ayant eu connaissance du dispositif et ne l'ayant pas fait immédiatement cesser (CE, 9 juin 2000, n° 176743). En effet, le juge financier considère qu'est gestionnaire de fait « non seulement celui qui a personnellement détenu et manié irrégulièrement des fonds publics, mais aussi celui qui a ordonné ou organisé le maniement irrégulier, ou encore l'a connu et toléré alors qu'il avait les moyens d'y mettre un terme » (Cour des comptes, 24 octobre 2002, Université française du pacifique).

La confusion des rôles n'est pas le seul écueil susceptible d'être rencontré dans le cadre des relations institutionnelles entre les collectivités territoriales et les associations : l'instrumentalisation de la structure associative, au point d'annihiler son autonomie de gestion, aboutit à la constitution d'associations dites « transparentes ». Le Conseil d'État a récemment rappelé que « lorsqu'une personne privée est créée à l'initiative d'une personne publique qui en contrôle l'organisation et le fonctionnement et qui lui procure l'essentiel de ses ressources, cette personne privée doit être regardée comme transparente » (CE, 21 mars 2007, Commune de Boulogne-Billancourt, n° 281796). Même si l'association dispose d'une personnalité morale propre, elle est, sur le plan du droit, assimilée à un service de la collectivité et considérée comme un simple démembrement de cette dernière. Le droit « rattrape » ainsi la réalité des faits.

Or les conséquences de l'existence d'une association transparente rattachée à une collectivité territoriale sont nombreuses.

Tout d'abord, les contrats de l'association transparente seront requalifiés en contrats administratifs (et notamment en marchés publics) sans qu'aient été respectées les conditions de publicité et de mise en concurrence. Sur le plan de la légalité administrative, ce constat entraînera l'annulation desdits contrats (CAA Paris, 20 avril 2005, commune de Boulogne-Billancourt). Parallèlement, les responsables de l'administration pourront être condamnés pour avoir méconnu sciemment ces règles de passation Le délit de favoritisme prévu à l'article 432-14 du Code pénal ressurgit ici. Le risque n'est pas que théorique, des élus ayant été poursuivis pour ce motif dans le cas d'une association transparente de promotion et de communication d'un conseil général (Cass crim., 30 juin 2004, n° 03-85.946).

Ensuite, les responsables associatifs ayant perçu des subventions de la collectivité de rattachement, comme l'ordonnateur de la collectivité ayant ordonné le paiement des subventions, comme, enfin, tout agent de direction qui aura toléré que le système perdure pourra être déclarée gestionnaire de fait des deniers publics irrégulièrement maniés par des responsables associatifs n'ayant pas qualité pour ce faire. En effet, puisque l'association transparente n'est qu'un démembrement de la collectivité, les fonds seront considérés comme n'ayant pas perdu, en parvenant dans la caisse de l'association, leur qualité de fonds publics.

Enfin, en cas de liquidation de l'association transparente, lorsque cette dernière se livre à des activités économiques, la responsabilité pécuniaire de la collectivité dont l'association est l'émanation peut être recherchée au titre de l'action en comblement de passif. Ainsi, selon la Cour de cassation, dès lors qu'une collectivité « était membre de droit du conseil d'administration en vertu des statuts et qu'elle avait accepté de remplir ces fonctions, la cour d'appel a retenu à juste titre qu'elle avait la qualité de dirigeant de droit de l'association et n'a fait qu'user [de ses pouvoirs] en la condamnant à supporter partie des dettes de celle-ci » (Cass com, 16 février 1993, Commune de Montagny, n° 90-18389). Dès lors que l'association est transparente, la responsabilité de la collectivité est engagée à l'égard des créanciers de l'association lorsque cette dernière se déclare en cessation de paiement (CE, 5 décembre 2005, Département de la Dordogne, n° 259748). La collectivité peut toutefois décider d'elle-même de dissoudre l'association transparente, reprendre son activité en régie et, si l'activité revêtait bien un intérêt public local, reprendre à sa charge les dettes générées par l'exploitation. Un conseil municipal a pu procéder ainsi dans le cas d'un office municipal créé par la commune sous la forme associative et chargé de l'organisation de manifestations culturelles (CE, 4 août 2006, Commune de Grimaud, n° 271964).

Il résulte de tout ce qui précède que les collectivités territoriales et les associations, afin de préserver la sécurité juridique de leurs actes, de leurs contrats et de leurs dirigeants, devront exercer une vigilance permanente sur les modalités de leur coopération. Leurs relations ne seront finalement porteuses de risques que si elles oublient de respecter leur identité respective et si leur collaboration est envisagée dans l'opacité ou la précipitation. Collectivités territoriales et associations doivent donc s'inspirer de Pierre Choderlos de Laclos, affirmant dans *Les Liaisons dangereuses* qu'« une occasion manquée se retrouve, tandis qu'on ne revient jamais d'une démarche précipitée »…

Sujet difficile

Sujet 4
Commentaire d'arrêt

■ SUJET
Conseil d'État, 18 septembre 2005, Société fermière de Campoloro, n° 271898

Conseil d'État

N° 271898

Publié au recueil Lebon

Section du Contentieux

M. Genevois, président

Mme Nathalie Escaut, rapporteur

M. Boulouis, commissaire du gouvernement

SCP CELICE, BLANCPAIN, SOLTNER, avocats

lecture du vendredi 18 novembre 2005

RÉPUBLIQUE FRANCAISE

AU NOM DU PEUPLE FRANÇAIS

Vu la requête sommaire et le mémoire complémentaire, enregistrés les 6 septembre 2004 et 10 décembre 2004 au secrétariat du contentieux du Conseil d'État, présentés pour la SOCIÉTÉ FERMIÈRE DE CAMPOLORO, dont le siège est 62, rue La Boëtie à Paris (75008) et la SOCIÉTÉ DE GESTION DU PORT DE CAMPOLORO, dont le siège est 62, rue La Boëtie à Paris (75008) ; la SOCIÉTÉ FERMIÈRE DE CAMPOLORO et la SOCIÉTÉ DE GESTION DU PORT DE CAMPOLORO demandent au Conseil d'État d'annuler l'arrêt du 5 juillet 2004 par lequel la cour administrative d'appel de Marseille a rejeté leur appel dirigé contre le jugement du 5 octobre 2000 par lequel le tribunal administratif de Bastia a rejeté leur demande d'annulation de la décision du 24 décembre 1996 du préfet de la Haute-Corse rejetant leur demande visant à assurer l'exécution des jugements du tribunal administratif de Bastia du 10 juillet 1992 ayant condamné la commune de Santa Maria Poggio à leur verser, respectivement, les sommes de 23 218 085 francs et 9 498 018 francs ;

Vu les autres pièces du dossier ;

Vu la Constitution, notamment son article 72 ;

Vu la convention européenne de sauvegarde des droits de l'homme et des libertés fondamentales ;

Vu la loi n° 80-539 du 16 juillet 1980 modifiée ;

Vu le code général des collectivités territoriales ;

Vu le code de justice administrative ;

Après avoir entendu en séance publique :

– le rapport de Mme Nathalie Escaut, Maître des Requêtes,

– les observations de la SCP Célice, Blancpain, Soltner, avocat de la SOCIÉTÉ FERMIÈRE DE CAMPOLORO et de la SOCIÉTÉ DE GESTION DU PORT DE CAMPOLORO,

– les conclusions de M. Nicolas Boulouis, Commissaire du gouvernement ;

Considérant que, par deux jugements en date du 10 juillet 1992 devenus définitifs, le tribunal administratif de Bastia a condamné la commune de Santa Maria Poggio, en Haute-Corse, à verser à la SOCIÉTÉ FERMIÈRE DE CAMPOLORO et à la SOCIÉTÉ DE GESTION DU PORT DE CAMPOLORO respectivement les sommes de 9 498 018 francs et 23 218 085 francs en réparation des préjudices subis à la suite de la décision de la commune de résilier les conventions accordant à ces deux sociétés la concession du port de plaisance situé sur son territoire ; que la commune n'ayant pas exécuté ces jugements et les décisions d'augmentation du taux des impositions locales prises par le préfet de la Haute-Corse en application de la loi du 16 juillet 1980 relative aux astreintes prononcées en matière administrative et à l'exécution des jugements par les personnes morales de droit public s'étant révélées insuffisantes pour assurer à la SOCIÉTÉ FERMIÈRE DE CAMPOLORO et à la SOCIÉTÉ DE GESTION DU PORT DE CAMPOLORO le paiement des indemnités qui leur étaient dues, celles-ci ont demandé au préfet, le 27 novembre 1996, de prendre d'autres mesures pour assurer l'exécution complète des jugements du tribunal administratif de Bastia, notamment en procédant à la vente de biens de la commune de Santa Maria Poggio ; que le préfet a rejeté leur demande par une décision en date du 24 décembre 1996 ; que par un arrêt en date du 5 juillet 2004, la cour administrative d'appel de Marseille a rejeté l'appel formé par les deux sociétés contre le jugement du tribunal administratif de Bastia en date du 5 octobre 2000 rejetant leurs conclusions à fin d'annulation de la décision préfectorale ; que la SOCIÉTÉ FERMIÈRE DE CAMPOLORO et la SOCIÉTÉ DE GESTION DU PORT DE CAMPOLORO se pourvoient en cassation contre cet arrêt ;

Sans qu'il soit besoin d'examiner les autres moyens de la requête ;

Considérant qu'aux termes du II de l'article 1er de la loi du 16 juillet 1980 relative aux astreintes prononcées en matière administrative et à l'exécution des jugements par les personnes morales de droit public : Lorsqu'une décision juridictionnelle passée en force de chose jugée a condamné une collectivité locale ou un établissement public au paiement d'une somme d'argent dont le montant est fixé par la décision elle-même, cette somme doit être mandatée ou ordonnancée dans un délai de quatre mois à compter de la notification de la décision de justice. À défaut de mandatement ou d'ordonnancement dans ce délai, le représentant de l'État dans le département ou l'autorité de tutelle procède au mandatement d'office./ En cas d'insuffisance de crédits, le représentant de l'État dans le département ou l'autorité de tutelle adresse à la collectivité ou à l'établissement une mise en demeure de créer les ressources nécessaires ; si l'organe délibérant de la collectivité ou de l'établissement n'a pas dégagé ou créé ces ressources, le représentant de l'État dans le département ou l'autorité de tutelle y pourvoit et procède, s'il y a lieu, au mandatement d'office ;

Considérant que, par ces dispositions, le législateur a entendu donner au représentant de l'État, en cas de carence d'une collectivité territoriale à assurer l'exécution d'une décision juridictionnelle passée en force de chose jugée, et après mise en demeure à cet effet, le pouvoir de se substituer aux organes de cette collectivité afin de dégager ou de créer les ressources permettant la pleine exécution de cette décision de justice ; qu'à cette fin, il lui appartient, sous le contrôle du juge, de prendre, compte tenu de la situation de la collectivité et des impératifs d'intérêt général, les mesures nécessaires ; qu'au nombre de ces mesures, figure la possibilité de procéder à la vente de biens appartenant à la collectivité dès lors que ceux-ci ne sont pas indispensables au bon fonctionnement des services publics dont elle a la charge ; que si le préfet s'abstient ou néglige de faire usage des prérogatives qui lui sont ainsi conférées par la loi, le créancier de la collectivité territoriale est en droit de se retourner contre l'État en cas de faute lourde commise dans l'exercice du pouvoir de tutelle ; qu'en outre, dans l'hypothèse où, eu égard à la situation de la collectivité, notamment à l'insuffisance de ses actifs, ou en raison d'impératifs d'intérêt général, le préfet a pu légalement refuser de prendre certaines mesures en vue d'assurer la pleine exécution de la décision de justice, le préjudice qui en résulte pour le créancier de la collectivité territoriale est susceptible d'engager la responsabilité de la puissance publique s'il revêt un caractère anormal et spécial ;

Considérant qu'en jugeant que les dispositions de la loi du 16 juillet 1980 ne permettaient pas au préfet de la Haute-Corse de se substituer aux organes de la commune de Santa Maria Poggio pour faire procéder à l'aliénation de biens communaux, la cour administrative d'appel de Marseille a commis une erreur de droit ; que la SOCIÉTÉ FERMIÈRE DE CAMPOLORO et la SOCIÉTÉ DE GESTION DU PORT DE CAMPOLORO sont fondées à demander pour ce motif l'annulation de l'arrêt attaqué ;

Considérant que, dans les circonstances de l'espèce, il y a lieu de régler l'affaire au fond par application de l'article L.821-2 du code de justice administrative ;

Considérant que la décision du 24 décembre 1996 du préfet de la Haute-Corse, qui rejette une demande d'exécution d'une décision de justice fondée sur les dispositions de la loi du 16 juillet 1980, présente le caractère d'une décision faisant grief et est susceptible, contrairement à ce que soutient l'administration, de faire l'objet d'un recours pour excès de pouvoir ;

Considérant qu'il ressort des pièces du dossier que pour rejeter la demande qui lui avait été présentée le 27 novembre 1996 par la SOCIÉTÉ FERMIÈRE DE CAMPOLORO et la SOCIÉTÉ DE GESTION DU PORT DE CAMPOLORO tendant à la mise en œuvre de mesures supplémentaires pour obtenir l'exécution intégrale des jugements du tribunal administratif de Bastia rendus en leur faveur le 10 juillet 1992, le préfet de la Haute-Corse s'est fondé sur le fait qu'il n'avait pas le pouvoir de se substituer aux organes de la commune de Santa Maria Poggio pour procéder à la vente de biens lui appartenant ; qu'ainsi qu'il a été dit ci-dessus, pour assurer l'exécution d'une décision de justice passée en force de chose jugée condamnant une collectivité territoriale au paiement d'une somme d'argent, les dispositions de la loi du 16 juillet 1980 permettent au préfet, après mise en demeure et compte tenu de la situation de la collectivité et des nécessités de l'intérêt général, de se substituer à ses organes pour procéder à la vente de biens lui appartenant ; qu'en se fondant, pour rejeter la demande d'exécution présentée par les sociétés requérantes, sur le fait qu'il n'était pas compétent pour décider de l'aliénation de biens communaux, le préfet de la Haute-Corse a entaché sa décision d'une erreur de droit ; que, contrairement à ce qu'a estimé le tribunal administratif dans son jugement rendu le 5 octobre 2000, il ne résulte pas de l'instruction que le préfet aurait pris la même décision en se fondant exclusivement sur la situation financière de la commune ;

Considérant qu'il résulte de tout ce qui précède que la SOCIÉTÉ FERMIÈRE DE CAMPOLORO et la SOCIETE DE GESTION DU PORT DE CAMPOLORO sont fondées à demander l'annulation du jugement attaqué du tribunal administratif de Bastia ainsi que de la décision du préfet de la Haute-Corse en date du 24 décembre 1996 ;

D É C I D E :

Article 1er : L'arrêt de la cour administrative d'appel de Marseille en date du 5 juillet 2004, le jugement du tribunal administratif de Bastia en date du 5 octobre 2000 et la décision du préfet de la Haute-Corse en date du 24 décembre 1996 sont annulés.

Article 2 : La présente décision sera notifiée à la SOCIÉTÉ FERMIÈRE DE CAMPOLORO, à la SOCIÉTE DE GESTION DU PORT DE CAMPOLORO et au ministre d'État, ministre de l'intérieur et de l'aménagement du territoire.

■ CORRIGÉ

L'arrêt de section « Société fermière de Campoloro », rendu par le Conseil d'État le 18 septembre 2005 résout le problème juridique et pratique que soulève une situation heureusement rare et que l'on pourrait qualifier de quasi-insolvabilité d'une collectivité locale (I.). Par la solution adoptée, et malgré les vingt-trois années qui séparent cet arrêt de la loi du 2 mars 1982 ayant engagé un profond mouvement de décentralisation et d'autonomie locale, le Conseil d'État illustre le rôle supplétif, voire tutélaire, que l'État doit, selon lui, conserver dans le cadre de l'action publique locale (II.).

I. La résolution pratique de la difficulté soulevée par la situation de quasi-insolvabilité d'une collectivité locale

Le créancier d'une collectivité locale qui, muni d'une décision de justice définitive condamnant cette dernière au paiement d'une somme d'argent, est confronté à un refus de paiement, dispose, en principe, d'une voie de recours.

Classiquement, depuis la loi du 16 juillet 1980 relative aux astreintes prononcées en matière administrative et à l'exécution des jugements par les personnes morales de droit public, « lorsqu'une décision juridictionnelle passée en force de chose jugée a condamné une collectivité locale ou un établissement public au paiement d'une somme d'argent dont le montant est fixé par la décision elle-même, cette somme doit être mandatée ou ordonnancée dans un délai de quatre mois à compter de la notification de la décision de justice ». À défaut le préfet « procède au mandatement d'office ». En cas d'insuffisance des crédits inscrits au budget de la collectivité débitrice, le préfet est compétent pour, après une mise en demeure adressée à la collectivité et restée infructueuse, dégager dans le budget de la collectivité locale les ressources nécessaires, avant de régler le créancier.

Cette procédure apparaît d'autant plus protectrice des intérêts du créancier qu'elle est dérogatoire à la procédure applicable lorsque la collectivité refuse de payer une dépense obligatoire, au sens de l'article L.2321-2 du Code général des collectivités territoriales en ce qui concerne les communes. En effet, dans ce dernier cas, l'article L.1612-15 du même Code impose au créancier de saisir, préalablement au mandatement d'office des sommes dues, la chambre régionale des comptes territorialement compétente.

En l'espèce, en raison de la force exécutoire que doit conserver une décision juridictionnelle passée en force de chose jugée, la saisine préalable de la chambre régionale des comptes n'est pas requise du créancier.

Toutefois ce dispositif juridique peut s'avérer insuffisant à permettre au créancier de récupérer les sommes dues lorsque les collectivités locales sont financièrement incapables d'honorer le paiement.

Ainsi, dans l'affaire qui a donné lieu à l'arrêt « Société fermière de Campoloro », le Conseil d'État était confronté à la situation dans laquelle, même en augmentant les taux d'imposition locale au maximum légal, la commune débitrice ne pouvait assurer le paiement des quatre millions d'euros auxquels elle avait été condamnée pour résiliation irrégulière de deux concessions.

Pour résoudre cette situation extrême, le Conseil d'État adopte une conception extensive des compétences dont le préfet dispose sur le fondement de la loi du 16 juillet 1980. Le juge admet que le représentant de l'État puisse procéder à la vente des biens appartenant à la collectivité « qui ne sont pas indispensables au bon fonctionnement du service public ».

La solution peut surprendre, en ce qu'elle contredit directement le principe d'insaisissabilité des biens appartenant aux personnes publiques. De surcroît, les biens éventuellement concernés par cette procédure de vente forcée à l'initiative de l'État sont susceptibles de se rattacher au domaine public de la collectivité débitrice, puisqu'affectés au service public sans être « indispensables à son bon fonctionnement ».

La rédaction adoptée peut également apparaître insatisfaisante, dans la mesure où la notion de « bon fonctionnement » du service public est délicate à appréhender objectivement. Éminemment subjective, voire politique, la définition d'un « bon fonctionnement » constitue pourtant, à la faveur de l'arrêt commenté, les bornes de la compétence de l'État dans l'exercice d'une prérogative de vente forcée, particulièrement attentatoire à la libre administration des collectivités locales.

Enfin, malgré ce premier enseignement de l'arrêt, une question reste en suspens, : dans l'hypothèse où la vente forcée de certains biens de la collectivité ne suffirait toujours pas à libérer la collectivité débitrice de ses dettes, que faire ?

II. Un arrêt qui aboutit à faire primer le droit à l'application effective des décisions de justice sur le principe de responsabilité des collectivités territoriales

Au moment de répondre à cette question, le Conseil d'État était confronté à une alternative classique de la « théorie des jeux » : il devait trancher entre le respect du « hasard moral » (consistant à laisser le débiteur assumer l'entière responsabilité de ses fautes) et la prévention du « risque systémique » (défini comme le risque que la défaillance d'un responsable entraîne une chaîne de conséquences négatives pour l'économie).

Le Conseil d'État opte, dans cet arrêt, pour la seconde branche de l'alternative : « dans l'hypothèse où, eu égard à la situation de la collectivité, notamment à l'insuffisance de ses actifs, ou en raison d'impératifs d'intérêt général, le préfet a pu légalement refuser de prendre certaines mesures en vue d'assurer la pleine exécution de la décision de justice, le préjudice qui en résulte pour le créancier de la collectivité territoriale est susceptible d'engager la responsabilité de la puissance publique s'il revêt un caractère anormal et spécial ».

Ainsi, telle qu'interprétée par le Conseil d'État, la loi assure aux créanciers, en tout état de cause, le paiement des sommes auxquelles ils ont droit, en confiant à l'État le rôle de garant ultime des dettes des collectivités territoriales.

Certes, la solution pourrait paraître classique, le Conseil d'État admettant, depuis son arrêt « Couitéas » du 30 novembre 1923, que la responsabilité de l'État soit engagée sans faute lorsque, pour des motifs d'intérêt général, il décide de ne pas exécuter, ou de ne pas faire exécuter une décision de justice.

Néanmoins, dans l'arrêt « Société fermière de Campoloro », un élément supplémentaire est introduit dans ce courant jurisprudentiel, en ce que l'État ne décide plus de ne pas faire exécuter la décision de justice : il peut se trouver dans l'impossibilité juridique et matérielle de prendre les mesures permettant d'assurer la pleine exécution de la décision de justice, puisque la collectivité ne dispose plus de la moindre ressource budgétaire mobilisable.

Comme toute décision privilégiant la prévention du risque systémique sur le respect du hasard moral, l'arrêt du Conseil d'État pourrait s'exposer à la critique selon laquelle il déresponsabilise les collectivités territoriales, incitées, comme dans les faits de l'espèce, à résilier unilatéralement des conventions, sans plus se soucier des conséquences financières de leur acte. Ce serait toutefois porter un peu trop loin la critique, dans la mesure où l'État, à la faveur de cette nouvelle jurisprudence du Conseil d'État, n'intervient qu'en toute dernière hypothèse, une fois que les taux des impositions locales auront été portés à leur maximum légal et que les biens qui ne sont pas indispensables au bon fonctionnement du service public auront été vendus, afin de tenter de dégager les ressources budgétaires nécessaires au paiement. Nul doute que les élus locaux en charge de la gestion de la collectivité en cause craignent de telles conséquences.

Il n'en reste pas moins qu'en ces temps où les collectivités territoriales prétendent exercer leurs compétences en toute responsabilité, conformément au principe de libre administration prévu par l'article 72 de la Constitution, cet arrêt rappelle qu'en l'état actuel du droit, l'État demeure le seul garant, pour ne pas dire tuteur, des erreurs graves commises par l'une d'entre elles. Or une telle tutelle n'est pas inévitable : un mécanisme assurantiel collectif, un fonds mutuel de garantie contre les risques d'engagement de la responsabilité pécuniaire des collectivités territoriales, alimenté et géré par elles, pourrait être de nature à approfondir leur émancipation.

Une dernière remarque s'impose toutefois. Il peut paraître étonnant que le Conseil d'État ait considéré que, si le refus de l'État de faire exécuter la décision de justice n'était pas justifié, ce dernier engageait sa responsabilité pour faute lourde commise « dans l'exercice du pouvoir de tutelle ». Vingt-trois ans après la loi du 2 mars 1982 qui a supprimé la tutelle préfectorale sur les actes des collectivités territoriales, ce terme de « tutelle », qui ne se rencontre plus en principe que dans le cadre des rapports entre l'État et ses établissements publics, illustre à la fois la lenteur de l'émancipation politique et juridique des collectivités locales et la permanence d'une conception unitaire et centralisée de la République.

Sujet difficile

Sujet 5 Dissertation

■ SUJET

Le droit public local devient-il plus complexe ?

■ CORRIGÉ

L'évolution du droit public local depuis la Révolution française est marquée par un triple processus d'autonomisation des collectivités territoriales par rapport à l'État, de développement de leurs compétences et de démocratisation de leurs organes. Ce triple processus, synthétisé sous le terme de décentralisation, porte en lui des germes d'une complexification. Comme le notait Maurice Hauriou (note sous l'arrêt du Conseil d'État du 3 mai 1918, Sirey, vol. 3, 57) : « avec la centralisation, le jardin administratif était tracé à la française et rigoureusement aligné au cordeau, les arbres étaient rognés et taillés. Avec la décentralisation, il faut s'attendre à ce que cette belle ordonnance soit détruite par la spontanéité de la vie ». Cette prophétie pourra difficilement être contredite par les évolutions qui ont marqué le XXe siècle. Non seulement le montage concret des projets et l'imputation des responsabilités sont rendus plus difficiles par l'accroissement continuel du nombre de structures publiques locales, actrices autant que productrices du droit public local (I) mais les règles de droit substantiel à respecter deviennent à la fois plus volumineuses, plus techniques et plus hétérogènes (II).

I. Les structures actrices du droit public local se multiplient

L'œuvre considérable de simplification de l'architecture des pouvoirs locaux, opérée lors de la Révolution française (a), est à recommencer, le paysage institutionnel actuel revêtant, du fait des sédimentations successivement apportées en deux siècles, un aspect incompréhensible pour le citoyen, voire le praticien (b).

a. L'œuvre révolutionnaire de simplification…

Sous l'Ancien régime, coexistent de nombreux périmètres d'intervention publique, distincts selon la fonction en cause. La superposition, sur une carte, des ressorts des différentes institutions publiques provoque une impression de kaléidoscope : pays (pouvant être le ressort d'un Parlement provincial dans le cas des pays d'État), intendances, généralités fiscales puis administratives, villes et communautés d'habitants à droit particulier, gouvernements militaires, baillages (division d'abord fiscale, puis judiciaire et électorale, pour la désignation des représentants aux États généraux) et sénéchaussées (synonyme de baillage dans certaines régions), évêchés, diocèses et paroisses.

Comme le décrit Thouret, dans son rapport prononcé à l'Assemblée constituante le 29 septembre 1789 : « Le royaume est partagé en autant de divisions différentes qu'il y a de diverses espèces de régimes et de pouvoirs : en diocèses, sous le rapport ecclésiastique, en gouvernements sous le rapport militaire, en généralités sous le rapport administratif, en bailliages sous le rapport judiciaire. Aucune de ces divisions ne peut être utilement ni convenablement appliquée à l'ordre représentatif. Non seulement il y a des disproportions trop fortes en étendues de territoire, mais ces antiques divisions qu'aucune combinaison politique n'a déterminées et que l'habitude seule peut rendre tolérables sont vicieuses sous plusieurs rapports tant physiques que moraux ». Michelet ajoutera, dans son Histoire de la Révolution française : « c'était sous un roi, une fédération grossière où toutes les formes sociales, fiefs, républiques, quasi-royautés princières, coexistaient, dans une confusion inexprimable, des maux infinis de détails, un désaccord ridicule. »

On comprend, dans ces conditions, l'exaspération des citoyens contre l'émiettement administratif du royaume, préoccupation largement exprimée dans le cadre des cahiers de doléances, ouverts à la population en amont des États généraux de 1789. Portée par ce mandat de rationalisation, l'Assemblée nationale constituante adopta, dès le second semestre 1789, trois textes de simplification radicale.

Le premier est adopté sous forme de décret dans la nuit du 4 au 5 août 1789, connu pour emporter l'abolition des privilèges détenus par les nobles, mais qui comprend également un volet territorial : le compte-rendu des séances de l'Assemblée constituante révèle que « les députés des provinces appelées pays d'État, se livrant à l'impulsion de leur générosité, ou se prévalant de celle de leurs commettants, exprimée par leurs cahiers, ou enfin la présumant, offrent la renonciation aux privilèges de leurs provinces, pour s'associer au régime nouveau ». Parmi les décrets arrêtés ce jour-là, figure ainsi l'« abandon des privilèges particuliers des provinces et des villes » (Archives parlementaires, première série, tome VIII, p. 350) ; nulle portion du territoire ne pourra donc plus se prévaloir d'un droit spécifique, lui permettant d'échapper à l'application des règles communes.

Le second texte, du 14 décembre 1789, est relatif à l'administration communale et le dernier, du 22 décembre 1789, crée les départements. Leur élaboration donna lieu à un débat fourni entre les tenants de deux thèses.

D'une part, Thouret, défendu par Sieyès et Condorcet, propose de découper le territoire national en 80 départements de forme carrée, décomposés chacun en 9 districts, chaque district rassemblant 9 cantons. Ce plan était gouverné par deux idées maîtresses. Il s'agit d'imposer la volonté rationnelle à l'héritage d'Ancien Régime et à la géographie physique, par la mise en place de frontières géométriques. Il s'agit également d'identifier la taille optimale des cellules de base. Pour Thouret, les 6500 cantons qu'il propose représentent le juste équilibre entre les risques que représentent une taille trop importante (« craignons d'établir des corps administratifs assez forts pour entreprendre de résister au chef du pouvoir exécutif et qui puissent se croire assez puissants pour manquer impunément de soumission à la Législative ») et une taille trop réduite (« des administrations mesquines et réduites à l'excès manqueraient d'énergie et de zèle, parce que la faiblesse de leur établissement diminuerait à leurs propres yeux l'opinion de leur importance »).

D'autre part, Mirabeau plaide pour ne retenir que deux niveaux d'administration, les départements, au nombre de 120, et les communes, respectant les limites des paroisses existantes, au nombre de 44 000.

Les deux décrets de décembre 1789 adoptés par l'Assemblée constituante trahissent un compromis entre ces deux visions. Le découpage géométrique de Thouret n'est pas retenu, mais quatre niveaux sont adoptés : 83 départements, divisés entre 6 et 9 districts, eux-mêmes décomposés en cantons, les cellules de base demeurant les communes, sans que les règles applicables diffèrent selon leur taille.

b. ... est à recommencer

L'architecture conçue en 1789 fut complétée par l'apparition, au cours des deux siècles qui suivirent, d'un grand nombre de structures de type nouveau. Ces créations ont été justifiées par deux volontés : d'une part, mettre en place des structures compétentes sur des territoires intermédiaires, ce qui fut l'objet des régions, intervenant entre des départements jugés trop étroits et un territoire national trop étendu, d'autre part permettre la coopération, au sein d'une seule personne morale, des collectivités territoriales existantes, ce qui fut l'objet des syndicats intercommunaux, des établissements publics de coopération intercommunale à fiscalité propre, des groupements d'intérêt public, des pays, ou encore, récemment, des établissements publics de coopération culturelle et des districts européens.

Ainsi, depuis 1789, pas moins de onze types de structures différentes ont été créés, dont neuf toujours en vigueur, afin de permettre la coopération entre collectivités territoriales, voire entre les collectivités territoriales et l'État. Leur énumération chronologique permet de souligner à la fois l'accélération récente du processus et les nouveautés introduites, au fur et à mesure, dans le droit public local.

Dès le XIXe siècle, la belle ordonnance commune-département-État connaît des amendements : la loi du 22 mars 1890 modifie la loi municipale de 1884 pour autoriser la création des syndicats intercommunaux à vocation unique (SIVU). Ces structures qui peuvent être qualifiées, pour la première fois, d'établissements publics de coopération intercommunale (EPCI) disposent de la personnalité morale, sont chargées, chacune, de la gestion d'un service public en lieu et place des communes membres et sont gérées par un comité syndical au sein duquel toutes les communes membres sont représentées par un ou plusieurs conseillers municipaux.

Afin d'éviter la multiplication de SIVU entre les mêmes communes, l'ordonnance du 5 janvier 1959 crée les syndicats intercommunaux à vocation multiple (SIVOM). La différence principale avec les SIVU tient, comme leur nom l'indique, à leur capacité à gérer plusieurs services publics au lieu d'un seul.

Toutefois, parallèlement aux SIVOM, une seconde ordonnance du 5 janvier 1959 crée un nouveau type d'EPCI : les districts urbains (qui seront étendus aux zones rurales par la loi du 31 décembre 1970). Ces districts connaîtront un destin paradoxal : précurseurs de la coopération intercommunale « intégrée » (avec compétences obligatoires et fiscalité propre), ils seront supprimés par la loi du 12 juillet 1999.

Mais avant que cette suppression advienne, et sur le modèle des districts, trois types d'EPCI « à fiscalité propre » seront successivement définis. La loi du 31 décembre 1966 crée les communautés urbaines, la loi du 6 février 1992 relative à l'administration territoriale de la République a inventé les communautés de communes qui constituent à ce jour, par leur nombre, l'essentiel des structures intercommunales à fiscalité propre (plus de 2400 structures), autour de bourgs-centres, par exemple les chefs-lieux de canton. La même loi du 6 février 1992 institua les communautés de villes, censées devenir le pendant des communautés de communes en milieu urbain, mais qui ne dépasseront pas le nombre de 5 au 1er janvier 1999, regroupant seulement 87 communes.

À ce stade, intervient la loi du 12 juillet 1999 relative au renforcement et à la simplification de la coopération intercommunale, dite loi « Chevènement », du nom du ministre de l'Intérieur ayant défendu le projet devant le Parlement. Ce texte tire les conclusions de l'échec des communautés de villes et du succès mitigé des districts (au nombre de 305 au 1er janvier 1999). Adoptant le postulat selon lequel les communes françaises sont en nombre trop important (36780) pour permettre à l'action publique locale d'être efficace, le législateur cherche alors à regrouper ces communes dans des structures disposant d'un territoire plus large, d'une fiscalité propre et de compétences nombreuses, afin de voir émerger des acteurs publics locaux à la fois légitimes et puissants, sources de simplification de la pratique du droit public local. Or, pour y parvenir, l'État ne peut plus utiliser la voie coercitive : la loi du 16 juillet 1971 dite loi Marcellin avait permis aux préfets de procéder à des fusions de communes. Le bilan de cette loi, quoique non négligeable (804 fusions opérées, avant les scissions ultérieures), plaide toutefois pour changer de méthode : les effets seront plus rapides et les structures plus durables si les élus locaux sont sincèrement convaincus de la nécessité de se regrouper. Dans ces conditions, l'incitation consistera, chaque année, en une dotation budgétaire versée par l'État et d'autant plus importante que les EPCI seront fortement intégrés : partout où les élus locaux ne parvenaient pas à s'associer pour créer un EPCI à fiscalité propre, ils seront, désormais, décidés à le faire, afin que leur territoire commun profite de la manne (conditionnée) de l'État. Pour autant, la coercition ne doit pas disparaître : le préfet pourra continuer de procéder à la détermination d'office des périmètres des EPCI, y compris en intégrant des communes contre leur accord, dès lors que la règle de double majorité est respectée. Ainsi, les préfets s'assureront que les périmètres des EPCI, dont le nombre allait s'accroître fortement du fait des incitations budgétaires, restaient cohérents et dessinaient, chacun, un bassin de vie duquel aucune commune détentrice de l'essentiel des ressources, ou, à l'inverse, particulièrement défavorisée, ne fût exclue.

À la faveur de cette réforme, les communautés de communes sont conservées, avec une dotation budgétaire accrue, encore plus importante si elles instituent, sur leur territoire, une taxe professionnelle unique, perçue en lieu et place des communes membres. Les communautés d'agglomération remplacent les communautés de villes et les districts, appelés à disparaître avant le 1er janvier 2002. Les communautés urbaines sont conservées, mais réservées aux rassemblements de plus de 500 000 habitants.

Ainsi, la loi du 12 juillet 1999 relative au renforcement et à la simplification de la coopération intercommunale a atteint plus sûrement son premier objet que le second, d'autant que subsistent les syndicats d'agglomération nouvelle, créés par la loi du 13 juillet 1983, plus intégrés que les districts de l'époque, compétents pour réaliser l'aménagement d'un ensemble de communes sur un périmètre arrêté par décret.

Mais la multiplication des structures n'est pas uniquement le fait de la coopération intercommunale.

Selon l'exposé des motifs du décret du 20 mai 1955, « l'absence de dispositions permettant à des personnes morales de droit public de différentes catégories de s'associer pour une entreprise commune au sein de syndicats mixtes » était « sans doute l'une des plus graves lacunes du droit public français » : fut donc ouverte, par ce décret, la possibilité de créer des syndicats mixtes entre des communes, des départements, (désormais des régions) des groupements de collectivités et tout établissement public (comme, par exemple, les chambres de commerce et d'industrie) pourvu que soit présent en son sein au moins une collectivité ou un groupement de collectivités. L'objet de ces syndicats mixtes était et demeure particulièrement souple : il s'agit pour les membres de gérer un service « présentant une utilité » pour chacun.

Dans le même esprit, la loi a mis en place des structures de coopération particulières à tel ou tel champ d'intervention des collectivités territoriales. Ainsi les collectivités territoriales et leurs groupements peuvent constituer, depuis la loi n° 2002-6 du 4 janvier 2002, cette fois y compris avec l'État et les établissements publics nationaux, un « établissement public de coopération culturelle » (EPCC) chargé de la création et la gestion d'un service public culturel présentant un intérêt pour chacune des personnes morales en cause et contribuant à la réalisation des objectifs nationaux dans le domaine de la culture.

De plus, la loi du 15 juillet 1982 prévoit pour la première fois la constitution de « groupements d'intérêt public ». Initialement limités au domaine de la recherche, les GIP écloront dans de multiples domaines (par exemple le développement social urbain) à chaque fois autorisés et régis par une loi particulière (ou par renvoi à la loi fondatrice de 1982). Ils permettent de rassembler, en une même personne morale, des acteurs publics (nécessairement majoritaires au conseil d'administration) et des acteurs privés, afin de gérer, pour une durée limitée, des activités ou des équipements d'intérêt commun.

Par ailleurs, la loi dite « Pasqua » (ministre de l'Intérieur de l'époque) du 4 février 1995 d'orientation pour l'aménagement et le développement du territoire a prévu la création de « pays » qui constituent chacun le « cadre de l'élaboration d'un projet commun de développement durable destiné à développer les atouts du territoire considéré et à renforcer les solidarités réciproques entre la ville et l'espace rural », ce projet prenant la forme « d'une charte de développement du pays ». Les communes et EPCI membres s'adjoignent un « conseil de développement », comprenant notamment des représentants des milieux économiques, sociaux, culturels et associatifs du pays.

Dans un dernier mouvement, les structures de coopération ont fini par déborder les frontières nationales : la loi du 4 février 1995 d'orientation pour l'aménagement et le développement du territoire a reconnu le principe de « coopération transfrontalière », autorisant les collectivités territoriales et leurs groupements, dans les limites de leurs compétences et dans le respect des engagements internationaux de la France, à adhérer à un organisme public de droit étranger. La loi du 13 août 2004 relative aux libertés et aux responsabilités locales a assoupli ce régime (l'autorisation est donnée par le préfet de région et non plus par décret) et créé, sur cette base, le « district européen », groupement transfrontalier de collectivités ou de groupements doté de la personnalité morale et de l'autonomie financière, compétent pour créer et gérer des services publics et les équipements afférents. Enfin, le « groupement européen de coopération territoriale » (GECT) a été institué, au niveau de l'Union européenne, par le règlement communautaire n° 1082/2006 du 5 juillet 2006, appelant une modification du droit national, opéré par la loi n° 2008-352 du 16 avril 2008. Ce GECT a un objet encore plus large que le district européen puisqu'il s'agit ici de coopération « transnationale » et non plus seulement « transfrontalière », les collectivités membres ne partageant pas nécessairement une frontière commune. L'« Eurométropole Lille-Kortrijk-Tournai », premier GECT, dont le siège est à Lille, a été mis en place le 28 janvier 2008.

Aux termes de ces créations multiples, concurrençant le triptyque classique « commune-département-nation », sur lequel avaient reposé l'organisation administrative et la vie politique françaises depuis la Révolution, un second triptyque « intercommunalité-région-Europe » semble émerger pour des raisons fonctionnelles, sans toutefois correspondre, sauf exceptions, à aucun territoire civique, générant un attachement politique de la part de la population.

Au regard de cette forte tendance à la complexification du paysage institutionnel, les efforts de simplification ont paru, jusqu'à ce jour, bien minces : le décret-loi Poincaré du 10 septembre 1926 a supprimé 106 arrondissements, la loi Marcellin du 16 juillet 1971 a permis les fusions de communes, mais il ne s'agissait, dans un cas comme dans l'autre, que de limiter le nombre de structures, non de supprimer les échelons. Seule la loi du 12 juillet 1999 supprima à la fois les communautés de villes et les districts, mais pour créer, dans le même temps, les communautés d'agglomération.

Or, les structures de coopération ne se contentent pas de se multiplier, en type et en nombre, elles s'imbriquent entre elles : ainsi une ville déléguera une compétence à un SIVOM qui s'associera à un département et une communauté d'agglomération pour créer un syndicat mixte qui, à son tour, adhérera à un groupement européen de coopération territoriale…

L'image du « mille-feuille » français reflète bien l'accumulation des échelons : arrondissement infracommunal à Paris, Lyon et Marseille, commune, coopération intercommunale, « arrondissement » du sous-préfet, pays, département, entente interdépartementale, région et État. Mais l'imbrication des structures entre elles aboutit à préférer un symbole encore plus complexe : un véritable kaléidoscope, dans lequel la responsabilité politique, comme la lumière, se réfléchit sur un grand nombre de miroirs.

II. Les règles de droit deviennent plus nombreuses et plus techniques

Les élus locaux, en se plaignant de règles toujours plus nombreuses, plus techniques et plus diverses, se fondent sur une réalité incontestable. Certes, doivent être salués l'effort de codification réalisé pour accoucher du « Code des communes », puis l'effort renouvelé, en 1996 et 2000, pour arrêter, à droit constant, le « Code général des collectivités territoriales » (par la loi n° 96-142 du 21 février 1996 pour la partie législative du Code et le décret n° 2000-318 du 7 avril 2000 pour la partie réglementaire). Se trouvèrent réunies, par ces opérations, des législations et des réglementations éparses, accumulées depuis la Révolution. Toutefois, la codification est, par nature, incapable de résoudre, seule, deux autres difficultés.

a. L'augmentation quantitative des règles

Sans doute l'accumulation de règles toujours plus précises est-elle paradoxalement consubstantielle au substrat libéral des démocraties occidentales (Jean-Claude Michéa, *L'Empire du moindre mal*). Il suffira ici d'établir la réalité du phénomène, à la faveur d'un critère, simple mais sûr : si on compare le Code général des collectivités territoriales de 2002 et celui de 2008, quel que soit l'éditeur retenu, on notera, en seulement six années, une augmentation d'environ 40 % du nombre de pages (de 2150 à 3000 pages).

Cet élément « de poids » ne doit pas masquer un phénomène supplémentaire : les collectivités locales sont désormais aux prises avec des matières nouvelles, dont elles doivent pourtant maîtriser les contraintes, à l'image du droit pénal, quasiment inconnu des édiles de l'après-guerre et cause d'angoisse permanente pour les élus locaux contemporains, ou du « droit public de l'économie », que les collectivités locales doivent respecter comme productrices de normes, mais également comme productrices de richesse, lorsque les collectivités locales, fait récent, se muent en entités économiques.

À ce titre, il doit être noté que le Code général des collectivités territoriales ne rassemble qu'une part minime des règles qu'une collectivité doit respecter ou mobiliser dans son action quotidienne. Demeurent hors de son giron l'intégralité du droit de la fonction publique territoriale, dont les fondements légaux ne sont pas même codifiés. Et, pour s'en tenir aux seuls Codes, ils sont nombreux ceux qu'un juriste territorial peut avoir à manier : notamment les Code des marchés publics, Code civil, Code pénal, Code de commerce, Code général de la propriété des personnes publiques, Code de l'Éducation, Code de l'environnement, Code électoral, Code général des impôts, Code de la propriété intellectuelle, Code de l'urbanisme, Code de la construction et de l'habitation, sans même évoquer tous les codes applicables aux différentes procédures juridictionnelles… ni le Code des communes dont une partie est toujours en application malgré l'entrée en vigueur du Code général des collectivités territoriales.

b. L'hétérogénéisation du droit

Les cahiers de doléances rédigés dans la perspective des États généraux de 1789 accusent tout autant l'émiettement administratif du royaume que l'hétérogénéité du droit applicable sur son sol. Non seulement les Parlements locaux cultivent les particularismes locaux, protégeant, dans leurs sentences juridictionnelles, les coutumes de la province, mais de nombreuses chartes, concédées par le seigneur féodal aux communautés d'habitants et aux villes, sont toujours en vigueur en 1789. Ces chartes prévoient des dispositions relatives au droit fiscal, domanial mais également pénal, spécifiques au bourg concerné.

Plus profondément encore, la doctrine élaborée par l'État lui-même nuance l'unité d'un droit royal unitaire : selon Alexis de Tocqueville, « on voit par les lettres des contrôleurs généraux et des intendants que le gouvernement permet sans cesse de faire par exception autrement qu'il n'ordonne. Il brise rarement la loi, mais chaque jour il la fait plier doucement dans tous les sens, suivant les cas particuliers et pour la plus grande facilité des affaires » (*L'Ancien Régime et la Révolution*).

La nuit du 4 août 1789 abolissant les privilèges, la Déclaration des droits de l'homme et du citoyen du 26 août 1789 puis la proclamation de la République une et indivisible en 1792 impliquèrent l'élimination de ces droits variables selon le territoire et fondirent le principe absolu d'égalité des citoyens devant la loi.

Pourtant, deux siècles plus tard, l'idée même *d'un* droit des collectivités pourrait être contestée. L'aspiration à l'autonomie se développe, certes de manière variable sur le territoire. Selon les régions, préside l'attachement à l'unité nationale, ou, au contraire, l'engouement pour l'expérimentation locale. Selon la taille des collectivités, surtout, des divergences se font jour : le rapport au droit ne peut plus être identique entre, d'une part, des communes rurales dépeuplées par l'exode, privées de nombreuses compétences par le regroupement intercommunal et dépendantes du maintien des services publics d'État sur leur territoire et, d'autre part, des communautés urbaines fortement intégrées, au potentiel fiscal important, qui gèrent des infrastructures stratégiques et négocient directement avec des groupes économiques transnationaux.

Le droit national a longtemps résisté à ces forces différentialistes. Même la loi du 2 mars 1982, étape décisive de la décentralisation, s'est employée à appliquer à toutes les collectivités d'une même catégorie des règles identiques. Entre les niveaux de collectivités, l'égalité était également affirmée, la loi de 1982 abolissant les mécanismes de tutelle d'un niveau de collectivités sur l'autre.

Mais les premières réformes de ce début de XXIe siècle attestent qu'un retour à l'hétérogénéité du droit public local est désormais encouragé.

Cette hétérogénéité est d'abord assumée en ce qui concerne la gestion publique des portions non-continentales du territoire national. La Corse dispose d'une organisation et d'un panier de compétences particuliers depuis la loi du 13 mai 1991. La Guadeloupe, la Guyane, la Martinique, La Réunion, demeurent des « départements d'outre-mer » comme l'a voulu la loi de 1946, territoires sur lesquels l'application du droit commun national est la règle et formant également, chacun, une région d'outre-mer. Toutefois, à la faveur de la loi constitutionnelle du 28 mars 2003, si les lois et règlements y sont applicables de plein droit, ces derniers « peuvent faire l'objet d'adaptations tenant aux caractéristiques et contraintes particulières de ces collectivités ». Dans ces DOM, sauf pour l'instant à la Réunion, les collectivités peuvent être, de surcroît, habilitées, à fixer elles-mêmes les règles applicables sur leur territoire, dans un nombre limité de matières.

La Constitution énumère, depuis la révision du 28 mars 2003, les collectivités, régies par l'article 74 de la Constitution, qui sont dites « collectivités d'outre mer » en remplacement de la notion de « territoires d'outre-mer » : elles disposent chacune d'un statut différent, qui « tient compte des intérêts propres de chacune d'elles au sein de la République ».

Chaque statut est défini par une loi organique, adoptée après avis de l'assemblée délibérante, qui fixe les conditions dans lesquelles les lois et règlements y sont applicables, les compétences de cette collectivité ou encore les règles d'organisation et de fonctionnement des institutions locales. Dans ce cadre, les collectivités peuvent même participer, sous le contrôle de l'État, à l'exercice des compétences qu'il conserve. Enfin, le Gouvernement peut, par ordonnances, dans les matières qui demeurent de la compétence de l'État, adapter les dispositions de nature législative en vigueur à l'organisation particulière de la collectivité concernée, sous réserve que la loi ne l'ait pas expressément exclu. Les territoires concernés sont Mayotte, « collectivité départementale » qui pourrait prendre la voie d'un rattachement au régime des DOM, Saint-Barthélemy et Saint-Martin, dont le nouveau statut est prévu par la loi organique du 21 février 2007, Saint-Pierre-et-Miquelon, les îles Wallis et Futuna et la Polynésie française, cette dernière se voyant attribuer le titre de « pays d'outre-mer au sein de la République ». La Nouvelle-Calédonie est même régie par un titre particulier de la Constitution, pendant que la loi simple détermine le régime et l'organisation particulière des Terres australes et antarctiques françaises et de Clipperton.

Mais l'hétérogénéité du droit n'épargne pas le territoire métropolitain.

D'une part, la loi constitutionnelle du 28 mars 2003, si elle a réaffirmé qu'« aucune collectivité territoriale ne peut exercer une tutelle sur une autre », a introduit dans l'article 72 de la Constitution la notion de chef de file : « Cependant, lorsque l'exercice d'une compétence nécessite le concours de plusieurs collectivités territoriales, la loi peut autoriser l'une d'entre elles ou un de leurs groupements à organiser les modalités de leur action commune ». Simplification ? Rien n'est moins sûr, car la mise en œuvre de projets sous la houlette d'un chef de file entraîne la consécration de la supériorité juridique d'un niveau de collectivités (par exemple la région) sur les autres (départements et communes), sans que les prérogatives précisément attachées à cette fonction soient annoncées, et sans pour autant écarter les collectivités devenues « subalternes » dudit projet… Doit-on considérer que l'égalité des parties, fondement simple du droit des contrats entre collectivités territoriales, n'est alors plus de mise ?

Assumée, l'hétérogénéité du droit est par ailleurs promue. La loi constitutionnelle du 28 mars 2003 relative à l'organisation décentralisée de la République a, sur ce point, apporté deux modifications. D'une part, un article 37-1 est inséré dans la Constitution, qui prévoit que « la loi et le règlement peuvent comporter, pour un objet et une durée limités, des dispositions à caractère *expérimental* », reconnaissant ici une pratique d'ores et déjà établie. En effet, le Conseil constitutionnel avait admis (décision 93-322 DC du 28 juillet 1993) que le législateur prévoie « la possibilité d'expériences comportant des dérogations [...] de nature à lui permettre d'adopter par la suite, au vu des résultats de celles-ci, des règles nouvelles », à condition qu'il définisse précisément la nature et la portée de ces expérimentations et procède, in fine, à leur évaluation. Sur ce fondement, la gestion des transports ferroviaires de voyageurs, par neuf régions, a été expérimentée, de 1997 à 2000, avant le transfert définitif de cette compétence.

D'autre part, le quatrième alinéa de l'article 72 de la Constitution dispose désormais que, « dans les conditions prévues par la loi organique, et sauf lorsque sont en cause les conditions essentielles d'exercice d'une liberté publique ou d'un droit constitutionnellement garanti, les collectivités territoriales ou leurs groupements peuvent, lorsque, selon le cas, la loi ou le règlement l'a prévu, déroger, à titre expérimental et pour un objet et une durée limités, aux dispositions législatives ou réglementaires qui régissent l'exercice de leurs compétences ». Dans ce cas, les collectivités n'expérimentent pas la gestion de telle ou telle compétence, mais élaborent la norme, dans le champ de compétences expérimentalement transféré.

Cette autorisation constitutionnelle a été précisée par la loi organique n° 2003-704 du 1er août 2003 relative à l'expérimentation : la durée de l'expérimentation ne peut pas être supérieure à cinq ans, renouvelable une fois pour trois ans. À l'occasion de son contrôle de constitutionnalité, le Conseil constitutionnel a souligné qu'il ne pouvait s'agir que « d'expérimenter localement des normes nouvelles dans la perspective de leur éventuelle intégration dans la législation nationale ». La différence de droit applicable entre la collectivité qui expérimente et celle qui demeure dans le droit commun doit donc rester temporaire, comme le prévoit le texte constitutionnel, et tendre au rejet, ou à l'adoption, pour toutes, de la mesure envisagée. Sur ce fondement, par la loi n° 2007-1223 du 21 août 2007 en faveur du travail, de l'emploi et du pouvoir d'achat, la création du Revenu de solidarité active (RSA) fut déléguée à titre expérimental à plus de vingt départements, avant la généralisation de ce dispositif à l'échelon national.

Cet usage de l'expérimentation ne fait plus guère l'objet de contestations dans son principe, malgré la violation (temporaire mais évidente) du principe d'égalité de traitement des citoyens, à l'échelle du territoire national, et la confusion des responsabilités qui en résulte.

Lorsqu'en 2007, le nouveau Président de la République demande à sa ministre de l'Intérieur, dans sa lettre de mission, de « rechercher, dans la concertation avec les collectivités, les moyens de clarifier les compétences des différents niveaux de collectivités locales en les regroupant par blocs et en supprimant les redondances » et d'engager « une réflexion sur les moyens de simplifier notre organisation administrative au niveau local, avec le souci notamment de réduire le nombre de niveaux d'administration », le phénomène de complexification du droit public local ne peut plus être nié.

Les implications de ce phénomène sont également reconnues, y compris les plus problématiques telles que l'incapacité, pour le citoyen, d'exercer son droit de censure ou de reconduction à l'endroit des responsables publics locaux, puisqu'il se trouve dans l'incapacité de comprendre le rôle théorique et la contribution effective de chaque acteur.

Certes, les rapports fleurissent depuis plusieurs mois afin de tenter de dégager les pistes d'une simplification. Dans le cadre de la Révision générale des politiques publiques, le groupe de travail présidé par le sénateur Alain Lambert a remis au Premier ministre, en décembre 2007, un rapport intitulé *Les relations entre l'État et les collectivités locales*. Ce rapport ne constitue pas le préalable d'un « acte III » de la décentralisation, mais une réflexion sur la clarification des compétences, l'allègement des contraintes normatives et la clarification des relations financières. La clause générale de compétence accordée aux collectivités locales y est désignée comme la principale source de la confusion des politiques publiques locales. De même, le rapport remis le 5 mars 2009 par le Comité de réflexion présidé par Édouard Balladur propose essentiellement de supprimer la clause générale de compétences des départements et des régions, sans remettre en cause de manière radicale l'architecture institutionnelle de laquelle naît la complexité du droit. À peine les « pays » de 1995 sont-ils identifiés comme superfétatoires.

Tout se passe comme si l'ambition des réformes à venir était plus mesurée que par le passé, et *a fortiori* qu'en 1789 : il s'agirait désormais d'encadrer, a minima, ce que le doyen Hauriou appelait « la spontanéité de la vie », en ayant fait le deuil d'un jardin à la française.

QCM DE RÉVISION

Plusieurs propositions peuvent être correctes.

1. Une commune peut s'associer avec l'État au sein :

- ❒ **a.** d'un syndicat mixte fermé
- ❒ **b.** d'un établissement public de coopération culturelle
- ❒ **c.** d'une agence départementale
- ❒ **d.** d'une communauté d'agglomération

2. Le juge en premier ressort de la régularité des élections régionales est :

- ❒ **a.** le Tribunal administratif
- ❒ **b.** la Cour administrative d'appel
- ❒ **c.** le Conseil d'État
- ❒ **d.** le Conseil constitutionnel

3. La Nouvelle-Calédonie se prononcera sur sa souveraineté au plus tard en :

- ❒ **a.** 2010
- ❒ **b.** 2014
- ❒ **c.** 2018
- ❒ **D.** 2022

4. Le seul régime politique depuis 1789 ayant créé des « municipalités de canton » est :

- ❒ **a.** l'empire napoléonien
- ❒ **b.** le Directoire
- ❒ **c.** le Second empire
- ❒ **d.** le régime de Vichy

5. L'élection du maire par les conseillers municipaux a été proclamée pour la première fois par :

- ❒ **a.** le décret du 3 juillet 1848, mais en la limitant aux communes de moins de 6 000 habitants
- ❒ **b.** le décret du 12 fructidor an VI, en la limitant aux communes de métropole
- ❒ **c.** la loi du 2 décembre 1851, dans les villes choisies par décret en Conseil des ministres
- ❒ **d.** la loi du 5 avril 1884, pour toutes les communes à l'exception de Paris

6. La première forme d'établissement public de coopération intercommunale régie par un texte législatif fut :

- ❒ **a.** la communauté de communes
- ❒ **b.** le syndicat d'agglomération nouvelle
- ❒ **c.** la communauté urbaine
- ❒ **d.** le syndicat intercommunal à vocation unique

7. Le principe selon lequel « les collectivités territoriales ont vocation à prendre les décisions pour l'ensemble des compétences qui peuvent le mieux être mises en œuvre à leur échelon » est communément appelé principe de :

- ❒ **a.** spécialité
- ❒ **b.** subordonnalité
- ❒ **c.** subsidiarité
- ❒ **d.** exclusivité

8. La première institution publique créée au niveau régional fut :

- ❒ **a.** les programmes d'action régionale
- ❒ **b.** les groupements économiques régionaux
- ❒ **c.** les circonscriptions d'action régionale
- ❒ **d.** les établissements publics régionaux

9. Une seule phrase n'est pas tirée du Code général des collectivités territoriales. Laquelle ?

- ❒ **a.** Aucune collectivité territoriale ne peut exercer une tutelle sur une autre.
- ❒ **b.** Il y a, dans chaque commune, un maire et un ou plusieurs adjoints élus parmi les membres du conseil municipal.
- ❒ **c.** Les communes, les départements et les régions s'administrent librement par des conseils élus.
- ❒ **d.** L'accès libre et gratuit au milieu naturel est maintenu sur tout site nordique comportant des itinéraires de ski de fond ou de loisirs de neige non motorisés soumis à redevance d'accès.

10. Le nom des communes :

- ❒ **a.** est librement déterminé par chacune d'entre elles
- ❒ **b.** est annexé à la Constitution
- ❒ **c.** figure au Code officiel géographique
- ❒ **d.** doit faire l'objet d'un référendum local de confirmation tous les dix ans

11. Le nom d'une collectivité territoriale peut-il être déposé comme nom de domaine sur Internet ?

- ❒ **a.** Non
- ❒ **b.** Oui, avec l'accord de l'AFNIC
- ❒ **c.** Oui, avec l'accord du préfet
- ❒ **d.** Oui, avec l'accord de l'assemblée délibérante de la collectivité concernée

12. À l'issue d'une fusion de communes, le statut de commune « associée » n'entraîne pas de plein droit la création :

- ❒ **a.** d'un maire délégué
- ❒ **b.** d'une section du centre d'action sociale dotée de la personnalité juridique
- ❒ **c.** d'une équipe de policiers municipaux
- ❒ **d.** d'une annexe de la mairie dans laquelle sont établis les actes de l'état civil

13. Le plus petit nombre de conseillers municipaux formant un conseil municipal est :

- ❒ **a.** 5
- ❒ **b.** 7
- ❒ **c.** 9
- ❒ **d.** 15

14. Quelle est la seule collectivité territoriale n'accueillant sur son territoire aucune commune ?

- ❒ **a.** Saint-Pierre-et-Miquelon
- ❒ **b.** La Nouvelle Calédonie
- ❒ **c.** Paris
- ❒ **d.** Wallis-et-Futuna

15. Le mode de scrutin pour l'élection des conseillers municipaux diffère selon :

- ❒ **a.** le nombre d'habitants de la commune
- ❒ **b.** le nombre d'électeurs de la commune
- ❒ **c.** le département dans lequel se trouve la commune
- ❒ **d.** le mois au cours duquel est organisée l'élection

16. La parité entre les deux sexes, sur les listes de candidats, n'est pas requise pour :

- ❒ **a.** l'élection municipale dans les communes de 3 500 habitants et plus
- ❒ **b.** l'élection des conseillers régionaux
- ❒ **c.** l'élection des délégués communaux au conseil communautaire des communautés de communes
- ❒ **d.** l'élection des adjoints au maire

17. Dans le cadre des élections cantonales, en cas d'égalité de voix entre deux candidats, est élu :

- ❒ **a.** le candidat le plus jeune
- ❒ **b.** le candidat le plus âgé
- ❒ **c.** le candidat sortant
- ❒ **d.** le candidat résidant dans le canton depuis le plus longtemps

18. Dans le cadre des élections régionales, la « prime majoritaire » accordée à la liste arrivée en tête correspond à :

- ❒ **a.** 10 % des sièges
- ❒ **b.** le quart des sièges
- ❒ **c.** le tiers des sièges
- ❒ **d.** la moitié des sièges

19. Un conseil général doit se réunir au moins une fois par :

- ❒ **a.** semaine
- ❒ **b.** mois
- ❒ **c.** trimestre
- ❒ **d.** an

20. Pour une séance du conseil municipal prévue le mardi 26 mars à 20 h dans une commune de 3 250 habitants, la convocation doit être expédiée par la Poste au plus tard le :

- ❒ **a.** vendredi 22 à 19h59
- ❒ **b.** vendredi 22 à 23h59
- ❒ **c.** samedi 23 à 19h59
- ❒ **d.** samedi 23 à 23h59

21. Une séance du conseil municipal peut-elle être fixée à 12 h ?

- ❒ **a.** Oui
- ❒ **b.** Non

- ❒ **c.** Oui, mais à condition que la convocation soit reçue 7 jours avant la réunion
- ❒ **d.** Non, sauf en cas d'urgence

22. L'un des critères permettant de distinguer un marché public d'une délégation de service public est :

- ❒ **a.** la qualité du cocontractant de l'administration
- ❒ **b.** la durée du contrat
- ❒ **c.** la qualité du signataire au nom de la collectivité locale
- ❒ **d.** les modalités de rémunération du cocontractant

23. Un conseil municipal peut-il émettre des vœux ?

- ❒ **a.** Non, car les vœux sont dépourvus d'effet juridique
- ❒ **b.** Non, car il s'agit d'un pouvoir propre du maire
- ❒ **c.** Oui, mais seulement sur les objets d'intérêt local
- ❒ **d.** Oui, mais seulement en fin de séance d'un conseil municipal

24. Le budget d'un département peut être adopté par :

- ❒ **a.** le conseil général ou la commission permanente
- ❒ **b.** le conseil général seul
- ❒ **c.** la commission permanente seule
- ❒ **d.** le Bureau, après avis de la Chambre régionale des comptes

25. En vertu de l'article L.4221-1 du Code général des collectivités territoriales, le conseil régional « règle par ses délibérations les affaires…

- ❒ **a.** … qui lui sont soumises ».
- ❒ **b.** … de la région ».
- ❒ **c.** … de la province ».
- ❒ **d.** … qui revêtent un intérêt public local ».

26. L'âge minimum requis pour être élu maire est de :

- ❒ **a.** 18 ans
- ❒ **b.** 21 ans
- ❒ **c.** 25 ans
- ❒ **d.** 30 ans

27. La démission d'un maire :

- ❒ **a.** doit être justifiée par un motif personnel, étranger à l'administration communale
- ❒ **b.** ne peut pas intervenir lors de la première année du mandat
- ❒ **c.** doit être acceptée par le préfet, sauf nouvel envoi un mois après la première démission
- ❒ **d.** entraîne automatiquement celle des adjoints

28. Le conseil régional se réunit :

- ❒ **a.** dans un lieu de la région choisi par la commission permanente
- ❒ **b.** obligatoirement à moins d'un kilomètre de distance de la préfecture de région
- ❒ **c.** où il le souhaite, y compris à l'extérieur de la région
- ❒ **d.** dans un endroit unique, déterminé par arrêté préfectoral

29. Un maire est, de droit, :

- ❒ **a.** officier d'état civil
- ❒ **b.** officier de police judiciaire
- ❒ **c.** président des séances du conseil municipal
- ❒ **d.** chef de l'administration communale

30. Un arrêté de délégation de fonctions à un adjoint au maire doit :

- ❒ **a.** être publié
- ❒ **b.** mentionner le nom de l'adjoint concerné
- ❒ **c.** porter sur une autre matière que la police municipale
- ❒ **d.** être signé par le maire

31. Selon les termes du Code général des collectivités territoriales, « l'organe exécutif » d'un département est :

- ❒ **a.** le préfet
- ❒ **b.** la commission permanente du conseil général
- ❒ **c.** le bureau du conseil général
- ❒ **d.** le président du conseil général

32. Le conseil général peut déléguer certaines de ses attributions :

- ❒ **a.** au président du conseil général
- ❒ **b.** à la commission permanente
- ❒ **c.** aux vice-présidents
- ❒ **d.** à un conseiller général

33. Qui doit déposer une déclaration écrite présentant les grandes orientations politiques, économiques et sociales de son action pour la durée de son mandat ?

- ❒ **a.** le candidat à la fonction de maire
- ❒ **b.** le président du conseil général, dans les deux jours qui suivent son élection
- ❒ **c.** le candidat à la fonction de président du conseil régional
- ❒ **d.** le candidat tête de liste pour l'élection des délégués de la commune au sein d'un établissement public de coopération intercommunale

34. Quel texte énonce que « la République française, une et indivisible, reconnaît l'existence de collectivités territoriales » ?

- ❒ **a.** la Déclaration des droits de l'homme et du citoyen de 1789
- ❒ **b.** la Constitution du 27 octobre 1946
- ❒ **c.** la Constitution du 4 octobre 1958
- ❒ **d.** le Code général des collectivités territoriales

35. Quels arrêts du Conseil d'État apportent un éclairage sur l'étendue de la « clause générale de compétence » des collectivités territoriales ?

- ❒ **a.** CE, 29 juin 2001, Commune de Mons-en-Baroeul
- ❒ **b.** CE, 9 mars 1998, Ville de Marignane
- ❒ **c.** CE, 3 décembre 1993, Département du Val-de-Marne
- ❒ **d.** CE, 7 juillet 2004, Commune de Celoux

36. Laquelle de ces affirmations est erronée ?

- ❒ **a.** Une commune peut subventionner une association dont le siège est situé hors de son ressort.
- ❒ **b.** Tout élu est recevable à attaquer une délibération prise par le conseil dont il est membre.
- ❒ **c.** Le délit de concussion consiste, pour un agent, à soustraire un bien qui lui a été remis en raison de ses fonctions.
- ❒ **d.** Tout conseiller général a droit à une indemnité de fonctions.

37. Laquelle de ces compétences n'est pas réservée par la loi, aux communes ?

- ❒ **a.** la charge des écoles publiques
- ❒ **b.** l'élaboration du plan local d'urbanisme
- ❒ **c.** l'élimination des déchets ménagers
- ❒ **d.** la mise aux normes des installations sportives

38. Le transport scolaire hors des périmètres de transport urbain est confié :

- ❒ **a.** aux communautés de communes
- ❒ **b.** aux départements
- ❒ **c.** aux régions
- ❒ **d.** à l'État

39. Les « CPER » conclus pour la période 2007-2013 sont :

- ❒ **a.** des « contrats de plan État-région »
- ❒ **b.** des « contrats de projet État-région »
- ❒ **c.** des « contrats de proximité État-région »
- ❒ **d.** des « contrats de participation État-région »

40. Qui peut, depuis 2004, demander à l'État de récupérer, à titre gratuit, la propriété des immeubles classés monuments historiques ?

- ❒ **a.** La commune
- ❒ **b.** La communauté d'agglomération
- ❒ **c.** Le département
- ❒ **d.** La région

41. Le Conseil de Paris a été qualifié par le Conseil d'État de :

- ❒ **a.** « conseil local »
- ❒ **b.** « assemblée à statut particulier »
- ❒ **c.** « conseil général par destination »
- ❒ **d.** « conseil municipal à compétences départementales »

42. À Lyon, les maires d'arrondissement ont nécessairement la qualité de :

- ❒ **a.** adjoint au maire de Lyon
- ❒ **b.** conseiller municipal de Lyon
- ❒ **c.** membre du conseil d'arrondissement
- ❒ **d.** électeur de l'arrondissement

43. Au sein de la Collectivité territoriale de Corse, on trouve :

- ❒ **a.** un président du conseil exécutif
- ❒ **b.** un président de la commission territoriale

- ❒ **c.** un président de la commission d'appel d'offres
- ❒ **d.** un président de l'Assemblée de Corse

44. En Guyane :

- ❒ **a.** les lois et règlements sont applicables de plein droit
- ❒ **b.** le conseil régional et le conseil général ont été regroupés en un seul « conseil territorial »
- ❒ **c.** aucune transaction n'est soumise à la taxe sur la valeur ajoutée
- ❒ **d.** l'État est en charge de l'entretien des collèges

45. Le « cadi » désigne :

- ❒ **a.** le sous-préfet des Terres australes
- ❒ **b.** un bail d'habitation dérogatoire en Polynésie
- ❒ **c.** le conseil des Anciens à Wallis-et-Futuna
- ❒ **d.** un juge musulman officiant à Mayotte

46. Saint-Pierre-et-Miquelon est, ou a été par le passé :

- ❒ **a.** un département d'outre-mer
- ❒ **b.** un territoire d'outre-mer
- ❒ **c.** une région d'outre-mer
- ❒ **d.** une collectivité d'outre-mer

47. Un Département d'outre-mer peut être transformé en Collectivité d'outre-mer :

- ❒ **a.** par une révision constitutionnelle
- ❒ **b.** par une loi organique, après référendum local
- ❒ **c.** par un référendum local d'initiative populaire
- ❒ **d.** par décret en Conseil des ministres

48. Un syndicat intercommunal à vocation multiple :

- ❒ **a.** n'existe pas
- ❒ **b.** est un établissement public de coopération intercommunale à fiscalité propre
- ❒ **c.** peut adhérer à un syndicat mixte fermé
- ❒ **d.** est composé de plusieurs syndicats intercommunaux à vocation unique

49. Une communauté de communes :

- ❒ **a.** est un établissement public de coopération intercommunale à fiscalité propre
- ❒ **b.** peut accueillir une commune de 102 500 habitants
- ❒ **c.** doit avoir au moins trois communes membres
- ❒ **d.** peut adhérer à un syndicat mixte ouvert

50. L'entretien de la voirie figure au nombre des compétences obligatoires :

- ❒ **a.** des communautés de communes
- ❒ **b.** des communautés d'agglomération
- ❒ **c.** des communautés urbaines
- ❒ **d.** d'aucune de ces trois catégories d'EPCI

51. Le retrait d'une commune d'une communauté d'agglomération doit recueillir l'accord :

- ❒ **a.** du préfet
- ❒ **b.** des deux tiers des communes représentant la moitié de la population, ou l'inverse

- ❒ **c.** du conseil communautaire de la communauté d'agglomération concernée
- ❒ **d.** de la commission départementale de coopération intercommunale

52. Une entente interrégionale :

- ❒ **a.** est une association de droit commun, dédiée à la coopération entre deux régions
- ❒ **b.** dispose de la personnalité morale
- ❒ **c.** regroupe une ou plusieurs régions françaises et une ou plusieurs régions étrangères
- ❒ **d.** est créée par décret en Conseil d'État

53. Un groupement d'intérêt public doit nécessairement compter parmi ses membres :

- ❒ **a.** une collectivité territoriale
- ❒ **b.** une personne physique
- ❒ **c.** l'État
- ❒ **d.** une personne morale de droit public

54. Une région peut être membre :

- ❒ **a.** d'une association régie par la loi de 1901
- ❒ **b.** d'un syndicat mixte fermé
- ❒ **c.** d'une agence départementale
- ❒ **d.** d'un syndicat de salariés

55. Le président de l'Assemblée nationale, élu président d'un conseil régional, peut, sans incompatibilité, encore accéder au mandat ou à la fonction de :

- ❒ **a.** maire d'une commune de 400 habitants.
- ❒ **b.** président de conseil général
- ❒ **c.** conseiller municipal d'une commune de 5 000 habitants
- ❒ **d.** conseiller municipal d'une commune de 3 000 habitants et président de la communauté urbaine dont sa commune est membre.

56. Un adjudant-chef de l'armée de l'air peut-il être élu conseiller municipal ?

- ❒ **a.** Non, car il n'est jamais électeur.
- ❒ **b.** Non, car il n'est jamais éligible.
- ❒ **c.** Oui, mais il doit opter, dans les dix jours de son élection, entre la conservation de sa fonction de militaire et la conservation de son mandat.
- ❒ **d.** Oui, si la commune où il se présente est hors de la zone de défense où il est affecté.

57. D'après les termes du Code général des collectivités territoriales, les fonctions de maire sont :

- ❒ **a.** « gratuites »
- ❒ **b.** « honorables »
- ❒ **c.** « éminentes »
- ❒ **d.** « précaires »

58. L'adjoint au maire victime d'injures de la part d'un agent de la commune a le droit d'obtenir :

- ❒ **a.** la prise en charge de ses frais d'avocat par la commune
- ❒ **b.** la révocation immédiate de l'agent coupable
- ❒ **c.** une tribune de libre expression dans le bulletin municipal afin d'exposer sa version des faits
- ❒ **d.** aucune de ces trois réponses

59. À certaines conditions, un logement de fonction peut être attribué :

- ❐ **a.** au président du conseil général
- ❐ **b.** au président du conseil régional
- ❐ **c.** au maire
- ❐ **d.** au directeur général des services d'une commune

60. Tout conseiller municipal a le droit de bénéficier :

- ❐ **a.** d'une formation adaptée à ses fonctions
- ❐ **b.** de congés payés
- ❐ **c.** d'un local de réunion pour préparer les séances
- ❐ **d.** d'autorisations d'absence pour assister aux réunions du conseil municipal

61. Le maire peut retirer la parole à un conseiller municipal qui :

- ❐ **a.** profère des injures
- ❐ **b.** excède le temps de parole qui lui est imparti par le règlement intérieur du conseil.
- ❐ **c.** appelle à la haine raciale
- ❐ **d.** ne s'adresse pas directement à lui

62. La dimension des articles que l'opposition peut insérer dans le bulletin d'information générale de la collectivité est fixée :

- ❐ **a.** par le maire ou le président, directeur de la publication
- ❐ **b.** par le règlement intérieur de la collectivité
- ❐ **c.** par l'article R.1431-1 du Code général des collectivités territoriales
- ❐ **d.** librement par chaque groupe d'élus

63. Le juge administratif a reconnu le droit pour tout élu local de :

- ❐ **a.** bénéficier du secret des correspondances qui lui étaient adressées
- ❐ **b.** siéger à côté des autres membres de son groupe politique
- ❐ **c.** refuser de présider un bureau de vote
- ❐ **d.** placer une cocarde tricolore sur son véhicule personnel

64. Le rapport du comité Balladur de mars 2009 propose :

- ❐ **a.** la suppression de la clause générale de compétences des départements et des régions
- ❐ **b.** la suppression des départements
- ❐ **c.** la création de « métropoles »
- ❐ **d.** le démantèlement de la région Picardie

65. Parmi les filières auxquelles sont rattachés les fonctionnaires territoriaux, on trouve les filières :

- ❐ **a.** administrative
- ❐ **b.** ressources humaines
- ❐ **c.** économique et financière
- ❐ **d.** sécurité

66. Les membres du cabinet d'un président de conseil général :

- ❐ **a.** doivent être choisis parmi les agents de ce conseil général
- ❐ **b.** doivent être choisis parmi les agents d'un conseil général

❒ **c.** doivent avoir la qualité de fonctionnaire territorial
❒ **d.** sont librement recrutés par le président

67. L'« examen de gestion » opéré par les Chambres régionales des comptes peut porter sur :

❒ **a.** la régularité des marchés publics signés par le président du conseil général.
❒ **b.** le montant total des frais de décoration de la mairie.
❒ **c.** l'évaluation des résultats atteints en matière d'implantation d'entreprises par rapport aux objectifs fixés par le conseil régional.
❒ **d.** l'opportunité d'un soutien à la filière avicole.

68. La Cour disciplinaire de la gestion publique :

❒ **a.** a été créée en 1948.
❒ **b.** est composée de magistrats du Conseil d'État.
❒ **c.** peut attraire devant elle les ordonnateurs locaux.
❒ **d.** n'existe pas.

69. Les budgets locaux sont soumis au(x) principe(s) de :

❒ **a.** annualité
❒ **b.** équilibre réel
❒ **c.** unité
❒ **d.** universalité

70. Une commune doit obligatoirement engager les dépenses relatives :

❒ **a.** à l'entretien des voies communales
❒ **b.** à la rémunération des agents
❒ **c.** au fonctionnement des écoles primaires privées sous contrat situées sur son territoire
❒ **d.** aux décorations de Noël sur la voie publique

71. Qui est chargé de la mise en œuvre des procédures de reconnaissance de l'expérience professionnelle dans la fonction publique territoriale ?

❒ **a.** le CTP
❒ **b.** la CAP
❒ **c.** le CSFPT
❒ **d.** le CNFPT

72. Le ministre de l'Intérieur peut :

❒ **a.** suspendre un maire pendant quinze jours.
❒ **b.** suspendre un maire pendant six mois.
❒ **c.** révoquer un maire.
❒ **d.** révoquer un maire si ce dernier a commis une infraction pénale.

73. Les « décisions modificatives » d'un budget local :

❒ **a.** entrent en vigueur après leur transmission à la Chambre régionale des comptes.
❒ **b.** peuvent intervenir trois fois au plus au cours d'une même année.
❒ **c.** peuvent autoriser l'exécutif à effectuer des dépenses supplémentaires.
❒ **d.** permettent, exceptionnellement, de déroger au principe de l'équilibre budgétaire.

74. Une consultation des électeurs d'une commune sur un projet d'extension d'un collège :

- ❒ **a.** peut être organisée à la demande d'un cinquième des électeurs de la commune.
- ❒ **b.** doit recueillir l'accord du conseil municipal pour être organisée.
- ❒ **c.** est illégale.
- ❒ **d.** est illégale, sauf accord du préfet.

75. Une personne physique peut-elle acquérir des parts du capital d'une société d'économie mixte locale ?

- ❒ **a.** Non, les actionnaires d'une SEM sont nécessairement des personnes morales.
- ❒ **b.** Non, sauf autorisation préalable de la collectivité territoriale qui détient la plus grande part du capital.
- ❒ **c.** Oui, librement.
- ❒ **d.** Oui, à condition de ne pas acquérir 50 % ou plus du capital.

76. Un comité technique paritaire est créé dans toute collectivité employant au moins :

- ❒ **a.** deux agents
- ❒ **b.** cinquante agents
- ❒ **c.** un administrateur territorial
- ❒ **d.** dix contractuels

77. Laquelle de ces infractions est le plus sévèrement réprimée par la loi ?

- ❒ **a.** la violation du secret des correspondances
- ❒ **b.** la prise illégale d'intérêts
- ❒ **c.** la poursuite illégale de fonctions après leur expiration
- ❒ **d.** la violation de domicile

78. Aucune création d'emploi ne peut intervenir dans une collectivité si :

- ❒ **a.** le nombre d'emplois existants atteint déjà 10 % de la population locale.
- ❒ **b.** le préfet s'y oppose.
- ❒ **c.** les crédits disponibles au chapitre budgétaire correspondant ne le permettent pas.
- ❒ **d.** la personne qui l'occupera n'est pas présentée préalablement à l'assemblée délibérante.

79. La police municipale a pour objet d'assurer :

- ❒ **a.** la liberté du commerce et de l'industrie
- ❒ **b.** la liberté d'expression
- ❒ **c.** la sécurité publique
- ❒ **d.** la salubrité publique

80. Après dissolution d'un conseil municipal, les affaires de la commune sont gérées par une délégation appelée « délégation… :

- ❒ **a.** préfectorale »
- ❒ **b.** spéciale »
- ❒ **c.** extraordinaire »
- ❒ **d.** temporaire »

81. Les budgets locaux peuvent être adoptés après le 31 mars si :

- ❒ **a.** les deux tiers des membres de l'assemblée délibérante y consentent
- ❒ **b.** le budget de l'année précédente a été réglé d'office par le préfet

- ❒ **c.** l'État n'a pas communiqué, avant le 15 mars, le montant de ses dotations
- ❒ **d.** le taux de croissance prévisionnel du PIB figurant en loi de finances pour l'année en cause est négatif

82. Les emprunts contractés par une collectivité locale constituent :

- ❒ **a.** une dépense d'investissement
- ❒ **b.** une recette de fonctionnement
- ❒ **c.** une dépense de fonctionnement
- ❒ **d.** une recette d'investissement

83. Selon le décret de 1992, un stagiaire de la fonction publique territoriale « a vocation à… :

- ❒ **a.** obéir »
- ❒ **b.** servir le service public »
- ❒ **c.** progresser au sein de son cadre d'emplois conformément à ses mérites »
- ❒ **d.** être titularisé dans le grade correspondant à son emploi »

84 De quels impôts les régions perçoivent-elles tout ou partie du produit ?

- ❒ **a.** La taxe intérieure sur les produits pétroliers
- ❒ **b.** La taxe professionnelle
- ❒ **c.** La taxe d'habitation
- ❒ **d.** La taxe sur le foncier bâti

85. Un bail emphytéotique administratif peut être conclu sur le domaine public d'une collectivité :

- ❒ **a.** dans les cas prévus à l'article L.1311-2 du Code général des collectivités territoriales
- ❒ **b.** en vue de la réalisation d'une opération d'intérêt général relevant de la compétence d'une autre collectivité territoriale
- ❒ **c.** pour la construction d'une église
- ❒ **d.** pour accueillir toute activité commerciale en contrepartie de la création d'emplois

86. Une communauté urbaine peut-elle être condamnée pour délit de favoritisme ?

- ❒ **a.** Non
- ❒ **b.** Oui
- ❒ **c.** Seulement si aucun de ses dirigeants de fait ou de droit n'a été personnellement condamné
- ❒ **d.** Seulement si une victime le demande

87. Les « positions » dans lesquelles peut être placé un fonctionnaire comprennent :

- ❒ **a.** le détachement
- ❒ **b.** la révocation
- ❒ **c.** la subsidiarité
- ❒ **d.** la disponibilité

88. Qui est chargé de « coordonner sur son territoire les actions de développement économique des collectivités territoriales et de leurs groupements » ?

- ❒ **a.** L'État
- ❒ **b.** La région
- ❒ **c.** Le pays
- ❒ **d.** Le département

89. L'absence injustifiée d'un conseiller municipal lors de trois séances successives du conseil municipal :

- ❒ **a.** justifie sa suspension temporaire par le ministre de l'Intérieur
- ❒ **b.** peut entraîner son exclusion jusqu'au terme de son mandat dans les départements du Bas-Rhin, du Haut-Rhin et de la Moselle
- ❒ **c.** le prive du droit de vote lors de la séance suivante
- ❒ **d.** entraîne sa démission d'office

90. Parmi ces fonctions, lesquelles désignent ou désignaient un représentant de l'État central ?

- ❒ **a.** intendant
- ❒ **b.** commissaire du Directoire
- ❒ **c.** haut-commissaire
- ❒ **d.** administrateur supérieur

91. Le droit à un local permanent dédié à la réunion des conseillers n'appartenant pas à la majorité municipale est ouvert dans les communes d'au moins :

- ❒ **a.** 3 500 habitants
- ❒ **b.** 10 000 habitants
- ❒ **c.** 50 000 habitants
- ❒ **d.** 100 000 habitants

92. Un emploi permanent au sein d'une commune de 800 habitants peut être occupé par un agent contractuel :

- ❒ **a.** dès que le conseil municipal l'autorise.
- ❒ **b.** lorsqu'il n'existe pas de cadre d'emplois de fonctionnaires susceptibles d'assurer les fonctions correspondantes.
- ❒ **c.** pour pourvoir l'emploi de secrétaire de mairie.
- ❒ **d.** si l'agent recruté est le conjoint, un ascendant ou un descendant en ligne directe du maire.

93. Si un conseil de discipline de recours propose une peine d'exclusion temporaire des fonctions d'une durée d'un mois, le maire est en droit de prononcer :

- ❒ **a.** une mise à la retraite d'office
- ❒ **b.** un abaissement d'échelon
- ❒ **c.** une exclusion temporaire des fonctions de deux mois
- ❒ **d.** une exclusion temporaire de dix jours

94. Le Comité des finances locales est composé de :

- ❒ **a.** députés
- ❒ **b.** présidents d'établissement public de coopération intercommunale
- ❒ **c.** présidents de pays
- ❒ **d.** maires

95. Un plan local d'urbanisme peut être adopté par :

- ❒ **a.** une communauté de communes
- ❒ **b.** un département
- ❒ **c.** une communauté urbaine
- ❒ **d.** la loi

96. Un tribunal administratif peut :

- ❒ **a.** annuler la délibération fixant le montant des indemnités versées aux vice-présidents d'un conseil régional.
- ❒ **b.** enjoindre à un maire de mettre à disposition d'un requérant une salle appartenant à la commune.
- ❒ **c.** prononcer l'inéligibilité d'un président de conseil général.
- ❒ **d.** condamner un président de syndicat intercommunal à l'amende pour retard dans le paiement d'une dépense obligatoire.

97. L'arrêt qui énonce que « les personnels non statutaires travaillant pour le compte d'un service public à caractère administratif sont des agents contractuels de droit public quel que soit leur emploi », est l'arrêt :

- ❒ **a.** « CNFPT » de la Cour de cassation
- ❒ **b.** « Berkani » du Conseil d'État
- ❒ **c.** « CNFPT » du Conseil d'État
- ❒ **d.** « Berkani » du Tribunal des conflits

98. Les membres de la commission d'appel d'offres du conseil général, autres que son président, sont :

- ❒ **a.** désignés, parmi les agents, par le président du conseil général
- ❒ **b.** désignés, parmi les membres de la commission permanente, par le président du conseil général,
- ❒ **c.** désignés par le préfet
- ❒ **d.** élus au sein du conseil général

99. L'« intérêt communautaire » d'une compétence intercommunale est défini :

- ❒ **a.** librement par le préfet dans l'arrêté instituant l'EPCI
- ❒ **b.** dans les deux ans du transfert d'une compétence à l'EPCI
- ❒ **c.** par l'article L.5216-5 du Code général des collectivités territoriales
- ❒ **d.** par l'organe délibérant des communautés de communes.

100. Dans quelle(s) collectivité(s) la tenue d'un débat d'orientation budgétaire est-elle obligatoire ?

- ❒ **a.** une commune de 3 000 habitants
- ❒ **b.** un commune de 28 000 habitants
- ❒ **c.** un département
- ❒ **d.** une région

RÉPONSES

1b • 2c • 3c • 4b • 5a • 6d • 7c • 8b • 9a • 10c • 11d • 12c • 13c • 14d • 15a • 16c • 17b • 18b • 19c • 20b • 21a • 22d • 23c • 24b • 25b • 26a • 27cd • 28a • 29abcd • 30abd • 31d • 32ab • 33c • 34b • 35acd • 36c • 37d • 38b • 39b • 40abcd • 41b • 42bc • 43acd • 44ac • 45d • 46abd • 47b • 48c • 49abd • 50c • 51abc • 52bd • 53d • 54a • 55d • 56c • 57a • 58a • 59abd • 60ad • 61abc • 62b • 63ab • 64ac • 65ad • 66d • 67abc • 68d • 69abcd • 70abc • 71d • 72a • 73c • 74c • 75d • 76b • 77b • 78c • 79cd • 80b • 81bc • 82d • 83d • 84abd • 85ac • 86b • 87ad • 88b • 89b • 90abcd • 91b • 92bc • 93bd • 94abd • 95ac • 96abc • 97d • 98d • 99b • 100bcd

SÉLECTION DE LECTURES

J.-B. Auby, J.-F. Auby et R. Noguellou, *Droit des collectivités territoriales*, 3e éd., PUF, coll. « Thémis – Droit public », 2004.

P. Bernard, *Le Préfet de la République*, Economica, 1999.

M. Bonnard (coord.), *Les Collectivités territoriales en France*, La Documentation française, 2005.

S. Braconnier, *Les Collectivités territoriales et leurs contrats*, Lexisnexis Litec, 2002.

R. de Castelnau et F. Rault, *Le Fonctionnaire et le juge pénal,* Éditions Société des Acteurs publics, 2000.

D. Chabanol, *Code de justice administrative commenté*, Le Moniteur, 2007.

H-M. Crucis, *Droit des contrôles financiers des collectivités territoriales*, *AJDA* et Le Moniteur, 1998.

G.-J. Guglielmi, G. Koubi et G. Dumont, *Droit des services publics*, Montchrestien, 2007.

B. Maligner, *Droit électoral*, Ellipses, 2007.

G. Martin-Micallef et M. Timsit (dir.), *Guide pratique des élections et de la démocratie participative*, WEKA, 2008.

J. Moreau, *Administration régionale, départementale et municipale*, Dalloz, 13e éd., 2002.

L. Richer, *Droit des contrats administratifs*, LGDJ, 5e éd., 2004.

P. Rosanvallon, *L'État en France, de 1789 à nos jours*, Seuil, coll. « Points », 1990.

P. Sadran, *Le Système administratif français*, Montchrestien, coll. « Clefs », 1992.

Y. Thomas, *Histoire de l'Administration*, La Découverte, 1995.

Revues :

Actualité Juridique Droit Administratif (hebdomadaire)

Droit administratif, Lexisnexis JurisClasseur (mensuel)

La Gazette des communes, des départements et des régions (hebdomadaire)

Le Courrier des maires et des élus locaux (mensuel)

Revue Lamy Collectivités territoriales (mensuel)

INDEX

Les numéros renvoient aux numéros des leçons.

Groupe CPI - Aubin Imprimeur - *Ligugé,* D.L. juin 2009 / Impr. : L 73110
Imprimé en France